U0939365

第18卷

CSSCI 来源集刊

人权研究

齐延平 主编

《人权研究》集刊序

“人权”，乃是人因其为人即应享有的权利，它无疑是人类文明史中一个最能唤起内心激情与理想的词汇。人权，在今天已不再是一种抽象的意识形态，而是已成为一门需要熟虑慎思的学问。在呼吁人权的激情稍稍冷却的时候，挑战我们的智慧与理性的时代已经来临。

近代以来国人对人权理想的追求，总难摆脱经济发展、民族复兴的夙愿，曾经的救亡图存激起的民族主义情绪，始终是我们面对“西方”人权观念时挥之不去的顾虑。在个人与社群、公民与国家、自由与秩序、普适价值与特殊国情之间，我们一直在做艰难的抉择。也正因此，为人权理想奔走呼号的人士固然可敬，那些秉持真诚的保留态度的人们也值得尊重。

人权不但张扬个人的自尊、自主、自强，也代表着一种不同于两千年中国法制传统的“现代”政治制度，它所依托的话语体系，既需要融合我们自己对理想社会的追求，也对我们既有的生活方式构成了严峻挑战。当意识到必须以一种近乎全新的政治法律制度迎接人权时代的来临之时，我们必须审慎思考自己脱胎换骨、破旧立新的方式。当经历“三千年未有之大变局”之后，一个古老的中国无疑遇到了新的问题。在这种格局下，人权的支持者和怀疑者都需要交代内心的理由：人权对中国意味着什么？对于渴望民族复兴的中国来说，人权对公共权力的规训是否意味着削弱我们行动的能力？对于一个缺乏个人主义传统的国家来说，人权对个人价值的强调是否意味着鼓励放纵？对于一个较少理性主义的国家来说，人权是否意味着将割裂我们为之眷恋的传统之根？对于这一源自“西方”的观念，我们又如何既尊重其普适价值又能不罔顾国情？诸如此类的问题，人权主义者必须做出回答，批评者亦必须做出回应。

人权既是美好的理想，又是政府行动的底线标准。

人权因其美好而成为我们为之奋斗的目标，毕竟，一个大国政道和治道的双重转换，确实需要时间来承载思想和制度上的蜕变。但是，对公共权力的民意约束、对表达自由的保护、对信仰自由的尊重、对基本生存底线的维持、对人的个性发展的保障，都昭示了政治文明走向以人权为核心的追求“时不我待”。我们必须承认，人权不是今人栽树、后人乘凉的美好愿景，而应当成为政府的底线政治伦理。政府的人权伦理不能等待渐进的实现，而是政府之为政府的要件。人权标准是一个“理想”并不等于、也不应成为故步自封、拒绝制度转型的理由。

人权规范政府，但并不削弱权威。

近代民族国家的兴起和资本主义的扩张，将个人从传统的群体生活中抛出，个人直面国家，成为现代政治的基本特征。个人主义价值观的兴起，在文化意义上凸现了个性的价值，在制度设计上为保护个人提供了防护性装置。民主化消除了君主专制和寡头政治的专横，但又带来了“多数派暴政”的危险，而巨型资本渐趋显现的对个人权利的社会性侵害，也经由政府释放着它的威胁。因此，人权观念的主流精神，始终在于防范公共权力。

但是，政府固然没有能力为非，行善却也无能为力。缺乏公正而有力政府的社会，同样是滋生专制和暴政的温床。我们不会把尊重秩序与爱好专制混为一谈，也不会将笃信自由与蔑视法律视为一事。为公共权力设定人权标准，将强化而不是削弱权威，因为只有立基于民主选举、表达自由、尊重个性之上的公共权力才会获得正当性。与此同时，权威不等于暴力，它不是说一不二和独断专行。只有一个受到民意约束的政府，才能对维护公民的权利和自由保持高度的敏感。在一系列由于公共治理危机引发的严峻公共事件不断叩问我们良心的时候，我们相信，只有健全保障权利的政治安排，才能不致使政府因为无法获知民众的多元诉求而闭目塞听。我们需要牢记，一个基于民意和保障权利的政府才是有力量的。

人权张扬个性，但并不鼓励放纵。

人权旨在通过强化个人力量来对抗国家，它既张扬个性的价值，也坚信由制度所构造的个人创新精神乃是社会文明进步的根本动力。它让我们重新思考保障公共利益依赖于牺牲个人权益的传统途径的合法性和有效性是否仍然可行。在人权主义者看来，集体首先是个人的联合，公共利益也并非在各个场合都先于个人利益，它并不具有超越于个人之上的独立价值。为了所谓公益而把牺牲个人当作无可置疑的一般原则，将最终使公共利益无所依归。人权尊重个人自由，也倡导个体责任与自由结伴而行，它旨在改善个人努力的方向，排除在公共安排方面的投机，唤起普遍的慎重和勤奋，阻止社会的原子化和个人的骄奢放纵。自由与责任的结合，使每个人真正成为自我事务的“主权者”。当专断与暴政试图损害人的心灵的时候，人权思想具有阻止心灵堕落的功能。一个尊重个人价值的社会，才能滋养自立自强、尊重他人、关爱社群的精神氛围。一个尊重个人价值的社会，才能真正增进公共利益、获致国家的富强和民族的复兴。

人权尊重理性，但并不拒绝传统。

面临现代社会个人与国家的二元对立，我们期望通过培育权利和自由观念增强个人的力量。人权尊重理性，它将“摆脱一统的思想、习惯的束缚、家庭的清规、阶级的观点，甚至在一定程度上摆脱民族的偏见；只把传统视为一种习得的知识，把现存的事实视为创新和改进的有用学习材料”（托克维尔语）。理性主义尊重个体选择，但它并不是“弱者的武器”，甚至不能假“保护少数”之名行欺侮多数之实。“强者”和“多数”的权利同样属于人权的范畴。张扬理性乃是所有人的天赋权利，故人权理念不鼓励人群对立、均分财富和政治清算。我们主张人权与传统的融合，意味着我们要把界定“传统”含义的权利当作个人选择的领地留给公民自己、把增进公民德行的期望寄托于自由精神的熏陶而不是当权者的教化。我们相信，人权所张扬的理性价值，在审视和反思一切陈规陋习的同时，又能真诚地保留家庭、社群、民族的优良传统。

人权尊重普适价值，但并不排斥特殊国情。

人权的普适价值，系指不同的民族和文化类型在人权观念上的基本共识，它旨在唤醒超越国家疆界的同胞情谊，抛却民族主义的偏私见解。“普适价值”的称谓的确源于“西方”，但“西方”已不再是一个地理概念而是政治范畴。人权不是“西方”的专属之物，而是为全人类共享的价值。我们拒绝个别国家挥舞的人权大棒，仅仅是确信那些出于狭隘民族国家利益的人权诉求构成了对人类共同价值的威胁。二战以后，随着对威胁人类和平和尊严的反思日益深切和国际交往的日益紧密，人权概念从东方和西方两个角度得到阐释，它厘定了共同的底线标准，也容忍各国的特殊实践。没有哪个国家可以标榜自己为人权的标准版本。但是我们相信，承认人权的特殊性只是为了拓展各族人民推进人权保障的思想潜力，任何国家以其特殊性来否定人权价值都是缺乏远见的。特殊性的主张不能成为遮羞布，人权在消除不人道、不公正实践方面的规范意义，应被置于首要地位。正像宪政民主有其改造现实、修正传统的功能和追求一样，人权标准与现实之间的紧张关系必须通过优化制度安排、改造陈规陋习来解决。

当下纷繁复杂的人权理论，寄托着人们的期望，也挑战者人们的理智；既是我们研究的起点，也是我们审视的对象。人权是一门需要理性建构的学科。唯怀有追求自由的执着热情，又秉持慎思明辨的冷静见解，才能使之萌茁发展。《人权研究》集刊就是为之搭建的一个发展平台。

是为序。

徐显明

2008年12月10日

目　录

论　文

评　论

CONTENTS

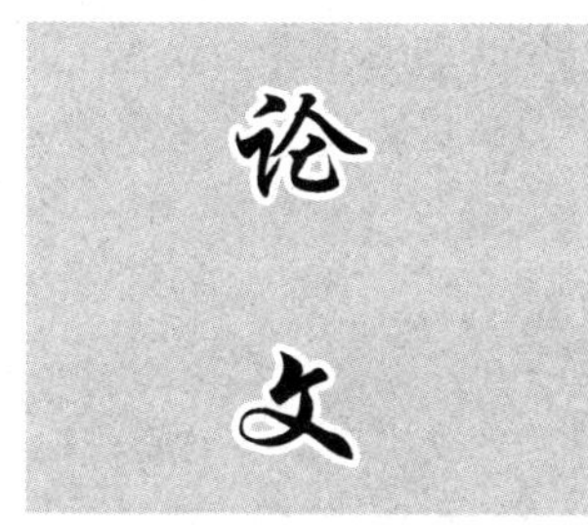

论文

“明显而现实的危险”标准的形成

——兼论基本权利的规范目的与保护标准的确定

杜强强*

引言：基本权利保护标准的意义

宪法以确认和保障基本权利为己任，但基本权利也都有它的界限。此为基本权利理论之通说，也为我国宪法所明定。从逻辑关系看，我国宪法第2章即“公民的基本权利和义务”的层次非常分明：宪法第33～50条规定了公民享有的各项基本权利，第51条规定了对各项基本权利的总体限制原则；第52～56条则规定了公民的各项基本义务。对公民基本义务的研究并不是本文的主题，暂且搁置不论。就规范方式而言，宪法先规定基本权利，然后规定了对它的限制，这是典型的“外部理论”的思维方式。这种思维方式认为权利和权利的限制在逻辑上是两个不同的问题，因此它将权利问题的解决划分为两个阶段：首先确定权利的构成，即判断何种主体的何种行为或者生活关系属于权利的保护对象；然后再确定对权利的限制，即根据公共利益的需要来判断何种权利主张不能得到宪法上的支持[1]。

从内容上说，宪法第51条规定了限制基本权利的总体理由，即保护“国家的、社会的、集体的利益和其他公民的合法的自由和权利”，这些理由实际上都可以归入“公共利益”的范畴之内[2]。因此，对任何一个基本权利问题的解决，都需要判断公民的行为是否构成对公共利益的侵害；这种判断

---

* 首都师范大学政法学院副教授，法学博士。本文为国家社科基金一般项目“修宪权的内在限制研究”（12BFX028）的阶段研究成果。

〔1〕 张翔：《基本权利的规范建构》，高等教育出版社2008年版，第144页。

〔2〕 张翔：《基本权利的规范建构》，高等教育出版社2008年版，第62页。也有学者认为宪法第51条上的“其他公民的合法的自由和权利”不能归入“公共利益”的范畴之中。参见郑贤君：《基本权利原理》，法律出版社2010年版，第211页。

主要是通过利益衡量的方法，也就是要在公共利益和公民的权利主张之间进行衡量，判断何者为优先，从而得出是否保护的结论。因此，宪法第51条规定的原则具有极重要的意义，因为只有经过它的检验，才能最终判定公民的行为是否受宪法的确定保护〔3〕。换言之，只有当基本权利的限制问题确定性地解决之后，人们才能对基本权利的保护做出最终的判断。反过来说，如果不能对基本权利的限制予以准确界定，则基本权利的保护将面临诸多难题，甚至终成泡影。从这个意义上说，宪法第51条既是基本权利的限制原则，也是保护的原则〔4〕。

问题就在于如何在个案中对宪法第51条的原则予以具体确定，即如何在公共利益和公民的基本权利之间进行衡量，从而划定基本权利的具体保护范围。这里的难题表现在两个方面：其一，就理论层面言之，宪法第51条规定的公共利益本身就是一个内涵极不确定的法律概念，很难有稳定的标准〔5〕。非但如此，即便人们能够就公共利益的标准形成一个较为统一的意见，也很难在公共利益与基本权利之间进行衡量，因为公共利益和基本权利之间的权重或许就不是一个可以计量的问题〔6〕。虽然有不少学者致力于提出具体化的衡量方案，但大多华而不实，不堪适用〔7〕。其二，就实践层面言之，由于基本权利的行使总是要对公共利益或者公共秩序造成实际上的不便，而基本权利的主张者又多为私方当事人，面对强大的公共利益诉求，即便进行衡

〔3〕 张翔：《基本权利限制问题的思考框架》，载《法学家》2008年第1期。

〔4〕 张友渔先生认为，宪法第51条的“这种限制也是为了保障……没有一定的限制，也就没有完全的保障”。张友渔：《对〈集会游行示威法（草案）〉的意见》，载《中国法学》1989年第5期。肖蔚云先生也主张，宪法第51条是“为了更好地保障和实现公民的权利和自由，而不能单纯理解为消极的限制”。参见肖蔚云：《论宪法》，北京大学出版社2004年版，第794页。

〔5〕 郑贤君：《基本权利原理》，法律出版社2010年版，第210页。

〔6〕 王鹏翔：《基本权作为最佳化命令与框架秩序》，《东吴法律学报》第18卷第3期。美国学者Laurent Frantz甚至认为，所谓的利益衡量实际上都是让人“计算不可计算之事……比较不能比较之事”。See Laurent Frantz, Is the First Amendment Law? A Reply to Professor Mendelson, 51 Cal. L. Rev. 729, 748（1963）. 对此问题的讨论，See Frederick Schauer, Commensurability and Its Constitutional Consequences, 45Hastings L. J. 785（1994）; Jeremy Waldron, Fake Incommensurability: A Response to Professor Schauer, 45 Hastings L. J. 813（1994）; Cass R. Sunstein, Incommensurability and Valuation in Law, 92 Mich. L. Rev. 779（1994）。

〔7〕 例如德国学者阿列克西曾提出“分量公式”（Weight Formula）来作为权衡原则的具体化方案，参见Robert Alexy, A Theory of Constitutional Rights, trans, J. Rivers. Oxford University Press, p437, 2002。但此公式及其具体化方案也被认为“只是一个花哨的数学公式”。参见刘权：《均衡性原则的具体化》，载《法学家》2017年第2期。

量，其衡量的结果也更易倒向于公共利益一方，而不是基本权利一方〔8〕。从这个两个方面说，如果不能对宪法第51条的原则予以具体化，则基本权利的主张者就不能在事前对其行为与公共利益之间的关系有任何确定性的判断，这会对其基本权利的行使造成"寒蝉效应"〔9〕。因此，如果只局限在宪法第51条的抽象层面上谈论基本权利的保护问题，则无法推进对基本权利的实际保护。为了强化对基本权利的实际保护，就必须发展论证出具体的保护标准，从而对利益衡量的过程设定较为具体的准则，以限制其裁量的范围。这是"基本权利理论体系中关键性的部分"〔10〕。

毫无疑问，基本权利具体保护标准的确定并非易事，它不仅要求面向基本权利的实践，而且也要求对基本权利条款的规范目的予以论证，并在体系化思考的基础上形成一整套融贯的基本权利理论。从法学方法论上说，宪法中的基本权利条款并不是对事实的陈述，而是一种价值判断和目的的表达〔11〕。就规范性质来说，基本权利条款具有原则的属性，它要求在事实和法律层面均达到最高程度的实现〔12〕。因此，理想中的具体保护标准，应当能够促进基本权利规范目的的实现，而不应起相反的妨碍作用。"任何解释都应当有助于实现规范内容所追求的规范目的。"〔13〕因此，对基本权利具体保护标准的构建，不能离开对基本权利之目的论的解释和建构。只有在正确把握了基本权利条款的规范目的之后，方有可能建构出具体的保护标准。

从比较法上观察，美国宪法上"明显而现实的危险"标准的形成和演变过程，在方法论上就展现了这样的特质。这个标准，在霍姆斯1919年提出之初，只是一个刑法上认定犯罪未遂的标准，与基本权利的保护毫不沾边。但当霍姆斯提出这个标准后，就有学者从美国宪法第一修正案的规范目的出发对它给予了重新解释，霍姆斯也在与各个学者进行观点交流之后，逐渐转向对美国宪法第一修正案之规范目的的认同，并在随后的案件中将"发现真理"确认为美国宪法第一修正案的规范目的，并由这个目的出发对"明显而

〔8〕 See Frederick Schauer, Codifying the First Amendment: New York v. Ferber, 1982 Sup. Ct. Rev. 285, 316.

〔9〕 See Melville B. Nimmer, The Right to Speak from Times to Time: First Amendment Theory Applied to Libel and Misapplied to Privacy, 56 Cal. L. Rev. 935, 939 (1968).

〔10〕 张翔：《基本权利的规范建构》，高等教育出版社2008年版，第67页。

〔11〕 ［德］齐佩利乌斯：《法学方法论》，金振豹译，法律出版社2009年版，第9页。

〔12〕 See Robert Alexy, A Theory of Constitutional Rights, trans, J. Rivers. Oxford University Press, p47, 2002.

〔13〕 ［德］魏德士：《法理学》，吴越、丁晓春译，法律出版社2005年版，第59页。

现实的危险”标准进行了全新的改造和解释，使其成为言论自由保护的重要标准。更重要的是，以此为开端，美国宪法学理论和实践大规模地开始了对美国宪法第1修正案规范目的的探寻，并在“发现真理论”论的基础上，又形成和论证了“人民自治论”、“自我实现论”等一整套有关美国宪法第一修正案规范目的的理论，而这些理论又成为设计和构建新型保护标准的依据，从而在相当程度上满足了基本权利保护的需要。这种先探寻和论证基本权利的规范目的，并在这个目的指导之下构建具体保护标准的过程，在法学方法论上具有典型意义，可资借鉴。基于这个主题，本文首先叙述这个具体保护标准的形成过程，重点探讨美国宪法理论和实践对第一修正案规范目的的论证，之后再对我国基本权利保护标准的构建进行初步的讨论。

一、“明显而现实的危险”：一个犯罪未遂的认定标准

按照美国宪法第一修正案的规定，国会不得制定剥夺言论自由的法律。在美国建国之后，无论是美国学界还是法院对第一修正案的含义都没有什么探讨。长久以来的主流观点是，宪法第一修正案不过是延续了其母国的普通法传统。而按照布莱克斯通的经典表述，所谓言论自由，仅仅意味着宪法禁止政府对言论进行事先限制，但宪法并不禁止政府在言论发表之后对言论者予以追惩。这种对言论自由的界定，被美国司法部门奉为圭臬。在1907年的一个案件中，霍姆斯即代表美国最高法院宣称，宪法第一修正案的主要目的在于禁止政府对出版物的事先限制；而出版物一旦发表，如果认定其有害于公共福利，则政府都有权予以惩处，而不论其内容真假〔14〕。在这种理论之下，“有害倾向（bad tendency）”即成为判断言论是否有害于公共福利的标准。换言之，对言论的惩处，取决于对言论行为与危害结果之因果关系的判定。按照这个标准，如果陪审团判定言论具有诱发危害结果的倾向，则此足以构成惩罚言论的充分依据〔15〕。

随着美国1917年加入“一战”，反战活动也日益增多，美国国会因此制定了《间谍法》。这项立法对故意在合众国陆军和海军中造成或者企图造成违抗军令、不忠、哗变、拒绝服役之后果的行为规定了刑罚，这个法律还规

〔14〕 Patterson v. Colorado, 205 U. S. 454, 462 (1907).

〔15〕 See David M. Rabban, The First Amendment in Its Forgotten Years, 90 Yale L. J. 514, 533 (1981).

定要处罚对合众国征召和应募入伍予以故意妨碍的行为。本来，这项立法的直接立法目的并不在于管制言论，但执法机关却发现可以用它来惩罚有害的言论，因此在它的实施过程中产生了诸多的言论自由案件。据统计，依据《间谍法》总共产生了约2000件刑事起诉，而绝大多数被告都被法院认定有罪〔16〕。在这些案件中，有三个案件得到了美国最高法院的审理，霍姆斯大法官在裁判中第一次提出了"明显而现实的危险"标准。这三个案件是Schenck v. United States案、Frohwerk v. United States案和Debs v. United States案。

在Schenck v. United States案中，Schenck为美国社会党的秘书长，其伙同他人向应召入伍者散发传单，抨击征兵违反宪法，并号召应征者抵制征兵。他即被控违反《间谍法》而受到起诉，Schenck辩称其行为受宪法第一修正案保护，《间谍法》应属违宪无效。美国最高法院一致判定Schenck有罪，由霍姆斯主笔的判词宣称：

> "我们承认被告传单之所言，若在平时的诸多场合都应属于其受宪法保障的权利之内。不过一切行为的性质，均取决于行为时所处的周遭环境。对言论自由即便要做最严格的保护，也总不能保护一个人在剧院中妄呼火警而引起恐慌。在每一个案件中，问题都在于言论当时所处的环境及其性质，是否有造成实际危害的明显而现实的危险，而国会本来就有权制止此种危害的发生。这是一个是否接近和程度的问题。"〔17〕

霍姆斯虽在判词中提出了"明显而现实的危险"标准〔18〕，但当代美国

---

〔16〕 See David M. Rabban, The Emergence of Modern First Amendment Doctrine, 50 U. Chi. L. Rev. 1205, 1229 (1983).

〔17〕 Schenck v. United States, 249 U. S. 47, 52 (1919). 本段译文主要参考了荆知仁教授的译文。参见荆知仁：《美国宪法与宪政》，三民书局1991年版，第165页。

〔18〕 关于短语"clear and present danger"的翻译，荆知仁教授将其译为"明显而即刻危险"。参见荆知仁：《美国宪法与宪政》，三民书局1991年版，第165页。张千帆教授将其译为"明显与即刻的危险"。参见张千帆主编：《宪法学》，法律出版社2008年版，第197页。本文将其译为"明显而现实的危险"。选择这个译法，一则是因为，霍姆斯在1919年的Abrams案中使用了"imminent"的表述以取代这个短语中的"present"。而与"imminent"相比，"present"宜译为"现实的"，不宜译为"即刻的"。二则是因为在Schenck v. United States案之前的一个刑事案件中，霍姆斯已经使用过"imminent"这个表述，这与其在Schenck v. United States案中只用"present"一词形成了鲜明的对比。See David M. Rabban, The Emergence of Modern First Amendment Doctrine, 50 U. Chi. L. Rev. 1205, 1257 (1983). n 306. 换言之，霍姆斯在本案裁判意见书中使用"present"一词绝不是偶然的。由于这两个语词蕴含的因果关系的紧密程度不同，这意味着"明显而现实的危险"标准对于因果关系的界定非常宽松。

宪法学理论大都认为，这个标准和“有害倾向”标准没有什么不同，因为它们都将注意力集中在对言论行为和危害结果间之因果关系远近的判定上〔19〕。而就其实际效果而言，也不能说霍姆斯心目中的“明显而现实的危险”这个标准，对因果关系的判定要比“有害倾向”标准更为严格。例如在 Frohwerk v. United States 案中，当事人只是通过传单表达对战争的批评，而且也没有直接向应征者散发传单，其“危险”显然要小于 Schenck 的行为。不过霍姆斯并不在意这些细节，他在判词中这样说：“我们不能说我们最终不会发现，这些传单在分发到各地后，只要轻轻一吹，它们就将呈星火燎原之势。”〔20〕星火燎原的比喻，直接说明霍姆斯的所谓“新标准”对因果关系的判定非常宽泛。非但如此，霍姆斯在上述三案中还交替使用言论的现实危险和言论的自然效果（natural effect）的表述。在 Debs v. United States 案中，他更是认为，如果反战言论的表达，其自然和意欲的效果（natural and intended effect）在于妨碍征兵，则政府就有权予以惩处〔21〕。更为重要的是，霍姆斯之所以提出这个标准，并不因为他对言论自由之宪法价值的体认，而在于他将普通法上犯罪未遂的认定标准，径直适用于对宪法言论自由案件的判定。霍姆斯对此也从不讳言。1922 年美国宪法学家贾菲曾经写信询问霍姆斯“明显而现实的危险”标准的由来。霍姆斯明确告诉贾菲，这个标准源自于他在《普通法》一书中有关犯罪未遂的理论〔22〕。

《普通法》被认为是美国法学史上的经典之作，霍姆斯在后来的宪法裁判中也对这部著作所提出来的原则多有倚重〔23〕。霍姆斯认为，之所以要对犯罪未遂行为予以处罚，是因为该行为一旦付诸实施，则其自然和可能的结果就是犯罪实行行为的完成；但由于未遂行为没有产生自然后果，因此需要减轻刑罚〔24〕。他主张，对未遂责任的判定，应取决于行为与危害后果之间因果关系的远近，而它的认定又受到个案诸多因素的影响。对此，他在诸多

---

〔19〕 这一点也得到了弗兰克福特大法官的认同。他在 1941 年一个案件的不同意见书中即认为“明显而现实的危险”与“有害倾向”标准之间的区分只是文字性的，从宪法意义上讲二者实无不同。See David P. Currie：The Constitution in the Supreme Court：the Preferred – Position Debate，1941 – 1946，37 Cath. U. L. Rev. 39，42（1987）.

〔20〕 Frohwerk v. United States，249 U. S. 204，209（1919）.

〔21〕 Debs v. United States，249 U. S. 211，214 –215（1919）.

〔22〕 See Bernard Schwartz，Holmes Versus Hand：Clear and Present Danger or Advocacy of Unlawful Action，1994 Sup. Ct. Rev. 209，217.

〔23〕 See Rogat，The Judge as Spectator，31 U. Chi. L. Rev. 213，247（1964）.

〔24〕［美］霍姆斯：《普通法》，冉昊、姚中秋译，中国政法大学出版社 2006 年版，第 57 页。

涉及犯罪未遂的裁判意见中都有所提及。例如在 1901 年的 Commonwealth v. Kennedy 案中，霍姆斯就指出，法律的目的在于预防外在的特定后果，因此行为人所实施的行为必须与危害后果有相当的接近（pretty near）之后，才能作为未遂犯予以处罚；而对接近程度的判断则取决于个案的诸种因素，例如施毒谋杀之未遂责任的开始点就要早于其他轻罪行为之未遂责任的开始点，因为谋杀犯罪显然要重于其他轻罪。同年发生的 Commonwealth v. Peaslee 案是一个教唆纵火未遂案件。在这个案件中，霍姆斯再次申明，对接近程度的判定随着个案环境的不同而有不同。在 1905 年的 Swift & Co. v. United States 案中，霍姆斯宣称，并非产生违法后果的任何行为都构成犯罪或者犯罪未遂，"这是一个是否接近和程度的问题"〔25〕。

"这是一个是否接近和程度的问题。" 霍姆斯在 Swift & Co. v. United States 案中的这句话与前引霍姆斯对 Schenck 案判词完全一致！这足以表明其犯罪未遂理论对 Schenck 案裁判的影响了。在霍姆斯看来，Schenck 的言论不过是一个犯罪未遂行为，其责任的起点在于该行为接近危害后果的程度，而对接近程度的判定则需要考虑到案件的诸多因素。所以他不厌其烦地再三强调"一切行为的性质，均取决于行为时所处的周遭环境"。换言之，霍姆斯根本不认为 Schenck 的行为与普通法上的教唆纵火的未遂行为有什么区别。有的美国宪法学家也因此推测，霍姆斯在 Schenck 案中之所以将 Schenck 的行为与"在剧院妄呼火警" 相提并论，就是因为他想到了 1901 年的那个教唆纵火未遂的刑事案件〔26〕。美国宪法学家卡尔文对此的观察可谓一语中的：对于霍姆斯而言，Schenck 案并不是一个宪法案件，而是一个普通的刑事上诉案件〔27〕。

霍姆斯将言论等同于刑法上的犯罪未遂行为，而"明显而现实的危险" 不过是判定犯罪未遂责任的标准，这个结论真令人有石破天惊之感，但这对于那个时代的霍姆斯而言似乎却是必然之理。与他同时代的人相比，霍姆斯明显缺乏对宪法权利的敏感。根据美国学者的研究，霍姆斯长久以来就不认为美国宪法第一修正案规定的权利和自由有何特殊价值。1892 年霍姆斯在任

〔25〕 See David M. Rabban, The Emergence of Modern First Amendment Doctrine, 50 U. Chi. L. Rev. 1205, 1275 (1983).

〔26〕 See David M. Rabban, The Emergence of Modern First Amendment Doctrine, 50 U. Chi. L. Rev. 1205, 1283 (1983).

〔27〕 See Harry Kalven, Professor Ernst Freund and Debs v. United States, 40 U. Chi. L. Rev. 235, 237 (1973).

马萨诸塞州最高法院法官时就主张，“上诉人或许有谈论政治的宪法权利，但他没有宪法权利成为一名警察”，从而否认了警察的宪法权利主张〔28〕。在1897年的另一个案件中，他也主张，如同一个私人可以禁止他人使用其住房一样，政府也有权力为公共设施的使用设定条件。因此，当事人在公共设施发表演讲就需要事先取得政府的许可，这并不违反宪法，亦未侵犯其宪法权利〔29〕。因为在霍姆斯看来，无论是政府的职位，还是为政府所有的公共设施，都是一种“特权”，人民本没有获得它的“权利”，因此政府可以为其设定条件，哪怕这个条件是要求当事人放弃宪法上的权利。这种“特权—权利”的划分，其“恶劣影响”直到20世纪50年代后才逐渐消解〔30〕。

按照美国学者的研究，霍姆斯之所以缺乏对基本权利的敏感，在于其对法律和暴力的不分。对于霍姆斯来说，法律不过是多数强制少数服从的暴力工具〔31〕，他丝毫没有看到保护少数的必要性。1918年霍姆斯曾经与纽约州联邦地区法院法官汉德在路途偶遇，他们谈论起多数对不同意见的压制问题，这次交谈开启了他们之间后来的哲学性对话。汉德主张对不同意见的容忍，因为没有人可以确保自己的观点绝对正确，所以言论自由的意义非同小可。霍姆斯则对此不以为然；在一个共同体中多数有权压制少数，对此他深信不疑。霍姆斯在致汉德的信中坦陈，他认为言论自由“与免于强制免疫接种的自由毫无区别”〔32〕。在1905年的Jacobson v. Massachusetts案中，美国最高法院判定强制免疫接种的立法有效，霍姆斯对法院的判决表示了赞同意见。既然多数可以强制少数进行免疫接种，那么多数也可以强制少数保持沉默。既然坚信多数有权压制少数，而且对言论自由的规范目的毫无体认，他又怎能提出保护少数人宪法权利的标准？因此，说“明显而现实的危险”是一个与基本权利保护无关的标准，此说毫不为过。

---

〔28〕 Mcauliffe v. Mayor of New Bedford，155 Mass. 216，29 N. E. 517（1892）.

〔29〕 Massachusetts v. Davis，162 Mass. 510，30 N. E. 113（1892）.

〔30〕 See Van Alstyne，The Demise of the Right - Privilege Distinction in Constitutional Law，81 Harv. L. Rev. 1349（1968）.

〔31〕 霍姆斯在致拉斯基的一封信中坦陈，法律不过意味着，为了使你服从我，我在必要时就可以杀掉你。See Yosal Rogat & Jamens M. O'Fallon，Mr. Justice Holmes：A Dissenting Opinion—The Speech Cases，36 Stan. L. Rev. 1349，1362（1984）. n52.

〔32〕 霍姆斯在1918年致拉斯基的一封信中也这样说，言论等同于“我们所不喜欢的任何其他行为”。See G. Edward White，Justice Holmes and the Modernization of Free Speech Jurisprudence，80 Cal. L. Rev. 391，415（1992）.

二、言论自由的规范目的：汉德和贾菲的论证

1918年6月霍姆斯与汉德法官的偶遇，对于美国宪法第一修正案的历史发展而言具有重要的意义。这不仅因为他们讨论起了对不同意见的宽容问题，而且还因为汉德法官在此之前的一个裁判中已经提出了一个言论自由的保护标准，并且他在Schenck案裁判之前就向霍姆斯郑重提到并予推荐，以求霍姆斯的认同。虽然霍姆斯对此建议不为所动，在Schenck案中依然将言论行为等同于犯罪未遂，但汉德法官的这个标准却激发了宪法学家贾菲的浓厚兴趣，并开启了他对言论自由条款之规范目的的研究。他们的合力最终影响到霍姆斯并导致了其立场的改变。

（一）汉德法官：言论自由与促进民主

1917年，根据美国国会新通过的《间谍法》，纽约州邮政署长下令禁止激进性杂志《群众》（The Masses）在邮局的发行，该杂志遂向联邦地区法院起诉，汉德法官因此成为最早对这项国会立法发表解释意见的联邦法官之一。在当时的美国，"有害倾向"是决定是否对言论给予惩罚的通用标准，因此对言论"自然及合理的后果"（natural and reasonable effect）的判断成为解决每一个案件的通常模式。但汉德法官的裁判意见突破了这个模式，在他看来，在事后对言论的可能后果进行判断，此并非司法的适当功能，因为法官并没有预测行为后果的特殊能力。退一步说，即便这样的预测可以被当成是司法机关的职能，这项任务却只会落在陪审团身上。在汉德看来陪审团只是一个反映多数人情感的团体，在战时根本不会对不同意见表示出宽容。汉德重视对不同意见的宽容，这个思想也体现在他的裁判之中。他对这个案件提出的解决之道，在于关注言论本身，而不是盯住言论的可能后果；在于关注言论的内容，而不在于言论的效果。汉德法官提出了一种在他看来是"绝对和客观的标准"，一种"基于言论本身属性的标准"——如果言论本身构成对非法行为的直接煽动，则政府有权予以惩处；反之，如果没有达到煽动的程度，则言论应受宪法的保护[33]。

在当代美国学者看来，汉德法官提出的这个标准保护程度极高，意义深

---

〔33〕 See Gerald Gunther, Learned Hand and the Origins of Modern First Amendment Doctrine: Some Fragments of History, 27 Stan L. Rev. 719, 721 (1975).

远[34]。而汉德之所以能提出这样的标准，就在于他对言论自由之规范目的的体认。汉德绝没有像霍姆斯那样把言论等同于犯罪未遂行为，恰恰相反，他已经看到了言论自由对于民主政体正常运行的重要意义。他在判决意见中这样说道：

> "在一个民主国家中，公共舆论本来是政府权力的最终渊源，但是有的言论除了教唆违抗法律之外毫无价值可言，无论怎样解释它都不会成为公共舆论的一部分……政治鼓动能调动人们的激情，引发人们的内心确信，因而在事实上能够刺激人们去违反法律。对现行政策的厌恶能很轻易地转化为对政策执行机构的暴力抵抗，无视它们之间的因果关联实属愚不可及。但是，将本身合法的政治鼓动，等同于直接煽动暴力抗法，就是无视于对所有政治鼓动的宽容，而这种政治鼓动在通常情形下本来是自由政体的一种保障。政治鼓动与直接煽动之间的这种区分，绝非一个学究式的托词，而是在争取自由的过程中艰难取得的一个成果。"[35]

在这段判决意见中，汉德实际上触及了言论自由条款的规范目的。他在判决意见的另一个地方说："在一个将意见自由当作权力最终来源的国家里，（对政府予以）批评的权利——无论是通过克制的说理，还是经由放纵和粗鄙的痛骂——在通常情形下都是每个人所享有的特权。"[36]这里汉德已经看到了言论自由条款的规范目的——促进民主。而他所要做的，就是发展出一种司法标准，来体现对这种价值的特别维护。直接煽动标准就是他基于言论自由的规范目的而提出的保护标准。

不过，汉德对言论自由规范目的的体认，以及他提出的直接煽动标准，今天看来似乎毫无寻常之处，但在他那个时代却有标新立异之嫌。在他做出判决不到 2 周后，联邦巡回法院就推翻了汉德的初审判决。巡回法院在判决

---

〔34〕 按照美国宪法学家 Gunther 的看法，汉德法官提出的这个标准，虽然在当时不受重视，但美国最高法院在 1969 年最终在这个标准的基础上形成了当代美国法院对煽动性言论的审查标准。See Gerald Gunther, Learned Hand and the Origins of Modern First Amendment Doctrine: Some Fragments of History, 27 Stan L. Rev. 719, 755 (1975). 汉德对该案件的裁判意见书，也成为不少美国宪法学教材所收录的唯一一份非由联邦最高法院作出的裁判意见书，足见其重要价值。See Kathleen M. Sullivan & Gerald Gunther, Constitutional Law, 14th edition, The Foundation Press, 2001, p980; Stone &Seidman & Sunstein & Tushnet, Constitutional Law, 4th edition, Aspen Law Business, 2001, p1007; Van Alstyne, The American First Amendment in the Twenty – First Century, 4th edition, The Foundation Press, 2011, p38.

〔35〕 Masses Publishing Co. v. Patten, 244 F. 535, 540 (S. D. N. Y).

〔36〕 Masses Publishing Co. v. Patten, 244 F. 535, 539 (S. D. N. Y).

意见中明确指出，汉德法官提出的直接煽动标准“并不是有效的法律规则”；而为巡回法院所适用的规则，依然是“有害倾向”标准，它宣称：“考虑到出版物的自然及合理的后果，当事人有意希望它达到妨碍征兵的后果。即便我们并没有确信并且怀疑当事人有上述意图存在，但本案的解决应遵循这样一条原则，也即在有疑问的案件中，法院不能推翻行政首长在其职权范围之内作出的判断和裁量。”〔37〕

虽然汉德的裁判被巡回法院推翻，但他仍不遗余力地向霍姆斯推荐其所提出的煽动标准。在 Schenck 案裁判之前，汉德就致信霍姆斯，提醒他关注一下他对 Masses 案的判决。霍姆斯看到了这个判决意见，但却没有任何触动，他称赞汉德的判决意见有“令人称赞的形式”，还说很少有法官可以像汉德一样表达得如此“强而有力”，但他又说他将“得出一个不同的结论”〔38〕。霍姆斯的“不同结论”，就是和“有害倾向”没有本质区别的“明显而现实的危险”标准，继而 Schenck 被判定有罪。在 Debs 案裁判之后，汉德又致信霍姆斯，他再次表示反对把对言论之可能后果的预测作为惩罚言论的根据。他说：“我不认为言论责任的认定规则，在于判定危害结果的可能发生……言论的责任实开始于其构成直接煽动之际。”令人遗憾的是，霍姆斯在回信中明确说他并没有领会汉德的意思，非但如此，他还在回信中全文引述了其“明显而现实的危险”标准，并且说“我实看不出你和我所阐述的标准有何不同”〔39〕。汉德对霍姆斯的回应显然十分失望，他在给芝加哥大学法学院 Freund 教授的信中遗憾地说，“令我懊恼的是，霍姆斯大法官并没有和我们站在一起；事实上，我至今没有使他看到在他和我们之间存在的真正差别”〔40〕。

（二）贾菲：言论自由与发现真理

汉德尽管没有说服霍姆斯，但他 Masses 案的判决意见却引起了宪法学家贾菲的关注。正如贾菲本人在 1920 年致汉德的信中所说的那样，“正是您对 Masses 案的判决意见，开启了我的研究工作”。贾菲的身份和汉德有所不同，

〔37〕 Masses Publishing Co. v. Patten, 246 F. 24, 39 (2d Cir. 1917).

〔38〕 See Gerald Gunther, Learned Hand and the Origins of Modern First Amendment Doctrine: Some Fragments of History, 27 Stan L. Rev. 719, 736 (1975).

〔39〕 See Gerald Gunther, Learned Hand and the Origins of Modern First Amendment Doctrine: Some Fragments of History, 27 Stan L. Rev. 719, 741 (1975).

〔40〕 See Gerald Gunther, Learned Hand and the Origins of Modern First Amendment Doctrine: Some Fragments of History, 27 Stan L. Rev. 719, 736 (1975).

汉德是联邦地区法院的一名法官，而贾菲只是个学者，因此他们的进路有所不同。贾菲事实上内心更认同汉德提出的“客观”标准〔41〕，但对于贾菲而言，这个标准只是一个联邦地区法官的创造物，而且已经被巡回法院推翻；但“明显而现实的危险”标准却出自美国联邦最高法院的大法官。由于两者的“出身”如此不同，因此尽管“明显而现实的危险”标准依然在错误的发展方向上，但贾菲宁愿将错就错，硬要在这个标准中塞进自由主义的因素，以达到保护言论自由的目的〔42〕。从后来的历史看，面对汉德的批评，霍姆斯或许内心深处也有所体认，不过他似乎一直不愿接受汉德提出的标准——霍姆斯难道愿意公开认错吗？而对贾菲的努力，霍姆斯则甚为欣赏。霍姆斯在后来的 Abrams v. United States 案中破天荒地将“发现真理”确认为言论自由的规范目的，并由此对“明显而现实的危险”标准做了全新改造，这足以表明贾菲的批评对霍姆斯立场的改变甚为重要。

1919 年霍姆斯有关 Schenck 等三案的裁判做出后，贾菲在《哈佛法律评论上》发表《战时的言论自由》的学术论文〔43〕，这是其先前应英国政治学家拉斯基之邀在《新共和》杂志所发表文章之同一主题的深化〔44〕。贾菲在论文中详细发掘论证了言论自由条款的规范目的——发现真理，并对“有害倾向”标准予以了有力的驳斥，更重要的是，他还对“明显而现实的危险”标准给予了新的解释。

贾菲指出，美国宪法第一修正案实际上表达了美国的国家政策，这个政策就是支持对所有公共问题的公开讨论。第一修正案给予这一政治智慧原则以法律上的强制力。这一原则无论对国会立法还是法院司法都具有指引力。他认为，美国社会和政府的最重要的目标之一，就是对公共议题之真理的发现和传播，而这只有通过绝对不受限制的讨论才能达到。这是因为，一旦强力融入讨论当中，则它投向正确或者错误的一方就只是一个概率问题，那么真理在与强力的抗争中就毫无优势可言。当然，政府还要追求其他目的，例

〔41〕 1953 年贾菲在哥伦比亚大学的一次学术讲演中明确承认他依然更加喜欢汉德法官提出的直接煽动标准。See Z. Chafee, Thirty - Five Years with Freedom of Speech, 1U. Kan. L. Rev. 1, 9 (1953). 美国著名宪法学家卡尔文也说，“在我看来，汉德法官的意见书远胜于霍姆斯的意见书。如果它最初就成为经典性的文件，我们的法律史一定会更加辉煌”。［美］小哈里卡尔文：《美国的言论自由》，杰米卡尔文编，李忠、韩君译，生活·读书·新知三联书店 2009 年版，第 135－136 页。

〔42〕 See David M. Rabban, The Emergence of Modern First Amendment Doctrine, 50 U. Chi. L. Rev. 1205, 1212 (1983).

〔43〕 See Z. Chafee, Freedom of Speech in War Time, 32 Harv. L. Rev. 932 (1919).

〔44〕 See Z. Chafee, Freedom of Speech, 17 New Republic 66 (1918).

如维持秩序，教育后代，抵御入侵等等，毫无节制的讨论在有的时候会妨碍到这些目的的实现，因此法院要在这些目的与言论自由的相互竞争中取得平衡，但言论自由在衡量的天平上具有非常高的权重。他指出，在宪法第一修正案所保护的言论自由中存在着两种利益：一是个体利益，因为每个人都需要对其生活中的事务表达观点；二是社会利益，即真理的发现。他强调，言论所具有的社会利益在战时更加重要。他因此批评美国各州法院，包括霍姆斯在内，都忽略了言论自由中所隐含的重大公益，所以没有在司法裁判中取得适当的平衡。最后，贾菲从宪法言论自由的价值论出发，对"明显而现实的危险"标准给予了新的解释。贾菲引述了霍姆斯对 Schenck 案的判词，认定它是一个保护言论自由的良好标准，这个标准全然合乎宪法第一修正案的历史和政治目的；贾菲并将其称为"最高法院的标准"，并认为它已经全然埋葬了"有害倾向"标准。贾菲因此认为，在 Debs v. United States 案中，最高法院的错误在于未能适用"明显而现实的危险"标准，导致 Debs 被认定为有罪。

按照美国学者的看法，贾菲的论文中充满了许多历史性的错误，以及对"明显而现实危险"标准的误读〔45〕。例如贾菲认为"明显而现实的危险"标准全然不同于"有害倾向"标准，这完全是一种有意的曲解。因为不管这两个标准之间有何区别，事实是霍姆斯的这个"新标准"未能使 Schenck 被免于定罪。不过从法学方法论上看，贾菲对言论自由之规范目的的论证具有非凡的意义。因为只有诉诸基本权利的规范目的，才能够发展出基本权利的具体保护标准。他提出美国宪法第一修正案的规范目的在于寻求真理，这在美国宪法第一修正案理论的发展史上具有里程碑意义。另外，他指出言论自由并非只是个人的私事，相反却具有重要的公共利益，因此对任何一个言论自由案件都需要法院在言论的利益和其他利益之间进行衡量。这实际上是美国宪法理论中的利益衡量理论，美国学者也承认贾菲乃美国宪法第一修正案理论上之"衡量论"的最早提出人之一〔46〕。

拉斯基对贾菲的论文赞不绝口。1919 年 7 月下旬，拉斯基邀请霍姆斯和贾菲一道讨论，而在此之前拉斯基已经将贾菲的论文副本邮寄给霍姆斯。尽

---

〔45〕 See David M. Rabban, The Emergence of Modern First Amendment Doctrine, 50 U. Chi. L. Rev. 1205, 1296 (1983)

〔46〕 See T. Alexander Aleinikoff, Constitutional Law in the Age of Balancing, 96 Yale. L. J. 943, 967 (1987). n 145.

管没有资料证明这次与贾菲的会见对霍姆斯的直接影响，但霍姆斯在接下来的 Abrams v. United States 案件中显然接受了贾菲的理论，他顺着贾菲的思路，深入发掘了言论自由的规范目的，正式提出了“发现真理”的理论，并对“明显而现实的危险”标准进行了改造，使得其最终区别于犯罪未遂的认定标准，而转化成为基本权利的保护标准。

三、从真理发现到人民自治：规范目的之下的具体保护标准

“一战”结束后，美国派兵进入俄国干涉十月革命。在 Abrams v. United States 案中，有一群俄国移民向军工厂的工人散发传单，抨击美国对俄国革命的干涉。传单指责说，军工厂制造的枪弹、刺刀、大炮，不仅将用来残杀德国人，也将用以残杀在俄罗斯为自由而战的人。传单号召工人们举行总罢工进行抗议。1918 年美国国会修改过《间谍法》，规定任何妨碍对德战争物资生产的行为为犯罪。虽然本案当事人抨击的对象是对俄国革命的干涉，但也被认定为有罪。就本案的事实看，当事人的行为显然要比 Schenck v. United States 等三案更加具有危险性：Schenck 仅仅是向应征者散发了传单，而传单内容不过是对征兵的抽象抨击；Frohwerk 只是印制了传单，还没有向任何特定的人散发；Debs 的演讲更没有提到对战争的任何具体抵制措施。换言之，如果要说“明显而现实的危险”，则 Abrams 的危险要比 Schenck 等人的危险都要“明显而现实”〔47〕。换言之，霍姆斯本来更有理由去适用其“明显而现实的危险”标准来判定被告为有罪。不过，霍姆斯却一反过去，和布兰代斯一道，发表了其著名的不同意见。在这个不同意见中，霍姆斯发掘了言论自由条款的规范目的，并以此为据对“明显而现实的危险”标准进行了彻底的改造。

对于言论自由的规范目的，霍姆斯指出：

> “于我而言，对意见的压制甚合逻辑。因为如果你对自己的根据或者力量毫不怀疑，并且万分希望得到确定的结果，那么你自然将在法律上表达你的愿望，并会驱散所有的反对之声……但是当人们认识到，他们曾经为之战斗的信念也会为时光所推倒时，相较于相信自己行动的依

〔47〕 See G. Edward White, Justice Holmes and the Modernization of Free Speech Jurisprudence: The Human Dimension, 80 Cal. L. Rev. 391, 434 (1992).

据，他们会更加相信，最终的善，须凭借观点的自由交换以求获致，而思想的相互竞争，方为检验真理的最佳标准；人们还会相信，真理才是他们的愿望得以实现的唯一基础。这怎么说都是我国宪法的理论。"[48]

言论自由的规范目的在于发现真理。霍姆斯的这个论断之受贾菲理论的影响，可见一斑。应该说，言论自由可以达致真理，这不是霍姆斯、亦非贾菲的创见，弥尔顿和密尔很早就对此有所阐发[49]。但霍姆斯在其不同意见中将发现真理界定为美国宪法的理论，这一点在法学方法论上却具有举足轻重的意义。在1905年的Lochner v. New York案中，霍姆斯反对以契约自由为由来干涉国会的经济立法，他公开宣称美国宪法并不体现特定的经济理论[50]；但在本案中，霍姆斯却将发现真理指称为美国宪法的理论。这一正一反，足见霍姆斯之于言论自由的宪法立场了。对于霍姆斯来说，是否存在客观真理，人们是否能够认识和找到客观真理，这些并不是他的论证目标。他论证的目标是，美国宪法出于寻求真理的目的而设定了言论自由条款。换言之，发现真理乃美国宪法第一修正案的规范目的。借用德国宪法学家博肯福德的概念，这是一种"基于宪法的基本权利理论"[51]。自此之后，寻求真理成为美国宪法第一修正案最重要的理论范式之一[52]。它成为法院区分言论和非言论的重要标准，也成为确定不同保护程度的重要依据。例如，淫秽作品虽然也是观点的表达，但它绝非对真理的寻求，因此淫秽作品不是美国宪法意义上的言论，更遑论宪法对它的保护了[53]。还比如说，挑衅性言论，例如辱骂他人，在日常语言上说虽属于言论，但美国最高法院认为这种"言论"几无达致真理的社会价值，因此它并非宪法意义上的言论，不受保护[54]。

既然言论自由履行着如此重要的社会功能，那么它就应得到特别的保护，霍姆斯因此最终将言论自由区别于一般的行为自由。脱胎于犯罪未遂理论的

---

〔48〕 Abrams v. United States, 250 U. S. 616, 630 (1919).

〔49〕［英］弥尔顿：《论出版自由》，吴之椿译，商务印书馆1958年版，第24页；［英］约翰密尔：《论自由》，程崇华译，商务印书馆1959年版，第53页。

〔50〕 Lochner v. New York, 198 U. S. 40 (1905).

〔51〕 See Robert Alexy, A Theory of Constitutional Rights, trans, J. Rivers. Oxford University Press, p378, 2002.

〔52〕 See Kent Greenawalt, Free Speech Justifications, 89 Colum. L. Rev. 119 (1989).

〔53〕 See Frederick Schauer, Speech and "Speech" —Obscenity and "Obscenity": An Exercise in the Interpretation of Constitutional Language, 67 Geo. L. J. 899, 920 (1979).

〔54〕 Chaplinsky v. New Hampshire, 315 U. S. 568, 573 (1942).

“明显而现实的危险”标准，不足以满足对言论进行特别保护，霍姆斯对它进行了改造，将之发展为“明显且即刻的危险”标准。霍姆斯这样阐述道：

“我绝不会怀疑，合众国可以根据惩罚教唆谋杀的正当理由，而合乎宪法地惩罚造成或者蓄意造成明显且即刻危险（clear and imminent danger）的言论，因为这些言论将会导致特定的实质性危害，而合众国有权防止这些危害的发生……只有紧急危害（immediate evil）的现实存在，或者有制造这种危害的蓄意存在，国会才有权在不涉及私权的情况下为意见的表达设定界限……我认为我们应当始终对压制意见表达的企图表示警惕，虽然我们厌恶这些意见，还认为它们充满了死亡气息，除非这些意见会即刻（imminently）威胁到迫切的（pressing）立法目的，为挽救国家而必须立即采取措施（immediate check）……危害可以通过时间的经过来予以矫正，只是在这样做会发生即刻的危险（immediately dangerous）时，才允许突破这一绝对命令，即‘国会不得制定限制言论自由的法律’。”

在上述判决意见中霍姆斯对“明显而现实的危险”标准的改造，主要在于以下几点：一是以“即刻的危险”替换“现实的危险”。他在这段判词中交替并且一再重复使用“即刻（imminent）”“迫切（pressing）”“紧急（immediate）”等语词，显示他对危险之即刻性的强调。换言之，只有言论所导致的危险具有即刻发生的可能时，方能对言论予以限制。二是以“合众国”替换“国会”。在本案中，霍姆斯一再使用了“合众国”的表述，这意味着他认为言论自由拘束所有政府部门，而非仅仅拘束立法机关。三是与 Schenck 案不同，本案判词中霍姆斯在“实质性危害”之前添加了“特定”的限定语，这意味着并不是所有的“实质性危害”都可成为限制言论自由的理由。经过上述改造，“明显且即刻的危险”一跃成为言论自由的特殊保护标准，Abrams v. United States 案也成为美国宪法第一修正案正式“开张”的标志[55]。

从宪法史的角度观察，美国最高法院对宪法第一修正案规范目的的探究并未止步于发现真理，而是在持续发展，但这时它的推动者已经由霍姆斯变换为布兰代斯。在 1927 年的 Whiteny v. California 案中，美国加州的反工团主义立法规定任何鼓吹暴力颠覆政府的行为为犯罪。本案虽然认定原告犯罪成

---

〔55〕 See David M. Rabban, The Emergence of Modern First Amendment Doctrine, 50 U. Chi. L. Rev. 1205, 1213 (1983).

立，但在其协同意见中，布兰代斯大法官在发现真理理论的基础上，提出美国宪法第一修正案的规范目的在于保护人民的自治。霍姆斯加入了布兰代斯的协同意见，这也表示他也认同布兰代斯的判断。在本案中布兰代斯指出：

> "为我们赢得独立的国父们确信，国家的终极目标在于使每个人都能自由发展其才能，而政府中的理性力量应当胜过专断。他们认为自由的价值，在于它既是一种目的，也是一种手段。他们深信，幸福的秘诀在自由，而自由的秘诀在勇气。他们认为，任人自由的思考和表达，对于政治真理的发现和传播不可或缺。只有言论和集会的自由，讨论才能制止住有害理论的传播，否则即便有所讨论，它也毫无意义可言。他们还认为，人民的麻木不仁才是自由的劲敌；公开讨论乃是人民的政治责任，而这应当成为美国政府的基本原则。他们也认识到人类的制度所面临的危险，但是他们深知秩序的维持不能依靠处罚违法行为所带来的恐惧；阻碍人民的思想、希望和想象力，只会带来风险。恐惧会滋生压制，压制会催生仇恨，而仇恨则会威胁到政府的稳定。安全之路在于容留人们有自由讨论其苦情和救济的机会，而真知灼见才是对邪说最好的修正。他们相信公共讨论中理性的力量，因此竭力避免以法律的强力来获得缄默。正是因为认识到执政的多数时常会发生的专制，他们修改了宪法而为言论和集会自由提供了保障。"〔56〕

布兰代斯的上述意见，几乎囊括了美国宪法学对言论自由规范目的最重要的理论。例如，布兰代斯提到了"政治真理"的发现和传播，从中人们可以发现霍姆斯之发现真理理论的影子。他还认为国家的目标在于使每个人得以自由发展，这实际成为美国宪法第一修正案理论上"自我实现论"的先河。这种理论认为，第一修正案的规范目的，在于保护个人自我价值的实现和个人的自主。既然如此，人民的艺术、哲学、文化活动也应受到第一修正案的保护，因为它们都有助于个人价值的实现〔57〕。不过，按照美国宪法学者的看法，布兰代斯在这里似乎更为强调言论自由之于人民自治的重要意义〔58〕。首先，布兰代斯认为，"如果尚有时间可以通过讨论而揭穿其错谬，通过教育而避免其危害，则适当的方法在于更多的言论，而不是强制的缄默"。这

---

〔56〕 Whiteny v. California, 274 U. S. 357, 375 (1927).

〔57〕 See Redish, The Value of Free Speech, 130 U. Pa. L. Rev. 591 (1982).

〔58〕 See Vincent Blasi, The First Amendment and the Ideal of Civic Courage: the Brandeis Opinion in Whiteny v. California, 29 Wm. &Mary L. Rev. 653, 670 (1988).

实际上是主张，公开和透彻的讨论能够形成和改进公共决策。这是人民参与国家治理的重要方法，因此他说“公开讨论乃是人民的政治责任，而这应当成为美国政府的基本原则”。其次，公开和透彻的讨论，能够为少数派提供发表其不同意见的途径，从而促成政府的稳定。因为“压制会催生仇恨，而仇恨则会威胁到政府的稳定”。最后，布兰代斯认为，美国国父们之所以要制定“权利法案”，就在于他们“认识到执政的多数不时存在的专制”，这实际上隐含着防止政府滥用权力的含义。上述三点完全合乎人民自治理论的理论要素〔59〕。布兰代斯的意见，已经奠定了美国宪法第一修正案中人民自治理论的基本框架。这个理论，和前面提到的发现真理论、自我实现论等等，都是第一修正案最重要的理论〔60〕。

当然，人民自治理论的意义，在于它被认为是美国宪法第一修正案的规范目的，是基于美国宪法的基本权利理论。这个理论还成为美国最高法院发展新型保护标准的依据。布兰代斯提出“公开讨论乃是人民的政治责任，而这应当成为美国政府的基本原则”。1964 年美国最高法院大法官布伦南在 New York Tomes Co. v. Sullivan 案中即沿着这个思路，进一步宣告“我们对本案的讨论，须考虑到国家对下述原则的深刻笃信，即关于公共问题的辩论应当是不受约束、坚定和敞开的”，而保护人民对政府和政府官员的批评，乃宪法第一修正案的核心含义〔61〕。不无巧合的是，布伦南在这句判词之后，用了很长的篇幅引述了布兰代斯在 Whiteny v. California 案中发表的上述判决意见。在 New York Tomes Co. v. Sullivan 案中，基于促进人民自治的规范目的，布伦南大法官宣告了“实际恶意”原则，即政府官员必须证明言论者的诽谤言论具有“实质恶意”，方能获得民事赔偿。这是一个门槛极高的证明

〔59〕 See Kathleen M. Sullivan & Gerald Gunther, Constitutional Law, 14th edition, The Foundation Press, 2001, p961.

〔60〕 这里需要指出的是，美国宪法学理论对宪法第一修正案规范目的的论证，从某种角度看并不是完全相容的，它们在实践中有可能导致相互冲突的结果。例如挑衅性言论（辱骂他人）很可能合乎自我实现的目的，但却无助于真理的发现，也和人民的自治无关。因此，选择不同的规范目的，将导致不同的裁判结果；而各种规范目的之间又没有公认的先后次序，这将使得法院可以根据自己的偏好而任意选择规范目的，最终将影响到宪法裁判的安定性。对此问题，有的美国学者指出，言论自由领域内本身就存在各种不同的价值，其间的关系甚为复杂，因此无法将它们抽象归结为单一的某种终极价值。See Edward J. Blousten, The Origin, Validity, and Interrelationships of the Political Values Served by Freedom of Expression, 33 Rutgers L. Rev. 372, 395 (1981) . 也有人指出，对言论自由的充分保护须建立在多种理论之上，这样才能对林林总总的各种表达方式都给予保护。See Laurence H. Tribe, American Constitutional Law, Foundation Press, 2d Ed. 1988, p789.

〔61〕 New York Tomes Co. v. Sullivan, 376 U. S. 254, 273 (1964) .

责任规则，它大大加深了对言论自由的保护。这是基于美国宪法第一修正案的规范目的对传统的诽谤法规则进行改造的典型〔62〕。到了1967年，美国最高法院又将最初只适用于政府官员的“实际恶意”原则扩大适用于“公众人物（public figure）”。之所以要将“实际恶意”原则做扩大适用，就在于美国最高法院认为，当代社会下“公”“私”之间的界限已经式微，传统上只经由政府过程而作出的公共政策，现在则在很大程度上受制于私人〔63〕。既然为了保护人民对公共问题的讨论而需要限制政府官员的私权，那么现在也就有同样的必要来限制“公众人物”的私权〔64〕。换言之，“公众人物”本不同于政府官员，但就保护人民自治的规范目的而言，政府官员和“公众人物”具有同等重要的意义，因此有必要将适用于前者的“实质恶意”规则类推适用于后者。这是一种经由类推而填补漏洞的法学方法〔65〕，这种方法的关键，就在于根据一定的规范目的，对原本不同的事物予以同等处理〔66〕。可以看出，美国宪法上“公众人物”标准的提出，依然来自于对美国宪法第1修正案规范目的的解读。由此更可见基本权利规范目的之于形成基本权利具体保护标准的重要意义了。

四、无目的地乱撞：“公众人物”标准在我国的变异

近年来，“公众人物”的概念也被引入我国法学理论和法律实践。在讨论人格权保护的问题时，我国民法学理论在借鉴美国法的基础上，论证了公众人物隐私权受限制的原理。他们认为，公众人物名誉权、隐私权受限制的主要理由在于新闻价值和公众的合理兴趣〔67〕。对公众人物隐私权的限制，

〔62〕 See Harry Kaven, The New York Times Cases: A Note on “The Central Meaning of the First Amendment”, 1964 Sup. Ct. Rev. 191.

〔63〕 Curtis Publishing Co. v. Butts, 388 U. S. 130, 164 (1967).

〔64〕 See Harry Kalven, The Reasonable Man and The First Amendment: Hill, Butts and Walker, 1967 Sup. Ct. Rev. 267, 288.

〔65〕［德］齐佩利乌斯：《法学方法论》，金振豹译，法律出版社2009年版，第99页。

〔66〕 拉德布鲁赫说过，“相同性不是现实存在的，事物和人都有所不同，正如每个鸡蛋都形状各异。相同性总是基于某个特定的角度从现有的差异性中抽象出来的”。［德］魏德士：《法理学》，吴越、丁晓春译，法律出版社2005年版，第374页。这里说的“某个特定的角度”，实际上就是法律的规范目的。

〔67〕 张新宝：《名誉权的法律保护》，中国政法大学出版社1997年版，第108页；张新宝：《中国侵权行为法》，中国社会科学出版社1998年版，第385页；王利明主编：《民法》，中国人民大学出版社2000年版，第519页。

也来自于舆论监督和保护公民知情权的需要〔68〕。这些理论也影响到了我国的司法实践。范志毅诉文汇新民联合报业集团名誉权案就是一个典范〔69〕。在这个案件中，范志毅起诉被告发表的指责其赌球的报道失实，侵犯其名誉权。上海市静安区法院判决认为：

本案争议的报道是被告处在“世界杯”的特定背景下，遵循新闻规律，从新闻媒体的社会责任与义务出发，为了满足社会大众对公众人物的知情权而采写的监督性报道。关于原告赌球的传言，从表面看，是涉及原告个人的私事或名誉，但原告这一私事或名誉与社会公众关注“世界杯”、关心中国足球相联系时，原告的私事或名誉就不是一般意义的个人之事，而属于社会公共利益的一部分，当然可以成为新闻报道的内容……即使原告认为争议的报道点名道姓称其涉嫌赌球有损其名誉，但作为公众人物的原告，对媒体在行使正当舆论监督的过程中，可能造成的轻微损害应当予以容忍与理解。

可以看出，无论是民法学理论上的论证，还是实践中法院的裁判理由，都指出公众人物名誉权、隐私权受限制的原理在于舆论监督，以及保障公众对于社会公共事件的知情权。这些概念的原型都是美国宪法上的人民自治理论，而“知情权”的概念本身就出自于美国法〔70〕。人民的自我治理不能离开人民对社会公共事务的知情和讨论，而公众人物具有影响政府决策的强大能力，因此他们就应当成为人民品头论足的对象，其隐私权和名誉权自然应受到更多的限制。我国民法学理论和法院的实践，似乎完全接受了美国宪法上的这个理论，而没有顾及和论证这样的理论是否合乎我国宪法。

人民自治理论是否为合乎我国宪法的基本权利理论，它是否是我国宪法第35条的规范目的，并不是本文讨论的范围。本文只想指出，由于我们没有对宪法基本权利条款的规范目的做系统论证，更没有形成一套融贯的基本权利理论，而在遇到具体案件之际仅止步于对外国宪法理论的零散继受，因此实践中的前后矛盾也将成为不可避免的现象。“公众人物”理论在2010年发生的“微博第一案”中的颠倒就是一个典型的事例。2010年，360公司董事

〔68〕 王利明：《人格权法研究》，中国人民大学出版社2005年版，第243页；梁慧星：《裁判的方法》，法律出版社2003年版，第181页。

〔69〕 张海棠主编：《上海法院30年经典案例：1978—2008》，上海人民出版社2009年，第905页。

〔70〕 王名扬：《美国行政法》（下），中国法制出版社1995年版，第953页。

长周鸿祎通过微博发表“揭开金山公司面皮”的系列文章，对金山网盾公司进行了点名批评，称金山“像黑山”，“俨然一副正人君子的模样”。金山公司起诉后，北京市海淀区法院于2011年3月作出一审判决。法院首先认为，个人微博的特点是分享自我的感性平台，而非追求理性公正的官方媒体，因此相比正式场合下的言论，微博上的言论随意性更强，主观色彩更加浓厚，相应对其言论自由的把握尺度也更宽。这里人们似乎不难觉察法院更倾向于对微博言论自由的保护。不过法院话锋一转，宣称：作为公民现实社会的投影和延伸，微博中的言论自由也并非没有限制，其行使不得侵犯其他人的合法权利。法院认为，周鸿祎作为公众人物，拥有更多的粉丝、更多的话语权，他将对竞争对手的负面评价公之于众时，更应三思而行，克制而为，对其微博言论自由的限制要高于普通网民〔71〕。换言之，周鸿祎的“公众人物”身份，致使其言论自由要受到更多的限制。

就这样，“公众人物”就从一个强调更多言论自由、较少名誉权隐私权保护的概念，变化成为强调较少言论自由的概念。在美国，的确存在对政府官员言论自由的限制，其理由在于政府官员的言论可能影响到政府的整体形象、行政效率以及人民对政府的信任〔72〕。美国最高法院曾经在1967年将限制政府官员名誉权的理由，扩大适用于“公众人物”，从而扩大了对言论自由的保护；但美国最高法院却从来没有将限制政府官员言论自由的理由，扩大适用于所谓的“公众人物”。对美国最高法院来说，其实践具有理论上的一致性，因为它有着一套融贯的基本权利理论。我国法院的实践却恰恰相反，它对“公众人物”理论的采纳始终是随机性的，过多决定于直觉，而不是细致的理论分析。因此它既可以成为对言论自由予以更多保护的理由，也可以成为对言论自由进行更多限制的依据。由于一开始就没有纳入一个融贯性的基本权利理论当中，公众人物的概念在2010年的这个案例中最终走到了它的理论反面。这难道不是一个值得深刻反思的现象吗？

结　语

从比较法的角度看，无论是德国还是美国都有较为具体的基本权利保护

〔71〕“北京金山安全软件有限公司诉周鸿祎侵犯名誉权案”，载最高人民法院中国应用法学研究所编：《人民法院案例选》（第84辑），人民法院出版社2013年版，第143页。

〔72〕Pickering v. Board of Education, 391 U. S. 563, 572（1968）.

标准。德国采取一元标准模式，即适用比例原则对限制基本权利的立法进行个案衡量式的审查。美国则采取多元标准，也就是对基本权利进行类型化之后，对不同类型的基本权利适用不同的标准〔73〕。仅仅就美国宪法第一修正案保护的言论自由而言，美国宪法学理论就将言论区分为煽动性言论、挑衅性言论、诽谤性言论、色情言论、商业言论等等类别，而对每种类别的言论则各自适用不同的保护标准，例如本文详述的“明显且即刻的危险”标准只是适用于煽动性言论的保护标准，“实质恶意”是适用于诽谤性言论的标准，等等，不一而足〔74〕。这样做的前提条件，在于美国宪法学理论发展出了一整套融贯的有关言论自由的基本权利理论，例如寻求真理论、人民自治论、自我实现论，等等。

我国宪法没有对法律设立违宪审查体制，宪法规定的基本权利将主要通过立法的方式予以实施，而非由司法机关做具体化的适用，那么讨论基本权利具体保护标准的意义何在？本文以为，为基本权利设定具体的保护标准，能够为立法机关提供具体的指引。就原则而论，由于宪法第 51 条规定的基本权利限制理由过于笼统，它不能为立法机关的具体化立法提供任何具体的指引。按照《立法法》第 8 条的规定，对公民政治权利的剥夺、限制人身自由的强制措施和处罚，只能制定法律。这是法律保留原则的体现。但问题在于，未必立法机关依据法律保留原则制定的每一项具体化立法都能合乎宪法保护基本权利的本旨〔75〕。如果听任立法机关对宪法第 51 条的任何具体化立法，则任何在立法机关看来不合公共利益的行为，都将不能得到宪法的保护，那么基本权利也就名存实亡了。因此，为了基本权利的有效保护，必须发展出一系列具体的保护标准。

当然，对基本权利具体保护标准的确定，比较法可以为我们提供一定的参考〔76〕，但即便外国成功的经验，也不能离开对基本权利条款规范目的的系统论证，不能离开基于我国宪法文本的基本权利理论。例如“公众人物”标准，虽然在美国的运行甚为成功，但它未必合乎我国宪法。这是因为我国宪法虽然规定了言论自由，但宪法同时也规定了人格尊严。非但如此，人格

〔73〕 张翔：《基本权利的规范建构》，高等教育出版社 2008 年版，第 65 页。

〔74〕 有的美国宪法学家称之为宪法第一修正案的“法典化”。See Frederick Schauer, Codifying the First Amendment: New York v. Ferber, 1982 Sup. Ct. Rev. 285.

〔75〕 韩大元、王贵松：《宪法文本中“基本法律”的实证分析》，载《法学》2005 年第 2 期。

〔76〕 张翔：《基本权利的规范建构》，高等教育出版社 2008 年版，第 67 页。

尊严在我国宪法理论上的意义绝非小可，这是修宪者基于“文革”期间公民人格遭受践踏的惨痛历史而做出的郑重选择〔77〕。就此而论，对“公众人物”名誉权和隐私权的限制或许有宪法第35条言论自由条款上的理由，也有比较法上的依据，但它未必能切合我国宪法第38条人格尊严条款的规范目的。因此，限制“公众人物”私权的妥当标准，不能只考虑宪法第35条的规范目的，而是要做体系化的思考，一并虑及38条的规范目的，进而在这两种不同的规范目的之间达致必要的平衡。从这个意义上来说，我国宪法学理论对基本权利具体保护标准的论证，其最大的难度并不在于对具体保护标准的设计，而在于对基本权利条款规范目的的论证，并在体系化思考之上提出一套融贯的基本权利理论。“明显而现实的危险”标准的形成史充分说明了这一点，“公众人物”标准的提出也说明了这一点。这是我国宪法学理论进一步深化的必由之路，也是宪法学义不容辞的责任。

〔77〕 许崇德主编:《中国宪法》(修订本)，中国人民大学出版社1996年版，第418页。肖蔚云先生更为直接地指出，宪法第38条中“所谓侮辱、诽谤，是指‘文化大革命’中那种乱批判人、斗争人、戴高帽子、挂牌子、游街、乱戴政治帽子、用大字报侮辱和诽谤人等非法行为”。参见肖蔚云:《我国现行宪法的诞生》，北京大学出版社1986年版，第138页。

论儿童被害人司法保护权

张玮心*

引 言

英美刑事诉讼法采当事人进行主义，而为充分保障被告人之人权，践行交互诘问和严格证据法则。惟此种以被告人之人权为中心之诉讼程序，似有轻忽被害人及证人的缺点。尤其近年儿童遇害事件不断，儿童作为被害人兼唯一证人之情形下，对抗加害人着实不易。我国自肯认国际人权公约后，儿童人权的命题更显迫切，特别是其中第六条的生存权和发展权。本文爰以儿童被害人居于诉讼架构弱势地位之事实，呼吁正视儿童的司法保护。

一、女童血腥报复的省思

最近一则英国的新闻报道“男子性侵 8 岁女童，6 年后女孩血腥报复”[1]，震惊世界各地，也给国人带来不少冲击与省思。该案案发于 2009 年，在英国 Bradford 市，一名 56 岁的 Zabhullah Boota，被控性侵一名 8 岁女童，不过由于法律上的程序与漏洞，让他最后无罪释放。根据女童母亲表示，女儿始终走不出阴影，罹患偏执等心理疾病。当她得知伤害她的人竟无罪释放时，整个人都崩溃了，自始无法专心于课业被学校退学。2015 年，已经 14 岁的女童，持刀闯入强奸犯的家，用刀刺杀被告人。小女孩在刺伤了这个强奸犯之后，随即被警方以谋杀未遂罪移送法办。审理本案的法官对女童被起诉的罪名不表认同，并且表示把受害女童送进监狱是种耻辱。法律已经背叛

---

* 张玮心，河南科技大学法学院特聘教授，台湾中央警察大学法学博士。

〔1〕 凤凰网，载 http://gongyi.ifeng.com/a/20170307/44551287_0.shtml#p=1，最后访问时间 2017 年 4 月 8 日。

她一次，这一次他绝不会再让这种事发生。此案不禁让人思考，现代的刑事诉讼架构主要在为被告人之人权的不断修正与改良，然而儿童的人权要如何主张？儿童在遇害前的自我保护能力有限，而为何在遇害后，司法还不一定能还她公道？究竟当事人进行的刑事诉讼架构出了什么问题？诚然，一个公正、有效和人道的刑事司法制度，不应只侧重被告人或犯罪嫌疑人之权利，同时也应该尊重被害人基本权利，并贯彻对被害人认同。

近年来两岸出现越来越多的儿童遇害事件，迫使大人们不得不承认，儿童乃犯罪事件中完美的被害人选（Children make perfect victim）〔2〕，盖其年龄、体型、依赖性，使儿童成为脆弱的目标，而相关的研究也证实儿童被害概率是成人被害的二到三倍。回顾10多年前台湾台中市发生一起竹竿女童性侵事件，一名5岁女童被发现昏倒在一辆废车旁惨遭恶徒用竹竿戳下体凌虐，长达180厘米的小肠和子宫被拖出体外坏死，下体血流如注，一旁有一支长达90厘米的削尖竹竿。女童经送医急救并输血挽回一命，但女童小肠仅保住8厘米，无法充分进食吸收营养，终女童在15岁时因长期营养不良而引发多重器官衰竭逝世，而加害人至今逍遥法外、下落不明〔3〕。2015年，台北市北投区文化小学一名女童在校内厕所遭人割喉死亡，被告人坚称是因为幻听才会杀人；嗣经士林地方法院审理后，依杀人罪判处被告人无期徒刑〔4〕。同年3月间，台北市内湖区一名4岁女童和妈妈一同外出，妈妈推着娃娃车，女童骑着小脚踏车，两人行经台北内湖环山路一段一处巷口时，突然被一男子尾随砍杀，小女孩的头颅与身体当场分离〔5〕。鉴于台湾目前司法倾向废死，所以杀死人也不一定会被判处死刑，于兹，民间流传个笑话说道台湾地区司法是专门为被告人权所设计，暗讽犯罪人的人权高于被害人的人权。

儿童被害事件，加害人除可能为陌生人外，也可能来自家庭成员，如原生父母、继父母、褓母、祖父母等。其中性侵害案件可谓最难侦查，一方面是检方举证困难，二来是加害人可能来自家庭成员、照护人、邻居朋友或熟识的人，导致儿童常隐忍或因为羞耻感而不愿意向师长或他人透露，或即便

---

〔2〕 Lipovsky, J. & Stem, P., Preparing Children for Court: An Interdisciplinary View, Child Maltreatment, Vol. 2 (2), 1997, pp. 150 – 163.

〔3〕 凤凰网，载 http://blog. ifeng. com/article/4114346. html，最后访问时间2017年4月5日。

〔4〕 新浪网，载 http://baby. sina. com. cn/news/2016 – 02 – 29/doc – ifxpvysv4977484. shtml，最后访问时间2017年4月8日。

〔5〕 中国新闻网，载 Http://www. chinanews. com/tw/2016/03 – 29/7815324. shtml，最后访问时间2017年4月8日。

向公安报案，倘无明显外伤，其证言的可信性也会受到辩方律师的严厉攻击。而越是亲近加害人的关系，儿童害怕背叛的情感越强烈，而且随着忍受的时间越长，身心的康复也越低。纵使案件经揭露后移送至法院，出庭这件事亦让儿童被害人视为畏途，其原因包括：审判程序的延宕持续、重复的问话、作证次数超过一次、儿童缺乏与专家或家庭的沟通、害怕公开的场合、欠缺对复杂程序的了解、担心与被告人面对面、激烈的交互诘问等。简言之，儿童进入法院，常因为陌生、恐惧、陈述欠缺重点等若干因素，使得儿童多数时候不能成为有效证人，因而失去可能胜利的官司，更甭提冗长的审判程序对儿童心理发展造成的伤害影响。美国司法部特别在 1998 年印制一本有关儿童被害人兼证人的指南，提供司法人员在处理儿童被害人及儿童证人时应注意之事项，序页的一开始即先对于法官、检察官、司法工作人员处理涉及儿童刑事司法的程序较为不易表示认同。另外，内文中也建议检察官于侦查有关儿童被害人或证人的案件时，宜先具备对儿童的认识，以培养对此类案件的敏感能力〔6〕。

儿童先天条件要能与成人对抗原属不易，倘家庭成员又为加害人，则雪上加霜。国家本于保护儿童之责任义务，对于诉讼架构中属于弱势族群之儿童，更应充分保障其为被害人兼证人之司法权利。儿童与成人一样享有基本人权，毋庸置疑，然因受限于年龄等条件因素，致其于司法系统中的权利往往被忽略。被告人的人权保障一直是现代人权保障问题的核心内容，又有关被告人生命权保障的死刑问题，则无疑是被告人之人权保障中的关键。因为生命权是最基本的人权，是每个人固有的权利。惟死刑的适用是否应该符合现代社会意义？本文爰引介美国一起幼童遭遇性侵的重伤害事件为例，分析州法院与联邦法院就被告人得否处以死刑的论述歧见。正当被告人主张生命权、主张不能使用过度刑罚时，另一个小生命却来不及长大，或者说他们应该健康长大的权利被剥夺。究竟犯罪人之人权遇上儿童被害人之人权，法院要如何权衡，殊值探究。

二、Louisiana v. Kennedy 案的争论点

Kennedy 案发生于 2003 年路易斯安那州，被告人 Kennedy 因强奸其 8 岁

〔6〕 U. S. Department of Justice, Child Victims And Witnesses: A Handbook for Criminal Justice Professionals, Revised, United States Attorney's Office, District of Columbia. 1998, p. 3.

继女，造成女童身体多处严重创伤并经手术医疗，嗣经大陪审团起诉成立加重强奸罪后，遭到路易斯安那州事实审法院判处死刑。被告人不服上诉，主张路易斯安那州“强奸幼童得处死刑”的条文违宪，遭到路易斯安那州上诉审法院驳回。2007 年路易斯安那州最高法院审查该案，再度驳回上诉并重申该条文合宪。路易斯安那州是美国第一个于 1995 年立法通过强奸儿童得处死刑的州。该条文规定于路易斯安那州现行刑法第 14 章第 42 条 A 项第 4 款，强奸未满 12 岁儿童成立“加重强奸罪”（Aggravated Rape），检方可以对被告人具体处以无期徒刑或死刑。Kennedy 不服上诉美国联邦最高法院。

2008 年美国联邦最高法院以 5∶4 票数，推翻路易斯安那州最高法院判决 Kennedy 案触犯加重强奸罪得处死刑之条文合宪，因被害人未死亡的情形下，罪罚不符比例原则，违反美国宪法增修条文第 8 条禁止残酷且不寻常之刑罚规定。美国联邦最高法院宣告系争条文违宪，此案看似落幕，却意外引发民意剧烈抨击；接着又发现联邦军事刑法于 2006 年，甫通过国会立法制定强奸儿童得处死刑之条文。关于强奸幼童得否处死刑的条文，美国联邦最高法院与路易斯安那州最高法院分别作出违宪与合宪判决，颇有一番较劲意味。以下分析两者要旨[7]。

（一）美国联邦最高法院意见

1. 罪罚不相当

美国联邦最高法院判决 Kennedy 案死刑违宪的第一点理由是：刑罚不符比例原则，盖强奸罪不若杀人罪会有直接引致被害人死亡之结果。然上述理由受到舆论挑战，一名加州少女 Jaycee Lee Dugard 在 11 岁时遭绑架、性侵、非法囚禁长达 18 年，而犯案被告人 Phillip Garrido 是一名性侵儿童的累犯，曾于 1972 年被控性侵一位 14 岁女孩，却至 1977 年因性侵另一名少女始遭法院判刑 50 年。被告人服刑 11 年后于 1988 年假释出狱，然于假释期间再度犯下本案并脱逃，最后落网并经加州法院判处 431 年。Dugard 控告加州政府对重罪假释犯监管不力，遂而提起诉讼请求赔偿。2010 年 7 月 1 日，加州众议院以 62∶0，参议院以 30∶1 通过和解案，赔偿被害人金额高达 2000 万美元，加州政府自此加强对性犯罪假释犯的监管。

民众议论纷纷，刑罚要符合比例原则，应该从谁的角度思考？根据实务经验发现，性侵儿童的再犯率很高，而且被告人于服刑期间往往较其他犯罪

〔7〕 Louisiana v. Kennedy, Case No. 05 - KA - 1981 (2007).

人的表现温驯，而容易获得假释机会。果然，被告人假释期间再犯，社会成本竟是赔上了另一名无辜少女18年的青春，那种生不如死的痛苦，只有被害人亲身体验才能论断；又判处被告人431年和死刑究竟有何区别实益？难道只因为被告人抗辩主观上不具杀人意图而罪不至死？

2. 废死的共识

美国联邦最高法院推翻Kennedy案的第二点理由是，基于废死乃全国多数人共识。此项结论的依据来自2005年全美共计有5702笔儿童遭性侵害通报案件，却仅有6个州立法对儿童成立强奸罪得处死刑之法律，从而推论大多数州反对死刑之见解。次查1977年美国联邦最高法院曾于Gregg案判决，强奸成年妇女得处死刑的条文违宪，但对强奸幼童罪是否可处死刑之态度显得保留。

另外，美国联邦军事刑法于2006年才刚通过国会立法制定性侵儿童罪得处死刑之条文〔8〕。而联邦最高法院意见书中所举"国家共识"，在违宪判决出来的民意调查结果却显示55:38〔9〕，人民竟多数赞成强奸儿童得有死刑之适用，无疑重挫美国联邦最高法院之威信。接着，迫使联邦最高法院对原判决意见修正，除说明军刑法之死刑规定不适用一般人民外，对于未发生死亡结果的犯罪，死刑仍显不符比例原则〔10〕。尽管如此，联邦最高法院大法官Alito也直言，强奸儿童是否得处死刑乃立法政策的问题，无涉死刑是否为残酷且不寻常之处罚。于是，Kennedy案在发回路易斯安那州法院后，改判以无期徒刑且不得假释。而路易斯安那州最高法院则是美国司法史上，分别于1996年、2007年二度判决死刑合宪的州，其坚持捍卫该州对儿童成立加重强奸罪得处死刑之条文，并不因其为少数州意见而立场动摇，令人感佩。

（二）路易斯安那州最高法院意见

1. 死刑的审查严谨

反观路易斯安那州最高法院申明Kennedy案死刑判决没有违宪之理由，系基于被告人所争执的各项上诉理由进行审查，确定被告人经由大陪审团起诉加重性侵害罪，从证据、陪审员之选任，至陪审团一致有罪之判决、律师

〔8〕 National Defense Authorization Act, Section 552 (b): "For an offense under subsection (a) (rape) or subsection (b) (rape of a child), death or such other punishment as a court - martial may direct."

〔9〕 The National Consensus on Capital Punishment for Child Rape, http: //volokh. com/posts/1216572130. shtml, last visited on July 30, 2011.

〔10〕 Kennedy v. Louisiana, No. 07 - 343, argued April 16, 2008, decided June 25, 2008; modified October 1, 2008.

强制辩护、直接上诉、几次量刑听审等严谨程序后，并无发现上诉人所指陪审员有偏见、证据认定错误等事实。又检方充分举证证明，被告人性侵之犯行确实造成女童身心重大伤害而其对未来衍生之影响，岂能简单用被害人没有死亡去消减恶行。是被告人死刑之审判符合一切正当法律程序〔11〕。

再者，限缩死刑的适用范围方法有两种：一是立法机关限制得处死刑的犯罪，二是由立法机关抽象定义得处死刑的犯罪，而由陪审团限缩其适用之范围〔12〕。路易斯安那州选择了第一种方式，由立法机关限缩适用死刑的犯罪。由于适用死刑的犯罪类别很窄，联邦最高法院既已判决揭示量刑设计为合宪，从而死刑不无可能被使用于非属杀人之其他相同级等之犯罪。不论大陪审团之起诉、检察官具体求处死刑或其他刑罚，在决议过程中并非不受到拘束。路易斯安那州的刑事诉讼法提供指南让陪审团遵循，以确保裁决的恰当。又审判采双叉检验的量刑听审，若被告人为无资力者，会由本州法院专门为死刑犯辩护的律师名单上选任律师代理，而陪审团必须达到毋庸置疑的程度，始能裁断被告人有罪，并且任何死刑的案件都必须受到强制审查。

2. 死刑之社会功能

又刑罚之正当性目的，通常指应报与犯罪预防。被告人争执对未满 12 岁儿童为性交行为者，得处死刑，完全偏离刑罚的两个正当功能。对此，路易斯安那州最高法院回应，此罪的犯罪黑数很多，尤其当加害人是家庭成员时，基于情感上因素，一旦想象死刑的严厉便会踌躇不前，或因为害怕家庭成员被判处死刑，而不敢向学校师长或任何人透露遭受性侵害的事实，这些将使儿童性侵案通报率变得更低。另一方面，有论者质疑加害人是否会因死刑，而更有理由于性侵后直接杀害儿童以避免遭到指认。诸如此类之推测或许都可能发生，但被告人却忽略了儿童不是对死刑负责的人，而是犯罪者应为其行为付出代价。儿童于性侵案件中完全是无辜的一方，而有关刑罚目的乃立法机关决定，非法院。社会禁止私刑，亦反对受害人活该承受，于是国家须要借由刑事制裁以审判犯罪者，实现正义与应报。对性侵儿童之犯行得处死刑之法律，被认为能吓阻该行为的发生。当然，可能的刑罚方式很多，引述大法官 Burger 于 Coker 案中的不同意见书曰之，我们很难断言哪种刑罚是绝对正确，只是今日的判决是美国联邦暂先排除其他可能性的一个决定罢了。

---

〔11〕 State of Louisiana v. Patrick Kennedy, No. 05 - Ka - 1981, (2007) .

〔12〕 Lowenfield v. Phelps, 484 U. S. 231 (1988) .

路易斯安那州是唯一允许对强奸12岁以下儿童得处死刑的州，不免令人存疑这个法条能继续存在多久，然若过些年后性侵儿童之犯罪大幅减少，被害人愿意配合举发性侵害罪行，人民也开始对法律恢复信心，那么这个法条之成效将可能被其他州援引立法。最终，法律允许对未必发生死亡结果之犯罪亦得处死刑，因为这是立法机关的决定，法院应予尊重依循，没有违宪之虞。但这并不表示立法机关可以无限上纲去背离刑罚的中心目标，亦即立法者仍必须恪遵美国宪法增修条文第8条以及路易斯安那州宪法第1节第20条的宗旨精神，且仍有受司法审查之监督必要。果尔，成年人性侵儿童而致被害人生不如死之情节，或身体机能严重受创之结果者，检察官具体求处死刑、无期徒刑，既不为过分刑罚，亦非法院擅断的任意性决定。

三、强奸不比杀人严重?

Kennedy案中一个值得思考的命题是被告抗辩：强奸行为不及杀人严重，从而不应有死刑的适用？对此，路易斯安那州最高院驳斥被告人以下几点：

（一）刑罚条文合乎时宜

许多性侵害事件中，被害妇女证述宁愿死也不愿被强暴，更有在经历性侵害后倾向结束个人生命者。其次，Coker案中多数大法官亦曾进一步提及，杀人罪虽是一种对个人生命的最大侵犯，但强奸罪无疑是对妇女人格身体自主权的侮辱和轻蔑，立法者爰结论对儿童的强奸行为，则更加令人嫌恶、无法忍受。

是以，路易斯安那州的加重性侵害罪条文（La. R. S. 14：42C），是立法者在1995年通过第397号第1条法案，经众议员以79比22票、参议院39比1票修正完成，并于同年8月19日公告施行。又性侵未满12岁儿童，和其他犯罪不同；因儿童无法保护自己，国家应担负保护他们的责任。儿童是需要被特别保护的一群，他们不仅年幼脆弱，且尚未成熟至足以抵抗、防卫自己的能力。一个成熟的社会（maturing society）透过立法，了解到性侵儿童罪的堕落与摧残力量，以及该犯行严重践踏了儿童的身心尊严，也对儿童将造成深远的渗透性创伤。至于，如何判断刑罚是否过分，应衡量当下社会氛围与合时宜的标准。此所曰美国当代社会的氛围，系指公民的态度，而立法者的判断基本上展现了民意；当然，合宪性之检验不能背离当代的标准。诚如大法官Burger所言，死刑之科处限于罪大恶极之罪，而对路易斯安那州人民而言，强奸儿童之犯行是其一种。

（二）性侵对儿童的残害甚巨

一直以来，对于不会预见死亡结果的犯罪，死刑被认为不应该是惩罚的选项之一；所以联邦最高法院曾判决死刑对强盗犯罪之制裁是过分的刑罚，便系基于此论理〔13〕。O'Connor、Burger、Powell、Rehnquist 等诸位大法官支持强奸儿童得有死刑适用之意见指出，纵被告人未实际上实现杀人或意图杀人之犯行，不意味对其科处死刑便与杀人罪之刑罚不成比例。大法官O'Connor进一步补充，法院不应仅考虑当代的标准，即遽断死刑和所犯罪行不相当，而亦应考虑犯行对被害人所造成的伤害。何况当代的标准，是由立法机关预示该等伤害对儿童而言是巨大的，其所受之损害除身体上，还有情绪及精神上，特别当加害人又为家庭之成员之情形。路易斯安那州法院发现经历性侵被害事件将对儿童造成难以言喻之心理创伤，其不仅是对受害儿童本人，该梦魇甚至可能世代延续。再者，一般经验告诉我们，儿童与少年之间，不论是心智上或生理上的成熟程度尚且有别，儿童时期遭受虐待的创伤简直根深蒂固。加重性侵害罪引致的结果，不仅是对被害人精神上和身体上的伤害，其亦无形中破坏小区中人民的安全感。对儿童少年而言，性侵害的经历除身体上的伤痕外，更大的部分是尊严被随意践踏蹂躏。儿童的年龄凸显他们的脆弱和抵抗能力的不足，而成人很难想象这样残酷的行为对一个 8 岁儿童可能产生的影响。

路易斯安那州最高法院进一步说明，Enmund 案中的九位联邦最高法院大法官中有四位皆表同意：不一定仅能对杀人罪或会产生死亡结果的行为科处死刑，同理，纵被告人因心神障碍而未必故意的实现杀人行为，亦非不能处以死刑。最终，联邦最高法院仍拒绝划下一条清楚的界线，明确标示出罪大恶极之犯行，尚且有死刑之绝对禁止与相对禁止差别。美国宪法增修条文第 8 条以比例原则为基础，禁止对犯轻罪者科处死刑，而性侵未满 12 岁儿童并非属轻罪之一种。此外，联邦最高法院于 Coker 案中阐示，犯罪所导致之损害，受害者并非被害人一人，还有整个社会受到的伤害。其旨在暗示有些犯罪，以性侵害儿童为例，受害者不应只考虑到一名儿童而已，而忽略该事件对人民造成冲击的损害。诚然，对于此种强奸儿童的罪行，人民不会感觉死刑是过分的刑罚，反认为那是社会道德极度愤怒的表现。也许，此观点立

〔13〕 Enmund v. Florida, 458 U. S. 782 (1982).

场不让某些人接受，但在一个有序的社会下呼吁人民信赖司法，而非靠自救的方式去报复，是有必要的。

四、儿童被害人之人权

有关儿童被害人兼证人之权利，本系着眼于儿童人权而建立，考其《儿童权利公约》之产生，应追溯至1959年11月20日，联合国大会为呼吁世界各国对儿童福利与权利之重视，参照美国1930年11月9日召开之第3届白宫儿童会议所通过之儿童宪章内容（Children's Bill of Rights），进而草拟颁布《儿童权利宣言》暨10项原则[14]：

（一）儿童的基本权利

儿童的基本权利明定有：①儿童不因其种族、肤色、性别、语言、宗教、政治、家庭等因素而受到歧视。②儿童应享特别保护，并在自由与尊敬环境下，获得身体、心智、道德、精神及社会各方面之健全发展；而在制定相关法律时，更应以儿童最大利益为优先考虑。③儿童一出生即应有姓名与国籍。④儿童享有社会安全制度之福利，受到适当养护、居住、娱乐与医疗。⑤儿童在身心或社会方面有缺陷者，应依情形给予矫治、教育、照顾。⑥儿童需要爱与了解，以利其人格之和谐发展，无特殊理由，不得使儿童与父母离开。⑦儿童享有受教权，至少在初等阶段，应接受儿童义务教育。⑧儿童于任何情况下，得优先获得教育与照护。⑨儿童应受到加倍保护，免于受到任何忽视，虐待及剥削。⑩儿童不得受种族歧视、宗教习惯等偏见之熏染。

上述之基本原则，不仅对各国之儿童福利法案产生不少启示作用，也促使联合国在1989年通过《儿童权利公约》（United Nations Convention on the Rights of the Child），昭示儿童的基本权利，又公约第1条所称“儿童”，系指未满18岁之人。而其中第6条的生存和发展权，系承认儿童与生俱有之生存权利，以确保儿童的生存与发展。第12条有关儿童的意见表达权，系谓儿童享有自身相关事项自由表意之权利，从而应给予儿童在司法和行政诉讼中，表达意见之机会。第16条申明儿童的隐私保护权，是儿童之隐私、家庭、住家或信函不受恣意或非法之干预，其信用与名誉亦不可受到非法侵害；儿童

---

〔14〕 黄州区人民政府网站，载http：//www. huangzhou. gov. cn/article/12/8422. aspx，最后访问时间2017年2月27日。

对此等干预或侵害有依法受保障的权利。第 19 条儿童有不受虐待及被遗弃的权利，政府应采取一切立法、行政、社会与教育措施防止儿童在其父母、法定监护人或其他照顾儿童之人于照顾时遭遇身心胁迫、伤害或虐待、遗弃或疏忽之对待，以及性侵害等不当待遇或剥削。又前述之保护措施，依个案情节应提供儿童与照顾儿童之人所需的各种社会计划，以及任何其他形态有效之防范措施，包括儿童虐待事件之发现、报告、调查、处理与追踪等措施，并且能给予司法程序有效之协助。

（二）儿童被害人的刑事诉讼权

2005 年 7 月 22 日联合国经济社会理事会（The Economic and Social Council），进一步针对儿童被害人参与刑事司法程序的权利事项，决议其内容应建立在三大原则上〔15〕：儿童尊严（Dignity）；儿童不受歧视（Non - Discrimination）；儿童最大利益（Best Interests of The Child），包括保护权（Protection）、和谐发展权（Harmonious Development）以及参与权（Right To Participation）。基于对儿童人权之维护，在涉及儿童被害人兼证人之司法程序或诉讼架构之设计，联合国签署会员国必须恪遵儿童于司法系统中应被赋予之权利与保障，诸如，儿童有被尊严对待的权利、不受歧视的权利、知情的权利、意见表达的权利、获得专家协助的权利、隐私的权利、受保护的权利、安全的权利、获得赔偿的权利、要求特别预防措施的权利。根据前述各项要旨，2009 年联合国儿童基金会再度出版《儿童被害人兼证人之刑事司法事项准则——专家和政策制定者使用版》，重申会员国于司法改革或相关法律之制定上，应特别留意儿童被害人与证人之利益，除具体罗列儿童的司法权利外，并强调刑事司法制度中，被害人的权利往往被忽视；换言之，一个公正、有效和人道的刑事司法制度，不应只侧重对被告人之人或犯罪嫌疑人之权利，也同时是尊重被害人基本权利，兼贯彻对被害人认同与尊严的一种制度。被害人，包括儿童，应能从司法措施中受益，尤其脆弱之儿童，要能保障其获得适当协助与妥善之待遇。兹就准则中各章之重点整理如次〔16〕：

1. 儿童最大利益之考虑

重申儿童的最大利益，乃《儿童权利公约》根本原则，其中指出刑事司法虽应保障被告人之人权，但儿童被害人亦有权要求司法制度将其最大利益

〔15〕 Convention on the Rights of the Child (United Nations, Treaty Series, vol. 1577, No. 27531).

〔16〕 United Nations, The Economic and Social Council, Guidelines on Justice in Matters Involving Child Victims and Witnesses of Crime, New York, 2009, pp. 5 - 6.

列为首要考虑，这些利益包括：儿童享有被保护的权利，有机会和谐发展的权利，生命和生存的权利，有不受任何形式加诸身心、精神和情感方面痛苦、虐待或被忽视的权利，盖因每位儿童都享有健全成长的机会权利。对于经历创伤的儿童，政府应当采取方法使其能够恢复健康的身心发展。许多国家认为本条所称“儿童最大利益”之意旨，不言自明，尽管概念宽泛不精确，却是比“儿童福利”一词，不致让法庭更加费解。

惟当儿童的最大利益与其他利益冲突时，如被告人的利益，该如何解决？对此，准则的第8段（c）项建议，两相权衡后判断或可取折中调和之方法；不论如何，儿童的最大利益为优先考虑，其乃《儿童权利公约》的首要目的。儿童的最大利益，非仅是保护儿童被害人或儿童证人于司法过程中不受到二度伤害，其同时也协助儿童于司法过程中做出贡献之能力。美国 Craig 案，最高法院判决揭示：“我们必须承认，保护性侵害事件未成年被害人，免于遭受二次伤害与难堪，乃国家一项迫切的利益。”〔17〕Ferber 案判决意旨亦强调：“即使法律的操作可能因游走在合宪边缘而略带敏感，我们仍倾向支持一个保护儿童少年身心建全之立法。”〔18〕Globe Newspaper 案的判决，则系揭示：“检方为保护未成年被害人身心健全利益的理由，已足正当剥夺宪法保障媒体以及民众观审的权利。”〔19〕

美国最高法院于 Craig 案的判决，最终结论检方保护儿童被害人的身体和心理幸福的利益，超越了被告人在法庭上对质控诉者的权利。至少在某些案件中，美国绝大多数州制定法律，保护儿童证人不得因出庭作证而再度遭受伤害，此类规定展现了对于重要公共政策的认识已经普及。进而，我们认为，当儿童证人因出庭面对被告人而会受到伤害时，保护他们免于伤害是必要的，因为该伤害可能因此损害他们的沟通能力。美国宪法上的对质条款，并未禁止启用确保证据可信的其他程序去替代面对面的方法，以保留对质的实益。况且，不容争辩的是，儿童证人是经宣誓作证，并给予被告人反诘问的机会，故其作证时，仍是受到法官、陪审团以及被告人的全程观看。因此，我们认为，透过（闭路电视）之作证方法，符合《对质条款》的规定。

儿童的最大利益，除儿童享有被保护的权利，并免于参与司法过程而遭受二次伤害外，他们在诉讼程序中也有表达自己意思和被倾听的权利，从而

---

〔17〕 Maryland v. Craig, 497 U. S. 836 (1990).

〔18〕 New York v. Ferber, 458 U. S. 747 (1982).

〔19〕 Globe Newspaper Co. v. Superior Court, 457 U. S. 596, 607 (1982).

涉及儿童被害人之案件，法院应各别进行评估，始能决定采用何种干预手段以能符合儿童的最大利益。当然在某些情况下，出于保护儿童的必要，法院应被授权做出儿童不须出庭的裁定，而这些免除儿童到庭的事项，若干国家已于相关法律中明文规定[20]。例如，南非2005年的儿童法案，明定儿童参与司法程序，法院如系考虑儿童的最大利益，而认儿童有不宜出庭之情形，得在程序开始或进行期间的任何时候，命儿童不在场，或针对案件中某个争点单独审理，但法院须记录说明该命令之理由。加拿大魁北克省的少年保护法则规定，基于出庭作证可能造成儿童被害人兼证人精神或心理情绪的伤害，法院可以裁定儿童不宜出庭作证。

2. 获得尊严和同情对待的权利

为确保儿童被害人兼证人之正义，该准则第二章强调儿童被害人及儿童证人有权于司法过程中获得尊严和同情的对待，盖每名儿童都是独特、宝贵的个体，其不断变化的行为能力与成人有别，司法人员应依儿童的处境、急迫需要、年龄、性别、残障和成熟程度，尊重其身体、精神和道德的完整性。又为避免给儿童造成更多的痛苦，所有涉及对儿童的检查、面谈等任何形式之侦查行为，均必须由受过训练的专业人员以敏感、尊重且谨慎的方式进行。由于儿童被害人或儿童证人，在很多时候因无法充分理解问题或详细复述案发经过而需要协助，许多国家设立儿童专股负责从事相关的工作，并且限制对儿童私生活的干预至最小。基此原则，巴西在1990年《儿童少年处理法》中第17条、第18条特别规定，所有人都有责任保护儿童少年的尊严，保护儿童少年免于遭受非人道的暴力、恐怖、骚扰或胁迫对待。

对于性侵害案件涉及的医疗检查，葡萄牙《保护处于危险状况的儿童少年法》第87条规定，只有在案件经调查有绝对必要的情况下，才可以对儿童进行生理检查，而检查工作必须是由合格的医疗人员，在确定儿童获得心理上之支持，如家人或儿童信任的人在场下方能进行。德国刑事诉讼法则要求对儿童之任何理学检查须经儿童本人同意，或者当儿童被认为不能充分理解自己拒绝该项检查的意义时，必须经儿童之法定监护人同意。有专家遂建议，法律应允许儿童对医疗人员的性别进行选择，并且在了解拒绝检查可能产生的后果后，儿童有权拒绝接受任何检查。若为儿童的最大利益考虑，必要时

---

〔20〕 United Nations, The Economic and Social Council, Guidelines on Justice in Matters Involving Child Victims and Witnesses of Crime, New York, 2009, pp. 10.

可以拒绝其父母的参与；而所有对儿童被害人和儿童证人的调查活动，不论是面谈或医疗检查，都必须是在对儿童有利的环境下进行。重要的是，不能让儿童感到自己必须为经历的被害事件负责，而这种自我责备的倾向是所有被害人常有的反应。

3. 不受一切形式歧视的权利

该准则第3章指儿童有不受一切形式歧视的权利，其涵盖三个层面：一是不受歧视之基本人权，二是于司法过程中因特殊需求而享有协助与保护之权利，三是不因年幼致其证言被忽视之权利。此项原则，参照《国际刑事法院罗马条约》（The Rome Statute of The International Criminal Court）第3节第21条规定所阐示：法律的适用和解释必须与国际公认的人权一致，儿童不因性别、年龄、种族、肤色、语言、宗教、政治、出身或其他身份等因素而被以不利区分；儿童的年龄，更不是儿童参与司法过程的障碍；且儿童一旦经审查认定为有作证能力之证人，便可依其年龄、智识程度使用其熟悉的语言，法院不得因儿童年幼而推定其证言无效或不可信。

不受歧视，虽是每一个国家人民的基本权，但对于儿童却有更深层的含义，其所指非谓以对待成人的方式对待儿童被害人和儿童证人，而系指儿童被害人与成人有别，是以儿童比成人脆弱，须要更多保护之意。印度尼西亚《宪法》特别补充，每个儿童享有生命、成长发展权，享有被保护、不受暴力和歧视的权利。英国《皇家检察官守则》指示检察官必须做到公正、独立和客观，不得因个人对嫌疑人、被害人或证人的族裔、出身、残疾、性别、宗教信仰、政治立场或性倾向等偏见而左右判断，不受任何不恰当或不正当来源之压力影响。另《国际刑事法院程序和证据规则》明定，国际法庭被害人及证人登记处，对于儿童、老年人和残疾人士等特殊需求者，必须给予充分关注〔21〕。

另针对儿童出庭作证陈述一事，其究属儿童证言许容性（admissibility）或是可信性（reliability）问题之争，按各国立法例，证据许容性系法院允许证据提出于法院之一项资格认定，可信性则是法院就该提出的证据判断其证明犯罪事实之程度。根据国际共识，多是认为儿童只要能理解问题并回答者，不论年纪多轻均得为证人之事实以观，其乃证人资格的问题，无关证言证明

〔21〕 The Rules of Procedure and Evidence of the International Criminal Court, Rule 17（3）.

力之高低。有关儿童证人的资格认定，各国采取的方法有[22]：

（1）免宣誓作证

代表性国家如英国，参照该国《青少年司法和刑事证据法》第53节，有关证人的作证能力规定：在刑事诉讼的每个阶段，任何人不论年龄皆有作证资格，除非此人被法庭认为无法理解作为证人的意义，且不能用可以被理解的语言回答问题。另如阿尔及利亚之程序法，原则上虽要求证人必须经宣誓的仪式，并在其保证说实话后始能作证；惟当证人是被告人之亲属，或儿童在某个年龄以下者，得免除宣誓之义务。澳大利亚证据法则系规定，纵儿童不须经宣誓之仪式，法官仍须提醒其有说真相的义务。新西兰则系经由判决理由书说明，法院允许儿童不须经宣誓而作证，是为保护儿童在无意识下虚伪作证，而能不因藐视法庭遭到起诉；至于代替宣誓的方法，只要法官认为儿童能理解承诺说真话的严肃意义后，即使儿童做出非正式的承诺，儿童的证言仍应获得采纳。

（2）辅助证据

按国际惯例，前南斯拉夫国际法庭和卢旺达国际刑事法庭于《程序和证据规则》第96（i）条规定，在性侵害的案件中，被害人的证言得不须辅助证据的证明。此一规定，经判决先例解释为无关犯罪本质的一项普遍证据法则，即事实审法院或许会要求证人之证言能借由辅助证据加以支持，惟依照国际法庭的惯例，这显然不是一项要件。又如果一个国家的法律允许成人被害人的案件，得不须辅助证据始能判决被告人有罪的话，那么此法理自当亦适用于儿童被害人的案件。一日肯认这样的程序框架，证据的证明力高低应是个案判断的问题，意谓只有在论及证据的价值时，被害人或证人的年龄、成熟程度，才须被列入考虑。

（3）作证资格的审查

参照美国法典规定，有关儿童证人的资格审查，系依据控辩之一方提出声请，法官才对儿童证人进行作证能力的审查，否则推定儿童具作证能力。此项证人的资格审查，除法官、检方、被告人律师、书记官、儿童监护人在场外，不得于陪审团面前进行。询问儿童的问题，主要系由控辩双方所提出的问题进行询问儿童，渠等问题必须是符合儿童的年龄和成熟程度所设计，

---

〔22〕 United Nations, The Economic and Social Council, Guidelines on Justice in Matters Involving Child Victims and Witnesses of Crime, New York, 2009, pp. 25 – 27.

并且不得与案件事实相关，重点着眼在儿童能理解和回答简单问题的能力。再者，无相当理由，法院不得命儿童进行心理或精神鉴定以确认其作证资格。

（4）专家证明

当未满12岁儿童的证述被提出于法院，不论该名儿童是否经过宣誓，某些国家的做法是法院得传唤专家证人出庭作证，证明儿童的智力与成熟度，澳大利亚证据法则第9C节、冰岛儿童保护法第54条规定供参。此外，专家证人得为儿童证言之可信性作证，如证明儿童的行为情绪，是否符合经历性侵害事件被害人的症状描述。然，为避免控辩双方各自找不同意见之专家出庭作证，导致专家证言可能出现两极差异之危险，建议专家证人由法院发函委请之。

4. 案件进度的受通知权

所谓受通知权（the right to be informed）[23]，根据《国际刑事法院程序和证据规则》，系指儿童被害人或儿童证人参与诉讼、了解案情的权利。此项受通知的权利，包含两个方面，一是儿童于司法程序期间可以受到协助的权利，另一是被知会参与案件进行的权利。对于告知之程序，法院必须使用儿童能理解的语言，如新西兰儿童少年及家庭法案第9节规定，当儿童少年的第一语言为毛利语或非英语的其他语言，或儿童少年由于身体疾病无法理解英语者，其有要求通译协助的权利。

基本上，被害人本得就己案诉讼的进行，知悉法院对案件处理的情形。当儿童被害人或儿童证人进入司法程序，即享有司法协助与获知案件进展的权利。此项权利，从调查、审前程序、持续至审判、执行等阶段，若干国家不乏相关之规定，如加拿大魁北克省《青少年保护法》、哥斯达黎加《儿童青少年法》、菲律宾《妇女儿童性侵害防治法》，皆列有传唤儿童证人的指示，以及通知儿童少年参与司法程序的职责与作用。有些国家甚至透过医院、学校、公共场所发放相关信息，以提供儿童少年被害人认识司法的运作与个人权益，如瑞士联邦法，其系要求执法人员在第一时间接触被害人时，即应告知被害人可获得协助的各项权利资料。

美国亚拉巴马州的《阿拉巴马准则》第15卷第3部第15－23－62节，要求执法单位向被害人提供关于服务、赔偿等方面的信息，除非找不到被害

〔23〕 United Nations, The Economic and Social Council, Guidelines on Justice in Matters Involving Child Victims and Witnesses of Crime, New York, 2009, pp. 31－35.

人或被害人因案件丧失某些能力，在首次与被害人接触后的 72 小时内，执法人员即因开始侦查，必须向被害人或其监护人提供下列数据：①紧急的各项服务内容。②被害人可以寻求赔偿之相关办法，以及亚拉巴马州犯罪被害赔偿委员会的联络方式。③承办此案之人员应将其姓名和电话附在本项声明最后，即 60 天内未收到有关犯罪嫌疑人的逮捕通知，可以拨打专线查询本案件处理的情况。④告知案件移送后的刑事诉讼步骤。⑤被害人之各项权利受《亚拉巴马州宪法》保障。⑥本法第 15 - 18 - 65 节和第 15 - 23 - 1 节详载被害人寻求救济的资格说明。⑦建议被害人受到威胁或恐吓时采取的程序。⑧检察官的姓名及其办公室电话号码，得提供被害人进一步询问使用。

不论司法系统如何变革，证人知悉能获得协助的权利不容被忽视。特别是儿童证人，其可能因目睹家庭暴力事件，而影响未来生活以及其与家庭成员的关系，他们就和直接被害人一样，须要受到同等的社会与心理方面的援助。是以，儿童被害人，包括直接与间接被害，其知情权，要在警方受理案件后立刻启动；援引澳大利亚被害人法案第 4 节所揭，被害人获知被告人的判决结果，不过是被害人最低限度的一项权利保障。易言之，被害人的知情权必须超越前项规定门槛，而除获知有关法院调查被告人、搜集证据、审判、执行等结果外，法官有时亦须向儿童解释程序以及相关的裁定，保加利亚儿童保护法第 15 条第 3 项供参。美国法典第 10607 节，明定被害人应获得协助之项目内容，其中一项是法院应指派专责儿童案件之司法人员从事侦查工作并提供被害人获得紧急医疗和社会服务的地点、其他赔偿或请求救援之信息以及向其告知法院对案件审理的情形。

5. 意见表达的权利

诉讼权，乃每一个人民的基本权利，不论成年人或儿童少年都有参与司法程序之权利。儿童权利公约申明，每个儿童有权使用自己熟悉的语言自由表达想法，尤其是对可能影响其生活的决定发表意见，并有权要求法院于审理案件时，确实考虑其年龄、成熟程度以及不断变化的行为能力。惟儿童作为被害人兼证人，在参与刑事司法的过程中常面临严峻的挑战，盖传统上儿童多被视为是用以打赢官司，或可以被牺牲的一项诉讼工具，例如父母对被告人的诉讼决定或法院同意被告人的认罪协商。基此理由，以色列《刑事被害人权利法》规定，性侵害和家庭暴力的被害人，包括儿童，在法院决定接受被告人的认罪协商前，可以全程聆听并有机会表达自己的意见[24]。虽说普通法系国家，仍保留儿童被害人不是刑事诉讼的当事方，但加拿大于刑事被害人司法的基本原则第8项，则率先补充被害人于刑事司法过程的意见，在符合现行法、刑事政策和程序下，得列为重要考虑。

又儿童被害人除普遍被认为应享有参与诉讼之权利外，对其表达意见的权利，亦被承认应受相当程度之重视，参诸各国立法例对该项权利之说明，即儿童意见表达权包括[25]：①对于诉讼是否开启可以表示意见。②对于诉讼期间有利被告人的决定，如保释，得表达意见。③对采取简式审判程序或接受被告人认罪协商之决定，可以表达意见。④是否要求为个人或其家人寻求保护措施得表达意见。⑤ 对于是否倾向自诉得表达意见；对于是否提出动议或声请得表达意见。⑥对于是否亲自举证陈述表达意见。⑦对于证据调查和辩方所提的证据表达意见。⑧是否亲自对被告人、证人或专家进行诘问，得表示意见。⑨对于是否向被告人请求赔偿表达的意见。⑩对于被告人可能面临的刑罚表达意见。⑪对于上诉或判决结果表达意见。⑫对于已遭判刑的被告人可能提前获得释放表达意见。

6. 获得有效援助的权利

普遍而言，儿童经历被害事件，亦将影响其与家庭成员、师长、同侪之间的关系，以及损害其人格发展、学习能力等，特别是经历家庭暴力及性侵害的儿童，该等经历将对其成长造成难以疗愈之创伤后果。因为被害经历毁坏儿童的童年，而长期累积的苦痛和缺乏对人的信任感，使儿童丧失成年后独立的生活能力。又实证研究发现，经历被害事件之儿童，比一般儿童更容易再度成为该类型犯罪的被害人。为了预防并减少前述的负面效应，同时为帮助儿童被害人和谐发展，在案件发生后，相关单位应尽速为儿童提供适当援助。依个案儿童的需求，援助应包括金钱、法律、咨询、健康、社会或教育服务、生理和心理复原之治疗，或儿童重返社会所需要的其他服务。此项协助，可以加以区分为一般性协助与司法协助。

参照墨西哥犯罪被害人支持救助法第3条，任何被害人或受伤的一方，并且将于联邦法院出庭作证者，检察长办公室必须确认法律、医疗、心理咨

〔24〕 United Nations, The Economic and Social Council, Guidelines on Justice in Matters Involving Child Victims and Witnesses of Crime, New York, 2009, p. 44.

〔25〕 United Nations, The Economic and Social Council, Guidelines on Justice in Matters Involving Child Victims and Witnesses of Crime, New York, 2009, p. 45.

询或社会照护等协助之提供。又同法第 11 条第 5 项规定，任何被害人或受伤的一方，有权于司法过程的各个阶段获得免费法律扶助、语言通译的服务；第 10 项规定了获得紧急医疗之服务；第 12 项规定了获心理辅导之服务；第 16 项规定，未成年被害人或丧失行为能力者，得由父母、教师或监护人陪同出庭，倘前述之人不能陪同，法庭应指派心理医师陪同〔26〕。在英国，皇家检察署《儿童宪章》第 3. 14 节规定，证人照护处（Witness Care Units）乃负责评估被害人及证人需求的单位，其有职责协助被害人与检方联系；此外皇家检察署亦设有为儿童提供医疗与心理支持服务之专股〔27〕。

除法律有特别规定外，普通法系的国家通常不特别提供儿童被害人法律扶助，盖因被害人非诉讼程序进行之当事人，而系由检方代表被害人。因此被害人享有法律扶助的权利多属大陆法系的国家〔28〕，如亚美利亚、保加利亚、菲律宾；另如法国刑事诉讼法、冰岛儿童保护法则规定无资力之被害人由国家提供免费的法律扶助。不过，普通法系国家也有例外规定者，如哥斯达黎加，儿童被害人在刑事程序中享有法律扶助与通译的权利，且费用由国家负担。

7. 隐私不公开的权利

儿童被害人或儿童证人于参与司法过程期间，应享有身份不被披露之权利，目的在保护儿童不因身份的暴露，而使其安全受到威胁，或因之导致儿童产生羞耻感而拒绝陈述事件经过。尤其，当儿童的出庭是为性侵害之案件作证时，此可能造成儿童与家庭成员、同龄友人、小区关系的紧张；况且某些情形下，儿童的身份曝光还可能造成小区对儿童的指责，从而加深儿童心理上的创伤。于兹，《儿童权利公约》第 8（e）条规定揭示，有关儿童涉及性交易、色情书刊或其他性犯罪等事件，政府应采取适当措施，避免事件不当被散布。

固然每一位被害人皆享有隐私权，只是针对儿童被害人，某些国家如斯里兰卡〔29〕，另于该国宪法做出规定，即儿童被害人或儿童证人出庭作证时，

〔26〕 Mexico, Law on Care and Support for Victims of Crime in the Federal District, 2003, Art. 3 and Art. 11（5），（10），（12），（16）.

〔27〕 United Kingdom Crown Prosecution Service（2001）, Provision of Therapy for Child Witnesses Prior to a Criminal Trial: Practice Guidance, sec. 3. 14.

〔28〕 United Nations, The Economic and Social Council, Guidelines on Justice in Matters Involving Child Victims and Witnesses of Crime, New York, 2009, pp. 54.

〔29〕 Sri Lanka, Constitution, art. 106.

法院必须限制媒体、民众进入法庭观审，以保护儿童被害人之隐私和身份曝光；其他国家如智利、卡达，则系于刑事诉讼法上明文，司法机关应对于儿童身份和住所严加保密。次参美国法典第18卷第223章第3509（d）节规定，详载儿童被害人和儿童证人隐私权保护之内容[30]：①资料保密。应将列有儿童姓名或其他相关信息的所有数据放置安全地方，避免无正当理由之任何人接触并取得这些资料；而该等资料仅能向参与诉讼过程，且有正当理由获知者披露。又前项规定适用于该案件相关的政府雇员，包括司法部雇员、执法机构，以及为诉讼提供援助的政府雇员，法院的雇员，被告人以及被告人的雇员包括被告人律师、被告人雇用为其提供诉讼协助者，以及陪审团成员。②档案密封。负责将列有儿童姓名或其他相关资料建文件之工作人员，须将完整书面文件密封，并对载有儿童姓名或儿童其他数据进行编辑后再存入公开记录。另外，对于被告人、被告人律师、儿童问题处理小组、诉讼监护人、照护者或经法庭认可之儿童社会福利机构人员，于必要时得不禁止其取得儿童被害人之资料。

为进一步预防儿童的相关信息被公开，许多国家[31]如意大利、日本、突尼西亚，明文禁止散布儿童书刊图片或广播相关的信息，即使信息不慎外泄，媒体也不得利用该等数据。又此项禁止规定，在法国和英国是自动适用的，即任何违反者将构成刑事犯罪。如系在加拿大，则由法院下令禁止书报、出版社发送刊载任何有关性侵害案件未满18岁被害人和证人的信息。至于儿童被害人或证人的审理程序，法院虽得依情形命相关人回避，不过，多数国家仍采取不公开审理的模式，以保护儿童被害人及儿童证人的隐私；对于涉及性侵害的儿童案件，法院普遍允许儿童被害人或证人得经由闭路电视作证。

8. 庭审过程中不受痛苦的权利

为呼应《儿童被害人兼证人的司法事项准则》第11章之宗旨，儿童被害人于司法侦查过程中享有不受痛苦的权利，该项权利包括检警人员于调查证据期间应确保儿童被害人兼证人的尊严，并于儿童参与审判过程时给予必要协助；除非程序之拖延符合儿童之最大利益，否则法院处理涉及儿童被害人之案件应予妥速进行。妥速审理之目的，系为降低司法程序带给儿童的紧

---

〔30〕 United States Code, Title 18, chapter 223, sect. 3509, Child victims' and witnesses' rights, subsect. (d), Privacy protection.

〔31〕 United Nations, The Economic and Social Council, Guidelines on Justice in Matters Involving Child Victims and Witnesses of Crime, New York, 2009, p. 61.

张压力，减少造成儿童的痛苦或二次伤害。由于目睹家庭成员犯罪或亲身经验性侵害事件之儿童被害人，多有倾向不愿意透露案情细节之情形，加上儿童因担心家庭成员遭受刑罚、害怕被同学拒绝、不被信赖，恐惧父母的谴责等，进而出现过度焦虑。此种焦虑将对儿童生活中的各个领域产生负面影响。如家庭关系的挫折、社交圈的退缩、学习适应的不良、自残的想法、情绪的低落等等，皆是破坏儿童和谐发展的因素。因此，调查人员与儿童面谈之时间、法院传唤儿童证人为重复之陈述、出庭之次数等，建议应当受到限制。

妥速审判，虽原意在强调被告人的人权，然基于保护被害人免于遭受冗长诉讼所带来的进一步压力伤害，许多国家对于涉及儿童被害人的特定犯罪，明定妥速审理原则，如澳大利亚昆士兰证据法第 9E（2）节规定，所有涉及儿童证人的程序，应该尽快处理解决[32]。由于检察官负有举证责任，在证据调查阶段的掌控，应考虑儿童之最大利益，避免不必要的休庭与诉讼程序的延迟，如马来西亚儿童法第 27 节规定，医师或医疗人员发现儿童疑似受虐或被害，负有通报义务，而相关单位一旦接获通报，整个诉讼程序的时程即刻启动，以防止未来诉讼程序之延迟。菲律宾儿童特别保护法第 30 节规定，警方接获有关儿童被害人的告发案件，必须于 48 小时内采取行动。

另外，只要不会对程序的公平性造成影响，在考虑儿童被害人兼证人的最大利益下，审前程序亦应加速进行，参照英国 2003 年之刑事司法法，创造检察官自诉的程序，即公诉主任检察官可以不经事前的正式起诉，而将儿童证人的案件直接转介皇家法院审理[33]。此项程序之利用，系当主任检察官认为证据足以起诉被告人，而为确保儿童的福利及避免不必要的延宕造成儿童更大损害，遂直接跳过起诉流程进入法院审判程序。又当侦查涉及另一个国家，司法互助的管道可能启用，例如德国与泰国、菲律宾与英国、加拿大与泰国之间的协议，其协议国之任一方检察官可随时联络另一方司法部，请求协助侦查，而双方的声请在当天都可以收到信息。

审判程序的妥速进行，是以未侵害被告人的利益前提下适用，例如法院可以优先审理涉儿童被害人兼证人的案件，而认为应延迟诉讼进行或应以发回重审的案件，则必须具备充分的法律理由等要件。此种妥速审判的应用模式，常见于美国儿童被害人兼证人的权利事项内，即对涉儿童被害人或证人

〔32〕 Australia (Queensland), Evidence Act 1977, sect. 9E（2）.

〔33〕 UK Criminal Justice Act 2003, Sect. 51.

的案件必须转由专设的法庭妥速审理。参照美国法典第18卷第223章第3509（j）节规定[34]：此节所列案件，法庭应当加快诉讼程序之进行并优先于其他案件的处理。法庭应确保案件获得妥速审理，以减少儿童因参与司法过程而须承受的压力时间。法院在决定诉讼延期时，必须加以考虑儿童的年龄，以及此项延迟对儿童福利可能造成的不良影响。法庭裁断儿童案件应予发回重审的决定，必须根据事实的发现和法律的结论做成书面记录。

（1）选任辅佐人的权利

本节在强调儿童被害人及儿童证人于司法过程中有不受痛苦的权利，此项权利之意涵宽泛抽象，单就友善儿童的司法程序面向而言，其细部延伸的权利包括[35]到场陪同权、律师辅佐权、儿童法庭等。换个角度思考，出庭作证不应该被认为是一件有害的事，相反的，其更应被塑造为一个发现真相、伸张正义的正面事件。亦即，鼓励儿童出庭作证说出真相，让儿童有机会为自己的行为辩护、正式谴责侵犯其权益者之行为，不仅能使犯罪行为人受到应有之惩罚、警惕企图犯本罪者，亦兼告诫其他儿童避免被害。基此理由，许多国家为鼓励儿童被害人及儿童证人勇于出庭作证，纷于相关法律上规定儿童被害人及儿童证人出庭时，得有照护人在场给予情感上的支持。意大利刑法第609条明文，所有涉及性剥削犯罪的儿童被害案件，将同时启动每个程序阶段对儿童提供辅佐人的支持；瑞士联邦法则规定指派与被害人相同性别之辅佐人。

一般而论，儿童被害人出庭时可以有辅佐人在场陪同，乃属普通法系国家法官的权限范围，法官除可依儿童之年龄、脆弱程度，自行判断外，亦可依据检察官的声请予以准核，而此项辅佐权通常具体明文于法条上，参照加拿大刑法第c. C-46章第486.1（1）节规定供参。此外，奥地利刑事诉讼法第162（2）条规定，儿童被害人及儿童证人亦可直接向法院提出，要求辅佐人到场陪同支持。另援引美国法典第18卷第223章第3509（i）节，针对儿童被害人及儿童证人的权利事项补充[36]：法院根据裁量，得允许成人照护者在儿童作证时与儿童的肢体接触。法院亦得在整个程序进行中允许该位照

〔34〕 United States Code, Title 18, chapter 223, sect. 3509, Child victims' and child witnesses' rights, subsect. (j), Speedy Trial.

〔35〕 United Nations, The Economic and Social Council, Guidelines on Justice in Matters Involving Child Victims and Witnesses of Crime, New York, 2009, pp. 75-76.

〔36〕 United States Code, Title 18, chapter 223, sect. 3509, Child victims' and child witnesses' rights, subsect. (i).

护人握住儿童的手，或将儿童放置其大腿上。惟该名照护人在儿童作证过程，不得提供儿童问题的答案或引导儿童为任何陈述；至在场陪同者的影像，于儿童进行作证的过程，要能被以完整录制。

综观各国法律对辅佐人的定义，大致上指儿童之父母、师长、信任之人、法定监护人、朋友、其他家庭成员或具特殊资格之人。至于经法院指派之辅佐人，则必须满足以下几点条件[37]：①受过相关专业训练，且能与儿童沟通。②能确实帮助儿童参与司法程序。③不会干预诉讼程序。④经儿童同意。既辅佐人的作用在以协助儿童参与司法程序，其工作便包括事先知悉儿童出庭作证的期日、哪些人会到庭听审、是否须安排设备以利儿童证言的做成等事项。联合国就此部分措施因牵涉儿童被害人或儿童证人的权利，则系建议辅佐人介入的时点越早越好，从而儿童受到关怀协助便可以提高作证之自信心，故司法程序一旦展开，辅佐人即可被指派负责协助儿童并持续至诉讼程序的结束。

普通法系国家的做法，系出于考虑儿童被害人或儿童证人可能因出庭而出现不知所措、情绪失控的情况，于兹允许诉讼双方各自协助自己的证人为诉讼事前的预演准备，以使证人能先熟悉法院与作证的程序以及可能将会遭遇反方攻击证言可信性的状况等，尤其了解程序步骤，对于那些经历性侵害事件的儿童被害人兼证人显得重要。然，此种措施多不被大陆法系国家所采，理由是被害人或儿童证人的自发性参与司法程序，传统上被视为证言可信性的评估项目之一。惟实务上证明，大陆法系国家的诉讼过程虽较少出现紧张激烈的反诘问情形，但这种做法仍然容易对儿童造成伤害。毕竟，证人出庭陈述事实仍须面对尖锐的问题并予以回答，即使有法官控制场面，出庭作证一事，对于性侵害案件不论成人或儿童被害人而言，均是一项艰难且令人畏惧的经验。

(2) 儿童法庭的设置

又为减少儿童作证的痛苦、鼓励儿童被害人及儿童证人出庭作证，美国加州 Tulare 郡地方检察署设有儿童法庭（kid's court），并同时与几个单位合作，协助儿童参与司法程序，认识法院环境、司法人员、相关流程外，也提供教育课程等服务内容。其他国家，除制定儿童参与司法的友善程序外，亦

---

[37] United Nations, The Economic and Social Council, Guidelines on Justice in Matters Involving Child Victims and Witnesses of Crime, New York, 2009, pp. 69 -71.

有择选某个区域设置儿童特别法庭者，不仅处理儿童加害人案件，同时兼具处理儿童被害人的案件。这些专门处理儿童案件的法庭，缩短了儿童参与诉讼程序的期间或减少不必要的程序延迟，而且更能符合儿童被害人的利益需求，如巴西在国内的 Recife、Salvador、Fortaleza 等城市内设有三个儿童法庭；南非则于 1993 年设立了一个性犯罪案件的法庭（sexual offences court），此法庭虽非专属儿童被害人的法庭，不过却只处理遭遇性攻击犯罪的案件，至儿童被害人则另订有特殊程序[38]。

友善的儿童司法程序，并不限于儿童法庭的设置，许多国家并无专设儿童法庭，但都同意挑选一个中立的环境设立儿童面谈室（Special interview rooms），其目的系为使儿童愿意透露事件经过的一项重要因素。儿童面谈室可以于学校内或警察局内一间漆着活泼生动的墙面、陈列玩具、小桌椅的房间布置而成。儿童面谈室也适用于审判程序之进行，如挪威《刑事诉讼法》第 239 节规定，对未满 14 岁年龄的证人出于自身的利益需求，或经法官认定符合证人之利益者，得择选法庭以外的地点进行。此外，经由闭路电视（CCTV）而允许儿童通过视频会议系统，在法庭所在建筑的另一处作证的方法，如英国、美国、波西尼亚、多米尼加共和国、南非等多数国家所采。加拿大则将此种透过闭路电视作证的方法，强制规定于该国刑事诉讼法内，举凡涉及儿童被害人或儿童证人，以及性侵害案件儿童被害人的程序，一律必须通过此种方式进行。至不采此种方式的国家如菲律宾，则同意儿童透过录像的方式作证，以避免儿童被害人因出庭作证而受到不当的威胁恐吓。

事实上，司法机关内部是否一定得维持庄严的设计，曾引致不少争辩，但牵动儿童被害人之程序，普遍均承认法庭严肃的陈设布置会对儿童产生威胁的不良作用，故而多数国家对于未满 18 岁被害人的庭审程序，并不要求维持固有的刑事审判形式，而改以非正式、友善气氛的方式进行。英国皇家公诉服务有关儿童权利宪章部分，特别针对儿童少年参与审前程序之注意事项给予补充，其中一项权利即是儿童证人可以对法庭的布置表达意见，包括要求法官和律师不带假发、不穿着法官袍或律师袍的意见。澳大利亚的维多利亚省的证据法，亦有类似之规定。

---

〔38〕 United Nations, The Economic and Social Council, Guidelines on Justice in Matters Involving Child Victims and Witnesses of Crime, New York, 2009, p. 75.

9. 受保护的权利

儿童有受安全保护的权利，本节强调儿童被害人和证人如果因参与司法过程而产生安全疑虑者，国家应采取适当措施，并要求相关单位从诉讼程序开始前至结束期间，甚至必要时在审判程序结束后，担负保护儿童的责任。其目的在防止被告人对儿童被害人或儿童证人从事恐吓、威胁的行为，导致儿童不敢出庭作证或不愿说出真相的情形，于是建议法院方面采取保护的措施有：①避免儿童被害人或儿童证人在司法过程的任何期间与被告人直接接触。②命被告人不得接近儿童。③对涉嫌重罪之危险被告人裁定羁押或附条件之保释。④被告人若为家庭成员，法院应强制将其与儿童隔离，或将儿童安置他处。⑤严禁负责保护儿童的警方或机构泄露儿童行踪[39]。

上述所采取保护儿童的措施，虽然是立于保护儿童被害人或儿童证人的急迫性目的，许多论者认为其仍应与被告人的人权两相均衡，惟实务上发现在决定儿童受虐案件时，对于究否裁定被告人的交保时，要达到完全的平衡似有困难。从而，许多国家倾向儿童的安全为优先考虑，例如，法国刑事诉讼法第 144 条规定，建议采取限制被告人之人身自由之措施以确保儿童安全之意旨，显露无遗。对照下，当被告人与被害儿童为家庭成员关系时，澳大利亚法院的做法通常是命被告人搬离其与儿童共同生活之处所，而其被认为是对被告人之自由权侵害较少之方式，除无他法足以确保儿童的安全外，才会考虑将儿童安置于他处。该理由认为，将儿童安置于福利机构，儿童可能以为这种保护措施其实是对他们的一种惩罚，反而对儿童间接造成了无形伤害。为避免不当安置儿童之情况，瑞典社会服务法第 50 条规定，社会福利机构的介入，必须先经前置评估作业之确实完成。

易言之，一名被害人或证人参与司法的过程，也可能是一项自陷危险的行为，尤其当作证结果将揭露组织犯罪、性侵害、人口贩卖等案件，或被告人是儿童的家庭成员时，应当特别注意儿童可能面临威胁恐吓的风险。因此，在某些极端情况下，为确保儿童被害人或儿童证人的安全，使其不受二次伤害、恐吓或报复的理由下，许多国家立法要求儿童被害人及儿童证人在参与司法过程的期间，应受到特别保护，如加拿大刑法典明文此项保护之规定。又保护被害人的措施，一般主要系于审判前的阶段，以确保被害人或证人于

---

〔39〕 United Nations, The Economic and Social Council, Guidelines on Justice in Matters Involving Child Victims and Witnesses of Crime, New York, 2009, p. 89.

审判期日到庭作证；然考虑被害人或证人在作证结束后，亦可能遭到报复的风险，若干国家允许延长此项保护的期间，参照智利《刑事诉讼法》第308条，有关证人的保护规定：法院审理重罪案件，对于要求保护的证人，可命警方采取特别的保护措施。此项保护措施的合理期间依照法院裁示，如有必要，得延长其实施的期间。同样，公诉检察官依其职权，在被害人或证人的要求下，得分别于证人提供证据之前后，提供适当之保护。

攸关儿童安全一事，有些国家的规定甚为周延，诸如〔40〕：摩洛哥模范法典、葡萄牙儿童少年保护法规定，任何人发现疑似儿童被害的事件，皆负有通报之义务。又违反此项通报义务者，如系教师、社工人员、医师、护士等，将受到相关之裁罚。其中法国可谓落实此项义务最具代表性的国家，其分别于刑事诉讼法、教育法、公共卫生法、家庭社会维护法、医疗法规、医疗从业人员守则等，明文负有通报义务而违反者，构成刑事犯罪。比利时则设有儿童专属的电话服务系统，提供儿童被害人或儿童证人可以匿名免费拨打专线电话，陈述自己的被害经过或目睹任何的犯罪事件。另外，突尼西亚针对侵害儿童的犯罪事件，制定了特别调查程序，即一经接获通报，承办儿童案件的专股工作人员便被指派进行起诉作业，这些调查人员享有特别侦查权，可以在没有法院令状的情形下径行进入嫌疑场所和建筑物内搜证。

10. 获得赔偿的权利

本节申明儿童被害人有获得赔偿的权利。赔偿系为弥补犯罪行为对被害人造成的损害所采取的一项措施，其目的之一是为协助被害人寻求医疗复健的费用，二是借由赔偿表现正义的伸张。赔偿本是被害人向被告人请求的一项民事权利，惟此所指赔偿权是针对儿童被害人，目的在建议法院结合刑事与赔偿程序，同时判决刑罚与附带民事赔偿，以减少儿童再参与民事诉讼程序；或者对于涉儿童被害人之案件，国家不因被害人年幼而有限制，即仍应当制定相同的被害人补偿办法，至补偿的受益人可能是被害人本人、其家庭或其监护人。许多国家规定，儿童未满一定年龄，如13岁，其补偿权之请求只能由儿童的父母代理行使，或儿童须至成年后的1年内或已脱离父母之监护者，始能提出补偿请求，葡萄牙《刑事犯罪被害人补偿法》第4（2）条规定供参。

〔40〕 United Nations, The Economic and Social Council, Guidelines on Justice in Matters Involving Child Victims and Witnesses of Crime, New York, 2009, pp. 92 – 98.

刑事被害人的赔偿权，通常可以经由两种管道实现，一是向被告人请求；另一向国家请求。由于两者之性质不太相同，故前者通常称之“赔偿”，后者谓之“补偿”来加以区分。多数国家虽承认被害人有获得赔偿的原则性规定，但实际上对于赔偿、补偿之请求途径却殊异。在大陆法系国家，被害人可以选择经由刑事诉讼附带民事请求赔偿，或直接透过民事诉讼向被告人请求赔偿。在普通法系国家，刑事与民事的诉讼通常被以清楚划分，纵有少数刑事判决附带部分赔偿的案件，亦不取代民事判决结果，即被害人须另向法院提起民事侵权诉讼以获得合理赔偿。援引加拿大刑法第 c. C－46 章第 738（1）节为例，不论被告人是否被定罪或将被释放，法院于宣判期日当天，得依据检察官提出对受有损害之人赔偿的声请，包括行为人在犯罪过程或警方的逮捕过程中，对任何人造成身体伤害者，得判决被告人对受有损害者支付一定之赔偿金额。

事实上，刑事程序与民事请求于普通法系国家中的划分，无形间对儿童被害人的权利造成歧视，因此许多国家立法制定特别被害人补偿办法，由国家补偿被害人因犯罪事件受到的损害，瑞士则于该国宪法上昭告此项权利。其他国家如比利时、墨西哥、美国择选设置被害人补偿基金，惟因财政的考虑，补偿机制常不能有效建立与运作。有鉴于此，许多国家改采代理赔偿的方法，如拉脱维亚，系由国家先支付被害人赔偿金，再转向被告人或第三方要求一部或全部之赔偿。法国亦采类似之方法，先由国家支付赔偿金后，再从被告人之纳税金额或向被告人保险公司要求支付同属罚款性质之赔偿金。

11. 要求特别防范措施的权利

考虑儿童自我防卫能力薄弱，又儿童重复被害之概率至少为成人 2～3 倍高，本节指出儿童可以要求国家采取特别预防措施的权利（The right to special preventive measures），特别是那些正处于风险中的儿童，法院应能实时发动相关之保护裁定；而此所指的重复被害（Repeat victimization），系指在某段期间内，儿童可能遭遇相同犯罪行为之伤害。爰此，许多国家设立专门处理儿童被害人的犯罪调查专股，这些司法人员都受过特殊训练，对于可能侵害儿童的酒精饮品、烟草、药物、色情制品或虐待儿童、贩运儿童等事件，这些司法人员享有特别调查权。诚如前述，突尼西亚儿童保护法明文，从事有关儿童被害人的调查人员，享有特别犯罪调查权，可以在未持令状的情况下，径行进入涉嫌之场所和建筑物内调查。美国 2006 年《Adam Walsh 儿童保护与安全法》中第一部，《性犯罪者登记和通报法》第 112 节与第 113 节补充[41]：性犯罪者应在其所在地的管区内注册登记，不论是作为雇员或是学生，皆须随时登载保持最新资料。惟当司法管辖区域与其目前所在地不同时，性犯罪者必须先在所属管辖法院之区域进行初次登记。

避免儿童被害的方法，除一般性的犯罪预防外，更应特别注意儿童有重复被害的危险，基此理由下，许多国家采取各式的防范措施，包括强化儿童自我安全的意识、扩大保护儿童之宣传与教育课程，以及制定相关刑事政策等。又根据本章儿童享有要求国家对其保护的权利，就司法方面，大致区分警察机关与法院方面之措施。①警察机关：A. 应设立专门侦办儿童被害人的单位与调查人员。B. 一旦接获有关儿童被害人的犯罪事件，应立即采取对儿童有利的方式进行调查干预。C. 培训专责儿童被害人案件的警察，使其具备处理儿童事件的积极态度与技能。②法院方面：A. 应优先起诉并妥速审理涉儿童被害人的案件。B. 一经发现有疑似儿童被害人的犯罪，应立刻采取保护儿童的措施，如提供儿童照料或医疗等协助。又法院出于保护儿童之急迫理由下，得将儿童安置于家庭以外之不同处所[42]。

结　语

本文从一名儿童被害人长大后报仇的事实展开，质疑英美法当事人进行主义讲究严格证据法则的诉讼架构似有轻忽儿童被害人之人权之虞。次论美国 Kennedy 案，路易斯安那州最高法院解释加重性侵害罪的死刑条文合宪，却赢得美国多数人民支持，颠覆了废死向来被以为是人道主义的表现，反向挑战死刑之相对性功能大于死刑的绝对禁止。当社会单面拘腻在死刑乃残酷、过度刑罚或罪罚不符比例原则之字义上时，却忘了被害人身心的创伤可能经历生不如死的痛苦，加上行为导致重伤害结果，大多数儿童弱小的身躯是没能熬过来的。质言之，当死刑的决定经过法院再三审查，被告的审判也践行正当法律程序，从而确保了死刑的判处非恣意性时，死刑即非完全不得适用于杀人罪以外之犯罪。更遑论死刑一直都曾用在被害人没死亡以外的罪，如叛国罪、贩运毒品的罪。刑罚之目的，不仅为犯罪预防、应报，还有正义伸

〔41〕 United States, Adam Walsh Child Protection and Safety Act of 2006, Title I, Sex Offender Registration and Notification Act, sect. 112 and 113.

〔42〕 United Nations, The Economic and Social Council, Guidelines on Justice in Matters Involving Child Victims and Witnesses of Crime, New York, 2009, pp. 105 – 106.

张之社会意义，以及人民对司法之期待。

虽说美国联邦法不允许对性侵害罪科处死刑，却也严厉规定成年人与未满 12 岁儿童为性行为者构成加重性侵害罪，最低处 30 年以上有期徒刑或无期徒刑。而我国近年正积极推展未成年人司法保护的各项建设，便是立于国家负有责任义务之基础上。至执行成效面，可以考虑设置专门承办儿童案件之检察官，并进行儿童福利的相关培训，以使检察官在起诉案件时，能确实考虑到儿童被害人或儿童证人的具体需求。于证据调查时，承办的检察官应确保儿童被害人兼证人的各项权利得到尊重。另外，儿童案件有时牵动多种专业领域，法院要如何结合跨领域专家证人，以能实现合作、共创司法裁判质量，考验团队的运作机制。

我国目前尚未建立一部属于儿童被害人兼证人的法律，加上儿童被虐杀之案件未曾间断，外国相关立法例值得借凿参考。美国 2012 年公告施行“儿童被害人兼儿童证人的权利”[43]，明定于美国联邦法典第 18 卷犯罪暨刑事诉讼程序法的第 223 章证人及证据篇（Witnesses And Evidence）下第 3509 节。其内文重申，儿童之最大利益优先重视，从法庭内的友善设计、透过视讯作证乃至儿童传闻法则的多项例外，美国现代司法维护儿童人权的精神，诚然是历经深刻体悟后的演变。除性侵害案件属私密犯罪而有证据调查的困难外，虐童事件亦多待小孩送往医院急救始能披露，显见儿童先天上条件要与成人对抗不易。再者，《公民权利和政治权利国际公约》第 24 条儿童的权利，以及第 26 条法律的平等保护，都宣示了各国对于儿童人权落实的决心。

[43] 18 U. S. C. 3509, Child Victims' And Child Witnesses' Rights.

性侵案件被告人对质询问权与被害人隐私权之冲突与衡平

——以欧洲人权法院裁判为借鉴

黄 琪*

引 言

当对质询问权成为被告人在对抗制刑事司法中享有的基础性、根本性的权利时，人权理论由此认为，被告人享有对质询问权是刑事审判公正的基本要求〔1〕。对质询问权广泛规定于国际人权公约、区域性人权公约以及美国、意大利等国的宪法中〔2〕。因此，有学者将对质询问权称为超越法系与诉讼构造差异的“普世价值之基本人权”〔3〕。而隐私权是法律赋予被害人私生活受尊重的权利，是个人免受他人及国家干预的重要人权。私生活的概念，包括人的身体与精神的完整性，也扩展到个人的性生活领域〔4〕。在性侵案件中，由于其私密和隐匿性，被害人对隐私具有更高的“合理期待利益”，但被害人证言恰恰是性侵案中最重要、最直接的证据，通常还是证明被告人有罪的“唯一或决定性”的证据。被告人对质询问权与被害人隐私权在性侵案

---

* 黄琪，西南政法大学诉讼法专业2015级博士研究生，东莞市第二人民法院法官。研究方向：人权法、刑事诉讼法。本文系2016年度教育部人文社会科学研究规划基金项目（编号：16YJA820001）“刑事庭审质证规则研究”的阶段性研究成果。

〔1〕 Stefano Maffei, The European Right to Confrontation in Criminal Proceedings, Europa Law Publishing, 2006, p. 9.

〔2〕 目前，《公民权利与政治权利国际公约》《国际刑事法院罗马规约》《联合国少年司法最低限度标准规则（北京规则）》等国际人权公约以及《欧洲人权公约》《美洲人权公约》等区域性人权公约都明确规定了刑事被告人享有对质询问权。

〔3〕 林钰雄：《性侵害案件与对质询问之限制——欧洲人权法院与实务裁判之比较评析》，载颜厥安、林钰雄主编：《人权之跨国性司法实践——欧洲人权裁判研究》（四），元照出版公司2012年版，第129页。

〔4〕 Ben Emmerson eds. , Human Rights and Criminal Justice, SWEET & MAXWELL, 2012, p. 810.

中的冲突尤为激烈。面对两种激烈冲突的利益价值，问题的关键在于，法院可以选择哪些有效的路径，同时衡平两种利益冲突，以达到公正审判的要求？哪种情况可以正当化地对被告人的对质询问权予以限制？各种限制措施的单独或合并运用有何规则？这些问题既涉及限制的目的与手段的比例关系，也揭示出限制被告人最核心的人权——对质询问权的关键问题。

《欧洲人权公约》〔5〕将《世界人权宣言》中的相关人权转化为具有拘束力的最低保障标准，并提供可审查、可监督的有效人权保障机制。欧洲人权法院依据公约第6条和第8条的规定审查对质询问权与隐私权的申诉，在如何衡平被告人对质询问权和被害人隐私权之间的利益寻找有效途径的问题上，欧洲人权法院已经通过一系列案件的判决明确体现出来。该院的判例，不但影响欧洲各国国内法的走向，并且其确立的超国性、持续发展性的人权标准也影响到欧洲以外的国家，极具参考价值。本文拟从欧洲人权法院相关判例入手，分析和探讨欧洲人权法院处理对质询问权与隐私权利益权衡问题的基本思路，并结合联合国相关的人权公约，提出我国处理相关人权冲突问题上的有益建议。

一、性侵案件对质询问权与隐私权保护的基本理论

（一）规范基础

《欧洲人权公约》第6条第3款（d）项规定任何受到刑事指控的人可以获得询问反对他的证人的权利，这项权利，即通常所说的“对质询问权”(confrontation right)。该权利是被告人一项底线性的人权〔6〕。对质询问权的保障可以确保被告人在刑事诉讼程序中处于积极参与的主体地位，而非程序的客体。另外，美国证据法大师威格摩尔亦将对质询问描述为“法律史上为了发现真实所发明的、最伟大的法律器具”〔7〕。未给予被告人挑战证言可靠

〔5〕《欧洲人权公约》全称为《欧洲保障人权和基本自由公约》，于1950年11月4日在罗马开放给成员国签署；1953年9月3日生效。该公约赋予《世界人权宣言》中申明的某些权利以效力，并建立欧洲人权法院，以对违反承诺义务的国家进行管辖。

〔6〕《欧洲人权公约》第6条第3款（d）项规定：“任何受到刑事指控的人都享有如下底限性权利：……（d）询问不利于他的证人，并在与不利于他的证人具有相同的条件下，让有利于他的证人出庭接受询问。”

〔7〕 John Henry Wigmore, A Treatise on the Anglo - American System of Evidence in Trials at Common Law 29 (Little, Brown 1940) .

性和可信性机会的情况下，将该证言作为认定案件事实的证据存在误判的极大危险，因此，公约规定被告人对质询问权保障的目的，不仅作为审判公正的程序担保，也保证裁判认定事实的可靠性和真实性。故被告人的对质询问权，作为一般原则，被视为神圣不可侵犯，且具有超越法系的普世价值。

但是，由于存在其他的价值利益冲突，这一权利是可以限制的，典型的例外即为性侵案件对被害人隐私利益的保护。欧洲人权法院对此通过一系列的案件予以阐明“性侵害的刑事程序往往会对被害人造成折磨，尤其当被害人不愿意与被告人对质时。这些问题在涉及未成年人的案件中更为突出。在评估这些案件被告人是否得到公正审判时，被害人私生活受尊重的权利必须同时考虑”〔8〕。这涉及《欧洲人权公约》第8条规定的隐私利益保护。性侵害案件的刑事程序可以为了保护被害人而采取待定的措施，但是，这些措施不能够与被告人适当及有效地行使防御权相冲突，而且，司法机关有义务采取补偿平衡措施保障被告人防御权的行使，以弥补被告人所承受的不利因素的影响〔9〕。

（二）对质询问权限制的审查

有效的对质询问，要求在整个诉讼程序中，被告人至少有一次针对证人所有的指控，直接向证人面对面提问，并同时听到证人的回答及观察证人作证时的举止〔10〕。有效对质询问包含三个核心要素：直接面对面、充分且适当的询问、听到证言及观察。如果不能依上述标准保障，即是对被告人对质询问权的限制，那么，法院就应当审查该限制是否合法、合理。《欧洲人权公约》第6条第3款（d）项规定的对质询问权向来与公约第6条第1款被告人获得公正审判权的主条款结合进行审查〔11〕。公约第6条第1款主要关注刑

〔8〕 ECHR, Aigner v. Austria, Judgment of 10/05/2012 (no. 28328/03), §37; ECHR, D v. Finland, Judgment of 07/07/2009 (no. 30542/04), §43; ECHR, F. and M. v. Finland, Judgment of 17/07/2007 (no. 22508/02), §5; ECHR, S. N. v. Sweden, Judgment of 02/10/2002 (no. 34209/96), §47.

〔9〕 ECHR, A. L. v. Finland, Judgment of 27/01/2009 (no. 23220/04), §37－45.

〔10〕 陈钰歆：《从证人保护观点论对质询问权之保障与运用限制——以欧洲人权法院裁判及德国法为例》，载颜厥安、林钰雄主编：《人权之跨国性司法实践——欧洲人权裁判研究》（四），元照出版公司2012年版，第166页。

〔11〕《欧洲人权公约》第6条第1款规定：“在决定对某人确定任何刑事罪名时，任何人有理由在合理的时间内受到依法设立的独立而公正的法院的公平且公开的审判。判决应当公开宣布。但是，基于对民主社会中的道德、公共秩序或者国家安全的利益，以及对民主社会中的少年的利益或者是保护当事人的私生活权利的考虑，或者是法院认为，在特殊情况下，如果公开审讯将损害公平利益的话，可以拒绝记者和公众参与旁听全部或者部分审判。”

事程序的整体性公正，将刑事程序视为一个整体，综合考察证据获取的方法、被告人及被害人人权的保障以及罪犯得到适当的追诉等[12]。基于有效对质询问的内涵要求及整体公正的理念，欧洲人权法院在1996年的Doorson案件中首次确立了“小心对待”和“唯一或决定性证据”原则，即如果证据是在被告人无法获得公约提供的程序保障条件下获取的，该证据必须被极其“小心对待”。当该匿名证言是唯一或决定性证据时，即使诉讼程序已经对被告人受到的不利因素进行权衡调和，亦不能以匿名证言作为唯一或决定性证据[13]。即侵害对质询问权所获得的证言，不能作为定罪的唯一或决定性证据，以证据排除的途径保障对质询问权。

经过多年的司法实践与判例累积，欧洲人权法院在2009年Al – Khawaja案大法庭的经典判决中总结和提炼成“三步检验”法则，弱化了上述“唯一或决定性证据”的刚性规则。根据该判决发展出的基本原则，在准用传闻证据时，有必要按三个步骤审查是否符合公约第6条第1款和第3款（d）项规定：（1）证人不出庭，以及由此而准用该证言，是否有正当理由；（2）该证言是否是定罪的唯一或决定性根据；（3）是否存在充分的平衡因素以及强有力的程序保障，以弥补被告方由于准用传闻证言而面临的不利因素，并确保审判的整体公正性[14]。“三步检验”法则不仅强调审查“正当理由”与佐证规则中的“唯一或决定性”因素，还特别强调是否存在充分的衡平因素，构建对质询问权限制中的“补偿审查”与“程序保障”要求，从刚性规则向柔性规则发展。

2015年，欧洲人权法院在Schatschaschwili案件中以9比8的微弱优势通过判决对上述“三步检验”法则的步骤顺序重新进行论证，进一步强调整体权衡的重要性。其裁判认为：（1）即使证人不出庭没有正当理由，欧洲人权法院还是要求评估传闻证言是否是唯一或决定性的定罪根据，是否有充分的平衡因素以确保公正且适当地评价传闻证据的可靠性；（2）考虑到三个步骤之间相互关联，应当综合起来以判断争议的刑事诉讼程序在整体上是否公正。在特定案件中，当其中某一步骤对于程序公正与否具有特别重要的决定性意

[12] ECHR, Schatschaschwili v. Germany [GC], Judgment of 15/12/2015 (no. 9154/10), §101

[13] ECHR, Doorson v. the Netherlands, Judgment of 26/03/1996 (no. 20524/92), §76.

[14] ECHR, Al – Khawaja and Tahery v. The United Kingdom [GC], Judgment of 15/12/2011 (nos. 26766/05 and 22228/06), §147、§119 – 125.

义之时，有可能按照不同的顺序进行审查[15]。欧洲人权法院进一步弱化对检验顺序的审查，强调“整体观察”和“整体公正”的重要性。

综上，欧洲人权法院对于被告人对质询问权限制审查遵循的路径的演变是：“正当理由” + “唯一决定性”→“正当理由” + “唯一决定性” + “补偿平衡”→“正当理由” + “唯一决定性” + “补偿平衡” + “整体公正”。

另外，欧洲人权法院对于证人的概念是按照自主性解释，而不问其在国内法中的分类。只要证词被用作反对被告人的证据，且作为裁判的基础，就不管是共同被告人、被害人、专家证人，也不论证据是以书面还是言词的形式作出，皆受公约第6条第3款（d）项的“证人”概念规制[16]。

（三）隐私权保护的审查

《欧洲人权公约》第8条规定：“1. 人人有权享有私人和家庭生活、住所和通信得到尊重的权利。2. 公共机构不得干预上述权利的行使，但是，依照法律规定的干预以及基于在民主社会中为了国家安全、公共安全或者国家经济福利的利益考虑，为了防止混乱或者犯罪，为了保护健康或者道德，为了保护他人的权利与自由而有必要进行干预的，不受此限。”相对于对质询问权限制审查的变化性，欧洲人权法院对于隐私权保护的审查路径基本以公约规定的内容着手，从以下三个方面进行审查：

一是案件所涉及的权益是否是公约第8条第1款所列举的权利保护范围，即私人和家庭生活、住所和通信得到尊重的权利。性侵案件涉及的是被害人私人生活受尊重的权利，其于庭上作证时，不可避免涉及对其个人私生活，尤其是性生活、性经历、性取向的披露，落入公约第8条的保护范围自不待言。

二是国家消极和积极的义务。公约第8条第2款保护个人隐私生活不受国家干预，即国家负有不侵犯个人权利的消极义务。同时，国家还有保障个人隐私的积极义务，这是欧洲人权法院在保护隐私权方面的重大特色之一。在性侵案件中，特别强调国家在刑事诉讼程序中采取措施保护和尊重被害人

---

〔15〕 ECHR, Schatschaschwili v. Germany [GC], Judgment of 15/12/2015 (no. 9154/10), §113 - 116、§118.

〔16〕 ECHR, Damir Sibgatullin v. Russia, Judgment of 24/09/2012 (no. 1413/05), § 45; ECHR, S. N. v. Sweden, Judgment of 02/10/2002 (no. 34209/96), § 45; ECHR, Vladimir Romanov v. Russia, Judgment of 26/01/2009 (no. 41461/02), § 97; ECHR, Doorson v. the Netherlands, Judgment of 26/03/1996 (no. 20524/92), § 81 - 82.

的私生活以及个人尊严。尽管第 8 条的基本对象是保护个人私生活免受政府的任意干涉，但除了这种消极的不作为，还会内在地产生积极的义务要求政府采取措施有效地尊重私人或家庭生活〔17〕。而这两种义务都涉及公平地平衡相关冲突的利益。〔18〕

三是如果要对《公约》第 8 条的权利进行限制，就必须符合第 2 款的 3 个条件：依法限制，基于正当目的，为民主社会所必要〔19〕。基于查明案件的需要，性侵被害人的隐私权益应受到适当的限制，故依法限制与正当目的一般不会存在问题，问题关键在于是否“为民主社会所必要”，即干预手段与所追求目的之间是否具有正当性。具体到性侵案件，性侵被害人隐私权的限制与被告人追求公正审判之间是否符合适当的比例。对此，欧洲人权法院一般采取抽象性、个案整体观察和利益平衡的审查方法。

综上，欧洲人权法院对于被害人隐私权的保障所遵循的路径为：“公约保护范围” + “消极义务和国家勤勉地履行积极义务” + “比例原则”与“整体观察”。

二、“三阶刻度化”的权衡法则

针对性侵案件被告人对质询问权与被害人隐私权的冲突，欧洲人权法院所作出的一系列判例，基本采用权衡的理论作为有效的解决路径。

（一）权衡的核心在于“权衡法则”

权衡法则（Abwägungsgesetz）可以表述为“一个原则的不满足程度或受损害程度越高，另一个原则被满足的重要性就必须越大”〔20〕。在性侵案件中，原则可以表述为权利，既包括防御性权利，比如对质询问权、辩护权；也包括保护性权利，比如隐私权。对防御性权利的不满足和受损害的表现形式为“侵害”，而对保护性的权利的不满足和受损害表现形式为“没有积极保护”。从权衡法则来看，性侵案件利益冲突的权衡可以分为三个步骤：第一步，确认对质询问权受侵害的程度，也可以称为侵害的密度；第二步，确

〔17〕 ECHR, X and Y v. the Netherlands, 26 March 1985, Series A no. 91, § 23; ECHR, Y. v. Slovenia, Judgment of 28/08/2015 (no. 41107/10), § 101.

〔18〕 ECHR, White v. Sweden, Judgment of 19/09/2006 (no. 42435/02), § 20.

〔19〕 ECHR, R. E. v. The United Kingdom , Judgment of 27/10/2015 (no. 62498/11), § 156.

〔20〕 [德] 罗伯特·阿列克西：《法：作为理性的制度化》，雷磊译，中国法制出版社 2012 年版，第 150 页。

认隐私权被满足的重要性程度，即侵害理由或者保护的价值；第三步，判断隐私权被满足的价值是否能证成对于对质询问权的侵害，如果能证成，对于对质询问权的限制是合理的，反之，则是不合理的。上述权衡法则是以对质询问权是否受到侵害为基点，反之，亦可以隐私权的不满足和受损害为分析基点。

（二）权衡法则中的“三阶刻度化”

是否存在超越于个案的关于理性权衡的一般性规则？德国著名法学家阿列克西认为，无论是侵害密度还是重要性程度，都可以有效地归属到“轻”“中”“重”三个等级中，即进行“三阶刻度化”〔21〕。具体到性侵案件中，如果被告人在程序的任何一个阶段都没有获得与被害人对质的机会，对被告人对质询问权侵害密度是最“重”的；如果被告人有机会与被害人对质，仅是受到一定限制，则对被告人对质询问权侵害密度可能是“中等”或者较“轻”的。至于隐私权被满足的重要性程度，如果被害人是儿童，年龄非常小，或者被害人遭受性侵的程度非常严重，毫无疑问，对其隐私权进行保护的价值非常“重”；反之，如果被害人已经成年，对其隐私权进行保护的价值则相对较“轻”或者“中等”。如果用“l”“m”w”来分别表述“轻”(light)、“中”(middle)、“重”(weight)三阶度，用“D”“V”分别表述侵害密度(density)和保护价值(value)，则有以下9种证成方式：

证成	侵害密度和保护价值之权衡
限制合理	Dl：Vm；Dl：Vw；Dm：Vw；
限制不合理	Dm：Vl；Dw：Vl；Dw：Vm；
存疑	Dl：Vl；Dm：Vm；Dw：Vw；

存疑状态是指侵害密度与保护价值的等级几乎相当，隐私权被满足的价值是否能证成对质询问权的侵害取决于裁判者对个案的整体衡量。当处于存疑状态的时候，权益之间的“抽象重力”就会发挥重要的作用。“抽象重力”是指不依赖于任何具体案情而本身具有的重力。简单来说，就是哪一种权益更为重要，更有保护价值及保护的优先性。宪法所保护的许多权益之间无法区分抽象重力，但有一些是具有明显的轻重之分，比如生命权具有比人格权

〔21〕［德］罗伯特·阿列克西：《法：作为理性的制度化》，雷磊译，中国法制出版社2012年版，第151页。

更高的抽象重力。那么刑事诉讼中被告人对质询问权与证人的隐私权益之间，哪个抽象重力更重？借鉴《欧洲人权公约》的规定，该公约将被告人对质询问权纳入公正审判权的体系，且称之为“底线性权利”，因此，在《欧洲人权公约》的权利保障体系中，被告人对质询问权的抽象重力应该重于证人的隐私权益。

（三）法院具有权衡的决定权

欧洲人权法院通过一系列判决认为，国内法院有权根据必要性和适当性决定是否传唤证人出庭。《欧洲人权公约》第6条并没有赋予被告人无限制地要求证人必须出庭的权利，是否传唤证人出庭，国内法院有决定权〔22〕。因此，被告人对质询问权是否采用限制措施，或者采用限制措施的程度，国内法院本身具有决定权。但是，这个决定权并非不受任何限制或者缺乏理性标准，其需要经过权衡法则的“证成”。结合对质询问权的内涵要求“直接面对面、听其回答、观其举止”，首先需要确定对质询问权侵害的密度，那么就必须要追问，允许被害人不出庭或者当庭播放录像等限制方式将在多大程度上侵害被告人对质询问权的行使。其次，为了确定隐私权保护这一权益被满足的重要性，又要反过来追问，不对被告人对质询问权限制——允许被告人与被害人直接、面对面地对质，对于隐私权的保护意味着多大的冲击。最后，对于“证成”，由于对质询问权的抽象重力高于隐私权，欧洲人权法院不主张通过完全剥夺对质询问权的高密度侵害方式来保护隐私权。尽管在实践中有可能对侵害密度与重要性程度进行理性判断，抽象重力可以进行适当区分，但是，不可否认，两种权益之间的证成有可能处于存疑状态，这时，某一权益被满足的价值是否能证成对于另一权益的侵害取决于裁判者对个案的整体衡量。激进的权衡怀疑论者哈贝马斯和施林克因而认为“在对狭义的比例性进行检验的过程中……最后起作用的只是检验者的主观性”，而“狭义上比例性检验的评价或权衡程序……最终只能通过决断进行”〔23〕。这的确是权衡法则可能存在的弊端，在两种权益“证成”处于存疑状态下，最终取决于法官的整体权衡，基于不同法官其权衡结果可能存在差别。因此，为尽可能实现权衡的理性化，欧洲人权法院主要通过审查被害人隐私权保护理由

〔22〕 ECHR, Accardi and Others v. Italy (dec.), no. 30598/02, ECHR 2005 - II; ECHR, Asch v. Austria, judgment of 26 April 1991, Series A no. 203, § 27.

〔23〕［德］罗伯特·阿列克西：《法：作为理性的制度化》，雷磊译，中国法制出版社2012年版，第150－151页。

的等级以及国内法院是否能采取“调和”措施适当降低侵害密度等级，以判定国内法院行使决定权是否属于合理限制对质询问权的范畴。近几十年来，针对性侵案件被告人对质询问权与被害人隐私权的冲突，欧洲人权法院通过一系列的判例，提供了介于完全保障与彻底剥夺之间的权衡模式，以衡平被告人对质询问权与被害人隐私权之间的冲突。以下将通过欧洲人权法院的相关经典裁判，梳理其发展脉络及经验方法。

三、欧洲人权法院的“三阶权衡”模式

（一）“侵害密度轻模式”／直接询问

被告人有机会面对面、直接与性侵被害人进行对质，无论在审判之前，还是在审判之中的对质，都属于侵害密度较轻的一种模式。但是，这种模式使性侵被害人完全暴露于被告人的面前，并面对面接受被告人的质问，极可能对其造成二次伤害，其隐私权具有更高的保护理由。

1. Aigner v. Austria：审前询问的有效性

在 Aigner v. Austria 一案中，被害人 K 女士审前接受调查法官调查，详细陈述了申诉人企图强奸的过程，申诉人及其律师在场并有机会对 K 提问，且明确已经没有其他问题询问，审问过程全程录像。随后，基于其他证人与 K 女士的陈述存在矛盾，且庭前录像无法当庭播放，申诉人多次申请，要求 K 女士出庭接受询问，但 K 女士均没有出庭，K 女士的陈述是本案定罪的决定性证据，申诉人由此主张其对质询问权受到侵害〔24〕。

欧洲人权法院认为，本案国内法律明确在性侵案件中，被害人对质听审后，可以拥有随后不再出庭的豁免权，因此，本案申诉人在庭前对质时应对此有充分的认识和估计。庭前对质时的录像虽然不能播放，但以笔录的形式当庭宣读，申诉人可以在庭上充分地指出被害人的陈述与其他当庭出庭证人证言不一致之处，因此，并不违反公约第 6 条有关被告人对质询问权的规定〔25〕。该判例反映了欧洲人权法院认可性侵案件审前对质有效性的观点。被害人即使并非未成年人，也没有无法出庭的理由，但其仍可以依照国内法的规定获得无须再次出庭接受询问的豁免权。

---

〔24〕 ECHR, Aigner v. Austria, Judgment of 10/05/2012（no. 28328/03）, §6－19.

〔25〕 ECHR, Aigner v. Austria, Judgment of 10/05/2012（no. 28328/03）, §42、§45、§46.

2. Y. v. Slovenia：限制对质询问的内容与形式

针对审判中“面对面”对质询问的情形，欧洲人权法院在 2015 年 Y. v. Slovenia 一案中，第一次从被害人隐私权是否受到侵犯的角度进行分析，将上述侵害密度（D）与保护价值（V）的对象进行交换，以隐私权是否受侵害为核心进行审查。申诉人 Y 称其在 2001 年 7 月至 12 月期间，被一位家庭朋友即 X 多次在不同场合性侵。地方法院不公开开庭。在随后的 12 次庭审中，Y 有两次是由 X 个人直接询问的，其中，第 4 次庭审中，X 询问了 Y 超过 100 个问题，包括许多私密性问题；此外，X 声称强奸的指控是 Y 的母亲捏造。因此，他向 Y 询问了众多关于她母亲的个人问题。交叉询问最终持续进行了 4 个小时。第 6 次庭审中，X 向 Y 又提问了将近一个半小时，然后 X 的律师 M 又继续向其提问〔26〕。申诉人由此主张其在庭审中受到创伤，引起她严重和永久的心理问题，遂诉至欧洲人权法院。

欧洲人权法院认为，Y 在审判中的证言是唯一的直接证据，且与其他证据之间互相矛盾，从被告人享有公平审判权出发，对隐私权的限制符合“必要性”的要求。但是，一个人拥有的防御权并非不受限制的，Y 被询问的方式不应打破她的个人尊严权和 X 的防御权之间的平衡。结合国家的积极义务，欧洲人权法院认为对询问“划定界限”“利益平衡”首先是主审法官的责任，主审法官有义务确保在审判中充分保护和尊重申诉人的尊严。仔细审视 X 的询问——询问时间长、询问主体为被告人本人、被询问人年龄较小以及询问内容带有明显个人性和暗示性，因此，X 攻击性的询问已经超出了给予其有效辩护的目的范围之内，无法达到公正审判的要求。限制 X 对 Y 人身攻击性的询问不会影响他的辩护权行使，但这种干预对于申诉人 Y 来说却可以显著减轻其接受询问时的痛苦。最终，本案刑事诉讼程序被认为违反了第 8 条关于隐私权保护的规定〔27〕。

（二）“侵害密度中等模式”／间接询问

被告人间接在场、间接对质询问是介于完全保障被告人对质询问权与被害人隐私权之间的“中间选项”，对于对质询问权的侵害密度处于“中等”程度。欧洲人权法院判断是否存在违法侵害的关键在于被害人隐私权保护理由的等级以及内国法院是否能采取“调和”措施降低侵害密度等级。性侵经

---

〔26〕 ECHR，Y. v. Slovenia，Judgment of 28/08/2015（no. 41107/10），§ 5 – 56.

〔27〕 ECHR，Y. v. Slovenia，Judgment of 28/08/2015（no. 41107/10），§ 105 – 109.

典案件 S. N. 诉瑞典一案是欧洲人权法院为数较少的肯定国内司法当局所采用的对质询问权限制的方法和途径的判例。透过该案的分析，可以发现欧洲人权法院在考量侵害密度和保护理由之间的因素。

1. S. N. v. Sweden：透过第三人询问

申诉人因涉嫌性侵一名 10 岁的男童 M 而被指控。M 共接受了两次询问，均由同一名专门负责儿童虐待和性侵的警察进行。第一次询问全程录像，第二次询问全程录音。因 M 的律师不在场，申诉人的律师也被反对在场。申诉人的律师同意并与警察讨论询问中需要明确的问题和细节。随后，申诉人的律师听了询问的录音，确认其想要提出的问题均已提出，他没有再要求进一步的询问。第一次录像和第二次录音都当庭播放，上诉法院考虑到 M 的证言有模糊和不确定的地方对 M 的陈述部分不采信，将申诉人改判 3 个月监禁。后申诉人不服，以违反公约第 6 条第 1 款和第 3 款（d）项为由，申诉到欧洲人权法院[28]。

欧洲人权法院在该案的判决中重申，被告人的对质询问权并非绝对，被害人私生活受尊重的权利必须同时考虑。在整体分析是否违反公正审判时，司法机关需要采取措施，平衡被告方所承受的不利因素。降低对质询问权侵害的密度的措施包括：（1）被告人观看第一次询问录像后，有机会通过第三人对被害人进行询问；（2）被告人确认第三人询问的内容已经包含其所要提出的问题；（3）被告人同意不在询问时在场，且不要求以视讯方式询问；（4）被告人能够通过庭审挑战被害人证言的内容及可信性，且挑战获得效果，得到上诉法院的考量。儿童在审前调查中进行询问必须得到更高标准的程序保护。综合考量上述因素，欧洲人权法院认为，尽管 M 的陈述实际上是法庭得出有罪判决的唯一证据，但已经被“小心对待”，该案的刑事诉讼程序从整体上看，并不违反公正审判[29]。此案确立了限制性侵被告人对质询问权的考量标准，是否给予被告人透过第三人询问的机会，成为 S. N 案与其他侵权案件的最大区别。

2. Accaidi and others v. Italy：第三人询问的默示同意

Accaidi and others v. Italy 一案，申诉人涉嫌性侵两名儿童 X 和 Y，调查法官在庭审前对 X 和 Y 进行询问，申诉人及其律师在另一个房间透过双面镜

〔28〕 ECHR，S. N. v. Sweden，Judgment of 02/10/2002（no. 34209/96），§9 - 20.

〔29〕 ECHR，S. N. v. Sweden，Judgment of 02/10/2002（no. 34209/96），§47 - 54.

听到调查法官的问题和被害人的回答，并能够观察被害人的举止。申诉人主张这种询问方式其不能介入询问，也不能要求 X 和 Y 对某些问题进行说明，侵害其对质询问权，申诉至欧洲人权法院。

欧洲人权法院则认为，申诉人及其律师有机会通过调查法官提出希望询问的问题，但其没有尝试去获得询问的机会。在调查法官询问时，申诉人对于这种询问方式没有提出任何异议，也没有向调查法官提出希望对 X 和 Y 进行询问，申诉人这种行为可以解释为默示同意以这种方式进行询问。而且，询问过程全程录像，法官在庭审中可以观察到 X 和 Y 的行为，申诉人也可以挑战被害人陈述的可信性。侵害密度仅能属于“中等”或“轻度”，结合对性侵儿童 X 和 Y 隐私权保护的必要，欧洲人权法院认为并不违反公约中关于公正审判的要求〔30〕。

（三）“侵害密度高模式”／无法询问

无论是在司法当局询问被害人的时候，还是在诉讼中任何一个阶段，被告人均没有获得询问被害人的机会，无论是被告人自己还是通过第三人，仅能询问间接证人或者事后观看询问过程的录像。这种限制措施对于被告人对质询问权侵害密度最高，无论是对质询问权的内容还是范围，都受到最大限度的限制，几近“剥夺”的程度。这种路径要求具有充分的理由保护被害人隐私和尊严，因此，在未成年人的性侵案件中，采用这种路径进行限制比较多。但由于这种限制措施实质上剥夺了被告人对证人直接或者间接询问的权利，因此，必须以强有力的“调和程序”来适当降低侵害密度，否则，极容易侵犯被告人的对质询问权。

1. A. L. v. Finland：播放录像的替代措施

欧洲人权法院裁判了一系列的案件〔31〕，如出一辙地认为，为了保护性侵案件的被害人，以播放录像作为替代性措施，过度地限制了被告人的对质询问权。下面仅以 A. L. 诉芬兰一案为例。M 向警方报警，称其 14 岁的女儿 R 在 10 天以前被一位亲戚 A. L. 性侵。A. L. 因性侵 R 被指控，A. L. 对指控予以否认。地方法院传讯了 M、A. L. 以及 A. L. 申请的 3 名证人出庭，控方提交了一份录像，是医学专家 H 两次询问 R 的过程，H 也出庭接受询问；控方同时提交了对 R 询问评估的医学报告、R 心理检查的报告以及智力检查证

〔30〕 ECHR , Accardi and others v. Italy (dec.), Judgment of 20/01/2005 (no. 30598/02).

〔31〕 ECHR, D. v. Finland, Judgment of 06/11/2009 (30542/04); ECHR , A. L. v. Finland, Judgment of 27/04/2009 (no. 23220/04); ECHR, W. v. Finland, Judgment of 24/04/2007 (14151/02).

明，智力检查证明R只有相当于6到8.5岁的智力水平。地方法院对A.L.作出有罪判决，基于R的母亲和H的证言，与R在录像中陈述的事情经过相一致，且从录像来看，没有理由怀疑R是受人诱导或者是想象出来的。A.L.不服，在用尽国内救济程序后申诉至欧洲人权法院〔32〕。

欧洲人权法院认为本案违反公正审判基于两点：一是“唯一或决定性证据”没有得到任何挑战的机会。H和M的证言均不是直接证据，只能提供R所告知的信息。与S.N.诉瑞典一案不同，尽管也是当庭播放录像，但申诉人没有获得任何机会对R进行提问，观看询问证人的录像不能单独作为对被告人权利的充分保障，即侵害密度仍处于“高”的状态。二是证人不出庭缺乏足够的理由。没有明显的专家意见可以证实R是否可以出庭或者可以以其他更小的侵入性措施来接受询问，即隐私权保护价值未能证明非常重大。因此，欧洲人权法院认为这违反了公约第1条和第6条（d）款的规定〔33〕。

2. W. S. v. POLAND：未能进行任何询问

这个案件非常特殊，与上面所有的案件均不相同。本案的被害人X年龄很小，其主张在2岁到4岁之间受到反复、多次的性侵害，开庭时也只有7岁。基于心理专家E.K认为对其进行询问会影响其身心健康及发展，因此，她在本案任何一个阶段都没有接受询问。申诉人没有询问的机会，警察、检察官、法官亦没有对X进行任何询问。全案仅有专家E.K与被害人进行过两次心理检查及交谈，但交谈的过程并没有录音或者录像，E.K由此得出报告的结论是X遭受了性侵，且申诉人是性侵犯者。E.K.出庭接受了申诉人的询问，最后，E.K.出具的报告作为认定申诉人有罪的关键性证据〔34〕。

欧洲人权法院多数意见认为国内法院没有提供任何平衡措施去“调和”被告人对质询问权所遭受的“高密度”限制，也没有给予被告人合适和充分的机会去挑战和询问对其不利的证人。欧洲人权法院认为可以采取更为精致的平衡措施降低侵害的密度，比如在心理专家或者被害人母亲在场的情况下，由被告人以书面的形式来发问；或者通过录像连线、双面镜的方法让被告人或者其律师间接在场；或者在心理专家与被害人面谈的时候进行录像，以平衡被告人的对质询问权与被害人的隐私权之间的冲突〔35〕。W.S.一案凸显欧

〔32〕 ECHR, A. L. v. Finland, Judgment of 27/04/2009 (no. 23220/04), §5–12.

〔33〕 ECHR, A. L. v. Finland, Judgment of 27/04/2009 (no. 23220/04), §40–44.

〔34〕 ECHR, W. S. v. Poland, Judgment of 24/09/2007 (no. 21508/02), §5–33.

〔35〕 ECHR, W. S. v. Poland, Judgment of 24/09/2007 (no. 21508/02), §59–61.

洲人权法院强调成员国法院为保证证人出庭而付出合理努力的职责与一贯原则。《欧洲人权公约》第6条第1款与第3款一起，要求成员国法院采取积极的行动，以促使被告人可以询问反对其的不利证人〔36〕。法院必须为确保证人出庭付出合理努力和尽到必要的勤勉义务。

四、欧洲人权法院权衡模式的综合评释与比较分析

从以上欧洲人权法院判例可以看出，欧洲人权法院特别强调国家为保证被告人对质询问权与被害人隐私权有效实现所付出的努力。该院具体通过考量成员国法院是否能够积极地采取“调和”措施降低对质询问权侵害密度、是否积极保护被害人隐私权、被害人隐私权是否具有重大保护理由等因素，以判定成员国法院是否违反公正审判权的公约要求。无论是以隐私权为基点，还是以对质询问权为基点，都在力图寻求介于完全保障被告人对质询问权与性侵被害人隐私权的“中间选项”，并发展出一系列可供成员国法院参考以及提供行动指引的衡平因素，达到既保护性侵被害人的隐私利益，又兼顾保护被告人对质询问权的目的，从而实现程序的整体公正性。

（一）降低对质询问权侵害密度等级的“调和”措施

1. 审前获得直接、面对面询问被害人的机会

欧洲人权法院认为，在审前听证程序中询问证人并不违反《欧洲人权公约》的规定，但是必须确保辩方能够以适当的方式行使对质询问权〔37〕。如果在审前阶段获取证人证言时，辩方曾有获得询问证人的机会，可以有效地降低对质询问权的侵害密度，欧洲人权法院通过判例充分肯定审前询问的有效性。对质询问权的行使从审判阶段扩展到审前阶段会带来一些争议：从对抗性理论与平等武装理论的阐释表明，判定指控—在审查证据与质证意见上—必须在庭审的时候进行，其原因恰恰在于庭审是尊重“控辩式三角结构”方法的唯一场所。这是“制度结构性的公正审判观”的要求〔38〕。因此，被告人与被害人在审前进行对质，应尽可能地接近“控辩式三角结构”，这对

---

〔36〕 ECHR , Pello v. Estonia, Judgment of 12/04/2007 (no. 11423/03), §35; ECHR , Karpenko v. Russia, Judgment of 13/03/2012 (no. 5605/04), §62; ECHR , Damir Sibgatullin v. Russia, Judgment of 24/04/2012 (no. 1413/05), §51.

〔37〕 Maffei, supra note 8, at 76.

〔38〕 ［瑞士］萨拉·J. 萨默斯：《公正审判：欧洲刑事诉讼传统与欧洲人权法院》，朱奎彬、谢进杰译，中国政法大学出版社2012年版，第185－187页。

于保持审判公正具有重要的意义。欧洲人权法院在此问题上，或许过于宽松，没有提出让律师在场协助质证或者由中立第三方在场主持等要求。而美国法院相关判例也肯定审前证言存录程序的有效性，但提出比欧洲人权法院更高的要求，其认为该程序应与庭审程序相似，包括证人需要宣誓、辩护律师在场且有机会对证人进行对质反询问、该程序是在调查法官面前进行的，因而，审前获得证言才具有可靠性的保障〔39〕。美国模式提出了对被告人对质询问权更高的程序性保障标准，亦更为符合“制度结构性的公正审判观”的要求。

2. 审前透过调查法官或者第三人询问被害人

间接询问的模式是透过第三人向被害人询问的，因此，第三人的合法性问题非常重要。在S. N. 案的附随意见中，两名法官指出询问人的身份存在缺陷，两次都由同一名警察询问，没有一次是由独立的调查机构来进行。〔40〕由于警察天生处于追诉犯罪的角色，因此，警察作为第三人进行询问，缺乏客观性与中立性，较难保障被告人对质询问权的有效行使。那么，专家是否可以担任第三人的角色协助被告人行使对质询问权呢？在Accaidi and others一案中，申诉人就提出质疑，认为调查法官应指派专家B对X和Y询问，而不是由法官询问，否则不符合由依法设立的公正的法庭进行询问的要求。欧洲人权法院则认为，询问X和Y实际还是由调查法官来主导。调查法官将某些问题透过心理专家B询问，仅是为了让其观察被害人调查时的表现。调查法官在询问时离开房间，是为了让被害人平静下来，但继续透过双面镜观察和把握询问的整个过程。没有证据表明调查法官不是公约第6条意义上“依法设立的法庭”，也没有证据显示调查法官询问存在不公正。因此，对于以调查法官作为审前询问主体，欧洲人权法院肯定其合法性〔41〕。而心理专家单独进行的询问，尽管可以帮助警察和法官评估被害人的行为和证言的可靠性，但就对质询问权保障而言，在调查法官主导下进行更符合独立、中立和公正性的要求，以最大限度地降低对质询问权侵害的密度。

3. 透过双面镜听到调查法官的问题和被害人的回答

此种方式与透过第三人询问及单纯录像不一样，其最大的特点是“同步

〔39〕 State v. Peters, 587 A. 2d 587, 589 - 590 (New Hampshire SC 1991) ; State v. Conklin, 444 N. W. 2d 268 (Minn. 1989) .

〔40〕 ECHR, S. N. v. Sweden, Judgment of 02/10/2002 (no. 34209/96) .

〔41〕 ECHR , Accardi and others v. Italy (dec.), Judgment of 20/01/2005 (no. 30598/02) .

获知性”，即被告人可以同步获知调查询问的问题与被害人的回答。因此，如果被告人对于被害人的回答有异议或者希望调查法官进一步对此方面的问题进行询问，被告人可以透过双面镜即时向调查法官提出。若被告人没有提出异议与问题，欧洲人权法院认为这种行为可以解释为默示同意以这种方式进行询问。欧洲人权法院通过推定式的解释，肯定了审前运用屏蔽式措施的有效性，使得屏蔽性措施从审判程序扩展到审前程序。一般屏蔽式措施是在审判中使用，如英国 1999 年少年司法和刑事证据法第 23 条规定，证人在法庭上作证或者宣誓时，法庭可以作出特别措施指示，通过屏幕或其他装置使证人看不到被告人，但律师、法官和陪审团仍然能够看到证人〔42〕。与审判中使用屏蔽式措施不一样，审前的屏蔽性措施并非在审判环境中进行，审判环境中被告人或者其辩护人可以询问证人是题中应有之义，而审前则不是。因此，保证被告人或者代理人有机会询问证人非常重要。通过双面镜这种屏蔽式措施，欧洲人权法院认为可以推定被告人获得询问的机会，因为其随时可以与调查法官交流。

4. 事前录像，当庭播放

这一“调和”措施是否能有效降低对质询问权侵害密度等级存在争议。性侵案件被害人重复陈述案情经过，容易引起其痛苦的回忆，因此，避免在不同的阶段中进行重复陈述很有必要。联合国《关于在涉及罪行的儿童被害人和证人的事项上取得公理的准则》〔43〕明确要求减少面谈和陈述等不必要接触的次数，认为政府可以考虑采用的有效路径是使用事先录制的录像。《法国刑事诉讼法典》也有同样的规定，在具有性（侵害）性质的犯罪案件中，未成年被害人可以通过审前证言录像的方式作证〔44〕。但是，欧洲人权法院

〔42〕 Mark Lucraft and Thomas Payne, Crown Court Index 2016 (36th Edition), Thomson Reuters (Professional) UK Limited, 2016, p. 883.

〔43〕《关于在涉及罪行的儿童被害人和证人的事项上取得公理的准则》，经济及社会理事会第 2005/20 号决议，附件。该准则第 31 条规定保护儿童被害人和证人隐私权利，限制被告人对质询问权的措施包括：(a) 限制面谈次数：应当采用特别程序向儿童被害人和证人取证，以减少面谈、陈述、庭审、特别是与司法过程的不必要接触的次数，采取的办法包括使用事先录制的录像；(b) 在与法律制度不抵触并且适当尊重辩护权的情况下，确保儿童被害人和证人不受到被指控的加害人的盘问：如有必要，应当在儿童被害人和证人看不到被指控加害人的情况下对儿童被害人和证人进行面谈和法庭询问，并应提供单独的法院等候室和专用面谈区；(c) 确保对儿童被害人和证人的询问以注意儿童敏感性的方式进行，同时允许法官行使监督权，便利作证并减少可能的恐吓，为此采取的办法包括使用取证辅助手段或指定心理学专家。

〔44〕《法国刑事诉讼法典》第 706 - 52 条。

的判例对此路径却明确提出更高的要求，观看对证人询问的录像不能单独作为对被告人对质询问权的充分保障。通过上述S. N. 诉瑞典和A. L. 诉芬兰两案的判决结果，可以明显看出，虽然都是事前录像、当庭播放，被害人均是儿童，且陈述均是唯一或决定性的证据，S. N. 案被告人获得透过第三人向被害人提问的机会，但A. L. 却至此至终都没有向被害人提问，无论是通过第三人或者其他的形式。就这点关键区别而言，S. N. 案被判定没有违反公约，而A. L. 案被判定违反公约。对于播放录像的“调和”措施，欧洲人权法院不仅要求事前录像，当庭播放，而且要求采取适当的平衡措施降低被告人侵害密度的等级，包括审前询问、透过第三人询问、书面询问等。英国、美国和德国对审前证言录像的程序同样采取了严格的标准，包括：第一，录像时法官必须在场；第二，必须给予辩护律师询问被害人的机会〔45〕。

（二）隐私权被满足重要性程度的“考量因素”

1. 被害人的年龄

在评估被害人人格尊严是否得到有效保护以及被害人受伤害的程度时，年龄是一个非常重要的因素。不同年龄之间对隐私权的保护价值不一样，即使都是儿童。年龄越小的儿童，心理抗衡能力越差，其出庭作证越容易受到对抗式庭审以及交叉询问的影响。幼小的儿童被要求重复陈述被性侵的过程，往往会对其身心健康产生长远的不利影响，因此，年龄越小的儿童，其隐私权被满足的重要性程度越高，以至于可能不必接受询问或以证言形式提供证据。正如W. S. 案持反对意见的法官所言：“与其他案件不同，S. N. 案是10岁的儿童，P. S. 案是8岁的儿童，Bocos – Cuesta案的儿童年龄分别是10岁、6岁、9岁和11岁；而本案的儿童年龄非常小，发生严重性侵的时候，不可以或者不必须接受询问或以证言的形式提供证据。”〔46〕

2. 遭受性侵的程度及庭审可能对被害人造成的创伤

任何限制对质询问权的正当理由，其所保障的利益至少必须和被告人对质的利益具有等价关系，即达到权衡法则的“证成”要求。那么，其前提条件是对隐私权保护价值进行客观评价，通过严格的审查标准，以证明性侵被害人不出庭具有正当的理由。性侵被害人与匿名证人不同，性侵案件被害人是否能出庭涉及专业的医学和心理学知识。若以当庭询问可能造成被害人创

〔45〕 英国《1999年少年司法与刑事证据法》第28条；《美国联邦证据规则》第804条以及《德国刑事诉讼法典》第255条a第2款。

〔46〕 ECHR，W. S. v. Poland, Judgment of 24/09/2007（no. 21508/02）.

伤为由限制被告人的对质询问权，必须提出够格、可信的医学评估证据。而匿名证人是否能出庭，仅需要法官判断是否涉及公共利益、是否关乎证人安全等即可。因此，性侵被害人隐私权特别保护需要经过必要的专业程序证明，法院不能自行推断与臆想。如上述的 A. L. 案，欧洲人权法院认为其违反公约的另一个原因是：没有明显的专家意见可以证实 R 是否可以出庭或者可以以其他更小侵入性的措施来接受询问。在 2005 年 Bocos – Cuesta 诉荷兰一案中，荷兰法院也因同样的错误被欧洲人权法院认为违反公约〔47〕。

3. 被告人对质询问的内容与形式

被告人对质询问权与被害人隐私权在一定程度上处于此消彼长的关系，被告人对质询问权越得到充分的满足，越有可能对被害人隐私权造成侵害，隐私权越需要进行保护。欧洲人权法院认为在被害人接受被告人直接、细节性和持续时间较长的询问下，主审法官要全面审视被告人提问和评论的形式和内容，在必要的情况下，进行打断和干预，否则可能对被害人的隐私权造成损害。被告人本人作为性侵害之人，由其对被害人进行直接询问，不仅加剧法庭对质的剑拔弩张，而且，对被害人本身也是一种折磨，因此，通过采取屏蔽性措施（Screening witness from accused）进行阻隔〔48〕、让被告人律师间接在场质证〔49〕、主审法官代为询问〔50〕以及透过中间人质问〔51〕等措施均可以有效地加强对被害人隐私利益的保护。至于对质询问的内容，由于性侵案件具有私密性和隐匿性，被告人询问的问题不可避免地涉及被害人私人性生活的隐私，其目的是为了挑战证言的可靠性。正如 Y. 诉斯洛文尼亚一案中持反对意见的法官所指出的，在性侵案件中，几乎无法想象被告人可以问出任何非个人性质的问题，被告人的一些言论实际上旨在否定申诉人的性格，

〔47〕 ECHR，Bocos – Cuesta v. the Netherlands，Judgment of 10/11/2005（no. 54789/00）. 此案申诉人因涉嫌猥亵未成年人而被判处刑罚，法院以该案被害人为未成年人，为保护其利益为由，驳回申诉人要求未成年人出庭的请求。欧洲人权法院认为国内法院在完全没有专家意见支持的情况下，直接认定被害人出庭会导致不利影响，难以作为限制被告人对质询问权的依据。

〔48〕 Mark Lucraft and Thomas Payne，Crown Court Index 2016（36th Edition），Thomson Reuters（Professional）UK Limited，2016，p. 883.

〔49〕 ECHR，W. S. v. Poland，Judgment of 24/09/2007（no. 21508/02）.

〔50〕《德国刑事诉讼法典》第 241 条 a 项、《意大利刑事诉讼法典》第 498 条第 4 款。

〔51〕 在英国，中间人制度在特殊性侵案件中广泛使用。中间人的功能是在法庭上协助双方进行沟通与交流，尽可能向证人解释提问的问题以及证人回答的含义，确保证人听得懂问题，并给出真正想给的答案。中间人制度可以有效筛选被告人提出的令人尴尬、具有攻击性的问题，保护受害人的隐私利益。参见 Joyce Plotnikoff and Richard Woolfson，Intermediaries in the Criminal Justice System：Improving Communication For Vulnerable Witnesses and Defendants，University of Bristol，2015，p. 4 – 5。

使法官可以在对质的情况下观察申诉人的表现，这是法庭对质的精髓[52]。因此，基于性侵案件的特殊性，关键不在于问题是否具有隐私性，而在于被告人询问的问题不能超出具体的界限，包括提出被害人曾参与其他性行为、暗示被害人具有性癖好以及对被害人有任何性别歧视的问题等[53]，以防止被害人在诉讼中被迫回答来自辩护律师或者被告人令人窘迫的贬低性质问。

五、我国性侵案件中对质询问权与隐私权衡平之检讨与建议

我国《宪法》第33条规定，国家应该“尊重和保障人权”；2012年修正的《刑事诉讼法》第2条亦规定，刑事诉讼法的任务之一是“尊重和保障人权”。人权保障观念从入宪向入法延伸。从人权保障正当性的根源上探寻，“人人都可能成为被告人”是刑事诉讼中对人权加强保障的前提基础。刑事诉讼关乎人的生命、自由和安全等重要人权，故刑事诉讼法素有国家“小宪法”之称，2012年修改刑事诉讼法的目的之一在于加强人权的保护。但是，从立法与司法实务来看，我国对于被告人的底线性人权——对质询问权以及被害人的重要性人权——隐私权的保护均不够，尤其当两种人权在诉讼中发生冲突时，相应的保障和价值权衡尤为欠缺。

（一）立法与司法实务存在的问题

1. 被告人对性侵案件被害人的对质询问受到严格的限制

针对性侵案件被害人出庭问题，最高人民法院、最高人民检察院在1982年曾出台《关于审理强奸案件应慎重处理被害人出庭问题的通知》规定，“对强奸妇女和奸淫幼女案件，如果需要以被害人的陈述作为定案证据的，人民检察院在审查起诉时和人民法院在开庭审理前，都应当查证属实。在被害人不愿出庭的情况下，人民法院开庭审理时，可以当庭宣读被害人的证言笔录或亲笔证词”。很显然，这个规定的基调是：被害人凭其意愿可以决定是否出庭，被告人对此没有异议权，如果被害人不同意出庭，被告人无法与被害人对质。尽管这个规定已于2013年1月18日被废止，但仍可以显示过去20年间对性侵案件被告人与被害人对质询问进行严格限制的倾向。至今，关于性侵案件被害人出庭作证问题没有特别的规定。

---

〔52〕 ECHR, Y. v. Slovenia, Judgment of 28/08/2015 (no. 41107/10).

〔53〕 英国《1999年少年司法与刑事证据法》第41条；美国《联邦证据规则》第412条；我国台湾地区《性侵害犯罪防治法》第16条。

现行《刑事诉讼法》第60条第1款明确规定："凡是知道案件情况的人，都有作证的义务。"基于性侵案件的私密性，被害人作为直接被侵害人，显然是最清楚案情的人，应该负有作证的义务。但是，被害人具有作证义务并不等同于被告人享有对被害人的对质询问权。依据《最高人民法院关于适用〈中华人民共和国刑事诉讼法〉的解释》规定，作为证据而言的被害人陈述，其与证人证言适用同样的审查与认定方式〔54〕。对于被害人是否需要出庭的问题，主要以"人民法院通知"为前提，如果被害人没有正当理由拒绝出庭或者出庭后拒绝作证，而且法庭对其证言的真实性无法确认的，被害人陈述才不得作为定罪的根据。"人民法院通知"与"法庭对其证言的真实性无法确认"的双重限制使得被告人对性侵案件被害人的对质询问依然受到严格的限制，以对案件实体真实的追求作为限制被告人权利的依据。另外，我国法律及相关规定均未直接赋予被告人对于反对其的不利证人有对质询问权这一普适性权利，即使被害人陈述属于"唯一或决定性"的关键证据，即使被告人对于被害人陈述有异议，均没有获得自动对质的权利。

2. "法官考量模式"具有主观性、随意性

被害人是否需要出庭，由法官根据个案裁量决定，我国采用的是"法官考量模式"，这与欧洲人权法院权衡的主体一致。但与其审查标准不同，欧洲人权法院以被告人对质询问权保障为基点，必须有充分的理由，达到"人权对人权"的程度，并经过严格的程序，才能限制被告人对质询问权。而我国法官考量被害人是否有必要出庭无须具体说明理由，实践中法官裁量具有主观性、随意性，更缺乏说服性。针对被告人申请性侵案件被害人出庭的诉求，法官往往以模糊、虚化的理由予以回应。如"根据刑事诉讼法相关法律及解释的规定，被害人不到庭不影响开庭审理的，可以开庭审理"；"当事人或辩护人申请证人出庭的，人民法院认为有必要的，才予通知"；"原审庭审

〔54〕 参见《最高人民法院关于适用〈中华人民共和国刑事诉讼法〉的解释》〔法释（2012）21号〕第74至79条。其中，第78条特别规定："证人当庭作出的证言，经控辩双方质证、法庭查证属实的，应当作为定案的根据。证人当庭作出的证言与其庭前证言矛盾，证人能够作出合理解释，并有相关证据印证的，应当采信其庭审证言；不能作出合理解释，而其庭前证言有相关证据印证的，可以采信其庭前证言。经人民法院通知，证人没有正当理由拒绝出庭或者出庭后拒绝作证，法庭对其证言的真实性无法确认的，该证人证言不得作为定案的根据。"第79条规定："对被害人陈述的审查与认定，参照适用本节的有关规定"。

程序合法，且被害人及证人未到庭不影响本案的审理”等[55]。至于为什么不影响开庭审理，为什么法院认为没有必要，则没有进一步的阐明与告知，致使被告人对被害人陈述无法进行有效的对质，被告人对质权益受到侵害后亦无法得到有效的救济。

3. 限制理由不符合手段与目的的比例关系

对被告人对质询问权进行限制，应有相当的侵害理由和保护价值。就限制目的而言，我国正当化地剥夺被告人对被害人对质询问的理由仅是“身患疾病”“行动不便”“路途遥远”“没有回国”或者“年幼”等，保护被害人隐私权益相反并未作为限制对质询问权的正当理由[56]。而且，上述这些理由是否可以与被告人获得公正审判、追求案件真相的目的价值相抗衡，是否可以成为畅通无阻的“正当理由”，仍具疑问。性侵被害人虽然年幼，但具有一定的辨别是非、正确表达的能力，一律不出庭并不符合手段与目的的比例关系；而行动不便或者路途遥远完全可以通过远程视频作证等方式予以解决，法院有义务为无法到庭或者不方便到庭的被害人出庭付出合理的努力。至于身患疾病更是牵强。我国司法实践中不乏以被害人身患疾病为由，完全剥夺被告人与被害人对质的案例。如广受关注的李某某轮奸案，被告人李某某否认对被害人轮奸，辩护人申请法院传唤被害人出庭作证，给予双方当庭对质的机会，但法院以被害人生病为由，同意被害人不出庭[57]；甚至在被害人陈述前后不一情况下亦如此，如被害人曾经出具证明承认与被告人自愿发生性关系并收取被告人赔偿款30000元，被害人陈述不仅是本案的关键及

〔55〕详见傅勋绩犯盗窃罪、强奸罪二审刑事裁定书［（2014）东中法刑一终字第108号］本院认为部分载明：“上诉人及辩护人提出本案一审时申请证人及被害人出庭，但原审法院未予通知证人及被害人出庭，程序不合法的意见，经查，根据刑事诉讼法相关法律及解释的规定，被害人不到庭不影响开庭审理的，可以开庭审理；当事人或辩护人申请证人出庭的，人民法院认为有必要的，才予通知。故原审庭审程序合法，且被害人及证人未到庭不影响本案的审理，上诉人及辩护人该意见不能成立，本院不予采纳”，载中国裁判文书网 http：//wenshu. court. gov. cn/，最后访问时间2017年3月6日。

〔56〕《刑事诉讼法》第60条第2款规定，生理上、精神上有缺陷或者年幼，不能辨别是非、不能正确表达的人，不能作证人。《最高人民法院关于适用〈中华人民共和国刑事诉讼法〉的解释》第206条规定，证人具有下列情形之一，无法出庭作证的，人民法院可以准许其不出庭：（一）在庭审期间身患严重疾病或者行动极为不便的；（二）居所远离开庭地点且交通极为不便的；（三）身处国外短期无法回国的；（四）有其他客观原因，确实无法出庭的。具有前款规定情形的，可以通过视频等方式作证。

〔57〕蒲希茜：《李天一涉轮奸案今日开庭 被害人获准不出庭》，载中国新闻网 http：//news. china. com/zh_ cn/focus/ltybj/11136478/20130828/18018121. html，最后访问时间2017年5月20日。

唯一证据，且其陈述本身自相矛盾，被告人因而申请被害人出庭对质，但法院仍然以“被害人因病表示不能出庭，其陈述亦可作为有效证据”为由，驳回被告人的申请，并判处被告人三年有期徒刑[58]。显然，被害人身患疾病的理由与被告人公正审判之间的法益很难抗衡。综上，由于性侵案件的特殊性，被告人的唯一辩护策略就是去证明被害人的陈述是虚假的，若无法对被害人进行对质，很难将事实的真相在法庭上呈现，所以，被害人上述无法到庭的理由不符合手段与实现公正审判目的的比例关系。

4. 缺乏降低侵害密度的“调和”措施

就限制的手段而言，我国在司法实践中缺乏衡平被告人对质询问权与被害人隐私权之间的“中间选项”，要么“完全剥夺”，要么“完全保障”，缺乏必要的权衡。从中国裁判文书网上搜索与性侵案件相关的被害人出庭的问题，可以发现一个普遍的现象，即无论被害人陈述对于案件而言多么重要和具有决定性，性侵案件的被害人几乎不出庭，被告人的对质询问也无法得到起码的保障。而且，剥夺被告人对质询问而获得的被害人陈述，在司法实践中几乎可以“畅通无阻”地被法院采纳为对被告人不利的定罪证据。实践中以“完全剥夺”被告人对质询问权为主。少数被害人出庭的案件，被害人直面被告人，没有采取任何隔离性的措施，对被害人隐私权的保障也极为不利。立法中所谓的“视频方式”作证，几乎在实践中找不到一则范例。可以说，缺乏降低侵害密度的“调和”措施，包括利用双面镜等屏蔽性方式、视频连线作证、庭前录像以及被告人透过中间人间接提问等。被害人隐私权保障的缺失导致大部分被害人亦不愿意出庭。

（二）修正方向——以对质询问保障为基准的权衡模式

由于性侵案件的特殊性，被害人的陈述对于证明犯罪构成具有决定性意义，往往还是唯一性证据，相对于被害人隐私权的保护，我国存在的更大的问题是对性侵案件中被告人对质询问权的保障不足，任意剥夺被告人对质询问权，滥用被害人陈述，没有为证人出庭付出必要的努力。对质询问权——作为一项超越法系的普适性权利，不仅有助于实现公正，而且也带来更多有用的事实因素以有助于法庭得出结论。在以审判为中心的诉讼制度改革及庭审实质化改革的浪潮中，应借鉴欧洲人权法院裁判及相关国际司法准则的他

---

〔58〕 王中新强奸罪一案一审刑事判决书［（2014）李刑初字第120号］显示：“关于辩护人要求传唤被害人及证人出庭的申请，本院经依法通知被害人出庭，被害人因病表示不能出庭，其陈述亦可作为有效证据。”载中国裁判文书网 http：//wenshu. court. gov. cn/，最后访问时间2017年3月6日。

山之石，进行以下改革：

1. “关键证人”概念的扩大化解释

被害人陈述，我国学者将其界定为是犯罪行为的直接被害人就其了解的案件情况向公安司法机关办案人员和辩护律师所做的陈述[59]。与英美法系以及欧洲大部分国家将被害人陈述视为证人证言的做法不同，我国《刑事诉讼法》明确将被害人陈述与证人证言分别作为两类证据单列，两者适用不完全相同的规则。尽管知道案情的被害人有出庭的义务，但法律同时规定被害人经传唤或者通知未到庭，不影响开庭审理的，人民法院可以开庭审理[60]。这往往给司法实践以及民众错误引导，即被害人有出庭的权利，但并无出庭的义务。欧洲人权法院对“证人”的自主性解释，对我国立法很有借鉴意义。欧洲人权法院认为，不管称谓是“被害人”还是“证人”，当证词可能用作为定罪的实质根据时，就应该构成控方证据，相应的审判程序应保障被告人的对质询问权。被害人在性侵案件中，作为唯一知情、经历案件的人，更应当将被害人陈述作为性侵案件中最为关键的证言，被害人也应当具有关键证人的权利与义务，被告人在此类案件中的对质询问权更应得到充分的保护。

2. 严格审查对质询问限制的理由

在性侵案件中，虽然有被害人的隐私、尊严等法益的介入，但“任何证人保护目的，无论是秘密证人或被害证人，都不应成为草率牺牲被告人公平审判权的廉价说词”[61]。国家虽然在审理案件过程中，要考虑两种相互冲突的利益因素，在某些特殊的案件中（典型为性侵案件、有组织犯罪等）需要保护被害人，但是，这些保护措施却不能不当地损害被告人的对质询问权。因此，我国立法与司法实践概括以被害人“生病”“年幼”和“行为不便”等理由，直接剥夺被告人对质询问被害人的权利，正是我国性侵害案件程序中的典型盲点。个案应参考欧洲人权法院的权衡法则，具体审查是否有足够的证据证明性侵案件被害人达到无法出庭的严重程度，以客观地判断隐私权保护是否具有重大价值。由于法官本身不具有专业的心理学、医学等知识，

---

〔59〕 龙宗智、杨建广主编：《刑事诉讼法》，高等教育出版社2016年第五版，第114页。

〔60〕《最高人民法院关于适用〈中华人民共和国刑事诉讼法〉的解释》第188条第1款规定：“被害人、诉讼代理人经传唤或者通知未到庭，不影响开庭审理的，人民法院可以开庭审理。”

〔61〕 林钰雄：《性侵害案件与对质询问之限制》，颜厥安、林钰雄主编，《人权之跨国性司法实践——欧洲人权裁判研究》（四），元照出版公司2012年版，第158页。

由法院单方猜测与决定，并不具有说服力，由被害人提供医学证明也有伪造之可能，故由法院指定的专门医疗机构鉴定证人是否适合出庭是较好的选择，为评估被害人是否可以出庭接受询问提供中立和客观的程序保障。

3. 评估与采用各种层级的限制措施

正如欧洲人权法院所强调的“为实现民主社会的司法公正，任何对于被告人辩护权利的限制都应当确有必要，如果存在侵害较轻的可行措施，那么，就应该采用这些措施”〔62〕。因此，个案若已通过充分的限制事由的审查，那么，法官应进一步评估各种限制措施的侵害密度以及决定优先采用哪一种限制措施。基于对质询问权的重大价值，应尽可能采取侵害较轻的措施以及进行适当的“调和”。参考上述欧洲人权法院对被告人对质询问权与被害人隐私权衡平的模式，应依次思考下列限制措施在个案中运用的可能性，侵害密度由低到高的排序依次是：（1）被害人出庭接受询问，适当限制询问的内容与形式。为避免被害人面对被告人的压力，可以优先考虑由辩护人代替被告人直接询问，如果没有辩护人，可以为其配备专业人员，由专业人员协助询问，并由法官设定询问内容的界限。（2）被害人出庭接受询问，但采用双面镜等屏蔽措施，让被害人在看不到被告人的情况下作证，并由专业人员陪伴其出庭。（3）被害人无法出庭，可以采用视频连线的方式，透过同步的影像和声音传送来询问被害人。（4）被害人无法出庭，在庭前给予被告人或其辩护人直接询问或者通过第三人进行询问的机会。（5）被害人无法出庭，亦无法直接面对被告人或者其辩护人，可以考虑通过法院指定的专业人员与其面谈并录像的方式，被告人可以在观看完录像后通过专业人员再次向被害人提问。（6）如果被害人受伤害程度过于严重以及综合考虑其年龄，的确无法再次陈述或者面谈，可以仅当庭播放被害人陈述的录像。以上限制措都无法适用时，才能考虑完全剥夺被告人对质询问权这种极端的做法。

结语：通过保障人权实现刑事审判的公正

“人权在消除不人道、不公正实践方面的规范意义，应被置于首要地位。”〔63〕刑事诉讼中的公正成为保障被告人和被害人充分行使程序权利的代

〔62〕 ECHR，Doorson v. the Netherlands，Judgment of 26/03/1996（no. 20524/92），§70.

〔63〕 齐延平主编：《人权研究》（第15卷），山东人民出版社2015年版，第4页。

名词。刑事被告人享有对质询问权是法律赋予刑事被告人平等武装、实现公正审判的底线性人权。性侵案件被害人的隐私权是被害人维护其身体和心理的完整性，尊重其个人对于性关系、性行为等高度隐私性的权益。考察欧洲人权法院的判例，可以发现，其将对质询问权与隐私权等人权是否实现，作为判断刑事审判公正性的外化标准。其好处在于，“利用人权观念的理论可以制约这样一种主张：将促进事实认定的社会价值凌驾于刑事诉讼中个人利益之上”[64]，即较之于将公正审判作为抽象的法律原则来遵守，将其作为人权表达以及保障更容易避免受其他价值的干预与侵害，更具有理性判断的可能性。

欧洲人权法院判例的特殊之处，在于提供一种衡平被告人与被害人利益冲突的范例，而不是仅仅关注被告人权利的思维方式。其通过三阶刻度的衡平模式，达到既保护性侵被害人的隐私权，又兼顾被告人对质询问权的最低人权保障标准的目的，从而实现程序的整体公正性，并力图寻求介于保障被告人对质询问权与性侵被害人隐私权之间的“中间选项”，发展出一系列可供内国法院参考的衡平因素，包括被害人年龄、身心创伤程度、质问内容与形式、是否合理采用降低侵害密度等级的“调和”措施等。欧洲人权法院这种以公正为导向的精细化的衡平模式值得借鉴。

尽管各国国情与发展水平不同，但尊重人权应是人类社会的基本共识。在我国刑事司法实践中，法官应该认真对待被告人对质询问权与被害人的隐私权，以衡平法则来权衡两种人权的冲突。我国《刑事诉讼法》应以对质询问权的保障为立法基点，扩大关键证人解释，将被害人纳入关键证人的范畴，构建中立和客观的证人出庭鉴定机制。法官在个案中严格审查对质询问权限制的理由，在综合评估的基础上，合理采用各种层级的限制措施。如此，方能真正保障被告人对质询问权，同时，尊重被害人的尊严，减少对其“二次创伤”，保障被害人的隐私权益，最终通过保障人权来实现刑事审判的公正。

---

〔64〕 GMather，“Human Right and the Criminal Process” in T Campbell，D Goldberg and SMcLean (eds)，Human Right：From Rhetoric to Reality，Basil Blackwell，1986，p218. 转引自［瑞士］萨拉·J. 萨默斯著：《公正审判：欧洲刑事诉讼传统与欧洲人权法院》，朱奎彬、谢进杰译，中国政法大学出版社 2012 年版，第 213 页。

论权利主体理论的法哲学根基

桑　田*

一、问题意识：重新审视作为权利载体的“主体”

不论在公法还是私法领域，法律关系都是理解权利理论的一个重要切入角度；而在法律关系的三个要素当中，主体又是一切法律关系的出发点与最终指向。法律通过权利义务的杠杆调整社会关系，将主体之间程序性的权利义务内容投射到特定客体上，实现人身与财产利益的保障与流动，保持主体之间关系的稳定化、有序化、持续化，这是现代法律最根本的功能体现。在宪法作为母法的传统被确立以后，主体更成为基本法中基本权利的载体，是由此衍生出的规范得以成立的基础。作为公法与私法的衔接，由宪法所确立的公民基本权利也由部门法转化为具体可适用的条文，使主体成为权利的普遍载体。如我国新通过的《民法总则》第 1 条即点明“为了保护民事主体的合法权益”。可以毫无夸张地说，主体是整个法律体系尊重和保护人权的逻辑起点，是权利这一法律与法学基本范畴的价值依附。查士丁尼颁布的《法学阶梯》开篇就明确提出：“如果不了解作为法律的对象的人，就不可能很好地了解法律。”〔1〕可以说，有怎样对人的认知，就有怎样的法学理论，而对于人的尊重程度，也正是法律文明程度的一个基本体现。

主体（subject）一词来源于拉丁语词汇“subiectum”，其基本含义为“基体”，也即作为基础的物体，可以引申为由此出发而对其他事物产生规定性。作为独立、自由、抽象主体的个人是近代法律文本和法学理论的基本预设之一。虽然普遍平等的个体形象近代才出现，但它的价值内涵却有着深厚的理论传统，在此意义上，哈贝马斯认为“现代哲学集中关注的是主体性和

---

* 桑田，上海交通大学凯原法学院法学博士研究生。

〔1〕［古罗马］查士丁尼：《法学阶梯》，张企泰译，商务印书馆 1993 年版，第 11 页。

自我意识”[2]。特别是在近代启蒙运动中，伴随着主体性哲学与自由主义政治哲学的话语论证，“人是目的”这一命题奠定了整个现代法律体系和权利理论的根本思想基础。

然而，权利主体具有怎样的价值内涵？它是如何成为法律与权利的基石与起点的？它的性质与正当性是怎样被论证，又如何从思辨领域进入法律文本中的？对这些问题的追问，是我们在研究权利理论的时候无法回避的；而一旦开启追问，则必然要先解决这样一个问题，即“权利理论的法哲学奠基究竟是怎样完成的？”这势必涉及漫长而繁杂的线索梳理，且需要同时展开思想史与实定法两条主线，还特别要关注两者之间互动的进程。本文就打算做这样一个开拓性的尝试，试图梳理出一条主体被不断地强化与论证、历经多个阶段的演变并最终由法哲学进入实定法并终被确立的历史主线。

在我国的权利理论研究中，探寻权利主体理论的根基更具有突出的意义。由于我们的法律制度大都移植自西方，因此到民国时期对人的理解仍仅停留在“平等人权”的认识程度上，即使到了1949年以后，不仅宪法中的个人带有浓厚的政治主体色彩，民法中的自然人的概念也被阶级意味较强的公民所取代，并不具备抽象普遍意义的主体意识。这一落后于时代的做法直到1999年的《合同法》才有所改观。当前，国内对于权利主体问题的探讨集中于公民基本权利主体、权利能力、人格权、民法与宪法的条文衔接等问题上，多为教义学研究或立法研究，但从总体来看缺乏权利理论的基础理论探讨，这带来以下两方面问题：

首先是“主体”与“人”在法学中的概念混用。在“主体”与“人”之间画上等号，是近世以来的事情，这在现代法学理论中本不是问题。但是，我们通常理解的“人”也即自然人，虽然在法律中一律被承认具有主体资格，但这不过是一个应然状态的理想情况，现实中有大量因智力或健康原因而无法独立支配其主体资格的个人。在这里，与其说“人是主体”是描述一个客观事实，不如说它是一个技术上的判断。正如有学者指出的：“人格技术的发展实现了法律主体在所有生物人范围内的扩张，私法主体平等的思想一致延续至今，成为现代民法的理论基石。”[3]而后，法律意义上的“人”其实与“主体”一词是完完全全对应和重合的，前者只不过是借用了一个概

〔2〕［德］哈贝马斯：《后民族结构》，上海人民出版社2002年版。

〔3〕刘宁：《人格内涵的演变及其基础》，载《东方法学》2009年第4期。

念，而其实质与生物和伦理意义上的人并没有必然联系；既然如此，就不应再将“人”作为一个法律概念，这只会让其与自然上的人产生混乱。特别是在我国，正是由于这两者在范围上大致的同一性，导致我们在引入西方法律术语时并未明确分割“人”（person）与“主体”（subject）两个概念，并在民事法律理论研究和实务处理中不相划分[4]。法国民法和德国民法表达主体资格或人格的词语分别为 Personalité 和 personen，虽然其语义中“资格”的含义较明显，翻译为“主体”为宜，但法学界通常以“人”理解之，这也进一步导致了两个原本有差异的术语被进一步地混同使用，这也是接下来在2020年前颁行民法典时必须留意的问题——如果要采用德国民法传统中“人”与“人格”分离的立法方案，则必须先行界定两者的界限。

另一方面，主体的资格与范围仍有较大争议。在我国，权利保障的主体一般指自然人和法人两种。但在民法和行政法等领域中，非机关公权力组织、非法人组织、胎儿、死者、动物、环境等是否能成为主体呢？如果可以或者部分可以，它们之间得以成为主体的共性又在何处？以民法为例，我国最近制定的《民法总则》目前仅规定了胎儿权利保护的情形，即第16条：“涉及遗产继承、接受赠予等胎儿利益保护的，胎儿视为具有民事权利能力。但是胎儿娩出时为死体的，其民事权利能力自始不存在。”这属于立法的进步，但这一条仅在胎儿的继承权领域适用，仍有英烈以外的死者名誉保护、知识产权人去世后的保障期间、动物作品的权利归属等问题尚待解决。同时，伴随着生态文明的意识不断加强，当今环境法学异军突起，对传统的权利理论发起了冲击。这种冲击并非只是立法层面的，也不仅是理论研究层面的，更是对法学理念和基础的一种检省。如有学者使用“生态法理学”的提法，在权利能力领域倡导“法律主体范围的开放性”[5]，甚至推崇人类以外其他主体的设置[6]。这显然受到生态理论、环保主义和后现代批判理论的影响，具有解决生态环境与生态伦理难题的意义。而这些显然不仅仅是通过立法就能解决的事情，而是需要诉诸法学理论，特别是权利主体理论的探究，这种

---

〔4〕 如龙卫球曾在《论法律主体》一文的翻译中做出说明：英文里的 legal person 一词在国内有多种对应的翻译，包括“法律人”“人格体”“法人”，还有直接翻译为“法律上的人”的。但在该文中，译者选取的最终对应词为“法律主体”。而未见到英文原文的读者则根本不会了解原作者想表达的究竟是“person”还是“subject”的含义。参见［美］约翰·格雷：《论法律主体》，龙卫球译，载《清华法学》2002年第1期。

〔5〕 参见李萱：《法律主体资格的开放性》，载《政法论坛》2008年第5期。

〔6〕 参见蔡守秋：《基于生态文明的法理学》，中国法制出版社2014年版，第156－209页。

探究在未来法学界中也一定会得到越来越多的重视与讨论。

一言以蔽之，“主体”问题并不仅是一个教义学的问题，在法律实践中也不是通过单独的部门法即能解决。它需要经得住法理学与法哲学的追问和现实需要的考验，这样一个追问只能与“主体”或者“人”这一概念的哲学思考相联系。在前的思潮与理论对其后的实定法产生了深刻而直接的影响，这在罗马法、日耳曼法及近代的民法典中皆有体现，如果我们要探寻权利主体理论的根基，就需要从思想史的资源入手，细究近代法律体系的基础部分。这对我们研究中国特色的权利理论具有重要的意义。

二、权利主体的萌芽：近代之前的法律人格理论

作为主体的人得以普遍确立，是到近代启蒙运动之后才有的事情。在近代大规模法典化以前的时代，与主体关系最为紧密的是“人格”这一概念，它首先是罗马人划分人的身份时使用的。在词源上，“人格”一词来自拉丁文的 persona，是指演员演出时扮演的各种角色，于特殊性之中蕴含了共有的、本质的属性，带有身份象征的因素。虽然在古典语境中它并非只能用来指涉“人”这一物体，但很明显这一意涵与“主客二分”意义上的“主体”已经具有了非常密切的联系，从这里，我们可以发掘权利主体理论最初的源头。

（一）人格理论的源头：斯多葛自然法思想及其影响下的罗马法

按照对主体概念的理解，人正是由自己出发对外部世界产生支配与分配，方才分化出了主体与客体的差别，继而产生了财产、权利、人格等一系列概念，这与人的思维和认识规律是相符的。古希腊著名的谚语“人是万物的尺度”，也从侧面印证了这种主体自我认识的痕迹。只不过在古希腊自然哲学的语境中，人本身也是物质的存在，精神并不作为独立的存在而被认识和出现，直到苏格拉底以“认识你自己”为出发点重新界定人在宇宙中的位置。从主体性哲学的角度来讲，苏格拉底所实际上提出了人的规定性不来自于外部世界的限定，而恰恰在于人自身的特质，也即人内在灵魂的理智，使得这种存在脱离于外在环境。阿图尔·考夫曼在评论这一时期时曾特别指出，它意味着“从宇宙主义思维转向人本主义思维……遂取得了从客观法律思维向

主观法律思维，同时又迈入价值相对主义之进步”〔7〕。承接这种希腊传统，斯多葛哲学认识到普遍的人的存在——如果说在柏拉图时代尚有理性层次上的高下之分的话，那么在斯多葛哲学这里，却绝无希腊、波斯与印度之分，普遍性“人”的概念呼之欲出。如爱比克泰德创立了世界公民学说，而塞涅卡则提出一切的人都是亲戚，应当信奉“爱邻人”的原则。这一微妙的分离学说打破了人与人之间在灵魂上的界限，它强调任何有理性的人都可以通过运用其理性来实现德性，借用这种理性与德性的能力形成新世界的秩序，而这种秩序是普世主义的，永恒、普遍且唯一。因此，斯多葛学派也就在思想史上第一次提出了世界精神〔8〕，它在后世分别为一统的罗马世界和推崇“人人平等”的宗教观念了思想资源。所以萨拜因认为斯多葛学派“为世界国家的理念和普世法律的理念提供了一种积极的道德意义”〔9〕。由此，斯多葛哲学上承希腊哲学并加以创造，直接启迪了罗马的法学智慧，甚至可以说是支配了作为统一大帝国之罗马的法律观念与法律制度。

在罗马人、波斯人、希腊人的基础上抽离出“人格”的概念，是罗马之所以能维持一个大帝国的重要奥秘所在，是罗马万民法兴盛的缘起，也是罗马法庞杂又细密规则得以成立的前提。《学说汇纂》这一权威性的文本开宗明义就提出了罗马法律命令的首要原则：“正直生活，不害他人，各得其所。”这一原则背后所隐含的就是对普遍而平等的人的认识。如在罗马法对于家父权的规定中，父亲是自权人而妻同子都是他权人，但个人在公法领域就很有可能取得与家父平等甚至有所超越的地位，同样作为罗马的公民而被对待。在罗马法上有关“人”的三个用语中，homo 是指生物意义上的人，caput 是指权利义务主体，persona 是指权利义务主体的各种身份。一个人必须同时具有自由人、家父与市民三种身份，才能拥有 caput 的称谓与资格，即在市民名册中拥有自己的独立记载，进而作为罗马共同体的正式成员，否则即为罗马国家中的奴隶、附庸或外邦人〔10〕。从万民法的角度来看，随着罗马征服领域的扩大，罗马公民权被赋予越来越多不同语言和历史文化传统

〔7〕［德］阿图尔·考夫曼：《当代法哲学和法律理论导论》，郑永流译，法律出版社 2013 年版，第 57 页。

〔8〕也称之为“世界理性”，为斯多葛学派的创始人之一克吕希波（Chrysippos）提出，有学者认为这一思想遗产直接被罗马世界帝国所继承。

〔9〕［美］乔治·萨拜因：《政治学说史》（上册），邓正来译，上海人民出版社 2008 年版，第 192 页。

〔10〕参见周枏：《罗马法原论》（上册），商务印书馆 2014 年版，第 115 页。

的“外邦人”（peregrini）。据考证，在罗马自身的民法（ius civile）遭遇判决的困难时，会由这些外邦人选择一人出任陪审，将其意见写进报告中，形成一篇能作为惯例的法案。外事裁判官在对这种法案进行选择、批准时，有义务去关注所有文明的法律，由此万民法才得以产生，也即罗马真正的“国家法”（ius gentium）[11]。这一“万民”的认识显然是受到了斯多葛哲学世界公民思想的影响，从普遍主体出发，普世适用的自然法也就呼之欲出了，这也是在罗马法时代自然法受到如此推崇的重要内因。自然法是所有“人”共同尊奉的法，即使有罗马市民和其他市民、自有人和奴隶的区分，在罗马的领土之内，所有人也都得以适用。因此考夫曼在评论这一普遍法律的作用时，给出了一个相当形象的比喻，他认为自然法是一个重要的“圆箍”，将整个打帝国都箍在了一起。

（二）人格理论的演变：基督教教义对平等人格理论的论证

斯多葛哲学虽然对罗马法产生特别是万民法和人格理论的产生了基础性的影响，但它本身却也受到了相当的挑战，尤其是受到了普遍的怀疑论浪潮的冲击。与强调宿命论和决定论的斯多葛学派迥异，伊壁鸠鲁创造性地发掘了人“自由意志”的萌芽。在批判德谟克利特的时候，伊壁鸠鲁“提出了‘原子偏斜运动’的见解，从中引申出主体的个体性、自在性和独立性……其关键内核即在于个体的意志自由”[12]，这就为“主体”加上了“自由”的蕴含。从事后法律思想史的角度来看，这一结合具有重大的影响，它是人作为主体得以行使权利义务并为自身法律行为承担后果与责任的依据，换言之，如果主体不具有自身的自由意志，一切的行为都可诉诸“命运”或者“自然”，那么人同时作为权利的主体和责任的主体就丧失了自我承担的根基，其必可以向后继续追究一个环节，将自己主体的地位从内部进行消解。显然，在现代文明来临以前，强力的主客二分根本不会产生，人也绝对不能称其为最终世界秩序的来源与主宰。因此，在对秩序这一问题的认识上，斯多葛学派选择了神秘的自然法，而伊壁鸠鲁则最终走向了怀疑论——规则与秩序并不存在任何坚实的基础，甚至人的本质、人的认知能力、人的价值意义全部都是相对而不可知的，由此，人的价值和人的本质都被消解，理论的演进必然呼吁全新的论证。

---

〔11〕 详细阐述参见［英］J. H. 伯恩斯：《剑桥中世纪政治思想史》（上册），程志敏等译，生活·读书·新知三联书店2009年版，第51页。

〔12〕 魏治勋：《法治的真原》，陕西人民出版社2012年版，第37页。

这一问题最终必然由基督教来解决。这就是同时将灵肉二分的宿命论与原子及自由意志两大理论传统汇流而开创了千年学说的、由圣奥古斯丁开启的崭新的基督教传统。真正对主体理论产生决定性影响甚至塑造了整个西方法律传统的，也毫无疑问正是基督教的系统学说。它的一大特色即在于同时融合了信仰与理性，经过世代的论证与累计而形成了一个内部庞大圆融、外部广泛影响到所有思想与实践领域的理论体系。以“耶稣殉难”这一事件为切入，早期的基督教思想家推出了一套全新的主体性理论。只不过相比于后世锐进的人的强主体性宣示（如培根的“知识就是力量”乃至更极端的征服自然思想），此时的“人”必须退居臣服者的地位，而以臣服的姿态重新获得主体地位。诚如邓晓芒先生所言：“灵的坚强与肉的虚弱这一强烈对比和尖锐矛盾，驱使人离开了个人人格的本位，将这个人格推斥到一个遥远的彼岸，并通过否定自己的尊严、片面自己化、抽象化和虚无化来重新获得尊严。”〔13〕针对理性所能捕捉、获得、把握这个世界秩序的有限性，基督教提出以信仰的力量来自我规束，人不再是以自己的理智获得无限，而是通过信仰唯一的神来通往彼岸的完满——“只有发现了自己的无知和罪恶，只有在抛弃虚伪之后作为一个真实的和诚恳的人，即作为一个人格主体，才敢面对具有无上尊严的上帝，才有资格乞求上帝的饶恕”〔14〕。

在这种理论脉络中，带有自由意志的人因选择悖逆了神的恩典而获得了原罪，理性与德性的匮缺也唯有靠信仰获得救赎。由于世界上的所有人都无一例外地带有这种原罪和生来的不完满性，这种不完满本身也就成就了另一种意义上的“平等”，即在上帝面前，所有人都是不完满的，也就都是拥有同样人格的上帝子民。早在希腊的教父尼斯的格里高利（Gregory of Nyssa）那里，就已经在为人的这种特殊身份做辩护，也即虽然承认人的有限与臣服地位，但这仍不影响人作为“有格的存在”。他引用《圣经》开篇的《创世纪》来着重强调上帝是按照他自己的形象来创造的人，这是独一无二的，也即人的肉体虽然从属于物质世界，但精神领域却分有着神的尊荣，因此，人与上帝、天使一道，都有位格与神性，而人的智性正是连接人和上帝之间的纽带。理性指引人来臣服于神的律法来过完善的生活，使得冲动的感情服从于理智、有限的灵魂追崇上帝。如果说斯多葛学派尚且认为人在理性上有智

〔13〕 邓晓芒：《文学与文化三论》，湖北人民出版社2005年版，第124页。

〔14〕 方朝晖：《从苏格拉底到亚斯贝斯——试论人格主体思想在西方哲学史上的发展》，载《探索与争鸣》1992年第6期。

慧和愚蠢的差别，那么基督教思想则直接从生命的自然平等意义上推崇一种更彻底的平等。在《圣经》的《加拉太书》中，有这样一段意味深长的话："并不分犹太人，希腊人，自主的，为奴的，或男或女；因为你们在基督耶稣那里都归于一了。"这一立场在基督教对于奴隶制的态度上也可见一斑。显然奴隶的地位与自由人是有差别的，但圣奥古斯丁在其《上帝之城》中明确表达了奴隶制本身并不符合上帝创世时所安排的世界秩序，他说："（上帝）只想让他的有理性的被造物统治非理性的被造物，人统治野兽，而不是人统治人。因此，原始时期义人是牧人，而不是人中之王。……我们可以正当地相信奴隶制的条件是由罪产生出来的。"〔15〕进而他认为人奴役同为人的奴隶制度本身绝不是上帝的安排，而恰恰是人背离上帝之罪行的一种表现。因此，在公元922年，基督教庭通过宗教会议颁布了买卖奴隶的禁止令，禁止基督教徒役使奴隶〔16〕。另一方面，人也成为上帝的某种代表性存在，这体现在：

> "迄今为止我们视为人即生物人的事物。我们现在不得不面对那些尽管不是生物人却具有智力的存在物，即超自然人。对一个超自然事物赋予法律权利并因此使他或她成为一个法律主体，并不存在障碍。超自然人——上帝、天使、恶魔、圣徒——如果他们经营地球上的事务并出席于地球上的法庭，则必须通过牧师或其他自然人来达成，但是，发生于上帝及其牧师之间的关系，近似于发生在正常人与其代理人或律师之间的关系，而不像存在于未成年人与其亲权人之间的关系，在后一关系中，亲权人的意思被归属于未成年人。这里并无拟制必要。在承认上帝的法律权利的社会，上帝存在是启示宗教（revealed religion）的一个事实，代表上帝的授权已由上帝赋予牧师，也是启示宗教的一个事实。该社会对其信之为实在物的处理，就像其对待自然人时一样；并非将其明知或相信非属真实的事物虚构为真实。"〔17〕

人作为分有上帝意志的存在者、作为蒙受上帝恩典的生命体，也具有了自身的"格"。经院哲学时代，圣托马斯·阿奎那提出"与其他动物不同，理性的动物是以一种非常特殊的方式接受着神意支配的；他们……就变成神意本身的参与者。所以他们在某种程度上分享神的智慧，并由此产生一种自

〔15〕［古罗马］奥古斯丁：《上帝之城》（上卷），王晓朝译，人民出版社2006年版，第66页。

〔16〕参见杨昌栋：《基督教在中古欧洲的贡献》，社会科学文献出版社2000年版，第101页。

〔17〕［美］约翰·格雷：《论法律主体》，龙卫球译，载《清华法学》2002年第1期。

然的倾向以从事适当的行为和目的。”〔18〕而这种作为有理智和信仰的人对世界永恒秩序的参与，就正是阿奎那所说的自然法。这为近现代政治法律思想开启革命性的转变，可以说基督教浸润后的法律思想，无不是从平等人格体出发来重新设计政治制度和法律规则的。基督教对人格平等强调的最大影响，就在于为罗马法体系奠定了内在的价值，为后世革命理论做了数百年的酝酿准备。所以不论是大陆法系还是英美法系传统，承袭原则、价值、精神层面的内容多来自于基督教义，而制度和规则层面的才更多的是罗马法的规则，一旦后者与前者有冲突相悖，如家子权的他权性质，则立马会被加以完善和修正，成为符合基督教人格平等的规则。正是在这个意义上，有学者将受自然平等人格思想影响的罗马的万民法视为西方法律史上“最早的人权立法”〔19〕。

（三）一个常被忽视的人格理论传统：中世纪日耳曼传统的人格法

彪炳史册的《德国民法典》是多种历史遗产和思想资源融合而集大成的产物，它开启了现代法律中主体理论的大门。诚然，上文所述的罗马法和基督教义都为这部法典留下了深刻烙印，但它另一个理论渊源，即日耳曼法的传统，却经常在法理学和民法研究中为人所遗忘。

从公元5世纪开始，日耳曼民族诸部也开始了自己虽粗糙但颇具特色的“人格立法”，之所以不能称之为严格意义上的立法，是因为蛮族各部的法大都以习惯的形式存在，即使在后来的13世纪逐渐发展出了《萨克森明镜》等法律文本，但那也只不过是详尽的散落规则的汇编，从未经受过理性化与抽象化的整理。即便是损害的赔偿，也直接以具体赔偿多少把剪刀、多少头公牛等为立法内容，可见其粗糙。因此，在“人”的相关规则里，并不存在独一无二的主体概念，相反，日耳曼的法律将人进行了尽可能详尽而完全涵盖的分类，即使有所重叠，也会分别加以规定。当代学者在整理这些法律文本时提到：

> “我们从中找到了诸国王和诸公爵，男人们和女人们，孩子和婴儿……刽子手，吟游诗人，傻子，死人和残疾人，甚至是戴着铃铛的麻风病人。所有人都忙于他们的日常事务，或者控诉或是辩护着自己的法

〔18〕［意］托马斯·阿奎那：《阿奎那政治著作选》，马清槐译，商务印书馆1963年版，第107页。

〔19〕R. P. Claude and B. H. Weston, ed. Human Rights in the World Community, University of Pennsylvania Press, 1989, p. 13. 转引自夏勇：《人权概念起源：权利的历史哲学》，中国社会科学出版社2007年版，第69页。

律权利，而且所有人在这个被描绘出来的复杂系统里都有着自己的一席之地。”[20]

可见，日耳曼法律传统中的人往往是具体的人，而尚未有普遍、抽象的人格体概念。这一传统一直延续到1794年的《普鲁士一般邦法》，其中规定：贵族、市民与农民之间具有不同的人格。由此，法律意义上的主体与生物意义上的人形成区分，人为的差异也被制造出来。世俗法律中是对每种具体情景中的人及其应然行为模式做出规定，尽可能保留其丰富的特质，而只有在上帝面前平等的意义上，才有普遍而抽象的人格可言。在具有自由人、半自由人、奴隶划分的《萨克森明镜》中，可以找到关于主体制度的宝贵记载。虽然仍保留有奴隶的日耳曼民族将奴隶的人格视作依附于其主人，但对自由人而言，权利能力便是在法律中享有完全的、不减等的、所有权利的资格，在这里，与其说人格是一种主体资格，不如说它是一种身份地位。在罗马法中，人格代表着所有人的共性，而身份则强调着人与人之间的差异与个体的特殊。显然，在近现代法治化的进程中，人格法极为发达，每一个国民都以自然人的形式承载着自己的权利，行使着自己的行为，但身份法取消、退缩、改造成为了仅在家庭中保持一席之地的内容。而在日耳曼法中，权利能力是一个鲜明的法律地位概念。据学者考证，在中古德语中，权利能力的表达是“vollenkumen in sime rechteMAG.”，表示“一个人处于享有完全权利能力的状态……是一种为全知全能上帝所认可并以实现正义为宗旨的概括人格”[21]，可见，这一理论的最大特点就在于将主体与资格的完满状态相联系，这势必会为后世《德国民法典》的制定构成思想上的渊源。

三、近代主体哲学对权利主体制度的决定性奠基

从罗马法、基督教义和日耳曼法准备了思想资源后，普遍抽象的个体终于呼之欲出了。但真正使得古老人格制度向现代主体制度转变的，还是自由、

〔20〕 Malcolm Ltees, The Sachesnspiegel and its Illustrators, Law Quarterly Review, 1933, p. 555. 转引自高仰光：《〈萨克森明镜〉研究》，北京大学出版社2008年版，第189页。

〔21〕 高仰光：《〈萨克森明镜〉研究》，北京大学出版社2008年版，第197页。在探讨日耳曼民族的权利能力概念时，高仰光先生还对两个难以被翻译为汉语的德语单词做了辨析，即rechtlos和echtlos，前者意味着权利能力的缺陷状态，而后者则意味着丧失一切法律权利的完全剥夺状态。在古罗马法中也有“被宣告为不被法律保护之人”，与此有相通之处。可见德国民法之所以能汇集罗马和日耳曼两大法律思想传统而集大成，是有其深刻的内在原因的。

平等的自然法理念和笛卡尔以降主题性哲学所作的观念更新。在近代自然法理论家那里，一种全新的政治思维与道德模式出现。权利的话语成为主流，主体成为被鲜明宣扬的一面旗帜。之所以说“全新”，端赖于一条基础标准，也即那个从古希腊自然哲学到现代社会始终在追问的问题：秩序的来源与正当性何在？如果说之前的一切回答都是“自上而下”的模式，也即将这一切归结于神的意志、崇高的自然法或者其他神秘的力量，那么从中世纪的世界裂开第一条缝隙开始，“人”成了被重新打散的单独个体，一切的回答都开始寻求“自下而上”的模式，从人入手，回答秩序与规则的正当性。换言之，如果不能具化为每个个体的正当性，那么秩序本身的论证一定是经不住考验的。

基督教思想从上帝子民的角度宣扬了人人平等的精神内涵。经过基督教洗礼的罗马法再也不是那个世俗时代的罗马法理论，而是被注入了全新的价值内核。从笛卡尔开始，经历过文艺复兴、宗教改革和启蒙运动，欧洲文明终于从中世纪的漫漫长夜中过渡到了近现代时期。伯尔曼在其《法律与革命》一书中对中世纪的封建法、教会法、罗马法以及北方民族长期演化而来的习惯法做出了详细的梳理，到了近代，欧洲大陆各大分立的法律系统最终以理性为统合，开启了法典化的进程。前已论及，智者派、苏格拉底、斯多葛学派和伊壁鸠鲁学派各自阐释了对于主体和秩序来源问题的不同解答，而基督教以信仰的方式进行了回应与统合，也即一切完满来源于上帝，人通过上帝的恩典而获得智慧与德性。但经历了近千年的时间，这一学说已开始面临崩溃。以人为出发点的主体性哲学认为：“宗教的信仰本质上属于人的思维或意识领域，是人将自身的主体性力量外化给上帝，经过教会的加工便已一种意识形态的力量压制和剥夺了本属于人的主体性。”〔22〕而现在，这一给予被打上了怀疑的烙印。一切已迈入现代行列的哲学家小心翼翼地拆掉了基督教政治与法律思想的支柱，试图悄悄地推倒一切，从清空的地基上重新开始建构宏伟大厦。

首先开启这一工作的是被称为现代哲学之父的笛卡尔。其时的大背景是，人类随着技术的进步而逐渐对世界产生了崭新的认识，人们发现了新大陆，寻找到了世界上科学的新规律，更在这个向外扩展的过程中不小心发现了人自身。人的能力首先被肯定，人的欲望随之被正名，而人的地位也开始被主

〔22〕 黄学胜：《主体性哲学的困境与出路》，载《哈尔滨市委党校学报》2012 年第 1 期。

张。笛卡尔认为，为给人的思维与存在提供一个绝对坚实可靠的根基，则必须从怀疑一切开始，不先定地承认任何既有的事实与权威，而从自我切切实实的感知和思维开始去审视，从没有假设出发来找寻到绝对不可怀疑之物。很自然地，笛卡尔最后找到的绝对可靠基础正是那个“正在怀疑着的自我”，这既是一种思维的主体性存在，又是一个可靠的起点。笛卡尔说，“我是一个在思维的东西，这就是说，我是一个在怀疑，在肯定，在否定，知道的很少，不知道的很多，在爱、在恨、在愿意、在不愿意，也在想象、在感觉的东西”〔23〕，此即“我思故我在”，世界的根基重新回到了人自己身上。笛卡尔在此基础上开启了他著名的二元论。黑格尔在评论这一段历史时，认为正是以笛卡尔为开端的主体性哲学为现代世界做出了思想上的奠基：“从笛卡尔起，我们踏进了一种独立的科学这种哲学明白：它自己是独立地从理性而来的，自我意识是真理的主要环节。在这里，我们可以说到了自己的家园。”〔24〕笔者以为，主体性的强化过程必然与外部世界的被支配（客体化）程度相伴出现——在人处于无力和有限的情况下，必然对世界的崇高秩序和神秘力量产生敬畏，将自己的主体性主动剥离并敬奉一种高于人的力量的神；而当人的力量被不断扩张和支配的力量证明时，人的主体性地位毫无疑问会被提出。由此来看，从时代的角度审视笛卡尔等人，其理论无非是正好符合了那个时代的急迫需求，因为这种契合而被公认为伟大。在此基础上，莱布尼茨继承了这一理路而推出了其单子论，认为实体不仅是现实的存在，还可以能动地与这个世界产生互动，甚至为世界塑造秩序，其背后正是强力的主体性呼吁。因此，从文艺复兴到宗教改革，都是在反复强调人主体性的过程，人的独立与崇高虽未推翻、但已在相当程度上削弱了神的伟大与基础地位。

这样一种哲学进路为近现代道德哲学和政治哲学开辟了道路：被解放出来的个人成为具有独立人格的个体，个人权利的维护是基本的政治话语，也是政治正当性的起点。人本主义和人文关怀的价值注入将整个人类的政治文明拉高了一大截，现代性从中世纪孕育的第一步也正在于对人认识的转变，所以有学者指出：“权利的主张既不是什么‘狂妄’，也不是所谓‘犹太人的、唯物论的主张’，而是近代的自觉的主体者人格的呐喊，在这个意义上

---

〔23〕［法］笛卡尔：《第一哲学沉思集》，庞景仁译，商务印书馆1986年版，第34页。

〔24〕［德］黑格尔：《哲学史讲演录》（第四卷），贺麟、王太庆译，商务印书馆2013年版，第35页。

它是一种有伦理价值的行为。”〔25〕从法律的角度看，每一个带有独立人格的个体都与其他主体进行互动。作为法律核心概念之一的权利能力制度（或人格制度）预设出了一个能独立存在于世间、通过对外的请求权利与自负其责而存在的主体，这是对现代生活的一种适应，也是一种人际模式的选择。这种预设虽然未必符合现实，完全稳定、均衡、普遍的理性人毕竟是理论上的构想，它带来弱者的无所归依、不能胜任，但从全局来看，它将人类文明整整拉高了一个尺度，将一切的物质交换都法律化，将一切人与人之间的关系通过法律的形式加以调整，使之抽象化、模式化、程序化，带有牺牲的同时却造就了最高效率、最具有人文关怀的现代文明。

这种近代主体性哲学与全新的、以自然权利为内核的自然法理论深刻影响了欧洲法典制定的思潮，这种影响最鲜明的体现莫过于在1804年《法国民法典》中。在这部法典正式颁行之前，它的前身、被称作“1801年草案”的文本中曾在实定法行文之前首先界定了自然法：“存在一种普遍且恒常的法，作为所有实定法之源。这种法就是自然理性，因为后者统治着所有的人。”这可以说是近代自然法对实定法影响至深的一个缩影的体现了。有学者指出：“法哲学话语的运用——具体而言，自然法话语的应用——在‘法典化时代’确立了成文法在众多法源中的优势地位，从而使法实践从法源多元时代迈向了成文法时代……不仅如此，法哲学也帮助民法典的起草者论证了关于法典实质内容的主张。”〔26〕作为承上启下的一部法典，法国的民法可以说是受理性时代濡染而最先制定的一部先进法律文件。经受过启蒙运动的洗礼，“人人生而平等”的观念已然深入人心。体现在法律上，则是法国于1791年9月3日的宪法第1条中即规定了“人生而平等，并在权利方面保有其自由和平等”。而在1793年6月24日颁布的宪法中，这一表述被修改完善为了“所有人生而平等，法律面前人人平等”。这一宣称背后的原因有二，一是在经过反复论证以后，人因理性和理解力上的平等而具有天赋的平等、权利上的平等成了毋庸置疑的法律公设；另一方面，法国自居为斯多葛“世界主义”和罗马帝国精神的继承者，认为自己具有普世的责任，有义务将这一生而平等的思想加以传扬。因此，虽然法律上规定的是“法国人的平等”，但在18世

〔25〕［日］川岛武宜：《现代化与法》，王志安等译，中国政法大学出版社2004年版，第56－57页。

〔26〕朱明哲：《“民法典时刻”的自然法——从〈法国民法典〉编纂看自然法话语的使用与变迁》，载《苏州大学学报》（法学版）2016年第2期。

纪的法国语境中，这一“法国人”无疑具有“欧洲人”乃至“世界人”的广阔外延，它从未怀疑过自己传播文明与开拓疆土的使命感。民族国家的普遍兴起，在改变人类政治与文化格局的角度来讲可以说是“第二次希腊化运动”，欧洲文明开始普遍尊奉全新的观念。正如同罗马随着其扩张同时而打破了绝对的身份束缚，与希腊城邦时代的“身份天然不可变动”不能同日而语，法国也通过其扩张而推行全新的法律，将王权与民主相结合。因此，两者的帝国文明建构都具带有普遍化的“人”的要求，斯多葛时代的世界主义重新焕发生机——平等主体的道德观念和法律交往方式通过推己及人、视人若己的方式来建立，每个人都是作为“我”的自然延伸的一部分，相互合作而融入新世界的秩序。

虽然《法国民法典》颁布于1804年，带有深刻的自然理性烙印，但与狂热的革命思潮不同，这一法典的条文仍然是以温和为主色，大部分内容仍然是汇合了法国北部的古日耳曼习惯法、罗马法和教会法的产物。参与法典制定的人大都成长于18世纪初期的政治与法律环境中，受到过较高水平的法学培育，新制定的规则“与大革命以前的法律规范和法律观念的断裂并不是想象中那样泾渭分明”〔27〕。根据学者曾世雄的论证，法国之所以将国籍作为人格设计的标准，是因为《法国民法典》颁布时尚有奴隶与外国人这两种特殊的情形，“因而法国民法适用之范围，必须斤斤计较惟‘人’方得适用……使自然人之一部以‘人’看待适用法国民法，其他则不以‘人’看待并不适用法国民法”〔28〕。这一条文在随后的属人规则中也得以体现：民法典的第3条即规定了“关于个人身份与法律上能力的法律，适用于全体法国人，即使其居住于国外时亦同”。这样一系列的设计背后有一个重要的时间转折，也即一个“利维坦”的身影代替了之前的上帝，成为事实上支配着民法领域的守护神。对此，有学者评论认为：“和罗马法学家心目中那个边界模糊的世界不同，《法国民法典》描述的是这样一个复合体，这个复合体含有近代民族国家的所有基本要素……出生、婚姻和死亡不再是罗马法上的自然事件，而是必须取得国家认可的事件。代替上帝悲悯的注视的是国家的监视。”〔29〕这是中世纪以来一个鲜明的转折，国民对于主体资格的获得事实上也是国家施行主权并统治国民的工具，虽然它同时意味着全体法国国民享有平等无差

〔27〕 Delphine Kelly, A Short History of Western Legal Theory, Oxford University Press, 1992, p. 265.

〔28〕 曾世雄：《民法总则之现在与未来》，中国政法大学出版社2001年版，第76页。

〔29〕 赵晓力：《民法传统经典文本中“人”的观念》，载《北大法律评论》1998年第1期。

异的主体资格，在事实上取消了人格制度，更将因身份地位而取得的人格进行了消解。

从时代背景来看，《法国民法典》制定之时正值拿破仑一世志在征服整个欧洲的时期，法兰西的民族国家实质上正以普世帝国的形式处于扩张之中，并未形成确定的边界，在这种情况下授予法国国籍公民以法律主体权利，不仅是一种法律调节的手段，更是一种参与政治共同体的成员身份的授予。但后来德国显然与法国所面临的情形不符——日耳曼民族自罗马帝国衰亡时期即以部落的形式存在着，虽然同样经受罗马法的濡染，但其自身传统发挥了不可忽视的甚至决定性的影响，这也是《德国民法典》被推迟制定了近乎百年的重要原因之一。19世纪的德国作为一个国家带有强烈的民族认同和边界意识，日耳曼从作为一个没有统治含义的民族概念过渡成为一个共同体形式的民族国家。并且值得特别注意的是，作为从部落演化而来的文明，日耳曼民族始终未能形成明确的阶级分层意识，这与同时代的其他国家有所区隔。如当时的匈牙利民族仅仅能用来指代匈牙利特定的贵族与地主阶级，也只有他们享有政治意义上的主体权利，而基层的民众是不能划入该民族的，而德国当时显然不是如此。所以，日耳曼民族的特色与近代主体哲学带有一种天然的亲和性，德国古典哲学也比英国、法国等其他国家更易于接受抽象意义上自由意志所带来的人格观念。

这注定了德国版本的民法典与法国及之前任何的一部都有不同，而最终补齐了民法典制定前所需最后一环的，正是康德的伦理人格主义。由此主体性理论和后世权利主体制度从德国这里才正式得以成形。纵观千年主体性的思想史，如果说从希腊时期到笛卡尔之前都是从自然世界来审视人的地位与价值，而笛卡尔开启了以人为起点的新阶段的话，那么“到了德国古典哲学时，才真正从主客体关系角度研究主体性问题……把主客体统一性问题作为近代哲学的核心问题突凸出来，是从康德发端的”〔30〕。前已述及，笛卡尔的哲学思想带有明显的二元论的色彩，也即思维与物质是分离的，其统合仍然只能借助于“全知全能的上帝”，于是笛卡尔在主体问题上找到了一个非常不错的起点，但却仍然艰难地进行着第二步的推论，一旦开始推论就必然回到上帝那儿去。逐渐走向了独断论的传统。英国的休谟从根本上打破了这一

〔30〕 陈金美：《主体性研究的历史、现状与设想》，载《湖南师范大学社会科学学报》1997年第1期。

独断论，怀疑论再次登场。在如何勾连思维存在与物质存在这一问题上，休谟之前所有的哲学家都从实体这一步上停滞不前了，或者以怀疑论的方式存疑留待解决，或者以独断论的方式直接加以宣称，而休谟却打破了这种解决方式，而代之以彻底的怀疑论，也即认为我们所以为的事物的因果性实际上不过是我们的感觉赋予的它们之间的联系，这不过是一种“想象”，人根本就不可能产生确定性的知识，也无法证明事物之间的同一性。在唯理论和经验论都已分别被推向独断论和怀疑论的情况下，康德重新界定了人，以其“哥白尼式的转向”为主体哲学理论奠定了牢固坚实的基础。所谓转向，是指在康德这里，人是主动去界定世界的，而不是相反的由世界来决定人，所以康德才说“知性本身无非是先天地联结并把给予表象的杂多纳入统觉的同一性之下来的能力”〔31〕——是人的知性处理感性的杂多，将原本纷乱的现象捕捉并加以处理，最终才形成了确定性的知识，而不是从一开始就接受外来的同一性认识。“真正地形成知识的能力在于自我意识的表象当中……不是被动地接受而是主动地规范和统一。”〔32〕此即“人为自然立法”。这一转变将上帝驱逐出了人类的认识领域，对普遍必然性的把握成为人自身的主观能动活动，不再需要借助于上帝或其他事物。由此水到渠成地可以再理解“人为自己立法”的命题，作为纯粹和独立个体的人自身就是自身的规范者，除了人的理性为自身设定规则外，再不存在其他的规范性来源。依康德的见解，“人之人格，乃是自己目的的存在，人格的本质在于其自律性……透过自己的理性，自己立法，自己处分，自己设定目的等”〔33〕。从另一角度，也即“人是目的”的视角切入，会发现只有作为目的的“人”才可能作为目的的“主体”，很显然，不能被作为“目的”的其他事物则只能是被操作和运用的手段。康德提出：“在全部被造物之中，人所愿欲的和他能够支配的一切东西都只能被用作手段；唯有人，以及与他一起，每个理性的存在者，才是目的本身。”〔34〕从康德的道德哲学来讲，“人是目的”还意味着基于自我决定权人是自己利益的最佳判断者，“个人是自由的、自我承担责任地生活着并参与共同体事物”〔35〕，主体与其他主体由此产生关联和交往，此即康德对德国

〔31〕［德］康德：《纯粹理性批判》，邓晓芒译人民出版社2004年版，第91页。

〔32〕周清林：《主体性的缺失与重构：权利能力研究》，法律出版社2009年版，第61页。

〔33〕［日］铃木敬夫：《相对主义法哲学与东亚法研究》，法律出版社2012年版，第412－413页。

〔34〕［德］康德：《实践理性批判》，邓晓芒译，商务印书馆1999年版，第95页。

〔35〕［德］康拉德．黑塞：《联邦德国宪法纲要》，李辉译，商务出版社2007年版，第235页。

法学产生深远影响的伦理人格主义。拉伦茨曾考证过伦理人格主义对于后世《德国民法典》制定者所产生的深远影响，他认为，康德所严密论证的伦理人格，是实定法领域规定主体的原则与基础，法典条文的制定远不是后来实证主义意义上的命令，而是有其坚实的精神渊源，有关主体的规定是将伦理学中的“人”移植到法律领域的结果〔36〕，带有自由意志的人格是法律主体资格的基石，部门法中的民法意思自治原则、刑法中的自我担责原则都是该项基本信条的具体化。如果说罗马法时代的人格来源于特定身份，法国民法中的人格来源于特定国籍，那么德国的民法正式确定人格的来源基础是人的抽象自由意志、是人的出生。这便是拉伦茨所说的“（自然人）应当具有自我意识，应当自主地决定自己的存在，相对于他人则应当承担起责任”〔37〕。

在近代资产阶级革命之后，“天赋人权”与“人人平等”的理念深入人心，主体无差别即无人格制度设置成为必要，因此世界范围内的各先进国家纷纷舍弃了“人格”的用法。当人凭借自己面庞就足以获得法律承认的地位时，就无须再借助于法典发放的一副面具了。在法律的领域，一般意义上的“人”的差别被彻底消除。如果说法国民法中的主体资格首先来源于民族国家的赋予（大革命之后的法国对“国家”的认识具有某种全能色彩），其前提在于国籍，而国籍是另一种身份体现的话，那么随着《德国民法典》的制定，个人取得权利能力再不与民族国家存在前提与结果上的联系，而人取得主体资格的来源仅仅是其抽象的意志能力，其在外在标准在于出生。独特视角和方法基础上的回答会直接涉及抽象的、普遍的法律关系要素，对立法和司法产生影响。康德的伦理人格主义思想直接影响了德国民法典制定时期的法学家们，其哲学思想最终成为德国私法体系中的伦理基石。在《德国民法典》制定以前，在主体问题上有三个“异类”亟待甄别与处理，也即胎儿、奴隶和商业组织，其在《法国民法典》中均未予以处理。因此，在德国民法典制定时，它面临的问题与近一个世纪以前的法国是不同的，其中最重要的莫过于随着大规模市场经济的兴起，现代社会发展亟待集体人格（也即后来的“法人”）的设立，这种需求带动了“权利能力”概念的产生并最终形成了“仅具私法上的主体资格”（独立格意义上的“主体”，与“人”的概念

---

〔36〕 参见［德］卡尔·拉伦茨：《德国民法通论》（上册），王晓晔等译，法律出版社2003年版，第46页。

〔37〕［德］卡尔·拉伦茨：《德国民法通论》（上册），王晓晔等译，法律出版社2003年版，第56页。

开始分离），可以同时适用于自然人与法人，从技术上解决了自然人与法人在同一民事主体制度中的共存问题。作为对人加以法定化的术语，“权利能力”的概念首次出现于19世纪的《奥地利民法典》〔38〕，它解决的核心问题在于确定一个被考察的对象是否有作为主体而享有权利并承担义务的资格。其德文表达形式为“Rechtsf igkeit”，在德语中是一个典型的合成词语，可以被分解为“Recht”和“Fäigkeit”两个部分。显然，这里的出发点其实还是“人”，或者说自然人依然是绝对的核心，而法人是某种推演技术下的拟制。

这就回到了康德伦理人格主义的论证上面。在这一崭新的基础之上，主体虽然是理性的存在，但他“寓存于，并在本质上超然于自然的、经验的和表象世界或者关涉人之物欲的政治世界。……这些个人活得有尊严而孤立，他们是自主的，代价就是他们失去了作为实际的、经验的个人的真实性（也就是他们真正的‘个人性’）”〔39〕。于是，主体的形象更加抽象而普遍化。形式上，德国通过权利能力制度复活了罗马法时代的人格理论，似乎同时恢复了身份对于人格的决定性影响，但恰恰并非如此，相反地，德国民法典最终实现的，是经验领域内的人和法律意义上的人的彻底分离，它与罗马法和法国民法都有所区别，是在《法国民法典》的基础上超前推进了一大步。德国复兴人格理论并以权利能力的形式重新加以命名和运用，实际上是出于现代市场经济与对人权保障的价值考量，使其适合于公平交易主体的法律关系认可及保障，这在主体的内涵上剔除了伦理的因素，使这一部法典成为一个严谨而理性的体系。从这个层面上来讲，一个自然人所拥有权利的资格跟一个的身份、财富、种族等因素都无关，其本身就具有自在自明的价值来源。即使是理性本身，也因为内涵的抽空而蜕变为了“权利”一词，作为全新的鉴别标准。人不再依附于家庭或民族国家，所有人都具有无差别的主体资格地位，能影响他的只会是行为能力而非权利能力的差别。由此，“人的价值”成为一个牢不可破的追求目标，对于主体的维护具有了开启法律文明的崭新意义——人得以作为主体来表达欲求并设定实践法则，主体性的论证至此才可以说是真正完成了。

---

〔38〕 也有学者认为这一术语是由德国首创，参见李永军：《论权利能力的本质》，载《比较法研究》，2005年第2期。本文采用多数意见。

〔39〕［英］韦恩·莫里森：《法理学：从古希腊到后现代》，李桂林等译，武汉大学出版社2003年版，第149页。

结　语

寻找并梳理权利主体理论，并不是为了寻求抽象哲学话语的精致与深邃，而是要用其来解决具体法律实践中的问题，尤其是中国自身实践中的问题。而在我们审视中国问题的时候，却也决不能忘了“人的价值”的内在根基，对这一价值的确立过程跨越了千年，超越了中西，并非一国、一族、一家、一人之特有，而是全人类普遍分有的人之为人的价值尊严。法哲学视野下的论证为权利理论和制度实践找到一块坚实的根基，并奠定其内在的价值基础——纵观数千年历史，经历过人、物同源到主、客二分，人的价值被愈发彰显出来。

在康德最终完成了“自由的人”“人是目的”的奠基之后，这种法律内核里的主体内涵、这种通过法律来保障人权的模式至今仍没有任何根本上的改变，康德伦理人格主义的理论基础仍占据着宪法与民法领域双重的支配地位。包括我们当前制定的《民法总则》，实质上仍是沿用的德国模式。当然，瞬息万变的法律现象已经出现了诸多新的端倪，这对近代权利主体理论及一般人格的认识形成新的挑战〔40〕。作为超越因果法则、有自由意志而能把握世界、做出自决的人，不仅是法律关系的主体，而且还是整个近现代人类文明发展的核心要素，是权利的基础与承载。而究竟如何重新挖掘、阐释、更新权利主体理论与主体哲学留下的遗产，使之适应新环境下的剧烈变动、发展出解决中国问题的权利主体模式，是我们未来法学理论，特别是权利理论研究中需要不断去探讨的问题。

〔40〕 限于篇幅，这里无法具体展开探讨，但可以确定的是，晚近以来诸多深刻又饶有趣味的新研究都与主体问题密切相关，最典型的三个例子是：身份法学的复兴，大地法理学的兴起和动物继承权的保障。参见於兴中：《法理学前沿》，中国民主法制出版社 2015 年版。

少数人融入帮助权：社会融入中宪法平等原则的细化

耿 焰*

一、少数人融入帮助权的缘起

在文化识别下，按照个体既定文化在一个国家共同体中的地位，可以将个体划分为两类，即多数人（Majority）与少数人（Minority）。其中多数人是指其文化在国家公共领域得到了充分反映的个体，如其语言被尊为官方语言，价值观被推为主流价值观等。少数人则是在一个特定的共同体中，与多数人相比较，具有不同文化特征、分享不同文化信念的个体。此处的文化特征包括语言、宗教、习俗等，实质是价值观的实践，蕴含、浸润在生活方式之中。可见"少数人"是与"多数人"在文化识别下相比较而产生的一个概念，"少数人"与"多数人"的区别不仅在于二者在文化特征、价值观和生活方式的差异，更在于其文化在国家公共领域被反映、被容纳、被推行程度的截然不同。《公民权利和政治权利国际公约》第27条将其统称为"人种、语言、宗教"上的"少数人"〔1〕。

从社会融入或社会融合来看，多数人在不知不觉中就可持续进行社会参与或完成社会融合，但反观少数人则不然。首先，对文化上的少数人而言，其自幼习得的语言很可能不是国家的通用语言或官方语言，包含习俗、信仰的生活方式也不被主流社会推崇。因此，在社会参与中，少数人因文化的差异对其所在的国家共同体有一种天然的"疏离感"或"隔绝感"，这种与多数人不同的感觉会实际阻碍他们融入以多数人文化为主导的社会，妨碍他们

---

* 作者简介：耿焰，青岛大学法学院教授，法学博士。

〔1〕 关于少数人的概念可见耿焰：《少数人差别权利研究——以加拿大为视角》，人民出版社2011年版，第37－56页。

作为社会成员实际参与和持续参与到以多数人的价值观构建的政治、经济、文化生活中，也使他们对参与的结果缺乏充分的信任和合理的期待，从而在国家共同体中难以真实地体会到作为社会成员的权利、责任。其次，虽然在现实中并不缺少作为少数人群体的个人成功融入主流社会的实例，但实例是否可以大规模复制存在疑问。抛开个人的背景、机遇不谈，即便是秉着强烈的融入愿望、具有融入的迫切性并为此付出个人努力，充分发挥个人能动性，也不一定就能保证具体个人融入的成功。因为社会融入是一个磨合的过程，是动态的而不是静态的，是持续的而不是短暂的，是一个针对差异性重新进行资源分配的过程。因此少数人的社会融入不仅取决于个体主观的愿望和客观的努力，更取决于国家制度性的安排，且制度性安排最终要落实到能涵盖各种细化规则的具体权利中。正如有人所指出的那样："推进融入既需要个人的努力，更需要消除歧视、排斥的制度保障。"〔2〕，一句话，因为文化上显著不同的特征，定位于主流社会的社会融合对少数人而言，不仅不是自然而然的事，而且若缺乏相应的制度保障，还可能走到社会融合的对立面——社会排斥中去。根据欧盟基金会 1995 年对社会排斥的定义——社会排斥意味着一个过程，是指个人或群体被全部或部分地排除在社会充分参与之外〔3〕，可见，包含了具体权利细化规则的制度性安排对保障少数人融入以多数人文化造就的社会至关重要。

我国宪法确立的平等原则就是这样一个制度性安排。平等原则的宗旨是为了使每个社会成员即公民能平等地参与到社会生活，公正地享受到作为社会成员的权利，履行作为社会成员的责任。因此，平等原则即可被视为是一种消除歧视、排斥，帮助少数人融入的制度保障。在依据平等原则所确立的法律面前一律平等、民族平等、男女平等，不难推导出少数人与多数人在社会融入方面是平等的。但是，对少数人而言，倘若仅仅依靠平等原则，在社会融入上基本达不到平等的实际效果，反倒是少数人因文化的差异而被社会排斥或难以实现社会融入成为大概率。这其中的原因很明了，在宪法中，平

〔2〕 噶日达、黄匡时：《西方社会融合概念探析及其启发》，载《理论视野》2008 年第 1 期。

〔3〕 噶日达、黄匡时：《西方社会融合概念探析及其启发》，载《理论视野》2008 年第 1 期。

等仅仅是作为宪法原则而非具体权利存在[4]，若要在某个特定的领域贯彻和落实平等原则，达到平等的目的，产生平等的实际效果，须依赖于包含若干细化规则的、针对特定人的特定权利。少数人融入帮助权就是在这种背景下产生的，是宪法平等原则的具体化，目的是在尊重少数人意愿的前提下，用实质平等来减轻少数人融入他文化和文化群体的压力，降低甚至消除因文化差异而在融入中引起的冲突。由此，少数人融入帮助权能确保具有社会排斥风险的少数群体获得必要的机会和资源，使他们能够真实、持续地参与社会、文化生活，享受到作为社会成员应该享受的、正常的社会福利。此时的社会福利，不仅指物质需求的满足，更是一个社会成员被社会所认可，自然地成为其中一员，满足其文化、精神层面需求的动态过程。

二、少数人融入帮助权细化宪法平等原则的理由

平等原则是宪法的一种概括性的规定，在具体的内容上还亟待丰富。现在人们认识到平等包含法律地位平等、法律待遇平等、法律机会平等，也认识到平等并非禁止一切的区别对待，合理的区别对待在特定的情形下能达到实质平等，符合宪法平等原则的要求。这其中的原理就如同柏拉图所说的那样："对一切人不加区别的平等就等于不平等。"[5]只有使所有人得到公平的对待，相同的情况相同对待，不同的情况不同对待，方有可能使所有人真正实现法律地位的平等、需求平等以及机会平等。在社会融入上，针对文化上少数人的不同情形，采取合理差别对待，并在公民基本权利之外确立少数人融入帮助权的差别权利[6]，更容易达到平等原则的目标。

---

〔4〕 目前学术界关于"平等"的性质，存在三种观点。一种认为"随着宪法的有效实施，平等已由最初的平等观念经由平等原则发展为具体权利，因此，法律平等是我国公民的基本权利。"另外一种观点则通过平等与权利的比较，认为"二者在依据、实质、范围、出发点等方面皆存在明显的不同，进而主张平等不是一项权利而是一项原则。"第三种观点则是折中，认为"平等"既是原则也是权利。个人赞同第二种观点，认为平等是一项原则，贯穿了立法、司法和行政。具体论证可参见：曾云燕：《平等原则研究》，吉林大学博士论文2014年。

〔5〕 [古希腊] 柏拉图：《法律篇》，张智仁、何勤华译，上海人民出版社2001年版，第168页。

〔6〕 关于差别权利与公民基本权利的区别，可参见耿焰：《少数人差别权利研究——以加拿大为视角》，人民出版社2011年版，第61－70页。

（一）少数人融入帮助权契合平等原则的目的

1. 少数人融入帮助权承认少数人的平等地位

针对少数人融入多数人文化主导的社会的法律和政策不是现在才有，历史上曾经大行其道的同化政策就是为少数人的社会融入而设计的。从表面上，少数人融入帮助权与历史上早期对待少数人的同化法律和政策似乎多有相通之处，如让少数人接受多数人的文化，让少数人学习多数人的语言、信奉多数人的宗教、遵循多数人的习俗、接受多数人的生活方式等，但进一步分析，却不难发现二者在是否承认少数人的平等地位上存在着本质区别。首先，作为平等原则具体化的少数人融入帮助权，承认少数人法律上的平等地位，这与将少数人置于劣等或次等法律地位的同化政策完全不同。其次，融入帮助权对少数人平等地位的尊重体现在其尊重少数人的选择意愿，这与历史上的同化法律和政策又有本质的区别。同化是在文化不平等的价值观下，将多数人的文化奉为高等文化强行向少数人灌输，目的是用所谓的高等文化替代少数人的低等文化，少数人的意愿显然不在考虑之列，也不被认为值得考虑，由此历史上奉行同化政策和法律的国家也就从未认真考虑过少数人的意愿。而少数人融入帮助权则是在承认文化识别的前提下，认可和尊重少数人的意愿。文化上的少数人依据文化识别产生。作为一种文化上的身份认同，文化识别在强调个体对影响自身的文化或文化群体具有归属性的同时，也认可个体在其中的主动性和能动性。对个体而言，归属于某种特定的文化或文化群体不是被动地接受命运强加于其的无奈选择，而是一种主动的、能动的权衡。个体可以依照自己的意愿选择脱离某一文化，融入他文化，尤其是融入多数人文化。可见，融入帮助权是在少数人已经自愿地做出融入多数人文化的选择之后，帮助少数人社会融入而设立的权利，并通过有针对性的种种措施来缓解少数人融入多数人文化时的那种无所适从和茫然无措，最大限度地帮助少数人在他文化中立足。更为重要的是，历史上的同化法律和政策与融入帮助权对待少数人文化的态度截然不同。前者不承认少数人的文化与多数人的文化有平等地位，认为文化间有优劣之分，或者进化的阶段之分，少数人的文化无疑属于劣质文化，或者尚处在进化的末端。因此，同化就要求被同化的人抛弃自己的文化，这实际上等于不承认少数人文化的平等性。其实，文化作为人“这种动物自身产生过程的一部分，而且是中心的组成部分”〔7〕无

〔7〕［美］克利福德·格尔茨：《文化的解释》，韩莉译，译林出版社2008年版，第52页。

所谓优劣之分。即便是同一文化群体，在其生活方式所体现的文化中，也不存在一个所谓的从远古一直延伸到现在的进步阶梯。其中的原理正如查理斯·泰勒所言："经过相当长的时期使我们的世界变得丰富的各种文化，对人类而言都具有某种重要性。……不同的文化都有平等的价值。"[8]少数人融入帮助权正是体现了不同文化的平等价值。融入帮助权仅仅是帮助有融入意愿的少数人，为其提供资源性配置，助其融入他文化，不仅不要求少数人在融入的同时抛弃自己的文化，甚至还为保留少数人文化提供最大限度的便利，在融入的同时满足少数人尽可能生活在自己文化之中的愿望。

2. 少数人融入帮助权提供社会融入的融合标准

少数人融入帮助权能减轻少数人融入他文化和文化群体的压力，这首先体现在其能够提供整合、融合的标准，即在一定程度上，少数人融入帮助权能回答：应该具备什么样的文化整合程度，少数人才能够被他文化群体尤其是主流文化群体接受，被视为其中的成员之一；少数人在多大程度上和什么限度内可融入多数文化群体；少数人在融入的同时在多大程度可以保留自己的文化，或者政府在多大程度上可以包容他们多样的族裔文化。一句话，对于有融入多数文化群体意愿的少数人而言，他们需要知道融入的条件和通融的限度，正如有人所指出的那样："少数人在心理上和政治上最想弄清什么是共同体制框架和国家象征。因为，弄清是什么使我们乐意融入一个共同的社会，可以减轻少数人群体，尤其是那些还未得到完全认可的新少数群体的压力，这种压力产生于他们为反驳不忠的指控而不得不在社会生活的所有领域或任意选定的领域内与主流保持一致。"[9]而确立融入帮助权可以有助于澄清少数人的疑问，少数人可以从融入帮助权设置的目的、行使的领域和方式等角度来了解多数文化群体接受他们文化整合的最低限度，洞悉他们被视为其中一员的条件，了解政府和社会包容其多样文化的最低限度。融合标准的提供，可消除实现少数人参与社会的障碍，使他们能如同多数人一样真实而持续地参与社会，实际达到平等。

[8] Charles Taylor, *Multiculturalism and "The Politics of Recognition"*, an essay by Charles Taylor with commentary by Amy Gutmann, Steven C. Rockefeller, Michael Walzer and Susan Wolf, Princeton: Princeton University Press1992, pp. 64 - 66.

[9] Modood, Tariq, *Establishment, Multiculturalism, and British Citizenship. Political* Quarterly (1994) 65/1: 53 - 57.

3. 少数人融入帮助权减少社会融入中的文化偏见

文化偏见在多元文化的国家和地区都不同程度地存在，最典型的表现就是将异文化视为野蛮与落后的标志，或将某种强势文化视为进步的代表。以加拿大为例，虽然国家已经改变了少数人差别权利诉求的“麻烦”或“问题”的定性[10]，已经着手在宪法框架内就如何落实少数人的差别权利问题与少数人进行谈判，但政府的这种努力却使不少公众，尤其是多数文化群体公众如英裔文化群体成员等感到困惑。在他们看来，少数人不仅是加拿大的社会问题，花费纳税人大量的钱财，而且给加拿大制造麻烦，威胁加拿大作为一个整体的结构，成为加拿大作为整体国家的“腐蚀剂”。这其中的首要原因就是文化偏见导致文化平等的观念尚未被普遍接受。

在对待文化以及文化群体的生存与发展问题上，社会达尔文进化主义仍然有相当的市场，这使得文化偏见得以盛行。以土著人为例，虽然以土著人为代表的少数人悲惨的命运与欧洲人在北美的开拓直接相关，如有数据显示单是土著人的人口由于饥饿、疾病和文化的错位以及战争等原因到 1930 年已经锐减了 95%，而且这种锐减多发生在 1800 年以后。但是，运用达尔文的进化理论，许多人认为土著人的这种遭遇是进化过程中不可避免的。如同自然界的规律一样，物竞天择、优胜劣汰，不同文化群体之间的竞争是自然的，并不是所有的文化群体都能够生存下来。只有那些具有强大生命力符合自然发展规律的群体才能生存发展。反之，一个文化群体的生存机会在其他文化群体的压力下变得微乎其微，甚至丧失生存机会，这只能说明其是劣质的、野蛮的，遭到淘汰是自然规律作用的结果，即族裔特征决定了文化的劣根性。由于进化是一种自然规律的作用，谁也不能违背，因此，土著人遭遇同化、衰落甚至灭绝的命运是物竞天择、优胜劣汰的结果，是一种显然的、不可避免的命运。在加拿大，有相当一部分人持这种社会达尔文进化论来看待少数人在历史上乃至今天正在遭受的不公平待遇。如《第一居民？第二种思考》（First Nation? Second Thought）的作者汤姆·弗拉根（Tom Flanagen）就是代表。他认为：“无论在技术上还是体制上，欧洲的文明、文化都比土著人领先了几千年，如果我们接受洛克和爱莫德·威特尔（Emerde Vattel）的分析，

---

〔10〕 1969 年，加拿大政府在旨在解决印第安人地位的《白皮书》（White Paper）中将印第安人事务定性为“印第安人问题”（Indian Problem）。

那么欧洲在北美的殖民就是不可避免的，就是正当的。”[11]文化偏见不是一朝一夕就能够被矫正的，这需要社会的长期努力。确立少数人融入帮助权就是社会努力的一种表现，其能在很大程度上矫正人们的文化偏见，迫使人们反思一个基本问题，那就是：少数人的文化也是文化，具有不可取代的价值，与多数人的文化具有平等的地位，应该受到平等的尊重；基于平等原则去理解不同文化群体独特的文化追求，认同来自少数人对自己文化的归属感、依赖感，从而减少因文化差异所引起的冲突，达到平等的效果。否则，不仅使少数人在历史上悲惨遭遇的原因被曲解，且潜在的矛盾还在所难免，即便是在一个少数人事务问题都公开的年代。

（二）少数人融入帮助权在社会融入中以差别待遇细化平等原则

平等原则首先体现为同等待遇。同等待遇的平等观基于两个基本假设，即情感平等（equal passions）和理性平等（equal rationality）[12]。人的情感是平等的，理性是平等的，并不是说人们在各自的经历中发展出了同样的情感，具备同样的思考，追求同样的目标，而是指抛开具体而多样的经历、多样的思考和目标，在相当程度上，人与人是相似甚至相同的。情感和理性上的平等性是基于人的自然属性，自然属性相当，对相同、相当或类似状态会产生相似的情感，做出相同或相近的判断。如我们都追求安全，对不确定的生活状态都感到不安甚至厌恶，只是程度可能有区别；我们也追求公平，对于强加于自身的不公正的待遇都会排斥、抗争。宪法中的平等原则也继承了这种理论上的假设。如罗尔斯认为，人们拥有善的、公平的观念和能力，在最初的状态下，人们都是平等的道德人，这其中也包含了对人的情感和理性平等的认可。

基于平等的假设前提，通常认为，平等就意味着所有的个体应该被同样地对待，不论个体具有什么样的特质，包括其所处的族裔文化群体、所处的阶层以及个体的其他特质如性别、年龄等均不应被纳入考察的范围，即不允许立法上有基于任何因素而采取任何形式的偏向，唯有如此，平等的目标才能够实现。这种平等观被称为同等待遇的平等观。其特点非常明显，首先是通过立法给每一个人戴上一个统一的“面具”如公民身份等，用“统一面

〔11〕 Tom Flanagen, First Nation? Second Thoughts, Montreal, McGill - Queen's University Press 2008, p. 3.

〔12〕 霍布斯、边沁、密尔、洛克等都有此种叙述。关于古典自由主义对平等假设的论证，可参见 Amy Grtmann edited, Liberal Eeality, New York: Cambridge University Press 1980, p. 18。

具”特意去掩饰“面具”下每个人的不同或相同的特质，以此作为同样对待的基础。此种意义上，平等即意味着待遇的同等的平等。

公民基本权利就是同等待遇平等观的典型体现，是基于个体在宪政体制下的抽象身份即公民身份而产生的，体现在：不考虑所有个体各自具有的不同的特质，只要是公民，其都应该具有相同的要求和目标，也认可同样的思考。这种假设说明公民被视为经由能动的和秩序的力量而成为具有同等赞成和决定能力的个人，独立人格的获得和展现就是其具体赞成或决定能力的体现，如其可以通过自治的方式来进行自由选择、自我约束。公民基本权利就是让公民获得独立人格和展现独立人格的一种“能动的和秩序的力量”。因此，公民基本权利是在除却个体各种特质的情形下（包括个体所处的文化背景），将个体视为具有相同感受、确立了同一目标并且为实现目标将采取相同手段的“一致个体”，而“一致个体”就必须得到“一致的”或“同等的”待遇。

客观地说，通常情形下，同等待遇能够实现平等的目标，历史上其也曾起到了或者正在发挥达到平等的积极作用，因为许多不平等状况的基础根源就是缺乏同等待遇。如果一国境内所有的人都能获得同等待遇，可以设想不平等的情形会大为减少。因此，不少人主张，细化平等原则关键就是落实同等待遇，只要赋予公民同样的、别无二致的同等待遇，那么平等的目标就可期待。但是，同等待遇能解决少数人特定的需求吗？少数人如果与其他非少数人的公民一样活得同等的待遇，他们就能成功融入由多数文化构成的社会？答案恐怕没有这么乐观。

为更准确地寻求答案，需重新回到同等待遇平等观的两个假设前提。如果将人的情感平等、理性平等两个假设前提置入文化识别内，考察其中的文化因素，情形又如何呢？相同或类似的情形下人们还会产生相同或相似的情感、形成相同或相近的判断吗？经验和常识告诉我们，未必。深究起来，里面的原因不难理解。文化的差异使然。基于文化识别，每个人都遵循各自的生活方式，寻找各自认为幸福的道路，于是人与人不一样，人与人组成的文化群体也各自相互区别。这种区别不仅体现在肤色、发色、眼色、体型、服饰族裔特征或其他类型学的特征上，更体现在由语言、信仰、生活方式、习俗等为特征的文化上。而且这种深层次的文化差异使得不同的群体对于何谓善、何谓幸福体面的生活，以及如何才能达到所谓幸福体面的生活的看法产生分歧，甚至迥异，并且这种迥异在许多时候都表现为不可公度、无法衡量。

因此，单纯凭借同等待遇，就无法正视和满足少数人因文化差异产生的特定需求，包括融入多文化群体的需求，也无法为少数人克服其在语言、习俗以及生活方式方面的“天然障碍”提供制度上的保障，表现为依据公民身份的“一视同仁”无法为少数人融入多数人文化造就的社会提供资源再次分配方面的细化规则。于是，体现不同情形差别对待的差别权利应运而生。

差别权利针对文化少数人享有自己文化以及融入多数人文化的特定要求，要采取公民基本权利之外特别权利的形式，体现了差别对待的差异平等观，是对平等待遇的补充。少数人融入帮助权实质就是一种少数人通过差别待遇来行使的特别权利，是一种特别人权。其突出个体文化特质，以个体的文化身份归属为前提产生，权利的设置并非直接针对所有的个体，而只是针对那些属于文化少数群体的个体。换言之，少数人融入帮助权刻意突出了个体的另一种身份认同即文化识别，并针对个体因不同的文化识别在国家共同体中正在遭遇或可能遭遇的种种挫折而设定，目的是通过特定的措施消除，或在社会条件允许的范围内最大限度地减轻文化上的少数人因自身的少数文化特质或差异文化特质而遭遇或可能遭遇的种种不利、不便和困境。从这个角度讲，少数人融入帮助权面对文化差异，针对特殊群体在文化上的特定需求而在同等待遇之外强调差别待遇，能弥补同等待遇对于平等原则细化的不足，体现了一种差别待遇的平等规则。

当然，少数人融入帮助权的差别权利并不排斥通过公民基本权利来体现的同等待遇平等观。二者实际上是从不同的角度来细化平等原则，同等待遇体现为公民基本权利，少数人融入帮助权则体现了差别待遇，二者殊途同归，最终都是以实现个人平等为目标。个人乃是平等原则的终极目标，每个人都应该是自由社会中平等的一员，充分地利用自由社会所提供的各种机会来进行自我选择，最大限度地按照自己的意愿过自己想过的幸福生活，成为自己想成为的那种人。但是如何才能算是平等的一员，或者如何才能达到平等却不是依照一视同仁、不加区别的平等待遇所能解决的问题。在某些情形下，依照公民的基本权利或个体普遍性的权利很可能达不到平等，原因在于并非每个人都能够真正“平等地”利用自由社会所能提供的各种机会来进行自我选择。换言之，单纯依靠公民基本权利或个体的普遍性权利解决不了少数人是否能真实地成为社会中平等的一员，能否平等地利用社会的各种机会的问题。对于其文化未能在国家公共领域中得到充分反映、未被充分采纳的少数人而言，他们与反映和采纳其他文化的公共系统之间的疏离感在很大程度上妨碍了他们充分利用社会提供的各种机会进行自我选择的权利，他们不得不花费更多的时间、精力，付出更多的代价去熟悉不同于自己文化的语言、价值观念、行为模式，去熟悉产生于其他文化的各种游戏规则。与此同时，他们还不得不承认自己特定的文化群体成员身份所带来的不利处境，潜意识地否认自己的文化，承受由此产生的巨大心理压力。虽然联合国《种族与种族偏见问题宣言》第 2 条规定："所有个人和群体均有维护其特性的权利，有自认为具有特性并为他人所确认的权利"，但这种权利显然不能仅仅依靠公民基本权利来实现，相反，利用少数人融入帮助权这种差别权利可以承认文化归属的价值，承认文化识别下特定文化群体的成员身份对于个人是否能遵从自己的意愿进行生活具有不可替代的价值，以弥补通过公民基本权利的同等待遇在细化平等原则方面的缺失和不足。

（三）少数人融入帮助权在社会融入中从精神需求细化平等原则

社会排斥的类型或形式多样，除物质性的社会排斥如经济上的剥削、物质上的贫困外，还存在着大量的非物质性的社会排斥。对于社会融入中物质上的社会排斥，通常可通过物质帮助权解决。但对文化上的少数人而言，阻碍他们实际参与和持续参与社会生活的缘由既有物质上的，但更多的是非物质的，如语言的障碍、习俗的差异、信仰的不同、生活方式的迥异等。而对待这种非物质性的社会排斥或文化排斥，现行宪法确立的物质帮助权无能为力。少数人融入帮助权能弥补现行物质帮助权的不足，强调从非物质性的角度，侧重于根据精神需求来促进宪法平等原则的实施，同物质帮助权共同实现社会融入中的平等。体现在：

1. 少数人融入帮助权从权利内容上侧重于精神需求

物质帮助权是一种经济类权利，而融入帮助权不限于经济，是一种综合性的权利，强调从非物质的角度为少数人融入多数人文化提供帮助。如融入帮助权在肯定不同文化具有同等价值的前提下，为自愿接受多数人文化的少数人提供帮助，虽然帮助可能间接与经济相关，但并不以经济为直接表现形式，其更多地与文化、尊严等联系，体现了文化、尊严方面的平等，如语言培训、职业技能培训、信息咨询、规则知悉等。

2. 融入帮助权的权利主体也是根据少数人的精神需求而划定主体的范围

物质帮助权的权利的主体毫无疑问是个体，个体即公民也是唯一的主体。但作为少数人差别权利的融入帮助权则不然，其个体必须是有融入愿望的少数人群体成员，是特殊的个体。这说明不是所有的公民都能成为融入帮助权的主体，也不是所有的少数人都能实际享有融入帮助权，只有那些有融入愿望并且采取融入行为的少数人才能实际享有融入帮助权，成为权利主体。可见，权利主体的划分侧重于少数人的精神需求。此外，除个体作为主体外，文化少数群体也能成为权利的主体，这是少数人差别权利的特征，也是依据少数人精神需求所产生的权利主体的扩大〔13〕。实际上，《公民权利与政治权利国际公约》第 27 条规定：“少数人同他们的集团中的其他成员共同享有自己的文化、信奉和实行自己的宗教或使用自己的语言的权利”，这意味着少数人权利就是一种集体权利，而《少数人权利公约》（全称是《在民族或族裔、宗教和语言上属于少数群体的人的宣言》）都特别强调了少数群体的成员既可以单独也可以与其群体的其他成员一起行使其权利，肯定了少数人差别权利中，少数群体作为权利主体的地位。具体到少数人融入帮助权中，少数人群体也可成为权利主体。

三、少数人融入帮助权细化宪法平等原则的路径

（一）提供语言文化方面的培训来保证少数人的文化自尊，体现法律地位平等

提供语言文化方面的培训是指针对文化上的少数人采取双语或多语作为教学语言。双语或多语指少数人所在国家的官方语言（明示或默示的）和少数人本身的语言以及少数人所在区域的地域方言。通过这种特定的语言文化方面的培训，可为少数人群体提供一种整体性的外部保护，保证其文化自尊，有学者将其作为一个群体对抗外部更大的群体的权利，是一种集体权利，有别于群体对于其成员的权利〔14〕。

与那种针对群体内部成员所行使的权利不同，该种权利是用以防备多数群体或更大的社会的权利，使该群体不受到来自外部的不适当的压力（如大社会做出的有关少数群体利益的经济或政治决定）的影响，或者提高少数群体对抗多数群体经济政治压力的能力，是对少数人群体的一种“外部保

---

〔13〕 关于少数人差别权利主体从个人扩大到少数人群体的论证，可参见耿焰：《少数人差别权利研究——以加拿大为视角》，人民出版社 2011 年版，第 64 - 65 页。

〔14〕 Will Kymlicka, *Finding Our Way: Rethinking Ethnocultural Relations in Canada*, Oxford University Press Canada 1998, p. 62.

护”[15]。少数群体成员不仅作为群体的属员而存在，对于更大的社会如国家而言，其还作为公民存在。公民有基本的权利和自由，即便是为了维护群体传统、习俗等的纯洁性或稳定性，也不能限制群体的个人做出的放弃群体传统、习俗决定的权利，更不能限制其实际抛弃群体传统或习俗的行为，只要这种决定或行为是出自个体的真实意愿。“外部保护”不是通过限制内部成员的自由来达到群体的身份认同，而是为了保护群体对于外界不恰当的经济政治压力的脆弱的抵抗能力。换言之，“外部保护”权利的目的是加强少数群体作为集体的防范能力，促进群体间的平等关系。而在这种平等的群体关系下，群体内部个体的权利更有实现的条件与可能。可见，这与个人权利保护是一致的。如加拿大对于少数群体代表移民群体采取的“多元文化主义政策”即属于典型的“外部保护”。根据该政策，对移民的孩子实行双语教育(其母语和加拿大的官方语言)，使得他们在面临另一文化的情形下，能在自己母语的语境下接受本族裔的文化、观念，有针对性地建立了一种过渡手段，极大地减轻了其面对更大的群体、更大的社会时所接触的不同于自身族裔文化时的一种压力，为他们日后做出是否融入主流社会以及融入的程度有多大等决定提供一种过渡和参照。

（二）在公民身份教育中融入文化身份教育的理念和内容，满足需求平等

对个体而言，公民身份不仅是由一系列的权利和责任所确定的法律地位，而且还是一种认同，一种对自己归属于某个特定的国家共同体的一种表示。但是公民身份教育不能取代文化身份教育，更不等同于强制公民只承认和接受一种特定强势文化的同化教育。对于任何一个文化群体而言，如果不将包含其主要价值观念和信念的文化传承给下一代，那么在可见的未来，特定的文化群体将不复存在。在各种传承途径中，最为突出的就是教育，尤其是学校教育，这不仅是因为学校教育在灌输价值观念、信念方面的功能是无可取代的，更重要的是，通过教育“欣赏自己社会的文化，参与社会事务，由此能给个人的价值提供一种安全的意识”[16]。由此，文化身份的教育对于包括少数文化群体在内的任何文化群体的意义就不言而喻了。

罗尔斯曾经在《政治自由主义》中论证，如果把共同体设想为一种特殊类型的联合体，即靠一种完备性学说统一起来的联合体，那么一个秩序良好

---

〔15〕 Will Kymlicka, *Finding Our Way: Rethinking Ethnocultural Relations in Canada*, Oxford University Press Canada 1998, p. 62.

〔16〕 Rawls, J, *A Theory of Justice*, Cambridge, Mass: Harvard University Press 1971, p. 101.

的社会既不是一种共同体，也不是一种联合体，因为在这种社会没有任何个人或联合体那种终极的目的和目标，即没有在完备性学说中占据特殊地位的目的和目标〔17〕。这番论证的言下之意就是即便在秩序良好的社会，也不存在着一种同质的基本道德观念，人们对何谓善、何谓美好的生活有着多样的甚至互不相容的观念，并以行为来践行自己的观念和完备性学说。在这种情形下，依靠产生于一种特定文化的观念和完备性学说来试图统一具有不同文化背景的各种观点显然是行不通的。历史经验对此已经进行了证明。在加拿大，为了消除国内少数人对自己独特文化群体身份的认同意识，代之以盎格鲁文化为统一的认同，加拿大政府可以说是想尽了一切办法、采取了一切可能的措施，包括建立印第安儿童寄宿学校、禁止部落习俗、禁止法语和西班牙语学校等。但是，几个世纪过去了，尽管受尽了法律的歧视、社会的偏见和毫不掩饰的冷漠，加拿大少数人对于自己独特的文化认同依然不放弃，相反这种试图将不同文化统一于主导文化下的同化教育反而引起了更多的疏远、敌视和仇恨。这其中的缘由正如有加拿大学者所总结的那样："文化上的承认乃是一种深刻永恒的人性需求。借由文化一致性与统一之名迫害文化差异的行径，正在今日引发社会动荡、分裂与解体的首要因素之一。"〔18〕

那么在一个因不同文化背景所产生的各种多样的甚至互不相容、无法调和的观念和完备性学说共存的社会中，依靠什么作纽带才能达到一种团结、一种秩序井然呢？罗尔斯对此的回答是"政治上的正义观念"，其修正了自己在《正义论》中所持的观点，认为秩序良好的社会不再统一于同质的基本道德观念，而是统一于政治上的公平正义观念，这种正义观念是各种合理的综合性学说之间重叠共识的焦点，通过社会对宽容原则的逐渐接受来实现〔19〕。而这种政治上的公平正义观念在文化领域的体现就是认同不同的文化具有同等的价值，个人的文化身份认同应该得到承认。如此，公民身份教育就不应该沦为试图以一种特定文化取代其他文化的同化教育，相反，本着所有文化都具有同等价值的公平正义观念，公民身份教育中应容忍和包含有关文化群体身份的教育，所有的受教育者都应该获得与他们处于同一政治共同体中的各种文化群体的文化、历史和知识，并通过尊重方式来实际承认不同

〔17〕［美］约翰·罗尔斯：《政治自由主义》，万俊人译，译林出版社2000年版，第41－44页。

〔18〕［加］詹姆斯·塔利：《陌生的多样性——歧异时代的宪政主义》，黄俊龙译，上海世纪出版集团2005年版，第206页。

〔19〕［美］约翰·罗尔斯：《政治自由主义》，万俊人译，译林出版社2000年版，导论。

文化的同等价值。

国际人权领域对个体的文化身份教育早已提供了依据，这最早可以追溯到联合国的人权宣言。1948 年的世界人权宣言强调父母在为其子女选择所接受的教育方面的权利，这种权利在 1959 年联合国儿童权利宣言（the U. N. Declaration of the Rights of the Child 1959）中再次得到重申。国际人权公约对于父母对子女享有教育选择权的共识成为少数文化群体成员享有在公民身份教育外享有文化身份教育权利的依据，因为既然父母有选择子女接受何种教育的权利，那么自然就包括父母选择子女接受一种特定文化教育的权利，即便这种文化在一个共同体内属于少数文化。而为了满足父母的这种意愿和实现他们的权利，国家就有义务提供一种协助，使得少数文化群体接受自己文化的教育成为现实。由此，在公民身份教育中融入文化身份教育就成为少数文化群体传承其文化的一个不可缺少的前提。

融入文化身份教育的公民教育，其内容包括：

首先，提供多文化的视角，使公民能够从其他文化的角度来观察、深思和评价自己以及其他群体文化或民族文化。由于文化都是人类重要经历、经验的凝结，如果个体仅仅从自己单一的文化角度来观察、认知和参与世界，那么等于丧失了许多分享人类经验的机会，很可能导致在文化上陷入一种无知，尤其是对他文化的无知。而这种无知不仅可能妨碍个体完整地认识自我，因为“只有完整认识他者，才能准确认识自我”，[20]而且这种对他文化的无知还极有可能导致一种对他文化的冷漠、轻视和不尊重。

其次，给公民提供文化选择的权利和机会，使他们获得适应本民族或文化群体文化以及他文化所必需的知识、技能和态度，具备跨文化适应能力和交往能力。公民教育如果排斥多文化教育的理念和内容，其实际上可沦为一种同化教育或者一种文化压迫，因其在语言选择、课程安排以及价值观念上仅仅倚重主流文化群体的一元文化，这不仅使得公民教育客观上不可能做到中立，而且使得那些少数文化群体成员的处境尴尬。他们要么坚持自己的文化认同，继续承受被边缘化的结果；要么接受主流文化，完全放弃自己的母语、价值观和行为方式。即便那些有着强烈的融入主流文化群体的少数人如移民等，在其看来，一味排斥多样文化的公民教育也传达出一种冷漠和疏离，因为这种教育无视少数人在否认自己文化群体的语言、信仰、价值观和行为

〔20〕 Augus Stewart, *Social Inclusion*, MaCmillian Press, LTD., 2000, p. 145.

方式中所承受巨大的心理压力和挫败感。此外，融入文化身份的公民教育还包括在课程设置方面删除文化歧视的内容，增加不同文化群体文化的介绍和价值肯定等。

在公民身份教育中融入文化身份教育的内容和模式并不是一成不变的，它依据不同的少数文化群体的需求和所面临的实际条件而定。常见的有地方社区的模式和多民族委员会模式等。地区模式的特点是少数文化群体在教育中的权利主要是通过地方社区、地方机构的形式进行。如少数文化群体可由代表参与地方教育的管理、政策的制定；通过地方社区对当地学生的教育问题作决定；通过地方社区在少数人机构中贯彻国家的政策；依照国家的政策就学费问题进行谈判；在省或区域的权限内参与地方机构的决策等。而多民族委员会的模式通常的运行途径是政府与少数人之间可就学费协议、省或区域所应提供的服务、在少数人和省或区域之间就学术计划上的交接等问题进行谈判、制订课程计划并得到省教育官员、大学和培训机构的指点。此外，在公民身份教育中融入文化身份教育的内容还应该防止将多元文化教育局限于特定文化群体成员身份教育，同时更应防止将文化群体经历中的苦难神圣化。

当然，在保证少数族裔群体自身文化自由选择权的同时，实施多元化的教学方式，可以有条件适度依据少数族裔群体的自由选择将少数族裔群体成员的子女与当地学生统一管理、统一编班、统一教学、统一安排活动，帮助他们尽快融入班集体，适应当地生活。

（三）建立倾向于少数人的资源分配和享用制度，实现机会平等

这方面的典型是少数人配额制度。少数人配额制度是指在大学和就业方面考虑文化、民族、种族等因素，以便增加少数民族和文化群体的学生和就业人数，帮助他们更快地、更真实地实现社会融入。

因文化的差异，少数人与不以反映自己文化特征的公共系统之间更有可能存在一种疏离感或孤立感，而这种疏离感或孤立感在很大程度妨碍了他们充分利用公共系统和制度提供给所有公民的潜在机会去进行自我实现，表现为他们不熟悉公共领域的文化起源，不擅长用游戏规则去游戏。因此，有必要在某些特别的领域，制定特别的制度和规则来帮助他们克服这种妨碍，其中最为重要的领域就是教育和就业。因此少数人配额制度成为在大学和就业方面应用最广的、对少数人在资源分配和享用上实行差别待遇的制度，成为融入帮助权的核心内容之一。

对少数人配额制度的批评主要来自两方面，一是认为其无疑是一种歧视对另一种歧视的置换，侵犯了非少数人申请人的利益，长此以往，为了配额，最终会导致教育标准和公共服务质量的急剧下降。另一种批评则来自少数人，他们认为这种配额制度意味着他们得到承认并不是因为他们个人的天赋和能力，而是由于有组织的特殊优先权。

对于少数人配额这种制度的优劣争论一直没有停止过。而仅仅从理论上来进行辩驳的说服力并不强，需要对其进行更系统的、更深入、更细致的实证性研究。但到目前为止，不管是赞成者还是反对者，都仅仅依靠粗糙的或传闻式的印象证据来支持自己的主张，他们所举的例子通常是报纸上报道的孤立的事件，而通常引起注意的事例要么耸人听闻，要么神话般的传奇，比较极端，不具有普遍的考察意义。加拿大联邦政府也公布了一些数据，但是尚无集中在大学入学和就业上的少数人配额制度上的实证研究数据，尤其是关于少数人配额制度的实际效果的实证数据，倒是美国在此方面的一项统计学研究成果可以说明问题。

美国从20世纪70年代开始，在大学和就业方面实行考虑种族、文化等方面的优待措施（Affirmative Action），对该措施的争论也是一致围绕着前述的两个方面的质疑进行，在现实中，少数人配额制度还遭遇到来自政治和法律方面的压力〔21〕。1998年，当时的普林斯顿大学校长鲍温和哈佛大学前校长博克出版了一本名为《河流的形成》的专著，对美国大学录取中考虑到种族因素政策的长期后果进行了统计学上的分析，得出了一个结论，那就是："大学极为成功地利用了考虑种族因素的录取政策，促进了对每个人都很重要的教育目标。"〔22〕

应该说，这个结论是令人信服的。首先因为这个结论建立在翔实的数据库上，这个数据库是鲍温担任主席的梅隆基金（Mellon Foundation）在4年内收集的名为"大学及其他"（College and Beyond）的有关数据，有着非常丰富和详细的资料数据，包括美国28所录取标准严格的大学在1951年、1976

〔21〕 如美国联邦最高法院1978年在加利福尼亚大学校务委员会诉巴克案中的裁决认为，考虑到种族因素的录取方案没有违反《美国宪法第十四修正案》关于平等保护的规定，只要这些方案没有为特定的任何种族或群体规定不变的配额。在1996年第五巡回法庭在霍普伍德诉得克萨斯一案中宣布，得克萨斯大学法学院考虑到种族因素的录取方案违宪。Regents of the University of California v. Bakke, 438 U. S. 265（1978）. Hopwood v. Texas, 78 F. 3d 932, cert denied, 116 S. Ct 2581（1996）.

〔22〕 William G. Bowen and Derek Bok, *The Shape of the River*: *Long - term Consequences of Considering Race in College and University Admissions*（Princeton: Princeton University Press, 1998）, pp. 284 - 290.

年、1989年录取的80000多名本科生的材料。在1976年和1989年的材料中，数据库记录了本科生的种族、性别、中学成绩、学术资质测验（SAT）得分、大学主修课程的成绩、课外活动、学位和职业学校记录以及家庭的经济和社会背景，还包括样本中所有的人离开大学后的经历，样本来源则是他们就具体问题作的回答，回答率比较高，1976年是80%，1989年是84%。其次，《河流的形成》一书采取科学而复杂的统计学分析方法，回答了关于少数人配额制度的诸多争论，如针对黑人的优待措施是否侵犯了每个申请人的权利。优待措施是否录取了一些学习能力有所不及的黑人，或把黑人统统算作低下能力者，或者致使社会增加而减少了种族意识，所以弊多利少等。正如有人对该书所评价的那样："假如《河流的形成》一书没有大大改善长期的政治和法律论战的品质，那未免令人感到惊奇和可耻。它的分析大大提升了辩论标准。印象主义的或传闻式的证据不再有效：对大学的优待措施的任何值得尊重的讨论，现在要么必须承认它的发现，要么向它发起挑战，而任何挑战都必须符合鲍温、博克及其同事所达到的广度和统计学专业标准。"〔23〕因此，关于帮助少数人更真实地融入主流社会的少数人配额制度的一个结论就呼之欲出了，那就是"国家现在就禁止这种政策是错误的，因为大量的统计资料和证据都证明了它的价值，除非《河流的形成》被更为出色的——更全面或更细致——研究所推翻，我们没有理由把禁止大学优待措施作为一件克服我们可悲的种族分层的武器，除非我们对这个问题漠不关心，或我们只是为它没有自动消失而感到恼怒"〔24〕。

平等原则作为宪法原则有着极其丰富的内涵，在不同的领域有不同的细化规则。在社会融入中，针对少数人因文化身份而产生的融入障碍，少数人融入帮助权以细化平等原则的方式来帮助少数人消除社会融入的障碍，使少数人（包含群体和个人）能够获得必要的机会和资源，真实地参与社会、文化生活，防止被边缘化。

需要注意的是，同任何少数人的差别权利一样，就少数人融入帮助权细化平等原则的路径而言，不存在一种放止四海皆准的、适合于任何作为少数人的个人或群体的唯一方式，少数人融入帮助权细化宪法平等原则的路径是

---

〔23〕［美］罗纳德·德沃金：《至上的美德：平等的理论和实践》，冯克利译，江苏人民出版社2007年版，第415页。

〔24〕［美］罗纳德·德沃金：《至上的美德：平等的理论和实践》，冯克利译，江苏人民出版社2007年版，第436页。

开放的。

少数人融入帮助权因文化上的差异产生，因此在社会融入方面细化平等原则的路径也可能因不同的文化而有差异。换言之，凝结了人类情感、观念和经验的各种习俗、制度等文化并不像自然科学一样，可以用一种或几种简单的规律和演绎性的定理来解释其中的运动，这不仅仅是因为有各种理性的或非理性的因素、偶然的事件、种种看得见或晦暗不明力量等的单独作用或相互博弈，更重要的是人的情感、人的价值观受到文化不可替代的影响，人甚至是文化的产物。在一种文化中被视为理所当然、寻常的事情，在另一种文化中也许就是一种叛逆，或者至少是怪异的。每种文化都有区别于其他文化独特的、鲜明的、令人不解但也绝非夸张的特点，这些特点无不在文化群体成员身上打上烙印，使得人成为各种各样的不同的人，具有不同的生活目的、目标以及寻求不同的达到他们各自理想的方式和途径。有人曾说过，“我这辈子见过法国人、意大利人、俄国人……至于人，我宣布，我这辈子还从未遇见过”〔25〕。言下之意即是人都是成长于不同文化群体，受到不同文化影响的具体的文化人（当然人对于不同的文化也施加各自的影响），不存在一种抽象的、不受文化影响的人。同理，也不存在着一种不变的人性。在社会融入的平等问题上，虽说人都有融入的愿望和平等的需要，但是如何理解这些愿望、需要以及采取什么样的方式才能更为妥当地满足愿望和需求，囿于不同的文化，不同的人可依据不同的标准、从不同的角度来理解。由此，对于在社会融入中对平等原则的细化就不存在着一种不变的具有普遍性和永恒性的模式、途径和方法。因此，少数人融入帮助权在细化平等原则的具体路径上也是开放的。

既然囿于文化的影响，人与人不相同，人性也有特殊性，满足人性的方式更是多样，因此，在少数人融入帮助权在社会融入中细化平等原则方面，也不存在适合于任何人、任何地方、任何情形的唯一模式，也不要试图去发现能一劳永逸地解决少数人融入多数人社会平等问题的所谓统一标准。国际人权机构早就注意到这个问题，其提醒人们，少数人权利的宗旨是为维护文

〔25〕 de Maistre, Considerations sur la France［德］迈斯特：《关于法兰西的思考》，Lyon/Paris，1866，p. 88。转引自［英］伯林：《反潮流：观念史论文集》，冯克利译，译林出版社 2002 年版，第 167 页。

化的差异，而“文化本身是以多种形式表现出来的”[26]，故而也不存在着一种放之四海皆准的、统一的或普遍的具体模式。所有的在实践中有效的模式无不与少数人所在的具体环境状况、具体需求、其所处的国家共同体的制度、所信奉的理念相关及生活方式有关。因此，囿于文化的多样性，如果人为地忽视这种烙印，在少数人融入的平等问题上，将一种事先拟定好的框架或者所谓的规律来强行地在不同社会中推广，恐怕结果不会比预料中的好。实际上，不仅是不同少数人之间在社会融入的平等问题上存在不同模式的融入帮助权，即便是同一类型的少数人也可能因为种种不同的境遇和由此产生的不同需求而在融入帮助权的内容上也可能迥异。如在特定领域的少数人配额制度或措施也没有统一的模式，针对具体的复杂困境以及少数人不同的需求和文化差异，其应该是一个在诸多方面存在差别的制度和措施，包括接受资源配给的少数人的类型的差别，资源配给模式的差别等。如北美许多学校在实施融入帮助权时，不同的学校和就业机构在分配资源方面所关注的少数人类型均不相同，有的更多地考虑土著，有的则希望更多地吸纳来自非洲等其他文化群体的少数人。但是，这种仅仅关注某一特定类型少数人的融入帮助措施会不会构成对其他少数人如亚裔的另一种歧视？2014 年，哈佛大学和北卡罗来纳大学教堂上分校被美国一非营利组织“大学生公平录取（Students For Fair Admission Inc.）”起诉[27]，反映了这种质疑，也说明少数人融入帮助权在社会融入中细化宪法平等原则路径不是一成不变的，而是要根据少数人的需求、实际遭遇的融入障碍等不断地调整，是开放性的路径。

---

〔26〕 这是联合国人权事务委员会对于解释少数人“享有自己文化”的权利所做的阐释。原文是“关于第 27 条（指《公民权利和政治权利公约》，笔者注）所保护的文化权利的行使，委员会认为，文化本身以多种行使表现出来，包括与土地资源的使用有联系的特定生活方式。……”参见联合国人权事务委员会 1994 年第 23 号一般性意见。

〔27〕 该起诉认为哈佛大学和北卡罗来纳大学教堂山分校的录取政策对亚裔和白人构成逆向的种族歧视。该案至今未判，被认为是对最高法院在 1978 年 Regents of the University of California v. Bakke, 438 U. S. 265（1978）中确立的允许大学录取将种族作为考量的多个因素之一规则的一个挑战。

论行政诉讼对“其他人身权、财产权等合法权益”的保护

李大勇 *

2014 年经修订的《行政诉讼法》第 12 条规定：“人民法院受理公民、法人或者其他组织提起的下列诉讼：……（十二）认为行政机关侵犯其他人身权、财产权等合法权益的。”学界和实务界普遍认为该条规定突破了行政诉讼权益保护仅拘泥于人身权、财产权的束缚，是该法修改的一大亮点。那么《行政诉讼法》从 1989 年出台到 2014 年修订的这 25 年间，人民法院在审理行政案件、解决行政纠纷的司法实践中是否如“传送带理论”所描述的，严格按照法律规定，对权利保护仅仅局限于人身权和财产权？最高人民法院对没有明确列于《行政诉讼法》中的权益持有何种态度和立场？最高人民法院又是通过何种方式来贯彻其司法政策和意图的？

司法对权益扩大保护，这符合人权保护的要求。随着公民权利意识的复苏，公民对自身所享有的权利的理解更加全面和深刻，已经不再拘泥于固有的人身权和财产权，而是把视角扩展到人身权和财产权之外的其他权利上。司法作为维护正义的最后一道屏障，不断扩大对权益的保护，这也是法院实现自身审判职能的体现，同时也符合当下司法能动主义对司法职能定位的要求。在总结过去行政审判工作的基本经验时，其表述也并不拘泥于人身权和财产权。“人民法院通过行政审判活动，依法保护自然人、法人或者其他组织的人身权利、财产权利和其他社会权利，落实了人民群众诸多宪法权利。”〔1〕最高人民法院所出台的司法政策文件，蕴含着法律者职业群体对司法本质、目的或界限的理解和把握，蕴含着特定时期司法系统整体所奉行的

---

* 李大勇，西北政法大学行政法学院副教授，法学博士。国家社会科学青年项目“行政诉讼司法政策研究”（12CFX024）阶段性成果。

〔1〕 李国光：《深入贯彻党的十六大精神 努力开创行政审判工作新局面 为全面建设小康社会提供司法保障——在全国法院行政审判工作会议上的讲话》（2003 年 2 月 13 日），载于《行政执法与行政审判》2003 年第 1 辑，法律出版社 2003 年版，第 2 页。

司法政策和司法哲学[2]。“有权利必有救济”，从应然角度看所有的权利都应当得到救济。但从应然保护到司法的实然保护，中间还有漫长的路要走，还需要大量的法学理论工作者的鼓与呼，还需要立法者把应然的权利转化为法定的制度设计，还需要司法者在一个个案件当中实现对权利的保护。行政纠纷的个案更能反映制度的特殊性，更能引发人们对理论与制度的反思，故本文从实然角度出发，以最高人民法院这25年间所颁布的各种司法解释、批复、答复以及典型案例等司法政策文件为分析样本。这些司法政策文件所涉及的事项和内容，体现着国家的政策选择导向问题，也基本上反映着下级法院在审判实践当中所遇到的困难和问题。

一、合法权益的界定

（一）“合法权益”的内涵与外延

“权益”需要法律的明确规定？还是遵循“法无明文禁止即可为”？“任何一种主张、要求、利益、自由在未得到所在群体的社会规范认可之前还不能称之为权利，只能称之为一种利益要求或权利主张……也就是说，这种利益只有在得到利益人所在群体的认可后，方能成为权利。”[3]利益，既是权利的内容又是权利的目标指向，是人们享有权利的目的。权利和利益只有经过立法机关的立法认可之后，才成为法律所保护的权益，才有可能被司法所保护。

行政法与民法、刑法的发展相比，属于晚近才有所发展的部门法。在行政法的学科独立性尚未彰显的前提下，借鉴或临摹其他学科的学科体系亦成为较为可行的做法。德国法学巨擘奥托·迈耶在借鉴民法典的基础上，对行政法学体系进行了创造性的开拓，“现行行政法标准教材都采用民法典生效之前的大民法教科书模式，其中心任务就对行政法进行清晰的整理，减轻发现法律的负担”[4]。人身权与财产权是民法权利最基本的一种分类形式，这种分类仅仅在民法领域无疑是周延的，也是可行的。但公法上的合法权益不

---

〔2〕 高家伟：《公正高效权威视野下的行政司法制度研究》，中国人民公安大学出版社2013年版，第72页。

〔3〕 李拥军：《论权利的生成》，《学术研究》，2005年第8期。

〔4〕 ［德］汉斯·J. 沃尔夫、奥托·巴霍夫、罗尔夫·施托贝尔：《行政法》（第一卷），高家伟译，商务印书馆2002年版，第8页。

仅可以分为人身权和财产权，还可以表现为其他权利形式，如政治权利、教育权利、担任公职的权利等。由此可见，人身权和财产权与合法权益在民法上表现为重叠关系，在公法上体现为一种从属关系。另外公法上的合法权益不仅包括实体权利，还包括程序权利，且这种程序权利不仅有助于实现实体权利，还具有独立的法律价值。

“合法权益”在《行政诉讼法》的条文中共出现4次。第1条规定行政诉讼目的是保证人民法院公正、及时审理行政案件，解决行政争议，保护公民、法人和其他组织的合法权益，监督行政机关依法行使职权。这意味着合法权益是界定行政诉讼目的的重要因素，人民法院在行政审判中，必须把维护公民、法人和其他组织的合法权益放在第一位来考虑，绝不能本末倒置。其余3次则在受案范围的相关条款中出现。第2条规定：“公民、法人或者其他组织认为行政机关和行政机关工作人员的行政行为侵犯其合法权益，有权依照本法向人民法院提起诉讼。”第12条规定：“人民法院受理公民、法人或者其他组织提起的下列诉讼：……（六）申请行政机关履行保护人身权、财产权等合法权益的法定职责，行政机关拒绝履行或者不予答复的……（十二）认为行政机关侵犯其他人身权、财产权等合法权益的。”在行政诉讼法的条文中，合法权益与人身权、财产权紧密联系在一起。人身权、财产权是一个公民所享有的最基本的权利，也是人之所以为人所必须具备的基本权利，也是其他社会经济文化权利的基础。故在行政诉讼法制定之初，人身权、财产权构成了合法权益的主体部分。

无论是“人身权、财产权等合法权益”还是“其他人身权、财产权等合法权益”，都属于立法技术中的兜底条款。基于法典语言本身的非自足性，为避免法律滞后，立法者出于增强条款的适应性，以适应未来需要为导向而进行设计，力争在法律规定的稳定性与适应性之间寻求平衡。立法者在面对欲调整的事项难以穷尽时，先列举几个典型事项，再连缀助词“等”或代词“其他”，最后加上抽象的上位概念以作全面涵盖的法条形式〔5〕。由于采取列举的方式，难免挂一漏万，兜底条款是以前面条款中所逐一列举的规定作为典型事项，对哪些暂时无法明确列举的、剩余的、次要的、边缘事项，采用概括式的统一规定，这属于列举规定的特殊形态，采用此立法方式旨在概

〔5〕 刘风景：《例示规定的法理与创制》，载《中国社会科学》2009年第4期。

括没有完全列举完毕的事项，或者是用来与上述所列举的事项进行区别对待[6]。

准确界定“其他人身权、财产权等合法权益”的兜底内涵，在一定模糊性的基础上合理适用，必须立足于法律解释。同类解释属于体系解释的一种，强调把对象结合整个法律文本体系进行情景化理解，规定同一事项的不同的短语、条款、条文和修正案应合并解释和全面考虑。全部有关规定应作为一个整体来统一进行解释。当文字含义不清时，附有具体文字的概括性文字之含义须根据具体文字所涉及的同类或同级事项来确定。当有专门限定的文字附有概括性文字时，前者限定词的含义可以适用于后者，后者被确定只包括与被限定的前者相同的事项[7]。“其他合法权益”所具有的不明确性，也隐含着人民法院在行政审判过程中要进行分析、推定并进行比较都存在着错误的可能。结合以上分析，“其他人身权、财产权等合法权益”应具备以下特征。

第一，必须是合法权益。其他没有明确纳入行政诉讼条文中的权益事项与上位概念“合法权益”在逻辑关系上是一种种属关系。“列举（例示）事项之末，所加之概括文句，不包括与列举事项中明示事物性质相异之事项”[8]。“其他人身权、财产权等合法权益”所抽象概括的那些事项和上述所列举的人身权、财产权具有一些共同特征。也就是其共性特征中的“意思中心”所关涉的内涵和外延应当是相同的，至少从认识论的角度是接近一致的。“当事人的利益，不需要是法律特别规定或特别保护的利益，只要有可能主张处在法律规定的或调整的利益范围以内，在这种利益受到侵害时，就可请求司法保护。”[9]

第二，其他人身权、财产权须是第12条所列举的（一）至（十一）项所侵犯人身权、财产权之外的人身权、财产权。第（十二）项所涉及的既包括其他人身权、其他财产权与上述所列举的人身权财产权，共同组成了外延明确、逻辑周延的人身权、财产权。无论是公法规范，还是私法规范所规范调整的人身权、财产权，只要涉及行政诉讼的，都属于司法保护之列。受立

---

〔6〕 李大勇：《论其他行政强制执行方式》，载《政治与法律》2014年第5期。

〔7〕 ［美］詹姆斯·安修：《美国宪法判例与解释》，黎建飞译，中国政法大学出版社1999年版，第22页、第33页。

〔8〕 罗传贤：《立法程序与技术》，台北五南图书出版股份有限公司2005年版，第174页。

〔9〕 参见王名扬：《美国行政法》，中国法制出版社1995年版，第635页。

法理念和人们认识外在世界的局限性，立法者在制定法律规范时，不能完整并准确地把一切可能的事物都纳入立法调整范围之中，只有借助兜底条款，使得法律调整的外延边界达到最大化。如何理解“其他人身权、财产权”？通常观点是指前几项没有被列举到的那部分人身权、财产权，例如人身权中的名誉权、名称权、姓名权、肖像权等，财产权当中的专利权、商标权、著作权等。凡是前7项和第8项所规定的人身权、财产权之外的其他权利，则不受行政诉讼的保护。但这种狭义理解一直在遭受着理论界的质疑和司法实践的挑战。尽管有学者从立法技术上解释，合法权益并不局限于人身权、财产权。“从混合式受案范围的基本制度来看，概括规定已经明确了其范围是全部的合法权益而不是其中的人身权、财产权。我们在承认混合式立法模式的规范与限定范围作用的同时，也就必须承认合法权益的界定是现实有效的。”〔10〕但扩大解释的观点并没有得到司法部门的认可。姜明安教授在对行政诉讼法草案进行讨论时，就针对受案范围提出，“第10项概括性规定的‘等合法权益’，如宪法规定的公民受教育权、劳动权、政治权利（如平等权，选举与被选举权，言论、出版、集会、结社权，人格尊严不受侵犯权，通信自由和通信秘密权，批评、建议、申诉、控告、检举权等）有几十项之多，《修正案》（草案）没有列举一项。行政机关具体行政行为侵犯公民这些权利，立法原意是让法院受理还是不受理？如果让法院受理，正面清单为什么一项也不列入？如果不让法院受理，法律中加上这个‘等合法权益’兜底条款还有什么意义？”〔11〕

第三，除人身权、财产权之外的其他合法权益也属于受司法保护的范围。行政诉讼的权利保护范围由“人身权、财产权”扩至“人身权、财产权等合法权益”。从法律规范设置的功能来看，该规定是作为一个兜底条款来使用的。如何对此处的“等”进行理解？是“等内等”还是“等外等”？如果是“等内等”则意味着仍然仅仅局限于人身权和财产权，则此处的修改形同虚设，毫无意义。可见此处的“等”应当理解为“等外等”，即除人身权、财产权之外，我国法律所保护的公民、法人或其他组织所具有的“合法权益”都属于行政诉讼法应当保护的范围。

（二）合法权益与受案范围

合法权益的界定，往往与受案范围息息相关，这在行政诉讼法“受案范

〔10〕 杨小君：《我国行政诉讼受案范围理论研究》，西安交通大学出版社1998年版，第128页。

〔11〕 姜明安：《行政诉讼法修改的若干问题》，载《法学》2014年第3期。

围”部分有3个条款涉及合法权益就可以看到。受案范围是一个动态概念，往往与当下的社会环境相适应。每一次行政诉讼受案范围的发展和变化，都是行政权、司法权、公民权三方相互博弈的结果。尽管立法在行政诉讼受案范围上有着天然的设计缺陷，但司法政策试图对此赋予一个足够的能动空间和开放式的态度，来弥补立法的不足。最高人民法院《关于依法保护行政诉讼当事人诉权的意见》（法发〔2009〕54号）明确规定“行政诉讼法和相关司法解释根据我国国情和现阶段的法治发展程度，设计了符合实际的行政案件受案范围，这是人民法院受理行政诉讼案件的法定依据。各级人民法院要全面准确理解和适用，不得以任何借口随意限制受案范围”。

行政诉讼受案范围，实际上包含着三方面界定标准：主体、行为、权益，从而形成三种组合方式：“主体+行为”“主体+权益”“主体+行为+权益”。也有学者认为“行政诉讼法对于可以提起行政诉讼的受案范围进行了列举规定，实际上是对可诉行政行为种类的列举。……无论何种人身权或财产权，只要受到上述行政行为影响的，均得提起行政诉讼”〔12〕。受案范围的构成方式采用这种多元化的标准，使得被诉行政行为之间内在的统一性标准无所固定，因而也就无法完整建立起一种自洽的理论框架去解释为何此类行为属于受案范围，但其他相同性质或相同内容的行政行为却无法纳入。利害关系人受损的权益与侵权行为之间并非是一一对应关系，否则就导致两种情况出现，一种是尽管行政职权主体属于受案范围之内的行政行为侵犯了利害关系人的权益，但这种权益并非人身权或财产权，导致法院不予受理。还有一种情形则是行政职权主体的行为侵犯了利害关系人的人身权或财产权，但该行为不属于受案范围，同样会导致法院不予受理。因此，这三种组合方式，容易形成取最大公约数的局面，最后演变为只有一种模式，即“主体+行为+权益”。

但从这些年最高人民法院所颁布的司法政策文件来看，对于受案范围的规定，并没有完全按照立法原意来对合法权益进行解读，而是逐步地扩大对权益的保护。尽管地方各级法院对此执行的实际效果，与最高人民法院在司法政策制定之初有较大的差异。

〔12〕 梁凤云：《新行政诉讼法讲义》，人民法院出版社2015年版，第120、121页。

二、扩大权益保护的司法路径

（一）司法缘何扩大权益保护范围

司法扩大合法权益保护范围主要基于两个因素。一个是司法能动主义的要求，司法具有"不告不理"的特点，司法机制通常被认为是消极被动性。但"法律机构应该放弃自治型法通过与外在隔绝而获得的安全性，并成为社会调整和社会变化的更能动的工具。在这种重建过程中，能动主义、开放性和认知能力将作为基本特色而相互结合"[13]。法官适用法律的过程实际上是一个能动的过程，尤其是在法律体系不完善的社会转型时期，更是需要法官积极地去弥补法律规范的不足和缺陷。"随着社会对法律和权利的需求不断增长和供应能力的不断降低，人数和复杂性的增长对法院提出了过多的要求。"[14]社会的需要是推动司法能动主义的重要动力，《布莱克法律词典》中对司法能动的定义为"当司法机构发挥其司法能动性时，它对法律进行解释的结果更倾向于回应当下的社会现实和社会演变的新趋势，而不是拘泥于旧有成文立法或先例以防止产生不合理的社会后果"。因此，司法能动意味着法院通过法律解释对法律的创造和补充[15]。

另外一个要素则是社会主义法律体系的不断完善。"有权利必有救济"是法律上的一项基本原则，意味着当公民权利受到侵犯时，法律应当为公民提供救济的途径。但对权利的保护也是一个逐步深入和扩展的过程，权利也必须要和社会发展历史阶段相适应，"权利决不能超出社会的经济结构以及由经济结构制约的社会的文化发展"[16]。从权利的发展历程来看，权利清单是不断扩大的，从最初的财产权、人身权逐步扩展到社会经济权利，再发展到政治权利。另外，我国已经签署了《公民权利和政治权利国际公约》和《经济社会、文化权利公约》，大大丰富了我国的权利体系，而且越来越多的法律把人身权、财产权之外的其他权利加以规范和调整，使得着些新型权利不仅是一种应然意义上的权利，更是作为一种法定的权利。"作为一种社会

---

〔13〕［美］P诺内特、P塞尔兹尼克：《转变着的法律与社会：迈向回应型法》，张志铭译，中国政法大学出版社2004年版，第81－82页。

〔14〕［美］尼尔·K考默萨：《法律的限度——法治、权利的供给与需求》，申卫星、王琦译，商务印书馆2007年版，第3页。

〔15〕Black，Henry Campbell1. Black Law Dictionary. 6 thed. West Publish Co.，1990. 847

〔16〕《马克思恩格斯全集》（第3卷），人民出版社1995年版，第305页。

的道德的权利不会自动地实现，势必要经过权利形态的转化过程。……它必须转化为法定权利才有实现的可能，并为其实现提供切实保障。”〔17〕

美国法学家欧文·弗斯曾言：“权利和救济是我们赋予宪法价值过程的两个方面，权利来自抽象领域，而救济则在现在世界中发挥作用。”〔18〕任何人当其宪法和法律赋予的权利受到侵害时，均享有向独立而无偏倚的法院提起诉讼并由法院经过正当审讯做出公正裁判的权利。而为适应这种立法与社会快速转型无法匹配的局面，司法制度也产生了一系列的调整和变化，法律授予法院以及法官对于不确定概念、空白规范更多的解释权，以便适时作出判决。另一方面则是新型纠纷、新型权利如何获得司法上的救济，司法不断采取各种方式对这些纠纷予以解决，或者是干脆置之不理，推出司法救济之门。“经济制度的压力、政治控制的要求、民众对正义的渴望，这些相互冲突的合法性诉求就集中在司法功能的多样性上。”〔19〕而司法的重要功能就是要弥补法律与社会之间的缝隙，而不能止步于过于保守地严格按照法律规定，甚至缩小法律规定的救济范围，以逃避政府或社会给予的压力。

（二）司法保护的具体路径

立法具有局限性，不可能在制定法律时就把所有的权利和利益都纳入法律保护的范围之中。司法实践对扩大权益保护的路径主要体现在以下几个方面：

一是对单行法律法规明确规定可以由行政诉讼进行保护的权益纳入受案范围中来。“各级人民法院要全面准确理解和适用，不得以任何借口随意限制受案范围。……行政诉讼法没有明确规定但有单行法律、法规授权的，也要严格遵循”〔20〕。我国现行宪法是在1982年颁布的，对公民的政治权利、人身权利、财产权、劳动权、受教育权、社会保障权等权利分别用不同的条款加以概括。而行政诉讼法所规定的人身权、财产权仅仅是公民基本权利的一部分，尽管是最重要的一部分，但并不能涵盖所有的公民享有的法定权利。“行政法乃人性尊严之具体化”〔21〕，也是贯彻宪法实施最重要的部门法，行

〔17〕韩延龙：《中国人权的法律保障》，载刘楠来等编：《人权的普遍性和特殊性》，社会科学文献出版社1996年版，第104页。

〔18〕［美］欧文·弗斯：《如法所能》，师帅译，中国政法大学出版社2008年版，第56页。

〔19〕汪庆华：《政治中的司法：中国行政诉讼的法律社会学考察》，清华大学出版社2011年版，第64页。

〔20〕最高人民法院《关于依法保护行政诉讼当事人诉权的意见》（法发〔2009〕54号）。

〔21〕蔡志方：《行政救济法与行政法学（一）》，三民书局1993年版，第413页。

政诉讼理应承担起保护基本权利实现的这一重任。"我国司法审查的视野中，权利和救济是可以分开的，有些权利能够获得司法救济，有些则不能。""摒弃权利与救济相分离的思路为行政法上的权利提供无漏洞的司法救济体系，是我们努力的目标，也是大势所趋。"〔22〕

二是利用密切相关原则。把法律没有明确规定的权益，转化为法律可以保护的权益或者可以监督救济的行政行为。"不仅要保护公民、法人和其他组织的人身权和财产权，也要顺应权利保障的需要，依法保护法律、法规规定可以提起诉讼的与人身权、财产权密切相关的其他经济、社会权利。"〔23〕这也意味着法院不能仅仅拘泥于行政诉讼法所列举的行政行为事项。对于那些法院不愿受理的"禁区"，通过密切关联原则，打"擦边球"，使得政治问题转化为法律问题。"政治权利问题，《若干解释》没有做出明确的限定，在法律没有作出明确规定之前，直接涉及政治权利的案件还是不应当受理。但如果已经涉及了行政处罚，涉及了公民的人身权、财产权，还是应当受理。"〔24〕以美国和加拿大为代表的普通法系的司法实践表明，这些国家的法院有时会通过对于在传统上属于公民和政治权利的平等条款或正当程序条款的解释来为经济社会文化权利提供保障〔25〕。在涉及新型权益时，有时司法实践会把权益转化为相关联的可诉的行政行为，通过界定行为的可诉性，淡化对权益的定性，通过"曲线救国"来实现对权益的保护。如 1995 年 8 月 22 日，最高人民法院行政审判庭《关于抚养人申请变更子女姓名问题的答复》（法行〔1995〕11 号）规定，公安机关根据户口登记条例的规定变更公民姓名的行为，是其在行政管理活动中行使职权的具体行政行为，公民认为公安机关变更姓名的行为侵犯其合法权益，向人民法院提起行政诉讼的，人民法院应予受理。

三是司法政策文件明确。"司法政策并非无意识或偶然性的行为，而是政策主体所刻意追求的具有价值倾向的与谋略、措施、办法、规定密切相关

---

〔22〕 江必新：《行政法治理念的反思与重构——以支撑性概念为分析基础》，载《法学》2009 年第 12 期。

〔23〕 2009 年 11 月 16 日，最高人民法院《关于依法保护行政诉讼当事人诉权的意见》法发（〔2009〕54 号）。

〔24〕 江必新：《司法解释的理解与适用：第二讲行政诉讼受案范围》，载《行政执法与行政审判参考》2000 年第 1 辑，法律出版社 2000 年版，第 176 页。

〔25〕 Ellie Palmer，Judicial Review，Socio—Economic Rights and the Human Rights Act，Hart Publishing，2007，pp. 47 –48.

的一系列活动。”[26]司法政策文件既是最高人民法院行使司法管理权的表现，也是人民法院在审理案件的重要法源，是对法律滞后现象的一种弥补。最高人民法院多次强调“依法积极受理教育、劳动、医疗、社会保障等事关民生的案件；依法积极受理政府信息公开等涉及公民其他社会权利的案件”[27]。“要依法受理和审理好与民生密切相关的行政案件。……审理好涉及社会保障类的行政案件，切实保障人民群众的基本养老、基本医疗保险、最低生活保障费等合法权益；审理好涉及基本医疗卫生类行政案件，切实保障人民群众身体健康，推动公共卫生体系、医疗服务体系、医疗保障体系、药品保障体系的完善和发展……审理好涉及受教育权的行政案件，维护教育公平，实现学有所教；审理好涉及劳动权益的行政案件，保障扩大就业的发展战略得到实施。”[28]通过司法政策文件的宣告，也是最高人民法院在积极履行司法的社会治理功能。

四是个案突破的示范效应。具有代表性的个案，由于其具有示范效应，犹如把紧紧关闭的大门推开了一道缝隙。法院在审理个案过程中，再次确认了法律所规定的内容，把应然的法律落实为实然的权利义务，确立了每个公民在具体个案中应当享有的利益，从而起到示范效果。“人们诉诸司法的目的已经不仅仅是为了获得一个是非明确的裁决，而更多地是为了重新分配和调整利益关系，并在此基础上得到一个新的司法政策和新的法律秩序。”[29]例如在“田永诉北京科技大学拒绝颁发毕业证、学位证行政诉讼案”中，对田永按退学处理，涉及被处理者的受教育权利，从充分保障当事人权益的原则出发，做出处理决定的单位应当将该处理决定直接向被处理者本人宣布、送达，允许被处理者本人提出申辩意见。[30]

三、人身权、财产权之外权利的司法保护

《行政诉讼法》对人身权、财产权之外的权利采取的是概括式的排除性

---

〔26〕 李大勇：《司法政策论要——基于行政诉讼的考察》，载《现代法学》2014年第5期。

〔27〕 2009年11月16日，最高人民法院《关于依法保护行政诉讼当事人诉权的意见》法发（〔2009〕54号）。

〔28〕 2008年3月25日，最高人民法院《关于充分发挥行政审判职能作用为保障和改善民生提供有力司法保障的通知》（法〔2008〕125号）。

〔29〕 胡夏冰：《司法权：性质与构成的分析》，人民法院出版社2003年版，第214页。

〔30〕《田永诉北京科技大学拒绝颁发毕业证、学位证行政诉讼案》，载《最高人民法院公报》1999年第4期。

规定，但实际上未列举权利涉及面广、表现形态各异。人身权、财产权之外权利之间的差异性要远远大于其共性，而且最高人民法院对待不同的权利的态度和立场也有所差异。故本部分主要对一些主要的，与公民关系较为密切的权利进行探讨，这就包括受教育权、政治权利、劳动保障权、知情权、环境权等权利。

（一）受教育权

接受教育，既是公民个人人格形成和发展的一个必不可少的手段，也是公民为独立营构自己生活而实现，或更有利地实现其所拥有的各种经济权利以及劳动权的重要途径，甚至还是培育作为民主政治具体承担者的健全的公民的重要途径〔31〕。《宪法》第46条规定：“中华人民共和国公民有受教育的权利和义务。国家培养青年、少年、儿童在品德、智力、体质等方面全面发展。”《教育法》第9条规定：“中华人民共和国公民有受教育的权利和义务。公民不分民族、种族、性别、职业、财产状况、宗教信仰等，依法享有平等的受教育机会。”学生受教育权的实现取决于多方主体的共同作用，学生与家长、学校、老师、政府之间的关系都会直接影响到学生的受教育权，除涉及宪法之外，还会涉及民法、行政法、刑法等多个部门法。各个部门法都是保障宪法所规定基本权利得以实现的重要保障。如2001年7月24日，最高法院《关于以侵犯姓名权的手段侵犯宪法保护的公民受教育的基本权利是否应当承担民事责任的批复》（法释〔2001〕25号）规定：“陈晓琪等以侵犯姓名权的手段，侵犯了齐玉苓依据宪法规定所享有的受教育的基本权利，并造成了具体的损害后果，应承担相应的民事责任。”〔32〕就行政争议而言，主要发生在学生与学校、学生与行政机关之间。最高人民法院在一个司法文件中就提到：“审理好涉及受教育权的行政案件，维护教育公平，实现学有所教；”〔33〕根据对相关司法文件以及案例的梳理，涉及受教育权的行政案件类型主要有以下几类：

1. 颁发毕业证、学位证

《教育法》第22条规定：“国家实行学业证书制度。经国家批准设立或

〔31〕 林来梵：《从宪法规范到规范宪法：规范宪法学的一种前言》，法律出版社2001年版，第223页。

〔32〕 2008年12月8日，最高人民法院《关于废止2007年底以前发布的有关司法解释（第七批）的决定》（2008年12月24日起施行）废止了批复（废止理由：已停止适用）。

〔33〕 最高人民法院《关于充分发挥行政审判职能作用为保障和改善民生提供有力司法保障的通知》（法〔2008〕125号）。

者认可的学校及其他教育机构按照国家有关规定，颁发学历证书或者其他学业证书。”第 23 条规定：“国家实行学位制度。学位授予单位依法对达到一定学术水平或者专业技术水平的人员授予相应的学位，颁发学位证书。”第 43 条规定：“在学业成绩和品行上获得公正评价，完成规定的学业后获得相应的学业证书、学位证书。”高校实行的学位制度，是高校对学生的学业水平及能力是否达到国家规定的学位授予标准进行评价和确认的制度。按照《学位条例》和《学位条例暂行实施办法》的有关规定，高等学校学生完成教学计划的各项要求，经审核准予毕业并且符合学位授予条件的，才能授予学位。除“田永诉北京科技大学”一案外，在“陈劲诉重庆师范大学不予颁发学士学位证书案”中，认为学生取得学位的前提是学生应当在规定的修业年限内完成学业且学校准予毕业。上诉人在规定时间内未取得毕业证，被上诉人重庆师范大学根据《重庆师范大学学士学位授予条例》第 3 条第 1 款“学生毕业时未取得毕业证书者，不授予学士学位”的规定未授予上诉人学士学位，符合相关法律规定〔34〕。

2. 学籍管理

依据《教育法》第 29 条规定，学校和其他教育机构对受教育者进行学籍管理。《普通高等学校学生管理规定》第 8 条规定：“新生入学后，学校在三个月内按照国家招生规定对其进行复查。复查合格者予以注册，取得学籍。复查不合格者，由学校区别情况，予以处理，直至取消入学资格。凡属弄虚作假、徇私舞弊取得学籍者，一经查实，学校应当取消其学籍。情节恶劣的，应当请有关部门查究。”在“刘佩东不服江苏警官学院取消学籍案”〔35〕一案中，法院认为：参照《普通高等学校学生管理规定》的相关规定，普通高等学校以培养人才为中心，对接受普通高等学历教育的本科学生进行管理。作为普通高等学校，对于在校本科生进行学籍管理，是被上诉人江苏警官学院法定管理职责的应有之意。对弄虚作假、徇私舞弊取得被上诉人学生学籍者，被上诉人可以作出取消学籍的决定。

3. 纪律处分

依据《教育法》第 29 条规定，学校和其他教育机构行使对受教育者进

〔34〕 重庆市沙坪坝区人民法院（2008）沙法行初字第 31 号判决书，重庆市第一中级人民法院（2008）渝一中法行终字第 225 号判决书。

〔35〕 江苏省南京市雨花台区人民法院（2007）雨行初字第 18 号判决；江苏省南京市中级人民法院（2008）宁行终字第 54 号判决。

行学籍管理，实施奖励或者处分的权利。《普通高等学校学生管理规定》第52条规定：“对有违法、违规、违纪行为的学生，学校应当给予批评教育或者纪律处分。学校给予学生的纪律处分，应当与学生违法、违规、违纪行为的性质和过错的严重程度相适应。”第53条也规定了纪律处分的种类分为 警告、严重警告、记过、留校察看、开除学籍。

学校对学生进行处分能否纳入法院的受案范围，学界有两种截然不同的观点。一种是反对意见，认为对学生处分属于学校的自我管理权，具有不可诉性，只能通过申诉的方式保护其权益。在“田永案”的二审判决中，法院认为“学校有权制定校规、校纪，并有权对在校学生进行教育管理和违纪处理，因此而引起的争议不属于行政诉讼受理的范围”〔36〕。另外一种观点则认为，学校对学生的管理具有行政性，涉及《宪法》所规定的受教育权，法律应当在学生权益受到侵犯时提供司法救济途径。《教育法》43条规定：“对学校给予的处分不服向有关部门提出申诉，对学校、教师侵犯其人身权、财产权等合法权益，提出申诉或者依法提起诉讼。”

“学生学籍的拥有和学生身份的确立，是判断高等学校与学生法律关系的关键。”〔37〕当学生拥有学籍，才会具备该校学生身份，这时学生才会与学校之间产生法律关系，学籍是学生与学校法律关系的基础。一旦被取消学籍或开除，学生与学校之间的关系也就不复存在了。在目前学校对学生进行处分还缺乏制约的情况下，把勒令退学、开除、取消学籍此类行为纳入行政诉讼受案范围中，有助于学生受教育权的实现。“刘佩东不服江苏警官学院取消学籍案”一案的主审法官认为，从平衡高校的管理自治权和学生受教育权的角度来看，高校对前四种处分的执行，是对学生的有效管理和教育所采取的内部行为，不涉及学生身份的改变。而对学生开除学籍处分的执行，因为开除学籍的处分已造成了对学生身份的改变，改变了原有的受教育者和高校之间的“学习法律关系”，使受教育者丧失学籍，剥夺了其宪法赋予的受教育权，理应是一种具体行政行为，属于行政诉讼受案范围。司法机关应该严格确定对高校行为的司法审查范围，将前四种处分交由教育部门自己处理，被处分学生可以按照上述规定的第56至63条通过教育部门得到内部救

---

〔36〕 北京市第一中级人民法院行政判决书（1999）一中行终字第73号。

〔37〕 陈鹏：《高等学校学生处分权的法理学探析》，载《教育研究》2004年第9期。

济[38]。另外最高人民法院审理的“甘露与暨南大学开除学籍决定再审案”（〔2011〕行提字第12号）规定：“学生对高等院校作出的开除学籍等严重影响其受教育权利的决定可以依法提起诉讼。人民法院审理此类案件时，应当以相关法律、法规为依据，参照相关规章，并可参考涉案高等院校正式公布的不违反上位法规定精神的校纪校规。”这更是确认了司法实践中的做法。

4. 学生招录

最高人民法院《关于当事人不服教育行政部门对适龄儿童入学争议作出的处理决定可否提起行政诉讼的答复》规定：“根据《教育法》第42条第（四）项和《未成年人保护法》第46条的规定，当事人不服教育行政部门对适龄儿童入学争议作出的行政处理决定，属于行政诉讼法第11条第二款规定的受案范围，人民法院应当受理。”

（二）政治权利

我国宪法第34条规定“中华人民共和国年满十八周岁的公民，不分民族、种族、性别、职业、家庭出身、宗教信仰、教育程度、财产状况、居住期限，都有选举权和被选举权；但是依照法律被剥夺政治权利的人除外”。第35条规定“中华人民共和国公民有言论、出版、集会、结社、游行、示威的自由”。政治权利在我国是“人民当家作主”的权利，在权利体系中具有重要的地位。林来梵教授认为政治权利包括选举权和被选举权、表达自由、监督权和其他政治权利[39]。

政治权利一直被认为是司法保护的“孤岛”。如2002年4月，在山东省高青县青城镇西北街村第七届村委会换届选举过程中，由于对选举结果有异议，村民张立明先后到县、市民政部门对村选举委员会提出申诉，在不服民政部门答复的情况下，最终以行政诉讼方式将民政部门起诉到法院。张立明在起诉淄博市民政局的过程中，法院两次裁定不予受理。理由是：第一，根据山东省村委会选举办法，对选举结果有异议，可以申诉，但没有规定司法救济。第二，根据行政诉讼法规定，审判对两权即人身权和财产权进行保护，而选举权是政治权利，不属于受案范围[40]。

---

〔38〕 国家法官学院、中国人民大学法学院编：《中国审判案例要览（2009年行政审判案例卷）》，中国人民大学出版社、人民法院出版社2010年版，第389页。

〔39〕 林来梵：《宪法学讲义》，法律出版社2015年版，第372、373页。

〔40〕 王立峰、张玉鹏：《村民选举争议的解决机制：特点与原因》，载《山东审判》2005年第4期。

路易斯·亨金认为"政治问题原则的真正含义是指这样一项司法政策，它宣称某些案件或某些案件涉及的问题不具有可裁判性，即不适宜司法解决，尽管这些案件或这些涉及的问题属于宪法或其他法律规定联邦法院的管辖权范围之内，或者也符合法院受理诉讼的各项要求"〔41〕。作为一项基本司法政策的"法律效果与社会效果的统一"就包含着政治考量以及个案对政治系统产生的影响。法官在审理行政案件时，还应当跳出个案的束缚，具有一定的政治敏锐度、政治判断和考量。"政治敏锐、政治判断和政治考量当然不等于套用和搬用执政党方针、纲领或政策。法院和法官必须以规则治理的方式承担起无法推卸的政治责任。……法官和法院在处理难办案件之际，除了考虑法律外，必须考虑系统的后果，对社会、对整个政治制度，以及对司法体制。"〔42〕行政诉讼对政治权利进行司法保护的大门并没有完全关闭，结合密切相关原则，与政治权利相关的人身权财产权同样受司法保护。江必新大法官认为从《行政诉讼法》的立法原意来看，制定行政诉讼法时唯一考虑需要排除的是政治权利，并没有将社会经济权利排除在外，从社会经济权利的内涵来看，无一不直接或间接地涉及公民的人身权或财产权〔43〕。

1. 选举纠纷

选举纠纷在不同部门法都有所涉及。《民事诉讼法》第 181 条规定："公民不服选举委员会对选民资格的申诉所作的处理决定，可以在选举日的五日以前向选区所在地基层人民法院起诉。"《选举法》第 28 条规定："对于公布的选民名单有不同意见的，可以在选民名单公布之日起五日内向选举委员会提出申诉。选举委员会对申诉意见，应在三日内作出处理决定。申诉人如果对处理决定不服，可以在选举日的五日以前向人民法院起诉，人民法院应在选举日以前作出判决。人民法院的判决为最后决定。"这两部法律所涉及的公民选举诉讼，仅适用于人大代表的选民资格案件。《刑法》第 256 条规定了破坏选举罪，其适用范围扩大到了选举国家机关领导人员和各级人大代表。以上法律规定的救济途径不足以涵盖选举权利的外延。

现实生活中发生较多的是村民选举以及选举委员会诉政府干预选举之类

〔41〕［美］路易斯·亨金：《宪政 民主 对外事务》，邓正来译，生活·读书·新知三联书店 1996 年版，第 118、119 页。

〔42〕苏力：《代译序—经验地理解法官的思维和行为》，载［美］理查德·波斯纳：《法官如何思考》，苏力译，北京大学出版社 2009 年版，第 11 页。

〔43〕江必新：《司法解释的理解与适用：第二讲行政诉讼受案范围》，载《行政执法与行政审判参考》2000 年第 1 辑，法律出版社 2000 年版，第 174 页。

的纠纷。《村委会组织法》第 4 条规定：“乡、民族乡、镇的人民政府对村民委员会的选举工作给予指导、支持和帮助。”在村委会换届选举过程中，乡镇政府不但参与选举的全过程，而且掌控着具体环节。选举发生纠纷，主要是因为村民选举委员会认定和公布的选民名单与村民的意见不一致而引起的，以及乡镇政府对村委会选举工作指导小组成员和乡镇政府及其工作人员指选、派选、撤换村委会成员等情形。纠纷产生后一般是由基层组织内部自行协商解决，或者由上级主管行政机关、人民代表大会协助解决。那么能否提起行政诉讼呢？“值得注意的是政治权利问题，“98 条”没有作出明确的限定。在法律没有作出明确规定之前，直接涉及政治权利的案件还是不应当受理，但如果已经涉及了行政处罚，涉及了公民的人身权、财产权，还是要受理〔44〕。司法审查可以作为一种制度上的安全阀，确保民主始终处于稳定状态，做到既尊重少数人的权利，又防止“醉汉们”干扰“清醒者”的判断〔45〕。

2. 信访事项

信访作为一种解决社会矛盾的方式，在现代社会被政府所使用的频率越来越多，以信访答复形式进行处理的情况大量存在。各地人民法院处理也不一致，导致出现了同案不同判现象，影响到了司法机关的权威和公信力。根据最高人民法院（2005）行立他字第 4 号批复，对信访事项有权处理的行政机关依据《信访条例》做出的处理意见、复查意见、复核意见和不再受理决定，信访人不服提起行政诉讼的，人民法院不予受理。

在第 123 号案例“张真常诉江西省定南县岿美山镇人民政府信访事项办理意见案”中规定：“以信访答复的形式行使《信访条例》规定之外的行政管理职责，不能以其处于信访程序为由排除在行政诉讼受案范围之外。”〔46〕法院所考虑的因素仍然是实质性要素，即被告所作出的信访事项办理意见书，已经对相对人权益产生了实际影响。但需注意的是，本案中可诉性信访事项办理意见所引用的是特定行政管理领域的法律法规或规章，并非《信访条例》，即以信访答复之名，行行政管理之实。近些年来，政府为维护社会秩

〔44〕 江必新：《是恢复，不是扩大——谈〈若干解释〉对行政诉讼受案范围的规定》，载《法律适用》2000 年第 7 期。

〔45〕 ［美］斯蒂芬·布雷耶：《法官能为民主做什么》，何帆译，法律出版社 2012 年版，第 8 页。

〔46〕 江西省定南县人民法院（2010）定行初字第 4 号判决书。《信访事项办理意见在什么情况下可诉——张真常诉江西省定南县岿美山镇人民政府信访事项办理意见案》，载最高人民法院行政审判庭编：《中国行政审判案例》（第 4 卷），中国法制出版社 2012 年版，第 12 页。

序与信访人签订了息诉罢访协议，那么此类协议是否属于行政协议之列，能否对其进行审查呢？最高人民法院在（2016）最高法行申45号裁定中认为：“行政机关与上访人签订了息诉罢访协议，实质上是行政机关为了维护社会和谐稳定、公共利益和实现行政管理职能的需要，根据属地主义原则在其职责权限范围内，与上访人达成的有关政府出钱或者上给予其他好处、上访人息诉罢访等具有行政法上权利义务内容的协议，属于可诉的行政协议范畴。”由此可见，最高人民法院在信访问题的态度上由封闭转向开放，由拒绝逐步转向受理的趋势。

（三）劳动权、社会保障权

劳动权主要是指有获得劳动机会和适当劳动条件的权利。《宪法》第42条规定：“中华人民共和国公民有劳动的权利和义务。国家通过各种途径，创造劳动就业条件，加强劳动保护，改善劳动条件，并在发展生产的基础上，提高劳动报酬和福利待遇。”《劳动法》第3条规定：“劳动者享有平等就业和选择职业的权利、取得劳动报酬的权利、休息休假的权利、获得劳动安全卫生保护的权利、接受职业技能培训的权利、享受社会保险和福利的权利、提请劳动争议处理的权利以及法律规定的其他劳动权利。”《劳动法》所规定的劳动权内涵与外延要比宪法所规定的更为广泛，包括劳动者依据法律、法规和劳动合同所获得的一切权利。

劳动权的实现受到一个国家或社会的劳动组织承担、经济社会发展状况以及人口结构状况等多方面因素的影响。《劳动法》第11章“监督检查”部分规定了县级以上各级人民政府劳动行政部门可以依照职权对用人单位遵守法律进行监督检查。《劳动合同法》第74条也规定了县级以上地方人民政府劳动行政部门依法对实施劳动合同制度的情况进行监督检查。其目的在于最大限度地保护劳动者的合法权益。“劳动者合法权益保护的好坏实为一国对劳动者的人权关怀程度的风向标。”[47]

随着经济的快速发展，劳动关系更加趋于市场化，劳资双方基于利益诉求差异所带来的冲突也在不断加强和扩大。与此同时，劳动关系具有天然的不平衡性，即“强资本、弱劳动”导致了劳资关系所特有的对抗性。劳动与社会保障案件也呈现出这样的特点：案件数量增长较快；政策性和专业技术性较强；社会敏感性强，矛盾易激化；案情错综复杂，审理难度大；案件争

〔47〕孙国平：《中国劳动权保护的现状与未来》，载《河北法学》2010年第8期。

议焦点比较集中。政治敏感性较强的案件增多，劳动和社会保障行政争议已成为社会矛盾的焦点〔48〕。行政审判实践中常见的类型几户涉及劳动与社会保障领域的各个方面，包括工伤认定、残疾人认定、劳动监察、工龄认定、退休审批、档案转移、保险费额核定、账户转移单转移、失业等等。通过对最高人民法院涉及劳动与社会保障权的司法政策文件进行梳理，其规范的内容主要表现在以下几个方面：

1. 规范与保障劳动与社会保障部门依法行使职权

《劳动法》第 74 条规定："社会保险基金经办机构依照法律规定收支、管理和运营社会保险基金，并负有使社会保险基金保值增值的责任。社会保险基金监督机构依照法律规定，对社会保险基金的收支、管理和运营实施监督。社会保险基金经办机构和社会保险基金监督机构的设立和职能由法律规定。"1998 年 3 月 25 日，最高人民法院行政审判庭《关于拖欠社会保险基金纠纷是否由法院主管的答复》指出，社会保险基金经办机构是法律法规授权的组织，依法收支、管理和运营社会保险基金，并负有使社会保险基金保值增值的责任。社会保险基金经办机构与用人单位因拖欠社会保险费而发生的纠纷，属于行政争议。用人单位认为社会保险基金经办机构在收支、管理和运营社会保险基金中的具体行政行为侵犯其合法权益，可依法申请行政复议或者提起行政诉讼。

支持劳动保障部门依法行使职权，某种意义上讲就是保护劳动者的合法权益。"对于劳动部门申请先予执行对恶意欠薪逃匿企业责令发放工资等处理决定的，要及时立案审查，尽快采取先予执行等措施，保证劳动部门处理决定的及时执行，维护劳动者的合法权益。"〔49〕最高人民法院印发《关于为加快经济发展方式转变提供司法保障和服务的若干意见》的通知（法发〔2010〕18 号）"依法审理劳动保障、工伤认定、社会保险等劳动行政案件，支持和监督劳动保障行政部门依法行使行政职权，切实保障劳动者的合法权益；积极引导企业切实承担社会责任，加大对劳动者权益的保护力度，引导劳动者树立诚信工作、共同发展的理念，促进企业与劳动者的互利共存，共赢发展。"

---

〔48〕 朱世宽：《对劳动和社会保障行政案件的审理》，载《人民司法》2007 年第 6 期。

〔49〕 最高人民法院《关于当前形势下做好行政审判工作的若干意见》法发（2009）38 号。

2. 最大程度保护劳动者的合法权益

审理好涉及社会保障类的行政案件，切实保障人民群众的基本养老、基本医疗保险、最低生活保障费等合法权益〔50〕；依法审理好因企业经营状况恶化而引发的劳动和社会保障类行政案件。正确把握法律规范的原则性和灵活性，注重维护劳动者实体权益。在涉及养老、失业、医疗、工伤和生育保险等社会保险费用和工人工资的金额认定方面，合理分配举证责任，准确把握证明标准。行政机关认定的基本事实成立，但在相关金额计算上存在错误的，人民法院可以依法确定相应数额〔51〕。

3. 推动劳动与社会保障制度的建设与完善

人民法院审理行政案件，还承载着政策实施的功能，能积极有效地推动制度建设的完善。最高人民法院在一司法文件中提到“审理好涉及劳动权益的行政案件，保障扩大就业的发展战略得到实施”〔52〕。“要审理好涉及居民收入分配的行政案件，切实保障城乡居民收入权益，推动形成合理的收入分配制度；审理好涉及基本医疗卫生类行政案件，切实保障人民群众身体健康，推动公共卫生体系、医疗服务体系、医疗保障体系、药品保障体系的完善和发展。”〔53〕

4. 工伤认定

工伤行政认定案件不仅交织着劳动者利益和企业利益之间的权衡取舍，同时还承载着民生保障、社会稳定和经济发展之间的价值决断，因而是一个司法与行政实力与智慧集中比拼的领域〔54〕。最高人民法院历年来所发布的涉及工伤认定的司法政策文件内容庞杂，囊括了工伤认定的方方面面，包括工伤认定中的主体，如劳动管理部门的职权问题，在最高人民法院行政审判庭《关于劳动行政部门是否有权作出强制企业支付工伤职工医疗费用的决定的答复》[〔1997〕法行字第29号] 和最高人民法院行政审判庭《关于劳动行政部门在工伤认定程序中是否具有劳动关系确认权请示的答复》[（2009）

〔50〕 最高人民法院《关于充分发挥行政审判职能作用为保障和改善民生提供有力司法保障的通知》（法〔2008〕125号）。

〔51〕 最高人民法院《关于当前形势下做好行政审判工作的若干意见》（法发（2009）38号）。

〔52〕 最高人民法院《关于充分发挥行政审判职能作用为保障和改善民生提供有力司法保障的通知》（法〔2008〕125号）。

〔53〕 最高人民法院《关于充分发挥行政审判职能作用为保障和改善民生提供有力司法保障的通知》（法〔2008〕125号）。

〔54〕 章志远：《工伤认定行政法规范解释的司法审查》，载《清华法学》2011年第5期。

行他字第12号］中有所体现。劳动者的范围在最高人民法院行政审判庭《关于车辆挂靠其他单位经营车辆实际所有人聘用的司机工作中伤亡能否认定为工伤问题的答复》和最高人民法院《关于审理与低温雨雪冰冻灾害有关的行政案件若干问题座谈会纪要》（法〔2008〕139号）对挂靠关系、临时工的问题做出了规定。司法政策文件更多的是对“工作时间、工作场所、工作原因”采用文义解释、目的解释、历史解释等多种方法来扩大对劳动者权益的保护。

（四）知情权

知情权是在实质不对等的法律主体之间，通过请求信息公开来实现的，对自己有直接或间接利益的权利。知情权是美联社编辑肯特·库佩（Kent Cooper）在1945年首次提出的，随后在1946年第一次联合国大会通过的第59号决议宣布：“信息自由是一项基本人权，也是联合国追求的所有自由的基石。”作为一项基本人权，知情权是基于人的自然和社会本性的需要的权利，它是先于法定权利存在的社会道德与习惯权利，是“人皆有之”和“人该有之”的权利。在国外，关于在宪法上对信息公开权利作出规定的做法，一是通过判例的方式加以确认，二是由专门的宪法条文予以确认〔55〕。我国现行宪法并没有对该项权利作出明文规定，但在现实中却实际存在着具有特定内涵的知情权，可见在制定宪法之初，制宪者并没有把公民与国家事务管理之间可能出现的矛盾考虑进来。至少，宪法制定者对政府信息公开的出台是缺少宪法准备的。为此，在目前的情形下，只能通过宪法解释学的技术对第2、27、41条的权利加以扩大解释，进行人权推定，从中引申出知情权的内涵。但这里存在的问题是如何从学理上阐发我国公民知情权的宪法依据，而非我国公民是否应当享有知情权的问题。无论是从人民主权原则，还是现行宪法所规定的表达自由、文化权利的规定中，都应当推导出公民的知情权〔56〕。

《政府信息公开条例》在第1条立法目的就开宗明义规定“为了保障公民、法人和其他组织依法获取政府信息，提高政府工作的透明度，促进依法行政，充分发挥政府信息对人民群众生产、生活和经济社会活动的服务作用”。第33条第2款规定：“公民、法人或者其他组织认为行政机关在政府信

〔55〕刘恒：《政府信息公开制度》，中国社会科学出版社2004年版，第2页。

〔56〕李大勇：《信息公开与公众参与关系之透视》，载《中共福建省委党校学报》2011年第10期。

息公开工作中的具体行政行为侵犯其合法权益的，可以依法申请行政复议或者提起行政诉讼。”这是法规第一次明确规定了公民知情权的行政救济途径。根据1989年《行政诉讼法》第11条第2款关于“除前款规定外，人民法院受理法律、法规规定可以提起诉讼的其他行政案件”的规定，作为行政法规的《政府信息公开条例》已经将政府信息公开行政案件纳入行政诉讼法受案范围，知情权也纳入受司法保护的合法权益中。

《政府信息公开条例》出台后，除西藏等少数省份外，绝大多数省份已经有相当数量的信息公开案件起诉到法院，有的地方出现激增趋势，有的甚至占到全部行政案件的半数以上。此时，最高人民法院对该类案件尚未形成统一的认识，故在司法政策表述中态度不太明朗。“要依法慎重受理和审理政府信息公开行政案件，正确处理公开与例外的关系。既要保障公民、法人和其他组织的知情权、参与权、表达权、监督权，促进政务公开和服务型政府建设，又要注意把握信息披露的时间、对象和范围，保证政府信息公开不危及国家安全、经济安全、公共安全和社会稳定。”〔57〕

政府信息公开案件属于新类型案件，社会舆论关注度较高，再加上法院在受理和审理此类案件时普遍感到困难，直接法律依据不多。为统一审判标准与规则，2011年7月29日，最高人民法院出台《关于审理政府信息公开行政案件若干问题的规定》，其目的正如最高人民法院行政庭负责人答记者问所说的“依法保护公民情权，助推透明政府和服务政府。”在该《规定》中，第1、2、3条对政府信息公开行政案件的受案范围进行了明确规定。但同时对知情权的滥用也做了一定的限制，在“陆红霞诉南通市发展和改革委员会政府信息公开答复案”中明确了“如果公民提起政府信息公开申请违背了《政府信息公开条例》的立法本意且不具有善意，就会构成知情权的滥用。当事人反复多次提起琐碎的、轻率的、相同的或者类似的诉讼请求，或者明知无正当理由而反复提起诉讼，人民法院应对其起诉严格依法审查，对于缺乏诉的利益、目的不当、有悖诚信的起诉行为，因违背了诉权行使的必要性，丧失了权利行使的正当性，应认定构成滥用诉权行为”〔58〕。

（五）环境权

环境权是指享受和支配良好的环境或要求恢复和保全健康并且舒适的环

〔57〕 最高人民法院《关于当前形势下做好行政审判工作的若干意见》（法发〔2009〕38号）。

〔58〕《陆红霞诉南通市发展和改革委员会政府信息公开答复案》，载《最高人民法院公报》2015年第11期。

境的权利[59]。《宪法》在“总纲”部分而非“公民的基本权利和义务”部分涉及了与环境相关的条款。第9条第2款规定“国家保障自然资源的合理利用，保护珍贵的动物和植物。禁止任何组织或者个人用任何手段侵占或者破坏自然资源”。第26条规定“国家保护和改善生活环境和生态环境，防治污染和其他公害。国家组织和鼓励植树造林，保护林木”。环境保护立法体系初步形成，主要有《环境保护法》《海洋环境保护法》《水污染防治法》《大气污染防治法》《森林法》《草原法》《矿产资源法》等。

环境权是环境法的一个核心问题，是环境诉讼的基础[60]。对环境权的争议主要集中在环境权的法律属性，是集体权利还是个人权利？当环境受到污染时，个人是否有权申请救济？环境权具有复合性，既是个人权利也是集体权利，既可以适用于对个人环境权益的保护，也可适用于对全人类共同的环境权益的保护，还可适用于对后代人环境权益的保护。“由于受传统自由权和社会权二分法的影响，环境权一度被视为抽象性权利而不具有可诉性。随着人权理论和实践的发展，大约从20世纪90年代开始，环境权的可司法性逐渐得到许多国家的承认。无论是环境权司法救济的直接救济模式，还是间接救济模式，对于公民环境权的保护都起到了非常积极的作用。”[61]在现行法律当中，国家对环境实施行政管理，在环境保护方面起决定性作用。政府对经济活动的适度干预，可以纠正人们行为的“外部不经济性”，政府的环境行政行为有利于对环境污染和破坏进行预先控制。政府可以对环保工作进行整体协调[62]。有学者认为建立和完善与公民环境权有关的行政诉讼制度，主要包括以下几个方面：完善现行环保行政诉讼制度，公民对环境保护监管机关对环保相对人作出的处罚决定不服的，可以向人民法院提起诉讼；公民对环保监管机关未依法履行义务的，可向法院提起行政诉讼；公民认为环保监管部门审批具体项目不当，引起环境破坏可能的，可向法院提起诉讼[63]。

最高人民法院对待环境保护类行政案件，也是采用逐步扩大的慎重态度，“人民法院受理的案件，绝大多数是人民内部矛盾的反映。一方面，要依法妥善审理民间借贷、损害赔偿以及教育、医疗、住房、环境保护、食品药品

---

〔59〕 林来梵：《从宪法规范到规范宪法：规范宪法学的一种前言》，法律出版社2001年版，第226页。

〔60〕 蔡守秋：《环境权初探》，载《中国社会科学》1982年第3期。

〔61〕 吴卫星：《环境权可司法性的法理与实证》，载《法律科学》2007年第6期。

〔62〕 李挚萍：《略论政府在环境保护中的主导地位》，载《法学评论》1999年第3期。

〔63〕 张力刚、沈晓蕾：《公民环境权的宪法学考察》，载《政治与法律》2002年第3期。

安全、征地拆迁、劳动争议等案件，加强行政审判、国家赔偿等工作，依法保护人民群众的合法权益，有效化解各类社会矛盾”〔64〕。另外最高人民法院印发《关于为加快经济发展方式转变提供司法保障和服务的若干意见》（法发〔2010〕18号）要求“妥善审理各类环境保护纠纷案件，保障和服务推进节能减排和环境保护。及时审理环保行政诉讼案件，加大对环保非诉行政案件的审查执行工作力度，支持和监督环保行政执法机关依法履行环保职能”。由于环保案件不单涉及法律问题，还涉及更多专业性、技术性问题，有时还和当地经济发展、政府政绩工程裹在一起，使得法院在处理此类案件时显得更为审慎。

最高人民法院公报所公布的涉及规划类的案件也都是关于建设项目侵害周边居民日照、通风、卫生环境等权利的争议。念泗三村28幢楼居民35人诉扬州市规划局行政许可行为侵权案（2004年第11期）和沈希贤等182人诉北京市规划委员会颁发建设工程规划许可证纠纷案（2004年第3期）。尽管通过密切相关原则可以把这些权利都纳入到相邻权的范畴，但严格来说，这些案件都涉及环境权。

结　语

宪法是一张写满公民权利的纸，公民权利的实现需要立法、行政、司法共同来承担。其中司法要弥补法律和社会现实之间的鸿沟，保护宪法价值和社会共识。司法应当是公民权利的守护者。最高法院致力于使宪法含义转化为现实，使之既能被国民遵从，又能反映社会实践〔65〕。在行政诉讼对人身权、财产权之外的其他合法权益进行司法保护时，形成一个最高人民法院和地方各级人民法院进行互动的局面。一方面最高人民法院给地方各级人民法院受理新型案件、保护新型权利提供了政策支持。另一方面地方人民法院通过大胆受理新型案件，通过个案不断撬动压制其他合法权益的制度障碍，使从缝隙中透露出的一丝光明不断变得更加耀眼。通过最高人民法院的司法政策不断扩大对合法权益的保护范围，只是权宜之计，根本途径还是应在行政

〔64〕 2009年12月25日，最高人民法院《关于深入贯彻落实全国政法工作电视电话会议精神的意见》[法发（2009）59号]。

〔65〕［美］斯蒂芬·布雷耶：《法官能为民主做什么》，何帆译，法律出版社2012年版，第89页。

诉讼法典中明确规定要对公民的各种合法权益进行全方位的司法保护。但在中国当下，最高人民法院的司法政策客观上还是为行政诉讼法的修改奠定了坚实的基础和丰富的审判素材。

欧洲人权法院裁判中的无罪推定原则

曹 瑞*

引 言

无罪推定作为现代刑法的一项基本原则，体现了刑法的人性关怀，彰显了刑法对人权的尊重和保障〔1〕。“二战”结束以后，人权保障的国际化渐成趋势。作为与人权保障紧密联结的法律部门，刑事司法领域的人权保障问题日益引起人们的重视，无罪推定原则也由此进入国际人权法的视域之中。在联合国框架内，《世界人权宣言》第11条第1项就规定：“凡受刑事控告者，在未经获得辩护上所需的一切保证的公开审判而依法证实有罪以前，有权被视为无罪。”《公民权利和政治权利国际公约》第14条第2项也规定：“凡受刑事控告者，在未依法证实有罪之前，应有权被视为无罪。”在区域性国际人权公约中，《欧洲人权公约》《美洲人权公约》《非洲人权和民族权宪章》中也都作出了类似的规定〔2〕。除了获得文本上的承认，在各国际和区域性人权文件的框架内，无罪推定原则也得到了司法层面的执行、发展和续造，甚至出现了国际人权法“反哺”国内刑法的趋势。这在《欧洲人权公约》

---

* 曹瑞，中国政法大学人权研究院博士研究生。

〔1〕 虽然人们可以在《汉谟拉比法典》或罗马法上找到无罪推定的某种雏形，但是一般认为，无罪推定成为刑法的基本原则是在近代以后，特别是法国1789年《人和公民权利宣言》第9条明确提出“所有人直到被宣告有罪之前，均应被推定为无罪”之后的事情。从这个意义上说，无罪推定原则天然地包含着尊重和保护人权的基质。有关无罪推定原则的发展历史参见孙倩：《无罪推定的外国法溯源与演进》，载《环球法律评论》2014年第4期，第47－62页。

〔2〕《欧洲人权公约》第6条第2项规定，“凡受刑事罪的控告者在未经依法证明有罪之前，应被推定为无罪。”《美洲人权公约》第8条第2项规定，“被控告犯有罪行的每一个人，只要根据法律未证实有罪，有权被认为无罪。”《非洲人权和民族权宪章》第7条规定，“人人享有对其诉讼案件要求听审的权利。此项权利包括：(2) 在由有管辖权的法院或法庭证实有罪之前，有权被视为无罪。”

(以下简称《公约》）及其创设的欧洲人权法院的司法实践中表现尤为明显[3]。究其原因，很大程度上归功于欧洲人权法院判决所具有的强行性效力[4]。经过半个多世纪的司法实践，欧洲人权法院以《公约》第6条第2项为中心，累积了丰富的司法判例，发展出一套较为完整、合理的无罪推定裁判法理[5]。

也正是基于欧洲人权法院的成功实践，我国的很多学者都将研究视野转向欧洲人权法院，开展了一系列的相关研究并产出了为数不少的学术成果[6]。毋庸置疑，这些学术成果的价值是巨大的，其价值尤其体现在从数量纷繁庞杂的欧洲人权法院判例[7]中甄选出与无罪推定原则相关的经典判例并对其进行深入的分析，从而建构起欧洲人权法院关于无罪推定原则之裁判法理的一般性理论框架。这一开拓性的工作为中文世界的研究者和读者带来了诸多便利，本文的写作也得益于此。不过，这些研究也带有某些无法克服的局限性，即将无罪推定作为一项纯粹的刑事诉讼原则，仅从技术层面探讨欧洲人权法院判例之利弊得失，忽视了欧洲人权法院作为“人权”法院的特

---

〔3〕 参见萧仰归、陈荔彤：《论无罪推定原则于国际人权法之规范与实践》，载《台湾国家法季刊》2011年第4期。

〔4〕 根据《公约》第46条，各缔约国对欧洲人权法院的终审判决有“遵循与转化义务”（Befolgungs - und Umsetzunspflicht），这保证了欧洲人权法院判决的强制性拘束力。参见林钰雄：《欧洲人权保障机制之发展与挑战》，载《台湾本土法学杂志》2005年第69期。

〔5〕 需要说明的是，在1998年11月《第十一号议定书》生效并将欧洲人权法院确定为统一审判机构之前，《欧洲人权公约》框架内并存着欧洲人权委员会和欧洲人权法院的双重救济机制。欧洲人权委员会负责受理并调解个人申诉案件，当调解无果时则根据缔约国是否接受欧洲人权法院的强行性管辖，分别将案件转至欧洲人权法院或欧洲理事会部长委员会。所以在1998年之前，欧洲人权委员会对《欧洲人权公约》的解释和欧洲人权的保护也发挥了重要作用。因此，尽管本文是以欧洲人权法院为中心，但是在论述相关问题时也会适当涉及欧洲人权委员会发表的相关意见。

〔6〕 参见崔云飞：《无罪推定之具体实践——以欧洲人权法院判例法为核心》，台湾大学法律学研究所2006年硕士论文。林钰雄：《论不自证己罪原则——欧洲法整合趋势及我国法发展之评析》，载《台大法学论丛》2006年第35期。林钰雄：《无罪推定于撤销缓刑及假释之适用——欧洲法、德国法与台湾法之比较评析》，载《政大法学评论》2010年第117期。林钰雄：《无罪推定作为举证责任及证据评价规定——欧洲人权法院相关裁判及评析》，载颜厥安、林钰雄主编：《人权之跨国性司法实践：欧洲人权裁判研究》（三），元照出版有限公司2010年版，第109－153页。陈宗奇：《论无罪推定原则为刑事补偿之宪法要求——欧洲人权法院相关裁判研究》，台北大学法律学系2014年硕士论文。刘学敏：《欧洲人权体制下的公正审判权制度研究——以〈欧洲人权公约〉第6条为对象》，法律出版社2014年版，第132－190页。

〔7〕 林钰雄教授在开展研究时就搜集到与无罪推定原则相关之案例875个，其数量之众由此可见一斑。参见林钰雄：《无罪推定作为举证责任及证据评价规定——欧洲人权法院相关裁判及评析》，载颜厥安、林钰雄主编：《人权之跨国性司法实践：欧洲人权裁判研究》（三），元照出版有限公司2010年版，第112页。

殊性质，也忽略作为人权的无罪推定或曰无罪推定权（the right to be presumed innocent）与作为刑事诉讼原则的无罪推定（the principle of presumption of innocence）之间的差异。本文以欧洲人权法院为对象，通过对其无罪推定裁判法理的耙梳探究其背后隐含的人权理念，以期丰富国内学者对该问题的认识，同时为我国的立法和司法实践提供一定的借鉴。

一、无罪推定原则的效力范围

《公约》第6条第2项规定："凡受刑事罪的控告者在未经依法证明有罪之前，应被推定为无罪。(Everyone charged with a criminal offence shall be presumed innocent until proved guilty according to law.)" 这是无罪推定原则在欧洲人权法上的规范依据。如同大部分的法律原则一样，第6条第2项给读者的"初步印象"（prima facie）[8]是清晰而明确的。也就是说，凡受到刑事指控的当事人在被依法证明有罪之前，都享有被推定为无罪的权利。但细究起来就会发现，第6条第2项的规定又是极其含混不清的，因而包含了多种的解释可能性。比如何为"受刑事罪的控告者"，"未经依法证明有罪之前"的时间节点在哪里，控告者应当被谁"推定为无罪"，等等。诸如此类的问题都需要通过欧洲人权法院的司法裁判，来具体阐明无罪推定原则的效力范围。从效力范围（sphere of validity）的角度来看，法的效力主要包括对事效力、对人效力、时间效力、空间效力等几个方面。其中，对事和对人效力要优先于时间和空间效力[9]。具体到本文的主题，由于无罪推定原则在欧洲人权法上的空间效力相对明确，因而此处就不做过多的讨论。本文主要关注的是无罪推定原则效力范围的前三项内容。

（一）对事效力

对事效力，主要是解决无罪推定原则对何种类型的案件有适用空间的问题。从字面上看，《公约》第6条第2项的规定是清楚无疑的，即无罪推定原则适用于所有的刑事犯罪（criminal offence）案件。但这种确定性需要一个

---

〔8〕 在德国学者罗伯特·阿列克西（Robert Alexy）看来，法律规则和法律原则的一个重要区别就在于二者给人的初步印象（prima facie）不同。一般来说，法律规则的初步印象和实际法效果是一致的，而法律原则的初步印象与实际法效果之间则可能发生睽违。See Robert Alexy, A Theory of Constitutional Rights, translated by Julian Rivers, Oxford: Oxford University Press, p. 57 (2005).

〔9〕 ［奥］凯尔森：《法与国家的一般理论》，沈宗灵译，中国大百科全书出版社1996年版。

前提作为保证，即存在一部为《公约》各缔约国所共同接受的、统一的欧洲刑法典。而实际上，虽然欧洲一体化的进程在各个领域突飞猛进，但是距离一部统一的欧洲刑法典还是比较遥远〔10〕。目前，《公约》各缔约国内国刑法的严厉程度和谦抑性各有差异，犯罪圈的半径也有大有小。在甲国被认为是犯罪的行为，在乙国则可能不被认为是犯罪；反之亦然。如果欧洲人权法院完全按照缔约国内国法的相关规定划定无罪推定原则的适用范围，则很可能产生有失公允的情况，同时也有悖于欧洲人权法院为自己设定的“自主性解释原则”〔11〕。为解决这一问题，欧洲人权法院通过对一系列案件的审理，发展出一套独立于缔约国内国法的刑事犯罪案件判准。该判准共有三项标准，欧洲人权法院在多数情况下择其一而用之，只有在少数情况下才会同时适用后两项〔12〕。

第一，内国法对于该违法行为之分类（the classification of the offence under national law）。亦即要尊重内国法关于涉案违法行为的性质界定，如果内国法将该行为定性为犯罪，则欧洲人权法院原则上也要将其作为犯罪行为来对待，即使该行为并不完全具备犯罪属性。比如在 Minelli v. Switzerland〔13〕一案中，虽然被申诉国瑞士主张侵害名誉的自诉案件只具有单纯的民事属性，因而不能落入《公约》第6条第2项的效力范围，但瑞士联邦刑法已将名誉侵犯行为纳入刑事轻罪之内，因此欧洲人权法院决定尊重内国法上的规定，判决该行为属于《公约》第6条第2项的所及范围。当然，对内国法的尊重充分并不妨碍欧洲人权法院对《公约》的自主性解释。即使根据内国法的规定某一违法行为不构成犯罪，欧洲人权法院仍然可以根据下面两项判断标准，将其认定为犯罪。

第二，违法行为的本质（the nature of the offence）。如若某种违法行为本质上具有“刑事性”，那么该行为就属于犯罪，就有《公约》第6条第2项的适用空间。这一标准看起来颇有些循环论证的意味，因而欧洲人权法院给出了更明晰的判断标准。其一，根据多数缔约国的内国法来确定是否属于犯罪。如果多数缔约国内国法认定某一行为为犯罪，那么即使当事国内国法上

〔10〕有关欧洲刑法一体化的发展历程和未来趋势，可参见赵海峰：《试论欧洲刑法的现状和欧盟刑法的前景》，载《中国刑事法杂志》2006年第4期。另可参见王娜：《论欧洲刑事政策的一体化》，载《华东政法大学学报》2013年第4期。

〔11〕ECHR, Adolf v. Austria, Judgment of 26 Mar 1982, Appl. No. 8269/78.

〔12〕ECHR, Lutz v. Germany, Judgment of 25 Aug 1987, Appl. No. 9912/82.

〔13〕ECHR, Minelli v. Switzerland, Judgment of 17 Dec 1980, Appl. No. 8660/79.

没有此项规定，欧洲人权法院也可以自行适用《公约》第6条第2项。比如在Öztürk v. Germany[14]案中，申诉人是一名居住在德国的土耳其公民，因疏忽驾驶导致与其他车辆相撞，被德国内国机关依据《治安处罚法》（Regulatory Offences Act）克以罚金。欧洲人权法院指出，在大多数《公约》缔约国的内国法上，与本案申诉人相类似的疏忽驾驶行为仍然被规定为犯罪。而且，在德国通过所谓的《治安处罚法》之前，此类行为也是受刑法的规制。因此，欧洲人权法院将此类行为视为犯罪，申诉人也得依据《公约》第6条第3项之相关规定，获得免费之翻译协助。其二，根据该行为的法律后果是普遍适用于所有人民，还是仅适用于部分人民——换言之是否影响社会的一般利益（general interests of society），来判断是否属于犯罪。一般来说，如果某种行为所产生的法律后果是平等适用于所有人民，那么欧洲人权法院就倾向于将其视为犯罪；反之，如果该行为的法律后果仅针对特定团体的内部成员，那么欧洲人权法院则倾向于将其视为该团体之内部规则，构成某种特别权力关系（special relationship obligation），不属于《公约》第6条第2项意义上的犯罪。比如在Benham v. The United Kingdom[15]案中，申诉人因未能按规定缴纳社区税（community charge）被判决30日拘役。欧洲人权法院以该程序可能适用于所有公民，且是由公权力机关基于法律所规定的强制执行权力所进行，具有某种程度的惩罚性质为由，认定其具有刑事特性并赋予《公约》第6条相关条款以适用空间。

第三，被告可能受到制裁的本质及严重程度（the nature and degree of severity of the penalty that the person concerned risked incurring）。这里所说的制裁的本质与严重程度，是相关法律所规定的“最大程度处罚”（maximum potential penalty），而并非当事人所实际受到的处罚（actual penalty imposed），后者对于欧洲人权法院判定案件是否属于刑事性仅具有参考价值。一般来说，在剥夺自由、金钱制裁、缓刑撤销等类型的案件中，欧洲人权法院基本都会适用该项标准。剥夺自由的案件相对容易理解，因为各国刑法中所明文规定的刑罚大部分都是自由刑，因而剥夺自由的案件是否属于刑事案件的判断标准也较简单，即主要考虑剥夺自由的时间长短即可。缓刑撤销类型的案件在下文中将专门论述。此处仅以金钱制裁的案件为例加以说明。金钱制裁是税

〔14〕 ECHR, Öztürk v. Germany, Judgment of 21 Feb 1984, Appl. No. 8544/79.

〔15〕 ECHR, Benham v. The United Kingdom, Judgment of 10 Jun 1996, Appl. No. 19380/92.

务案件中最为常见的制裁措施之一，且由于各国刑法上一般也都规定了作为附加刑的罚金刑，因此欧洲人权法院对于此类案件给予了特别关注。一方面，要判断金钱制裁是否具有吓阻性（deterrent）和处罚性（punitive）。比如在Bendenoun v. France〔16〕案中，制裁以罚金的形式出现，且有高达50万法郎的额外税赋。欧洲人权法院认为，内国机关收取该罚金并非是为了填补申诉人的不法行为所造成之损害，是一种处罚行为，目的是防止类似行为的再次发生，因而兼具处罚性和吓阻性，故《公约》第6条相关条款可适用于本案。另一方面，要考量金钱制裁的严重程度，如金钱制裁的具体数额〔17〕，金钱制裁是否会转化成一定期限的自由刑〔18〕，该制裁是否被载入警察机关或其他公权力机关的记录或档案〔19〕。如果存在上述可能，则欧洲人权法院倾向于将其认定为刑事案件，要求适用无罪推定原则。反之，则将其视为一般性的金钱制裁，并排除无罪推定原则的适用。

（二）对人效力

对人效力，就是指谁应该受到无罪推定原则约束的问题，亦即无罪推定的义务主体问题。原则上，人权的义务主体只能是国家公权力机关。在诸多的公权力机关中，司法机关又毋庸置疑地首当其冲要受到无罪推定原则的拘束，因为作出有罪或无罪判决的正是司法机关。这里说的司法机关，首先是指审理案件的法院和法官，以及在某些情况下负责预备侦查的预审法官。比如，在Lavents c. Lettonie〔20〕案中，负责审理案件并决定是否延长羁押的法官曾两次向媒体表示，其不相信被告无罪或完全无罪。欧洲人权法院认为，法官的此种行为显示，至少在被告被起诉的部分，法官已经排除了被告全然无罪的可能性，从而构成对无罪推定原则的侵犯。除此之外，在个案中发挥准司法功能的检察官也可能受到无罪推定原则的约束。比如，在Daktaras v. Lithuania〔21〕案中，立陶宛总检察长办公室有组织犯罪处的一名检察官对涉嫌参与敲诈活动的申诉人采取了刑事措施。申诉人及其代理人在调阅相关卷宗后，发现并没有确实的证据证明申诉人有罪，于是向检察官申请中止审查调查。申请被该检察官驳回，申诉人随后也被法院定罪判刑。申诉人在用尽

〔16〕 ECHR, Bendenoun v. France, Judgment of 24 Feb 1994, Appl. No. 12547/86.

〔17〕 ECHR, Putz v. Austria, Judgment of 22 Feb 1996, Appl. No. 18892/91.

〔18〕 ECHR, Benham v. The United Kingdom, Judgment of 10 Jun 1996, Appl. No. 19380/92.

〔19〕 ECHR, Ravnsborg v. Sweden, Judgment of 23 Mar 1994, Appl. No. 14220/88.

〔20〕 CEDH, Lavents c. Lettonie, arrét du 28 nov. 2002, §127.

〔21〕 ECHR, Daktaras v. Lithuania, Judgment of 10 Oct 2000, Appl. No. 42095/98.

内国救济之后向欧洲人权法院提出申诉，认为检察官在驳回其中止审前调查申请的决定中明确宣称其为有罪，这一行为构成对《公约》第6条第2项规范的违反。欧洲人权法院支持了申诉人的主张，指出由于立陶宛宪法法院曾经在一份判决中指出，“（立陶宛）宪法将检察官视为具备特殊功能的司法机关之一部分……检察官是负责监督审前调查的官员…法律赋予检察官而非法院监督庭前调查的程序性手段”，因而欧洲人权法院认为，本案中检察官对审前调查程序是否继续进行有决定权，实质性地发挥着准司法机关功能，理应受到无罪推定原则的拘束。

当然，在司法机关之外，其他的公权力机关也有可能受到无罪推定原则的拘束。对此，欧洲人权委员会早在1978年的Petra Krause c. Suisse〔22〕案中，就首次明确表达了这种观点。欧洲人权法院在1995年的Allenet De Ribemont v. France〔23〕案以及上面曾提到的Daktaras v. Lithuania案中，也都作出了类似的说明。至于其他公权力机关的具体范围，则不一而足。比如接下来将会涉及的内政部长、高级警官等等，甚至还包括与公权力机关相关联的媒体行为，都可能受其拘束。

（三）时间效力

这一部分要讨论的是无罪推定的时间效力问题，也就是无罪推定原则效力的起点和止点问题。从欧洲人权委员会的早期判例看来，无罪推定被认为是对裁判者心理状态的一项要求，因此应该像美国联邦最高法院的裁判一样，在主审程序（Eröffnung der Hauptverhandlung）尚未开启之前，并不构成对无罪推定原则的违反。换句话说，在欧洲人权委员会看来，无罪推定原则的效力起点应该是始于主要审判程序的启动，而在此之前并没有无罪推定原则的适用余地〔24〕。这很显然不利于被告的人权保障。因此到了Petra Krause c. Suisse〔25〕案中，欧洲人权委员会便放弃了这种限缩性的解释，不再以某一程序的开启或公诉的提出作为无罪推定的始点；而是主张只要在法院尚未认定某人有罪以前，内国机关即对外宣称其罪行者，即可能构成无罪推定之违反。至于如何判定内国机关是否构成当事人罪行的对外宣称，欧洲人权法院

〔22〕 CEDH, Petra Krause c. Suisse, décision du 3 oct. 1978, 7986/77, D. R. 13, pp. 73 – 80.

〔23〕 ECHR, Allenet De Ribemont v. France, Judgment of 10 Feb 1995, Appl. No. 15175/89.

〔24〕 Carl – Friedrich Stuckenberg, Untersuchungen zur Unschuldsvermutung, S. 417, 418, Fn. 25 – 28. 转引自崔云飞：《无罪推定之具体实践——以欧洲人权法院判例法为核心》，台湾大学法律学研究所2006年硕士论文。

〔25〕 CEDH, Petra Krause c. Suisse, décision du 3 oct. 1978, 7986/77, D. R. 13, pp. 73 – 80.

认为“一种来自于管辖机关对于所为刑事犯行之谴责的正式通知”[26]或“带有暗示其犯行且可能对于犯罪嫌疑人之处境产生实质影响的其他措施”[27]，均构成当事人罪行的对外宣称。关于无罪推定的效力止点，《公约》第 6 条第 2 项虽然提到了“未经依法证明有罪之前”，但是所谓的“依法证明有罪”指的是哪个时点，是第一审获得有罪判决还是终审判决有罪，《公约》对此并没有作出明确规定。从欧洲人权法院的判例来看，一旦出现了有罪判决，无论一审还是终审，无罪推定原则即失去适用空间[28]。而只要内国法院作出了无罪判决，亦无论该判决是否为终审，则无罪推定原则仍有其适用空间。

二、无罪推定原则的证据法效果

在德国法学家罗伯特·阿列克西（Robert Alexy）看来，法律原则乃是一种最优化命令（optimization commands），是获得在事实上（actual）和法律上（legal）最大程度之实现的可能性。换言之，法律原则的实现是分程度的，取决于法律和事实上的可能性[29]。而这些可能性，主要就体现为法律规则对法律原则的贯彻落实程度。作为一项法律原则，无罪推定能否获得最大程度的实现，也端赖于各项部门法律中法律规则的具体贯彻落实。传统上，普通法系国家对无罪推定原则的贯彻落实主要集中于证据法领域，具体体现为对举证责任和证明标准的规定。比如美国学者詹姆斯·赛耶（James Bradley Thayer）就曾宣称，无罪推定除了将证明责任分配给控方以外，并没有其他意义[30]。大陆法系国家学者则认为，无罪推定原则既包括证据法意义上的内涵，也是正当程序的构成要素，贯穿于刑事诉讼程序当中，是保护犯罪嫌疑人、被告人自由的壁垒[31]。不过，随着比较法的发展和两大法系的互相交流与借鉴，这种分殊和区隔正在逐渐缩小甚至消失。加上立宪主义和人权

[26] ECHR, Serves v. France, Judgment of 20 Oct 1997, Appl. No. 20225/92.

[27] Keir Starmer, European Human Rights Law: The Human Rights Act 1998 and the European Convention on Human Rights, London: Legal Action Group, p. 221 (1999).

[28] ECHR, Phillips v. The United Kingdom, Judgment of 5 Jul 2001, Appl. No. 41087/98.

[29] See Robert Alexy, On the Structure of Legal Principles, Ratio Juris, Vol. 13, 2000, p. 295.

[30] See James Bradley Thayer, The Presumption of Innocence in Criminal Cases, Yale Law Journal, Vol. 6, 1897, p. 186.

[31] See Francois Quintard - Morénas, The Presumption of Innocence in the French and Anglo - American Legal Traditions, American Journal of Comparative Law, Vol. 58, 2010, pp. 125 - 133. 转引自陈光中、张佳华、肖沛权：《论无罪推定原则及其在中国的适用》，载《法学杂志》2013 年第 10 期。

保障观念的广泛确立，无罪推定原则开始逐渐超脱于具体的法律部门之上，转而成为一项宪法性权利〔32〕。从欧洲人权法院的判例法来看，欧洲人权法院也没有拘泥于普通法系国家和大陆法系国家的上述差异，而是将无罪推定原则广泛地适用于证据法和刑事正当程序之中。在这一部分，我们首先讨论无罪推定原则在证据法领域的具体体现。

（一）举证责任之分配

无罪推定原则在证据法领域的法律效果，主要体现在举证责任的分配和证明标准的设定上。所谓举证责任（burden of proof），是指“证明主体为了使自己的诉讼主张得到法院裁判的确认，所承担的提供和运用证据支持自己的主张以避免对己方不利的诉讼后果的责任”〔33〕。举证责任的分配对于刑事案件的成败具有相当的重要性。历史上，许多大陆法系国家的法律，比如早期的罗马法以及13世纪的法国习惯法等，都认为刑事案件中应该由控方来承担举证责任。不过，这并不是出于对被告人权利的尊重与保障，而是基于某种常识。这种常识的基本逻辑是，刑事案件与其他类型的案件一样，都是由原告或控方的发难而启动，因而原告或控方有必要也有义务搜集和提供与案件相关的证据，以解释其为何提出控诉〔34〕。而在普通法系的英国，无罪推定原则的确立却要推迟到20世纪30年代的Woolmington v. D. P. P. 案。本案中，被告Woolmington因涉嫌枪杀其妻子而受到控诉，但其抗辩称枪击是个意外，只是为了吓唬其妻子。初审法院法官在指示陪审团的时候指出：“在每一个谋杀的控诉当中，杀害的事实是首先要被证明的，所有意外发生的情形在必要的时候，或是有缺失的时候，都必须要由囚犯来提出令人满意的证明。”也就是将举证责任归于本案被告人。案件上诉至上议院后，Sankey法官提出了著名的“黄金准则”，开启了无罪推定原则在英国法上的先河。Sankey法官指出：“透过英国刑事法院的这个网络，我们经常可以看到一条‘黄金准则’（golden thread），亦即检察官的责任就是去证明囚犯之罪行……若是到了整个案子的最后，仍存有合理怀疑的话……那便表示检察官尚未证明此一案件，而囚犯则应该要获得一个无罪判决。”〔35〕Woolmington案之后的裁

〔32〕 参见易延友：《论无罪推定的涵义与刑事诉讼法的完善》，载《政法论坛》2012年第1期。

〔33〕 卞建林主编：《刑事证明理论》，中国人民公安大学出版社2004年版，第173页。

〔34〕 See James C. Morton and Scott C. Hutchison, The Presumption of Innocence, Toronto, Calgary and Vancouver: Carswell, p. 2 (1987).

〔35〕 齐树洁主编：《英国证据法》，厦门大学出版社2001年版，第179页。

判，也大致遵循了Sankey法官提出的黄金准则，无罪推定原则正式在英国法上得到确立。

回到本文主题，《公约》第6条第2项虽然没有对举证责任的分配问题作出明确规定，但是在欧洲人权法院看来，举证责任由控方承担毫无疑问是无罪推定原则的题中应有之意。比如在Telfner v. Austria〔36〕案中，交通事故受害人K向警方报告此事故时，只能确认肇事车辆的型号与车号，但是未能确认驾驶人的身份。警方调查发现，虽然该汽车登记在本案申诉人母亲名下，但申诉人是该车最主要的使用者。尽管申诉人明确否认驾车肇事，但是仍被内国法院认定构成过失伤害罪并予以处罚。欧洲人权法院认为，《公约》第6条第2项要求控方承担举证责任，且任何的怀疑都应朝向有利于被告的方向。本案中，内国法院仅凭警方调查记录就认定申诉人是该汽车的主要使用者且案发当晚并未在家，即要求申诉人对此作出回应，其实质是将举证责任由控方转移至被告人身上，因而是有违无罪推定原则的。

（二）证明标准之设定

无罪推定原则不仅要求由控方承担举证责任，同时还对控方证据的证明标准作出了严格限制，从而形成一种“双重保险”机制。之所以对证明标准作出严格要求，乃是因为单纯地将举证责任归于控方，还不足以确保被告人的权利得到充分尊重和保障。假设控方仅需满足极低的证明标准，即可对被告人发起诉讼并由法院判定其为有罪，那么举证责任归于控方所本应该发挥的控制控方权力、保障被告人权利的功能和作用就化为泡影，无罪推定原则也就变成了一纸具文。也正是基于这样的考量，英美法上一般将举证责任分为“提出证据责任”（burden of producing evidence）和“说服责任”（burden of persuasion），要求承担提出证据之责任者向法院提供相当之证据，以证明待证之事实〔37〕。欧洲人权法院也对控方承担的证明标准问题作出过明确判决。

首先来看控方在决定起诉时要达到的证明标准。欧洲人权法院认为，只有当控方掌握了充分的表面证据（prima facie case）时，才可以作出起诉决定。在John Murray v. The United Kingdom〔38〕案中，Pettiti和Walsh等法官在其反对意见中对何为表面证据作出了说明：所谓表面证据，意指一种由检方

〔36〕 ECHR, Telfner v. Austria, Judgment of 20 Mar 2001, Appl. No. 33501/96.

〔37〕 齐树洁主编：《英国证据法》，厦门大学出版社2001年版，第171页。

〔38〕 ECHR, John Murray v. The United Kingdom, Judgment of 8 Feb 1996, Appl. No. 18731/91.

所提出的实质证据，如果相信该证据且在未有反驳的情况下，该证据在法律上足以证明被告有罪；而在此判断之阶段时，裁判者不须透露其关于事实之看法，但其必须要在相信该证据且该证据亦未被反驳之时，认为该证据客观上要足以在法律中对其为有罪之认定。一旦法官在检方尚未达到表面证据之情况下，便对被告之罪责加以认定者，即属违反无罪推定。

当控方提出了足够的表面证据后，案件就进入法庭审理的阶段。此时，如果要对被告作出有罪之判决，还应符合“排除合理怀疑”（beyond reasonable doubt）的证明标准。“排除合理怀疑”是主要存在于英美法中的一项证明标准，其证明程度介乎于概然性平衡（a balance of probabilities）与绝对确信（absolute certainty）之间，大致可以对应法国法上的“法官内心确信”（intime conviction）〔39〕，以及德国法上的“法官在主观上的充分确信”（voll subjective überzeugung des Richters）〔40〕。由于《公约》各缔约国内国法上的证据制度各有不同，而且欧洲人权法院之职责仅在于检验缔约国是否违反《公约》第6条第2项之无罪推定原则，而非为各缔约国制定统一的证据规则〔41〕，因此欧洲人权法院并没有对“排除合理怀疑”的实体性规则作出明确界定，而是综合考量各缔约国内国立法与实务的具体情况来作出是否违反无罪推定原则的判断。

（三）事实推定与法律推定之适用

与举证责任和证明标准相关的一个问题，是事实推定与法律推定的适用。事实推定（presumption of fact），又称为基于事实的推定（presumption based on facts），是一种由我们对于世界的认知所做出的逻辑关联，亦即一种经验法则（rule of commonsense），其效力来自于人类理性认识和普遍经验而不是实证法，因而是可反驳的。而法律推定（presumption of law）则是指由法律明确规定，当某一事实存在时，就应当据此假定另一事实的存在〔42〕。法律推定分为可反驳的法律推定（rebuttable presumption of law）和不可反驳的法律推定（irrebuttable presumption of law）。顾名思义，可反驳的法律推定就是

〔39〕 蔡秋明：《举证责任——兼论刑事被告之地位及其举证义务》，载《台湾本土法学杂志》2004年第2期。

〔40〕 崔云飞：《无罪推定之具体实践——以欧洲人权法院判例法为核心》，台湾大学法律学研究所2006年硕士论文。

〔41〕 Stefan Trechsel, Human Rights in Criminal Proceedings, Oxford: Oxford University Press, p. 168 (2006).

〔42〕 卞建林主编：《刑事证明理论》，中国人民公安大学出版社2004年版，第154页。

可以被反证加以反驳和推翻的法律推定，不可反驳的法律推定就是法律明确规定不允许提出任何反证加以反驳的推定。那么，无罪推定究竟是事实推定还是法律推定？本文赞同这样一种观点，即无罪推定既不是事实推定，也不是法律推定。因为无论事实推定抑或法律推定都必须基于特定之基础事实，而无罪推定却是不以任何基础事实为前提的。即使对于被当场擒获的现行犯，也必须适用无罪推定原则。因此可以说，无罪推定并不是发源于特定事实的推定，而是基于特定法律政策的实体法律规则〔43〕。

既然无罪推定只有推定之名而无推定之实，为什么要将无罪推定原则与事实和法律推定放在一起讨论？这是因为推定实际上担负着转移证明责任的功能。也就是说，对事实和法律推定的承认即意味着对控方举证责任的转移，进而是对无罪推定原则的实质性否弃〔44〕。也正是基于这样的考虑，欧洲人权法院虽然原则上承认事实和法律推定的正当性，但是也从无罪推定的角度出发，要求内国法院将事实和法律推定的适用限定在合理限度以内，具体来说就是要充分考虑争点的重要性和防御权的维护。争点的重要性（the importance of what is at stake），就是指该案件的严重程度，如果案件越严重则推定存在的必要性就越低；反之，如果案件越轻微，则推定就越容易被认定为合法〔45〕。换句话说，越重要的案件越不允许推定，反之则允许推定。防御权的维护则是由于事实和法律推定实质性地将举证责任转移至被告，如果后者完全被剥夺了防御手段以至于不能或难以推翻该推定，则构成对无罪推定的侵犯。反之，如果被告的防御手段未被完全剥夺，即使其所面临的是一种难以被推翻的推定，也不构成对无罪推定原则的违反。以 Salabiaku v. France〔46〕案为例，法国内国法虽然规定只要被告被证明持有走私物品即被认为构成走私物品罪，并承担海关法上的刑事责任，就构成了法律推定。但是欧洲人权法院认为，本案中申诉人并没有被完全剥夺防御手段，根据内国法的实务见解，只要申诉人能证明有不可抗力存在，即应被宣判为无罪，因此并不违反无罪推定原则。除此之外，欧洲人权法院也强调争点的重要性与防御权的保障二者之间的调和与平衡，也就是要求手段必须和所欲达成的目的之间具有合理的比例

〔43〕 参见易延友：《论无罪推定的涵义与刑事诉讼法的完善》，载《政法论坛》2012 年第 1 期。

〔44〕 参见易延友：《证据法的体系与精神》，北京大学出版社 2010 年版，第 302－304 页。

〔45〕 Stefan Trechsel, Human Rights in Criminal Proceedings, Oxford: Oxford University Press, p. 169 (2006).

〔46〕 ECHR, Salabiaku v. France, Judgment of 7 Oct 1988, Appl. No. 10519/83.

关系[47]。

三、无罪推定原则在刑事诉讼程序中的体现

无罪推定原则除了体现在证据法上之外，其法律效果在刑事诉讼程序中也有具体落实。在欧洲人权法院的判例法体系中，无罪推定原则在刑事诉讼程序中主要体现在沉默权与不自证其罪权保护、缓刑撤销、媒体行为与国家义务等领域。

（一）沉默权与不自证其罪权

在进入相关问题的讨论之前，有两个前提性的问题需要解决。第一，沉默权与不自证其罪权的具体含义以及二者之间的关系是什么？第二，沉默权、不自证其罪权与无罪推定原则是什么关系？关于第一个问题，以美国为代表的英美法系对不自证其罪的定义是，任何人不得在任何刑事案件中，被强迫成为对自己不利的证人，也就是美国宪法第五修正案中的“No Person …shall be compelled in any criminal case to be a witness against himself”，并将不自证其罪权与沉默权相等同。至于其具体的适用范围，则主要集中在强制被告提供不利于己的陈述性或谈话性证据资料[48]。大陆法系国家，以德国为例，对不自证其罪的理解不仅限于单纯的不陈述的自由，还包括所有以积极作为配合国家机关为对己不利之控诉的概念在内[49]。因此在大陆法系，沉默权的保障仅仅是不自证其罪概念的一部分而不是全部，而在英美法系中，不自证其罪的概念几乎等同于沉默权的保障范围。与英美法系比较接近，欧洲人权法院也倾向于将沉默权与不自证其罪权视为同一项权利，在司法裁判中几乎不加以特别的区分。至于沉默权与不自证其罪权的内涵，欧洲人权法院强调保护被告的意志不受不当侵犯或不当强制。关于第二个问题，大陆法系一些学者认为，无罪推定可以作为不自证其罪权的依据[50]。英美法系的一些学者则主张，无罪推定原则属于不自证其罪的构成部分[51]。欧洲人权法院对

[47] ECHR, Janosevic v. Sweden, Judgment of 23 Jul 2002, Appl. No. 34619/97.

[48] Schmerber v. California, 384 U. S. 757 (1966).

[49] 参见林钰雄：《刑事诉讼法》（上册），中国人民大学出版社2005年版，第147－148页。

[50] Dingeldey, Das Prinzip der Aussagefreiheit im Strafprozessrecht, JA 1984, S. 409. 转引自王士帆：《不自证己罪原则—nemo tenetur》，台湾政治大学法律学研究所2004年硕士论文。

[51] James C. Morton and Scott C. Hutchison, The Presumption of Innocence, Toronto, Calgary and Vancouver: Carswell, p. 112 (1987).

于这个问题的回答非常明确，即沉默权与不自证其罪权是从《公约》第6条第1项的公正程序中推导出来的[52]，而无罪推定则是由《公约》第6条第2项所明确规定的，因此两者之间并没有地位上的优劣之别，都是刑事公正程序下所要保障的重要权利。

上面提到，在欧洲人权法院的视野里，沉默权与不自证其罪权的主要意涵是保护被告的意志不受不当侵犯或不当强制。那么，何为不当侵犯或不当强制？欧洲人权法院认为，如果被告被强迫供述或被强迫提出证据，则显然侵害了被告的意志自由。反之，即使内国机关以强制力取得了相关证据资料，但后者又不涉及被告的意志自由，则不构成对沉默权和不自证其罪权的侵犯[53]。关于无罪推定与沉默权和不自证其罪权的关系，历史上欧洲人权法院并没有刻意地处理二者之间的关系。但是在1996年的Quinn v. Ireland[54]等案之后，欧洲人权法院开始将无罪推定与沉默权和不自证其罪权相结合。因为在欧洲人权法院看来，无罪推定要求刑事案件中的检察官在不依赖违背被告意志而实施强制或压迫的手段所获得的证据的情况下证明案件。因此，对沉默权和不自证其罪权的侵犯自然也构成了对无罪推定原则的违反。

（二）缓刑撤销

出于刑罚人道主义精神和刑罚经济性原则的考量，世界各国刑法普遍规定了缓刑制度，即对符合刑法规定的犯罪分子，在规定的考验期内暂缓刑罚执行，如果考验期内没有出现法定的缓刑撤销理由（如另犯他罪），则原判决刑罚不再执行；反之则撤销缓刑，执行原判决刑罚。从表面上看，缓刑撤销与无罪推定原则并无任何交集。诚然，缓刑就意味着存在一个已经确定为有罪的判决和暂缓执行的刑罚，此时已经超出了无罪推定的时间效力范围。但是，当涉及缓刑撤销理由特别是"另犯他罪"的认定时，由于存在一个新的、尚未被证明有罪的违法行为，无罪推定原则又重新具有了适用空间。就欧洲人权法院来说，其认定缓刑撤销是否违反无罪推定的标准主要有以下三条：

第一，他罪事实认定法院与前罪缓刑撤销法院是否同一。如果他罪之事实审理法院与前罪之缓刑撤销法院为同一个法院，法院得在对他罪作出有罪

---

[52] 《公约》第6条第1项规定，"在决定某人的公民权利与义务或在决定对某人的任何刑事罪名时，任何人有权在合理的时间内受到依法设立的独立与公正的法庭之公平与公开的审讯。"

[53] ECHR, Saunders v. The United Kingdom, Judgment of 17 Dec 1996, Appl. No. 19187/91.

[54] ECHR, Quinn v. Ireland, Judgment of 21 Dec 2000, Appl. No. 36887/97.

判决的同时撤销前罪的缓刑宣告。这是因为法院同时具备事实审理和缓刑撤销的权限。比如在 C. c. Allemagne[55]案中，申诉人因偷逃税被内国法院判刑并宣告缓刑。随后，申诉人又因其他行为而被同一法院一审定罪并撤销前罪之缓刑宣告。申诉人认为，内国法院在其新犯罪行尚未终局确定前，即撤销其前罪之缓刑宣告，构成对《公约》第 6 条第 2 项之违反。不过，欧洲人权委员会则认为，无罪推定原则并未要求内国法院在考量缓刑宣告时，必须以一个终局的有罪判决为依据；况且本案中申诉人已在一审中获得有罪判决，且该判决部分是基于申诉人之自白。据此，欧洲人权委员会驳回了申诉人的主张。当然，如果二者为两个独立的法院，则要对不具备事实审理权限却具有缓刑撤销权限的法院实行更加严格的限制，重点检视后者是否具备以下两项情形。

第二，前罪缓刑撤销是否以被告之自白为前提。如果被告自白其犯罪行为，且该自白是通过合法方式取得（比如上述 C. c. Allemagne 案），甚至被告自行申请撤销缓刑[56]，那么即便事实审理法院与缓刑撤销法院不同，后者也可以不待被告另犯之罪获得有罪判决，即撤销其前罪的缓刑宣告。

第三，他罪是否已被认定抑或仅被怀疑。如果负责缓刑撤销的法院与负责事实审理的法院不同，且在负责事实审理的法院尚未认定被告有罪之前，负责缓刑撤销的法院即根据自身之证据调查而对被告之犯行产生确信并撤销前罪之缓刑，则构成对无罪推定原则的违反[57]。因为《公约》第 6 条第 2 项并非赋予其他非事实审理机关对被告进行有罪认定的权力。当然，如果负责撤销缓刑的法院仅依据对被告所为之其他犯行的调查内容，而强烈怀疑被告有为其他犯行，而并未为有罪之认定时，则不构成对无罪推定之违反[58]。

（三）媒体行为与国家义务

从人权的基本原理来说，国家或公权力机关才是人权最重要的义务主体。私主体，包括自然人以及各类拟制主体，一般都不能成为人权的义务主体[59]。从国内法的角度来说，宪法上也有所谓的国家行为学说[60]，只有在

---

〔55〕 CEDH, C. c. Allemagne, décision du 9 oct. 1991, 17664/91.

〔56〕 CEDH, R. c. Allemagne, décision du 11 oct. 1988, 12669/87.

〔57〕 ECHR, Böhmer v. Germany, Judgment of 3 Oct 2002, Appl. No. 37568/97.

〔58〕 CEDH, M. M. c. Allemagne, décision du 30 nov. 1994, 23091/93.

〔59〕 参见徐显明主编：《人权法原理》，中国政法大学出版社 2008 年版，第 158 页。

〔60〕 See Richard S. Kay, The State Action Doctrine, the Public - Private Distinction, and the Independence of Constitutional Law, Constitutional Commentary, Vol. 10, 1993, pp. 329 - 360.

某些特殊情况下才承认基本权利的水平效力或第三人效力[61]。与之相类似，前面讨论无罪推定原则的效力范围时也已述及，《公约》第6条第2项所规范的对象仅及于公权力机关，而不包括私人或媒体。不过，这并不意味着媒体行为可以完全不受无罪推定原则的拘束。事实上，当媒体行为是源自国家机关的作为时，因此而产生的法律结果则可能要由国家来承担。反过来，由于国家要对某些媒体行为承担法律上的不利后果，国家也因此在某种程度上负有了监督媒体的职责。那么，国家是否可以拒绝与媒体之间的任何接触，以避免对媒体行为负责？答案是否定的。因为根据《公约》第6条第1项“判决应公开宣布”以及第10条第1项“人人有言论自由的权利。此项权利应包括……以及在不受公共机关干预和不分国界的情况下，接受并传播消息和思想的自由”的规定，公权力机关在原则上有义务就社会公众关注的案件向新闻媒体作出相关说明。当然，国家在对媒体行为进行监督时，还必须注意与《公约》第10条规定的言论自由之间可能发生的冲突。这种冲突既包括国家监督与新闻自由之间的冲突，也包括无罪推定与公众知情权之间的冲突。对此，欧洲人权法院通过判例法发展出判定媒体行为及国家义务的三条规则。

第一，国家对媒体行为是否负有责任。如上所述，媒体行为与无罪推定原则发生联结的前提是，媒体行为源自于国家机关的作为。因此法院在适用无罪推定原则时，首先要判定的就是国家机关的作为是否具有可归责性。如果媒体行为是源自于国家机关的作为，那么国家就可能要承担由此而产生的法律后果；反之，国家则不需要为媒体行为承担责任。比如在 Claes et autres c. Belgique[62]案中，申诉人主张因比利时内国机关在其受拘禁期间的工作疏忽，致使比利时国内媒体得以数次对外公布其照片，使公众产生其有罪的想法，从而构成对无罪推定原则的间接侵害。但是在欧洲人权法院看来，没有任何客观要素足以使法院怀疑负责引导与护送的内国机关工作人员存在工作疏忽或与媒体之间存在某种利益交换；且媒体的报道与态度并未对内国法院判决的作出产生任何影响。因此，欧洲人权法院认为，此种类型的媒体行为不构成对《公约》第6条第2项无罪推定原则的侵犯。

---

〔61〕 See Stephen Gardbaum, The “Horizontal Effect” of Constitutional Rights, Michigan Law Review, Vol. 102, 2003, pp. 387 -459.

〔62〕 CEDH, Claes et autres c. Belgique, arrêt du 2 juin 2005. (édition française). 转引自崔云飞：《无罪推定之具体实践——以欧洲人权法院判例法为核心》，台湾大学法律学研究所2006年硕士论文。

第二，公权力机关是否对外作出被告有罪的评断。国家公权力机关有义务对外透露相关案件的部分信息，以符合公开审判原则并满足公众的知情权要求，这一点在《公约》中已有明确规定。不过，公权力机关对外透露相关案件的信息范围，必须仅限于由刑事司法程序中所得出的客观要素，即不包含被告是否有罪的主观性评价。如果公权力机关的信息披露行为传递出被告可能有罪的信号，那么不仅公众会受到潜移默化的影响，负责审理案件的法院和法官也可能因此而产生某种前见或预判，从而对法院的客观性造成损害，也违反了无罪推定原则的要求。比如，在 Allenet de Ribemont v. France〔63〕案中，申诉人因涉嫌谋杀而受到法国内国机关的逮捕。在一场与本案并无直接关联的记者会上，法国内政部部长以及负责该案的两名高级警官在接受记者访问时，指称申诉人为该案的共犯并将案件的详细情况公诸媒体。随后，申诉人以帮助及教唆故意杀人罪而被羁押，但最终不予起诉并被释放。申诉人以该行为违反《公约》第 6 条第 2 项无罪推定原则的要求，向内国法院起诉要求损害赔偿。欧洲人权委员会认为，无罪推定原则的对人效力并不限于法院和法官，还适用于其他相关的机关及其工作人员，包括本案中的法国内政部部长及两名高级警官。而他们对媒体发表的言论表明，其已经将申诉人视为案件的共犯之一，因此违背了无罪推定原则的要求。欧洲人权法院则也认为，毫无区别且毫不谨慎地指称申诉人为共犯和教唆者，构成了对申诉人的有罪宣示，这不仅使社会公众对申诉人是否有罪产生某种确信，也使法官对案件的事实评价产生某种偏见，因而有悖于《公约》第 6 条第 2 项的规定。

第三，公权力机关或媒体的发言或行为是否影响司法判决。公权力机关对外披露信息，特别是作出了被告有罪的评析，是否必然导致无罪推定原则的违反？事实并非如此。在欧洲人权委员会和欧洲人权法院看来，原则上只要案件的审判结果为无罪，就可以推定公权力机关及媒体行为的瑕疵对于无罪推定没有造成影响〔64〕。此外，即使案件最终的判决结果是有罪，也并不必然意味着是公权力机关或媒体行为对司法判决产生了影响。在这种情形下，欧洲人权法院会结合以下各项因素作出整全性的考量，以判定媒体行为与有罪判决之间是否确实存在某种因果联系：是否有客观证据显示法院是由认定

〔63〕 ECHR, Allenet de Ribemont v. France, Judgment of 10 Feb 1995, Appl. No. 15175/89.

〔64〕 崔云飞：《无罪推定之具体实践——以欧洲人权法院判例法为核心》，台湾大学法律学研究所 2006 年硕士论文。

被告有罪的角度出发[65]，该案件对被告不利证据的程度[66]，负责审理事实的法院组成情况[67]，整体司法程序的公正性与合法性[68]。

四、欧洲人权法院判例背后的人权观念

通过上文的分析可以看出，欧洲人权法院对无罪推定原则的司法适用是相当成功的，它不仅将无罪推定这一看似空洞甚至大而无当的法律原则加以具体化，大大增强了其在司法实践中的可操作性；同时还通过司法裁判持续地丰富和完善无罪推定的内容意涵，进而推动整个《公约》不断地与时俱进，成为一项“活的（法律）文件”（living instrument）[69]。不过从内容上看，欧洲人权法院似乎对无罪推定原则的传统内涵——举证责任和证明标准问题着墨不多，反倒是对如何界定犯罪、从何时开始适用或结束适用无罪推定原则等问题更感兴趣。对此，已有学者作出这样一番感慨：“（欧洲人权法院的）大多数案例法与无罪推定原则的传统面向，即（本文处理的）举证责任或证据评价问题无关。事实上，欧洲人权委员会/法院的重要贡献，在于拓展无罪推定原则的其他面向。”[70]当然，欧洲人权法院的做法固然有其现实的考量，因为“传统面向的举证相关问题，由于直接涉及截然不同的内国证据法结构，因此，欲从国际人权角度出发，建立一套泛欧各国皆须遵守的共通标准，诚非易事”。但是在本文看来，更为重要的原因在于欧洲人权法院乃是基于人权的观念和立场来阐发其对无罪推定之理解的，这与传统上基于权力限制和降低试错成本的功能主义视角是截然不同的。

传统刑法学理论认为，无罪推定原则主要包含两个方面的内容：一是举证责任由控方承担；二是证明标准需达到一定程度，如普通法系（以美国为代表）的排除合理怀疑（beyond a reasonable doubt），大陆法系（以法国为代表）的法官内心确证（intime conviction）。其中，由控方承担举证责任的依据

---

〔65〕 CEDH, Claes et autres c. Belgique, arret du 2 juin 2005.

〔66〕 CEDH, X c. Royaume - Uni, arret du 5 nov. 1981, serie A no 46.

〔67〕 CEDH, Ensslin, Baader et Raspe c. Allemagne, decision du 8 juill. 1978.

〔68〕 CEDH, X c. Royaume - Uni, arret du 5 nov. 1981, serie A no 46.

〔69〕 R (Adams) v. Secretary of State for Justice [2011] UKSC 18 [58].

〔70〕 林钰雄：《无罪推定作为举证责任及证据评价规定——欧洲人权法院相关裁判及评析》，载颜厥安、林钰雄主编：《人权之跨国性司法实践：欧洲人权裁判研究》（三），元照出版有限公司2010年版，第112-113页。

在于控辩双方在实力和占有资源上的严重不对称，由控方承担举证责任可以实现控辩双方的实质平等，也有助于限制控方公权力的恣意滥用。对证明标准的规定，则是出于控制试错成本（costs of errors）的考量，试图在不适当的定罪（improper convictions）和不适当的无罪释放（improper acquittals）之间求得某种平衡。进一步说，不适当的定罪和不适当的无罪释放是互为成本和收益的。当设定较高的证明标准时，虽然可以减少不适当的定罪（收益），但是也同时会增加不适当的无罪释放（成本），反之亦然。不过，在这种理论看来，不适当的定罪的错误成本要高于不适当的无罪释放，反之则不然。因此，从成本—收益的分析角度来说，应当设置较高的证明标准〔71〕。可以看出，传统刑法学上关于无罪推定的理解虽然在客观上有助于保护当事人，特别是犯罪嫌疑人和被告人的权利，但是其背后所透露的工具理性主义倾向（instrumental rationales）是非常明显的〔72〕。这也从另外一个方面解释了欧洲人权法院对举证责任及证明标准问题着墨不多的原因。

在举证责任和证明标准之外，欧洲人权法院对无罪推定原则的关注主要集中在两个方面。一个是 Victor Tadros 所说的实质主义的无罪推定，即认为无罪推定除了在证据法和刑事诉讼程序上的适用之外还具有实质性的含义——禁止对本质上不属于犯罪的行为进行定罪〔73〕。这一点集中体现在欧洲人权法院关于无罪推定原则之对事效力范围的界定上，也就是如何界定《公约》第 6 条第 2 项所指的"犯罪"（offences）上。但是与 Tadros 所谓的实质主义有所不同，欧洲人权法院为了能够扩大无罪推定原则的适用范围，会对犯罪作更为宽泛的解释，如上文中提到的 Minelli v. Switzerland、Öztürk v. Germany、Benham v. The United Kingdom 等案例。因此，如果说 Tadros 所说的实质主义更倾向于"出罪"的话，欧洲人权法院则更倾向于"入罪"，两者在方向是正好相反的。不过，正如 Tadros 的实质主义无罪推定观未能获得理论和实务界的广泛接受一样，欧洲人权法院对无罪推定原则的实质主义解释进路也是存在着很大问题的，特别是以扩大犯罪圈的方式为被告人提供无罪推定保护，究竟是一剂灵丹妙药还是饮鸩止渴的错误做法，其实际效果在

〔71〕 See Larry Laudan, Truth, Error, and Criminal Law: An Essay in Legal Epistemology, Cambridge: Cambridge University Press, pp. 1 – 29 (2006).

〔72〕 See Ho Hock Lai, A Philosophy of Evidence Law, Oxford: Oxford University Press, pp. 173 – 185 (2008).

〔73〕 See Victor Tadros, Rethinking the Presumption of Innocence, Criminal Law and Philosophy, Vol. 1, 2007, p. 197.

当下还很难做出定论，仍然有待于进一步的考察。

欧洲人权法院解释无罪推定原则的第二种进路是基于人权观念的，也就是将无罪推定作为一项人权来看待。这一点不难理解，因为《公约》本身即是一部以规定各项人权为主要内容的区域性国际文件，且无罪推定原则是《公约》第6条第2项所明确规定的。因此可以肯定地说，欧洲人权法院是将无罪推定作为一项人权来看待的。那么，无罪推定作为一项人权的根据是什么，其与作为一项证据法规则和诉讼程序的无罪推定又有什么区别呢？作为一项人权的无罪推定是受到了康德的固有自由权（innate right to freedom）理论的影响。康德将那些人因其为人而享有的法律权利称为人的“固有自由权”。之所以是固有权利，是因为它是先于国家法律而存在的，有别于为法律所授予的权利。之所以称之为自由权，是因为它强调的是这些自由乃是出于人本身的目的性（purposiveness），是为了实现人本身的自由，不是为了促进某种特别的善（good）或是成为别人实现其自由的手段[74]。在康德看来，固有自由权包含很多内容，比如表达自由、身体完整不受侵犯等，其中还有一项至关重要的内容是免于斥责或耻辱（the quality of being… a human being without reproach），即人不能单纯因其为人而受到某种违法或犯罪的指控。换句话说，没有人单纯因为其成为人而被认为在法律上有过错，除非他/她做了某些违法之事。如果否定了这项权利，那么刑事指控或民事责任就有可能被当局随意加诸人身上，使人成为手段而非目的。在这个意义上，人作为人所固有的司法权利中应当也必须包括被推定为无罪的权利[75]。作为一项人权的无罪推定要求举证责任由控方承担且须达到一定之证明标准，这可以说是对无罪推定权的制度性保障，但这并不能构成无罪推定权的核心或本质内容。无罪推定权的核心在于获得无罪之对待的权利（the right to be treated as innocent），无论是在审前、审判过程中乃至审判结束以后。它强调的是一种精神层面的要求（mental requirement），要求国家对犯罪嫌疑人或被告人是否有罪保持一种开放的心态（open mind），不能带有个人的偏见或存在先入为主的

〔74〕 Immanuel Kant, The Metaphysics of Morals, Edited and Translated by M. J. Gregor, Cambridge: Cambridge University Press, pp. 237 – 238 (1996). Quoted by Hamish Stewart, The Right to be Presumed Innocent, Criminal Law and Philosophy, Vol. 8, 2014, p. 409.

〔75〕 Sharon Byrd and Joachim Hruschka, Kant' s Doctrine of Right: A Commentary, Cambridge: Cambridge University of Press, pp. 82 – 83 (2010).

判断[76]。对此，欧洲人权委员会早在1989年就强调，“不能先入为主地认为被告人犯下了被指控的罪名；举证责任应由控方承担，任何的怀疑利益都要归于被指控者”[77]；即使是在审前程序中，也要“尽可能地将辩方视为（as if）无罪”[78]。这也解释了为什么欧洲人权委员会将无罪推定原则的时间效力范围前移到主审程序之前。除此之外，欧洲人权法院还进一步发展出无罪推定权的“名声面向”（reputational aspect），侧重于对当事人形象的法律保护[79]。如果说获得无罪之对待的权利仅要求公权力主体自身不得带有先入为主的偏见和判断，那么“名声面向”则要求国家公权力主体保护犯罪嫌疑人和被告人的名声，不得使社会公众产生他们有罪的印象。在这个意义上，“名声面向”可以说是获得无罪对待之权利的自然延伸。本文中提到的诸多案例，如 Allenet de Ribemont v. France、Daktaras v. Lithuania 等也说明了“名声面向”已经成为欧洲人权法院在解释无罪推定原则时的主要关切。

如何评价欧洲人权法院在解释无罪推定原则时所采取的人权主义进路？在本文看来，尽管这种进路可能与传统刑法学对无罪推定原则的理解有所差池，甚至可能打破既有制度设计的自洽性，造成制度逻辑的冲突以及功能的紊乱，但是，这些都是可以在技术层面加以解决的问题，无法构成对该进路的实质性指控。相反，与无罪推定权对人权的保障以及对公民之间的相互信任（civic trust）的促进，乃至对整个欧洲一体化进程的推动相比，这些技术层面的修修补补所付出的成本几乎可以是忽略不计的。以上是对欧洲人权法院有关无罪推定原则之相关判例背后所隐含的人权观念的一个初步考察。当然，囿于欧洲人权法院的“补充性角色”，其判决虽然有一定之拘束力，但是也只能是在尊重各缔约国主权、文化和道德之多样性基础上，监督缔约国的司法决定不低于通行的欧洲人权标准[80]，而无法强制性地要求各缔约国

---

〔76〕 See Ferry de Jong and Leonie van Lent, The Presumption of Innocence as a Counterfactual Principle, Utrecht Law Review, Vol. 12, 2016, p. 37.

〔77〕 Barbera v. Spain (1989) 11EHRR 360 [77].

〔78〕 Ashworth, Four Threats to the Presumption of Innocence, International Journal of Evidence and Proof, Vol. 10, 2006, p. 250.

〔79〕 Stefan Trechsel, Human Rights in Criminal Proceedings, Oxford: Oxford University Press, p. 164 (2005).

〔80〕 Dean Spielmann, Allowing the Rights in the European Court of Human Rights and National Margin of Appreciation Doctrine – Waiver or Subsidiarity of European Review, Cambridge Yearbook of European Legal Studies, Vol. 14, 2012, p. 385.

统一解释《公约》规定的各项权利[81]。但是瑕不掩瑜，欧洲人权法院所取得的巨大成功是显而易见的，其所提供的框架和视角也将毫无疑问有助于我们对无罪推定原则的中国实践进行省思和完善。

结语：对中国的启示与借鉴

无罪推定原则在我国刑事诉讼法上的确立和发展可谓一波三折。早在上个世纪50年代《刑事诉讼法》的草拟阶段，法学界就曾发生过激烈的争论。1957年《刑事诉讼法》草案中也曾一度将无罪推定纳入其中。但是在当时特定的政治和时代语境下，无罪推定原则受到严厉的排斥和批判。改革开放之初，也就是1979年《刑事诉讼法》颁布施行期间，法学界部分学者再次提出重新认识无罪推定原则，并主张在立法中吸收和确立该原则。然而该主张也因分歧较大而未被立法采纳。直至1996年《刑事诉讼法》首次修正，法学界才在这个问题上初步达成了一致，修订后的《刑事诉讼法》也首次规定："未经人民法院依法判决，对任何人都不得确定有罪。"及至2012年的《刑事诉讼法》二次修改后，无罪推定原则得到了进一步贯彻和彰显。尽管如此，无罪推定原则在我国都还有很大改进空间，欧洲人权法院的司法实践则可以为我们提供很多洞见与启示。

第一，关于无罪推定的文本表述。《公约》第6条第2项开宗明义宣称"凡受刑事罪的控告者在未经依法证明有罪之前，应被推定为无罪"，从文本上对无罪推定作出了明确规定。反观我国，现行《刑事诉讼法》第12条中虽然规定"未经人民法院依法判决，对任何人都不得确定有罪"，但是严格来说，这一表述方式不仅对无罪推定的意涵和效力范围造成过度限缩（over－exclusion），甚至引发学界关于我国《刑事诉讼法》是否承认无罪推定的争论[82]。为了全面贯彻落实无罪推定原则，也为了避免不必要的学术争论，可以参酌《公约》第6条第2项之表述，对我国《刑事诉讼法》第12条作出修改，给无罪推定"正名"。

第二，关于无罪推定与沉默权和不自证其罪权的规范冲突。上文中提到，

---

〔81〕 Alastair Mowbray, Subsidiarity and European Convention on Human Rights, Human Rights Law Review, Vol. 15, 2013, p. 313.

〔82〕 林喜芬：《中国确立了何种无罪推定原则？——基于2012年刑诉法修订的解读》，载《江苏行政学院学报》2014年第1期。

欧洲人权法院在司法实践中并没有对沉默权和不自证其罪权作出明确区分，并将其作为无罪推定原则的题中应有之意。与欧洲人权法院类似，我国学者也主张沉默权与不自证其罪权为同一权利〔83〕。虽然现行《刑事诉讼法》从总体上对不自证其罪权做出了较好的保护，比如第50条明确规定“严禁刑讯逼供”“不得强迫任何人证实自己有罪”，但第118条仍然保留了“犯罪嫌疑人对侦查人员的提问，应当如实回答”的规定。“如实回答”条款实质性地否认了犯罪嫌疑人的沉默权，也造成了《刑事诉讼法》第12条与第118条之间的紧张与冲突〔84〕。删除“如实回答”条款，实为贯彻落实无罪推定原则的必然要求。

第三，关于证明标准。根据欧洲人权法院判例法，《公约》第6条第2项不仅确立了达到表面证据的起诉标准和排除合理怀疑的有罪标准，还强调所有的怀疑都要朝向有利于被告的方向进行解释，亦即“疑罪从无”“罪重罪轻存疑时从轻”。我国《刑事诉讼法》第195条规定“……证据不足，不能认定被告人有罪的，应当作出证据不足、指控的犯罪不能成立的无罪判决”，体现了“疑罪从无”的要求，但是并没有规定“罪重罪轻存疑时从轻”的相关内容，这不能不被视为一种缺憾。不仅如此，《刑事诉讼法》第195条规定的疑罪从无原则，在司法实践中也难以获得彻底贯彻，甚至会蜕变为“疑罪从轻”“留有余地”，导致冤假错案的发生〔85〕。从这个意义上来说，参酌欧洲人权法院相关实践，摒弃疑罪从轻、留有余地的做法，坚决贯彻存疑有利于被告的规则应成为完善我国刑事诉讼立法的当务之急。

---

〔83〕 易延友：《论无罪推定的涵义与刑事诉讼法的完善》，载《政法论坛》2012年第1期。

〔84〕 顾永忠：《〈刑事诉讼法法修正案（草案）〉中无罪推定原则的名实辨析》，载《法学》2011年第12期。

〔85〕 陈光中、张佳华、肖沛权：《论无罪推定原则及其在中国的适用》，载《法学杂志》2013年第10期。

评 论

从少数人权利视角看“多元文化主义”的衰落

——以欧洲对穆斯林法律政策的调整为切入点

魏　华[*]

引　言

“多元文化主义”（Multiculturalism）对中国读者来说是个相对陌生的词，它起源于西方，发展壮大于西方，也正在衰落于西方。虽然文化多元现象自古罗马时期就已存在，而且当今世界上大多数国家都存在不同程度和形式的文化多元现象，即不同民族、文化、宗教、语言、传统习俗等共同存在于同一社会中，但“多元文化主义”作为一种政治理念和意识形态却是现代的产物，它不仅限于简单地推崇文化多元共存这一抽象理念，而且对法律法规、社会规范、公民行为等提出了非常具体的诉求，要求国家、社会、司法、团体及个人对文化多样性予以承认，对文化差异予以尊重，平等公正地对待这些差异和不同的文化载体，并在具体政策和行为中体现出来。

多元文化主义在20世纪90年代经历了短暂的辉煌，欧洲各主要国家在其指引下长期推行文化平等、种族平等、宗教平等的法律与政策。但短短20年后的今天，其作为理念及政策开始迅速走下坡路，在西方各国遭受了不同程度的质疑和众叛亲离。导致这场危机的原因众多，其中最主要的无疑是愈发严峻的安全局势：无论是2001年纽约“9·11”恐怖袭击，2004年马德里火车连环爆炸案，2005年“7·7”伦敦地铁、巴士连环爆炸案，2013年波士顿马拉松爆炸案，还是2013年伦敦伍利奇砍杀英国军人案，或是2017年3

* ［英］魏华（Hanna H. Wei），山东大学法学院教授。研究领域：少数人权利的法理及政治哲学、多元文化主义、民族宗教纷争导致的国家安全问题、反恐与人权保护。硕士生研究生耿霄为此文做了格式调整和文字校对，特此说明并表示感谢。

月 22 日的伦敦议会大厦袭击事件，还是 5 月 22 日的英国曼彻斯特体育馆自杀式恐怖袭击，以及发生在西方世界之外（尤其中东和中亚地区）持续不断的暴力恐怖事件，似乎在逼迫人们一次次直面文化多元、种族多元和宗教多元的“副作用”。不少欧洲国家已开始逆反，偏激但也不无道理地认为正是多元文化主义理念和政策的过分包容导致原本和平安定的欧洲恶变成了恐怖主义的温床，恰恰是那些多元文化主义的最大受益者——少数人、移民、难民——在享受了多元文化主义带来的诸多特殊待遇后，仍拒绝融入和适应接纳国的文化及包容他们的欧洲政治理念。此外，因这一系列恐怖袭击多与伊斯兰极端主义有关，导致了西方对伊斯兰教的扁平化曲解和攻击，“伊斯兰恐惧症”（Islamophobia）开始滋生蔓延，与多元文化主义紧密相关的几个理念比如“包容”“文化认同”、少数人权利开始遭到批判，随之而来的是对文化多元、宗教多元在现代社会中的地位和作用的根本性质疑。

除安全局势外，动摇多元文化主义在西方世界地位的重要环境因素还有两个：第一个是持续全球化，它导致大量移民和难民不断迁入欧洲，大多数移民来自于动荡的中东和北非伊斯兰国家，这不仅给种族相对单纯、文化相对单一的欧洲造成了视觉上的冲击，更形成了文化和理念的冲撞，产生了误解、厌恶和恐慌。使误解和负面情绪进一步恶化的是第二个环境因素——经济危机，它为欧洲营造了持续的“危机氛围”，所造成的物质困顿和心理压力导致各国自主或不自主地向该国种族相对单一的历史时期和传统找寻安全感，形成了集体心理上的闭关锁国，并开始迅速通过法律、法规和政策全面阻挡、限制和排挤外来者，极端右翼政党纷纷在各国大选中凸显，并已形成多米诺骨牌效应。全球化和经济危机的负面影响波及几乎所有外来少数人群；但安全局势所导致的恐慌、全球化和经济危机这三个因素都能深刻且持续影响到的，是穆斯林。

本文在这个大背景下，从少数人权利视角切入，把西班牙、法国、英国近年来针对伊斯兰和穆斯林的一些法律法规和政策的变化做个梳理和比较，并对这些变化的共性、个性及影响做详细分析，目的在于揭示多元文化主义作为政治理念和社会政策的复杂性，质疑对其进行简单歌颂或抨击的做法。选择这三个国家的原因不仅在于它们都存在不同程度的多元文化现象，少数族裔尤其穆斯林研究起步较早并已有深厚基础；更在于这三国与伊斯兰的关系在欧洲最具代表性，反差也最大。曾被摩尔人统治近 800 年的西班牙与伊斯兰有着很深、很纠结的历史渊源，伊斯兰是西班牙历史和文化重要且无法分割的一部分。而法国与穆斯林的交集则要短得多，始于1830年法兰西第二殖民帝国对阿尔及利亚的侵略；但穆斯林移民持续不断的涌入早已使法国成为穆斯林人口最多的欧洲国家，伊斯兰教亦早已成为法国第二大宗教，法国也因此一直是与穆斯林交集最多、来往最密切、冲突也最频繁的欧洲国家。英国虽然自古就与阿拉伯世界有商贸往来，世界上大部分伊斯兰国家和地区也都曾是大英帝国的殖民地、半殖民地或被保护国，但要说英国人在其本土与穆斯林近距离接触得推迟到20世纪五六十年代，那时英联邦国家的穆斯林开始大批迁入英国务工和定居。相对于西班牙和法国来说，英国的穆斯林政策温和、包容，尽管多少带着文化俯视、殖民者宽待被殖民者的味道。

借对比这三国的相关法规政策可以说明四个问题：第一，多元文化主义形式多样，哪怕在文化相通的欧洲，在各国亦有截然不同的阐释方式和表现形式，由于本国大环境的差异，遇到了不同的困难和挑战，需要不同的应对措施；这意味着无论是对多元文化主义进行批判或是推崇都不可一概而论，需就事论事，纠结具体细节。第二，多元文化主义虽然正在衰落，但不会消失，只会换一种形式、换一个面貌示人，因为多元文化的现象会永存；但相关概念急需被重新演绎，面对现实，从理论真空中剥离出来，转换阐述方式，改变实施技巧。第三，研究“伊斯兰恐惧症”在欧洲各国的不同病症尤其它的心理学动机有重要意义，特别是在民族矛盾频发、安全局势严峻的今天。第四，制定和维护可行的多元文化政策需要对外来文化及本土传统均有细致深刻的理解，没有任何文化存在于真空当中，而是时刻存活或消亡于与其他文化的相互关系中和相互作用下，因此“关系”“互动”应是关注的焦点，不应止步于纠结某个文化的某个具体特征之优劣。

一、西班牙“摩尔人恐惧症”：历史记忆的现代重现

从少数人权利视角看多元文化主义在西班牙的衰落，可从“摩尔人恐惧症”切入。伊斯兰在西班牙不是新生事物，而是西班牙政府和人民在潜意识中长期压抑、不愿直面的事实。公元711年到1492年摩尔人对伊比利亚半岛近800年的统治，意味着西班牙文化和传统里有无法抹灭的伊斯兰基因，导致伊斯兰对西班牙的影响深入且无处不在。比如：大多数西班牙姓氏有阿拉伯语根源；西班牙语中许多词汇起源于阿拉伯语；西班牙全国划分为17个自

治区是穆斯林对其进行统治时期的产物〔1〕。但长期以来，西班牙文化既建立在伊斯兰对其深远影响基础之上，也成长于与伊斯兰影响作斗争的过程当中。由于其特殊的历史，西班牙的“伊斯兰恐惧症”较其他西方国家来说更为具体且更具特指性，即“摩尔人恐惧症”，特指对北非穆斯林尤其摩洛哥人的排挤和敌视〔2〕。这种怨恨源于公元718到1492间伊比利亚半岛上的收复失地运动，即北部基督教各国反抗和驱赶南部摩尔人穆斯林政权的长期抗争。从那时起直到500多年后的今天，摩尔人在利比利亚半岛上的历史成了西班牙不愿回顾的经历，前者对后者的正面影响（尤其在文化、艺术、建筑等领域）一直被西班牙人极力淡化但绝非全盘否定，穆斯林尤其摩洛哥人亦长期被西班牙各种媒介予以负面描绘，使得将媒体作为信息主要来源的普通民众对穆斯林尤其摩洛哥人的偏见根深蒂固〔3〕。这种有意或无意的、有些报复性的对一个族群的贬低如此持久和顽固，可见历史记忆对身份构建所起的根基性和指引性作用。

西班牙的“摩尔人恐惧症”不仅表现在普通民众与穆斯林的关系中，更表现在政府行为里，二者相互依附，相互支持。欧洲反种族偏狭委员会（The European Commission against Racism and Intolerance，简称ECRI）的第一、第二、第三和第四份西班牙国家报告均将西班牙的北非裔穆斯林确定为需要加强保护的弱势群体〔4〕。其中第四份报告中列举了穆斯林在西班牙遭遇的各种不公正待遇，包括但不仅限于种族主义袭击、政府禁止增建清真寺和穆斯林墓地，以及有资质的穆斯林教师的严重短缺〔5〕。还有调查指出，当本土居民与穆斯林发生冲突，政府通常偏向前者，尤其在新建清真寺选址和颁发穆斯林商铺买卖许可等事宜上，政府的倾向性尤其明显；几个地方政府强制关闭穆斯林商铺的行为均得到当地居民的强烈拥护〔6〕。

---

〔1〕 Juan Vernet, *El Islam en España*, Madrid: Editorial Maphre, 1993.

〔2〕 Ricard Zapata - Barrero: *The Muslim Community and Spanish Tradition*, p. 145, in Modood, Triandafyllidou and Zapata - Barrero: *Multiculturalism*, *Muslims and Citizenship*, Abingdon: Routledge, 2006.

〔3〕 参考 Bernabé López García: *El islam y la integracion de la inmigración en España*, http://www.webcciv.org/Actividades/Conferencias/islam_integracion_inmigracion.html，最后访问时间2016年10月20日。

〔4〕 ECRI Reports on Spain, adopted on 28 November 1997, 13 December 2002, 24 June 2005 and 7 December 2010 respectively.

〔5〕 Fourth ECRI Report on Spain, pp. 27 - 28.

〔6〕 Ricard Zapata - Barrero: *The Muslim Community and Spanish Tradition*, p. 149, in Modood, Triandafyllidou and Zapata - Barrero: *Multiculturalism*, *Muslims and Citizenship*, Abingdon: Routledge, 2006.

“摩尔人恐惧症”在西班牙的雇佣政策里也表现得尤为突出。国际劳工组织的《国际移民报告 9》(International Migration Papers 9)详细分析了摩洛哥裔劳工在西班牙所遭遇的全方位体制性就业歧视和排挤[7]。一份对比厄瓜多尔、哥伦比亚和摩洛哥劳工在西班牙就业状况的报告显示,在城市里,在这三个外来务工群体中,摩洛哥男性最容易遭受就业歧视,而在较偏远地区,摩洛哥女性则是最容易遭受就业歧视的群体[8]。同样,欧洲反种族偏狭委员会的第三份西班牙国家报告也指出,在“9・11”事件和2004马德里连环爆炸案后,穆斯林尤其摩洛哥劳工成为最频繁遭受私人业主不公正对待的群体[9]。还有研究显示,西班牙在雇佣外籍劳工时最倾向于东欧、南美和菲律宾劳工,而最排斥摩洛哥劳工[10]。

“摩尔人恐惧症”还体现在西班牙的《国籍法》里。《国籍法》第22条对与西班牙有历史渊源的几个国家的公民以“归化”方式获取西班牙国籍提供了非常优惠的政策:对其他国家国民所提出的硬性要求是在西班牙持续合法居住10年,而这几个国家的公民只需住满2年便可申请加入西班牙国籍。有资格享受这些特殊政策的国家包括西班牙和葡萄牙在拉丁美洲的所有前殖民地,以及安道尔、菲律宾、赤道几内亚、葡萄牙和赛法迪犹太人[11]。值得注意的是,享受这些优惠政策的理由是这些国家与西班牙的“历史渊源”,要么是前殖民地,要么这里的人是曾经世代生活在西班牙领土上的族群;但1912年的《费兹条约》使摩洛哥北部和南部地区成为西班牙的保护领土(直到1956年条约被废除),以及西班牙在1884至1975对西撒哈拉的统治,是同样性质的“历史渊源”,但却没有使摩洛哥成为这些优惠入籍政策的受惠国。

---

[7] http://www.ilo.org/wcmsp5/groups/public/—ed_protect/—protrav/—migrant/documents/publication/wcms_201044.pdf,最后访问时间2016年10月20日。

[8] Colectivo Ioé, “*Experiencias de discriminación de minorías étnicas en España - Contra Inmigrantes no - comunitarios y el colectivo gitano*”, European Monitoring Centre on Racism and Xenophobia, Ref No. 2002/02/01, 2003: http://www.sp.upcomillas.es/sites/mtas/Lists/Documentos/Attachments/58/EUMC.pdf,最后访问时间2016年10月20日。

[9] Third ECRI Report on Spain, p. 26.

[10] Ricard Zapata - Barrero: *The Muslim Community and Spanish Tradition*, p. 147, in Modood, Triandafyllidou and Zapata - Barrero: *Multiculturalism, Muslims and Citizenship*, Abingdon: Routledge, 2006.

[11] 赛法迪犹太人(Sephardi Jews)是犹太人的分支之一,历史上长期生活在穆斯林统治下的伊比利亚半岛,15世纪末随着基督教王国将穆斯林政权驱逐出半岛,赛法迪犹太人也被逐出了西班牙和葡萄牙。

需要强调的是，西班牙在文化多元尤其与穆斯林的关系处理上并非一无是处，其在以下几个方面的努力方向感明确。第一，法律法规和“双边协议”：1978 年的《西班牙宪法》确立了政教分离的原则，保障个人和团体宗教信仰自由，规定宗教差异不得成为不平等待遇和歧视的理由，且任何宗教都不具备国家性质〔12〕。这部宪法表达了西班牙传统宗教理念的巨变，开启了它从单一天主教国家到宗教多元国家的转变——起码名义上的转变〔13〕。1980 年的《宗教自由法》（Ley Orgánica de Libertad Religiosa）将 1978 年宪法中的相关条款具体化，赋予得到政府承认的宗教团体一定的特权，并敦促政府与它们签订“双边协议”，以明确各自的权利和义务，划定行为边界，确立交往准则〔14〕。这使西班牙成为为数极少的与宗教团体签订此类协议的欧洲国家之一。其中与西班牙伊斯兰委员会（Comisión Islámica de España）于 1992 年 4 月签订的协议于同年 11 月正式成为法律，对以下几个方面进行了慷慨和宽松的规定：传统宗教节日的庆祝，清真寺和其他穆斯林祷告场所的尊重和保护，神职人员的权利和义务，传统宗教活动税收减免，工作场所支持祷告和其他宗教活动的义务，公立及私立学校提供宗教教育的义务，以及穆斯林墓地的规划兴建等〔15〕。此外，西班牙还于 2007 年颁布了《反对暴力、种族主义、仇外和狭隘法》（Ley contra la violencia, el racismo, la xenofobiay la intolerancia en el deporte），以抵制运动场上针对宗教或种族的侮辱性行为。第二，除搭建法律框架外，西班牙政府还主导成立了由宗教团体和政府部门共同构成的“多元化与共存基金会”（Fundación Pluralismo y Convivencia）。该机构向宗教团体和少数民族文化、教育项目提供资金资助，并组织研讨会，发表研究报告，以促进跨宗教和跨文化交流及平等对话〔16〕。第三，除政府行为外，各类非政府组织及民间社团也一直在起作用，以各自的方式为遭遇体制性排挤和歧视的穆斯林移民提供咨询和帮助，组织和参与宣传及抗议，揭露双重标准，批判仇外和狭隘的民族主义，宣扬文化及宗

---

〔12〕 1978 年西班牙宪法第 16 条（1）、（2）、（3）。

〔13〕 与此形成鲜明对比的是西班牙 1812 年首部宪法第 12 条：“西班牙的宗教是并且将永远是天主教。西班牙通过明智和公正的法律保护天主教，禁止其他一切宗教。” http：//www. congreso. es/docu/constituciones/1812/ce1812_ cd. pdf，最后访问时间 2016 年 10 月 20 日。之后几部宪法虽然提到宗教平等，但均没有实际效果。

〔14〕《宗教自由法》第 7 条（1）。

〔15〕 Acuerdo de Cooperación entre el Estado España y la Comisión islámica de España：http：//www. religlaw. org/content/religlaw/documents/coagrspstislamiccom1992. htm，最后访问时间 2016 年 10 月 20 日。

〔16〕 http：//www. pluralismoyconvivencia. es/，最后访问时间 2016 年 10 月 19 日。

教多元的正面价值。

但总的来说，这些努力的整体效果不尽如人意，主要表现在以下几个方面。首先，尽管宗教平等及对穆斯林宗教信仰的保护被写进了西班牙法律，但它的实际保护作用微小，相当于只喊出了口号。与伊斯兰委员会签订的“双边协议”也基本上是个空架子，没有任何资金或具体行动以兑现其中的承诺。比如，协议第10条规定，西班牙教育法所保护的受教育权利包括在公立学校以及由公共资金支持的私立学校中接受宗教教育的权利，因此只要穆斯林家长提出要求，学校必须提供伊斯兰宗教教育，授课老师必须由伊斯兰委员会委派，教学内容也由伊斯兰委员会指定；此外，协议还允许伊斯兰委员会成立自己的学校、大学和培训中心。但实际情况是，只有极个别学校有能力提供伊斯兰宗教教育，在穆斯林聚集的几个区域和城市，有资质的穆斯林教师严重短缺，甚至没有。司法部曾尝试通过多元化与共存基金会去推动这个领域的发展，阶段性成果包括在伊斯兰委员会监督下出版的两本伊斯兰教小学教科书〔17〕。值得关注的是，一项有巨大争议的教育改革措施（Ley Orgánica para la Mejora de la Calidad de la Enseñanza，简称 LOMCE）于2014年9月开始实施，使宗教教育成为必修课，政府将增加对私立宗教学校的经费支持。虽然教育部长韦尔特坚称“宗教教育”绝不等同于“天主教教育”，而是包括伊斯兰在内的所有被国家承认的主流宗教教育，但西班牙政府与天主教会众所周知的亲密关系使人们担忧这项改革将导致大多数政府资金流入中产阶级聚集的天主教学校，使阶层和宗教间的不平等及隔离进一步加剧。

其次，除了政府及非政府组织不尽如人意的表现外，西班牙主要穆斯林组织内部的不统一是保护穆斯林利益的另一巨大障碍。西班牙伊斯兰委员会由两个联盟组成，即伊斯兰宗教团体联盟和伊斯兰社团联盟，二者间的权力斗争由来已久，二者都想成为西班牙穆斯林的唯一代表，这使委员会内部大小纷争不断，通力合作难以实现，导致与政府所签协议的部分条款无法实施〔18〕。基层穆斯林团体间也存在不同程度的争斗，为争夺项目资助，也为扩大影响力〔19〕。

---

〔17〕 Descubrir el islam 1 & 2，2009.

〔18〕 J. Moreras, *Limits and contradictions in the legal recognition of Muslims in Spain*, in W. Shadid and P. S. Von Koningsveld (eds.) *Religious Freedom and the Neutrality of the State: The Position of Islam in the European Union*, Leiden: Peeters, 2003.

〔19〕 Ricard Zapata - Barrero: *The Muslim Community and Spanish Tradition*, p. 151, in Modood, Triandafyllidou and Zapata - Barrero: *Multiculturalism, Muslims and Citizenship*, Abingdon: Routledge, 2006.

西班牙在处理与穆斯林关系、保护穆斯林权益等领域所做的努力成效有限的第三个表现，是普通民众对伊斯兰和穆斯林的一贯负面看法不仅没有改变，而且在经济危机所诱发的不安全感、仇外、替罪羊心态的作用下不断恶化，导致了持续的文化争执甚至暴力冲突。在跨文化、跨宗教对话缺乏大环境、机会、人力尤其诚意的情况下，西班牙急需从制度层面给一个强反作用力，建立多层次的、包容的对话机制，为本土居民与穆斯林之间的了解、沟通和交流建立自由平和的环境，逐渐改变目前趋势。但长期浸泡在天主教传统中的西班牙，尝试接纳多元文化及应对其挑战仅有几十年，历史记忆之清晰，老观念之根深蒂固，新问题之艰巨和繁杂，使它束手无措，不得不紧紧拽着传统这根救命稻草，并因此更加难以从一贯的思维和行为方式中跳出来，做出跨文化、跨宗教交流的大举动。但其实第一步恐怕并不难迈，西班牙首先需要直面历史，承认它的历史文化传统基因中自带多元性：无论是摩尔人的入侵，还是后来西班牙帝国的殖民史，都使它在不同的时间段、以不同的方式和力度、持续不断地从多种民族、文化、传统、宗教和语言中汲取了养分、抽取了元素。既然现实困境可在很大程度上归因于历史，解决现实问题的必经途径是诚实直面历史，在此基础之上来解读并尝试解决多元文化共存在西班牙出现的问题。

二、法国“世俗主义”与公共领域中的信仰表达

要想全面和正确解读多元文化主义在法国的现状，尤其法国对待伊斯兰和穆斯林的态度，首先要了解法国政教分离的政治传统以及其教育制度的全面世俗化。如果说西班牙的政教分离是模糊的、心不诚的、名存实亡的，法国的则是绝对的、激进的、全方位的。“政教分离”（la ï cité）可谓是法国的国教。在与教权主义进行近一个世纪的激烈斗争后，法国政府终于在 1905 年颁布了《世俗法》（Loi de séparation des églises et de l’état），正式确立政教分离的原则，政府对宗教团体的财政支持自此终止。需要强调的是，《世俗法》废除的并非宗教，而是宗教权力干预国家治理和社会生活的资格；它通过阐释理性、实证的世俗信仰，立志于实现公共领域和私人空间的严格切割，并将宗教限制在后者中——个人宗教信仰属于私人生活的一部分，政府无权干预，而政府、政治和社会生活归于公共领域，亦不得被宗教影响和操纵，更不能成为贯彻和传播宗教信仰的工具和媒介。法国政府认为这种“公私分

明”不仅不会对宗教信仰自由产生负面影响，反而会因为中立政府不偏袒任何一个宗教，有利于宗教间的平等与共存。如《世俗法》第1条所说：“共和国保证意志自由，保证不损害公共秩序的宗教信仰自由。”〔20〕这个建立在宗教信仰自由基础上的“政教分离”概念在法兰西第五共和国1958年宪法第2条中再次得到阐释：“法兰西为不可分割、非宗教的、民主的并为社会服务的共和国。全体公民，不论血统、种族和宗教信仰的不同，在法律面前一律平等。法兰西共和国尊重一切信仰。”可见，“政教分离”被明确阐述成了宗教信仰自由基础上的政府中立。

近年来，穆斯林群体在多个西方国家中与主流社会的争端通常涉及着装，在法国亦是如此。而关于穆斯林着装的争议又通常始于学校，因此我们需要首先将目光投向法国的文化教育，探究文化教育，尤其公立教育与宗教、与法式“政教分离”的渊源。历史上法国的文化教育一直在不同程度上受到教会干涉和制约，在19世纪后半叶，如何使教育摆脱教权控制成为政教矛盾的核心。直到1882年《费里法》（Lois Jules Ferry）的颁布，世俗教育原则才得以正式确立，它规定公立初等学校不得再提供宗教教育，并彻底废除教会对学校的监督权，法国公立教育世俗化由此开始。接下来，1886年的《戈布莱法》（Loi Goblet）使世俗化进一步深入和蔓延，规定只有世俗人员才能在公立学校任教，自此一切神职人员和宗教团体都被挡在了公立学校门外。而标志着法国公立教育世俗化过程完成的，是1959年的《德勃雷法》（Loi Debré），它明确了国家和私立学校的关系，规定国家可以在尊重教育自由的基础上，通过财政手段和签订契约的方式，对私立学校教学大纲和教师资格等事宜进行监督和控制。可见，法国政教分离的理念在文化教育领域的贯彻是全方位、激进、颠覆性的；教学不应带有任何宗教色彩逐渐成为法国主流社会的共识，延续至今。

清楚了这个大背景，就不难理解法国政府及其公立学校对穆斯林的一系列排斥性举措。作为西欧穆斯林人口最多的国家，法国关于穆斯林着装的争议由来已久，并且有三个关键时间段。第一个时间段从1989年开始：法国北部城镇克雷伊的三位穆斯林女生因佩戴头巾进入学校而遭到开除，这貌似不起眼的事件直接导致了之后一连串的抗议性穆斯林头巾和全脸面纱事件，也

〔20〕“La République assure la liberté de conscience. Elle garantit le libre exercice des cultes sous les seules restrictions édictées ci – après dans l'intérêt de l'ordre public.”

引发了洪水般的关于国家民族认同和多元文化主义的激烈争论，持续至今。在许多法国人眼里，头巾事件证明了伊斯兰和西方世界的不可融合，穆斯林不能也不愿真正融入法国社会、接纳法国文化、成为法国人。为了平息事件以及为以后类似案件提供前车之鉴，时任教育部长、社会党人利昂内尔·若斯潘请法国最高行政法院针对事件给出意见。1989年11月27日，法院引用法国《宪法》和《欧洲人权公约》，强调了三位女学生有宗教信仰自由和表达自由，明确指出大原则是宗教符号和服饰不应在公共空间里被禁止，除非它们过于夸张明显或明确表达一种政治诉求；只要佩戴宗教符号、穿戴宗教服饰不影响学生正常上课和参与学校相关活动，就不能成为开除的理由〔21〕。最高行政法院还强调，应付此类案件没有统一准绳，应由法官根据每个案子的具体细节逐案给出判决。至此，头巾事件本应告一段落，但实际情况是法院的判决并没有改变三位女学生的境地，她们一直被拒绝回到学校；直到11月底，摩洛哥国王为此事发表电视讲话、恳请其中两位摩洛哥裔女孩的父母让孩子摘掉头巾，两位女孩才于12月2日被批准重新入学；另外一位突尼斯裔女孩拒绝摘掉头巾，从此再也没有被允许返校〔22〕。

在接下来的几年中，法国其他城市陆续发生了多起穆斯林女生因佩戴头巾而被学校开除的事件。最高行政法院一直遵循1989年的判决：只要女孩们在学校遵守纪律、正常参与教学活动，佩戴头巾应被允许，不得成为开除的理由。但局势从1993、1994年开始变化，这是第二个关键时间段的起点。几位公立学校的穆斯林女生因为佩戴穆斯林头巾被开除，时任教育部长、民主党人佛朗索瓦·贝鲁于1994年9月发布指令，要求所有公立学校在校内禁止明显的宗教服饰和符号的穿着及佩戴，包括穆斯林头巾。此禁令一出台，穆斯林女生被开除的事件在极短的时间内从几百飞升到几千件。2003年，时任总统希拉克组建的斯塔西委员会（Commission de réflexion sur l'application du principe de la ï cité）在其报告中也建议，明显的宗教符号和标志的佩戴在公立学校中应被全面禁止。法国政府采纳了这个建议，并于2004年2月正式颁布法令禁止在公立学校中佩戴明显的宗教符号，不仅包括穆斯林头巾，还包

〔21〕 http：//www. conseil－etat. fr/，1989年11月27日，最后访问时间2016年10月19日。

〔22〕 John R. Bowen, Why the French Don't Like Headscarves, Princeton: Princeton University Press, 2007, p. 86.

括大型基督教十字架和犹太教小帽，违反规定的学生将被开除[23]。从表面上看，该法令并非针对穆斯林，因为它禁止一切明显的宗教符号；但作为法国第二大宗教的信徒，穆斯林受这部法令的影响最大、最广泛[24]。政府的倾向性也很明显，因为与其他宗教相比，伊斯兰极端思想在公立学校中扎根和蔓延已成为法国政府最大的担心。至此，法国公立学校的去宗教化实现了，不仅宗教课程被禁止，一切与宗教相关的表达、活动和仪式也均被禁止；宗教被限制在家庭和教会这些“私领域”中——政教分离的公共规则高于个人宗教信仰自由。

与穆斯林着装相关的第三个关键时间点是2010年9月14日，法国参议院以246票对1票的压倒性优势通过法案Loi interdisant la dissimulation du visage dans l’espace public，全面禁止任何人在公共场所蒙面，适用范围包括面罩、头盔、巴拉克拉法帽、伊斯兰面纱、罩袍以及其他一切遮挡面部的装束，违反此法者将遭到罚款。此法使法国成为首个明令禁止穆斯林妇女在公共场所穿戴面纱和罩袍的欧洲国家[25]，并引发了新一轮对个人宗教信仰自由、表达自由、国家主流价值和法治原则之间复杂关系的激烈辩论。禁令得到主流社会的广泛认可和支持，不少穆斯林团体和个人亦认为伊斯兰面纱和罩袍是对伊斯兰教义的曲解和对妇女的歧视及压迫，立法禁止是明智之举。但反对禁令的声音也很洪亮，反对者认为国家以立法形式规制着装侵犯了穆斯林个人私生活和家庭生活受尊重权，以及思想、意志、宗教、言论和表达自由；此外，全法国只有约2000名穆斯林妇女穿着遮脸面纱和罩袍，立法禁止不仅小题大做，还会适得其反，非但解决不了这2000名妇女在家庭和社区中遇到的困难，还会使法国主流社会与穆斯林公民之间的误解加剧，矛盾恶化。支持禁令的穆斯林强调多数穆斯林妇女是被迫穿戴面纱和罩袍的，而反对禁令的穆斯林则坚称多数是自愿的。值得注意的是，欧洲人权法院于2014年7月

---

〔23〕 Loin° 2004－228 du 15 mars 2004 encadrant, en application du principe de la ï cité, le port de signes ou de tenues manifestant une appartenance religieuse dans les écoles, collèges et lycées publics.

〔24〕 需要明确的是，该禁令只禁止在公立学校中佩戴“大型”基督教十字架，并非禁止一切十字架的佩戴，也不禁止在私立学校中佩戴宗教符号。而因为大型基督教十字架极少见，禁令基本不影响基督徒。

〔25〕 目前除法国外，比利时、奥地利、保加利亚也已立法禁止穆斯林妇女在所有或部分公共场合穿戴面纱和罩袍。荷兰议会于2016年11月投票支持在部分公共场所（比如学校、医院和公共交通）禁止遮面，包括穿戴面纱和罩袍，但还未有相关法律出台。德国首相默克尔于2016年12月提出德国也应尽快立法全面禁止面纱和罩袍，但目前国家层面还未有相关法律出台；值得注意的是，德国有至少八个州已明令禁止学校老师戴穆斯林头巾，其中黑森州的该项禁令还覆盖公务员。

1日决定支持法国政府的面纱禁令，认为它非但不侵犯宗教信仰和表达自由，还能帮助穆斯林妇女与其他宗教信仰和背景的人更好地沟通和生活在一起〔26〕。

除了提出给公立学校去宗教化的建议外，斯塔西委员会在报告中还举证阐述了宗教（尤其伊斯兰）对法国医疗制度和医院日常运作的干扰和威胁：父亲和兄弟拒绝男性医生为自己的妻子或姐妹做治疗；患者因为宗教信仰不同而要求更换护士；医院走廊成了祷告场所；家属私自为患者提供传统食品，等等〔27〕。和公立学校对穆斯林着装的限制以及后来的面纱禁令所表达出来的极端、决绝的“政教分离”理念相比，法国医院表现出了对“政教分离”相对温和、务实的理解：在不影响医务人员医治和照顾病人的前提下，大多数医院允许、起码愿意容忍适度的宗教信仰表达。比如，一些医院承认自身无法满足穆斯林病人基于宗教信仰合理但特殊的饮食需求，因此允许病人或病人家属自带清真食品〔28〕。此外，法国医院在医务人员戴穆斯林头巾的问题上也显得较灵活，公共领域中“政教分离”虽然是统一观点，但在其具体执行方式和强度上，并没有统一的做法。在权衡利弊后，多数医院会允许穆斯林医务人员佩戴头巾式罩帽（mobcap）；坚持禁止头巾的医院打的也是卫生安全而非“政教分离”的旗号〔29〕。

法国医院相比于学校在穆斯林着装问题上较为温和是有特殊原因的。首先，医院的环境、人员组成和工作性质与学校相比要复杂得多，不同专业、不同文化和宗教背景司空见惯。其次，以患者为本的宗旨决定了医院最关注的不该是医务人员的穿戴，而是治病救人的职责，只要穿戴不影响救死扶伤，对“政教分离”和“宗教中立”的坚持理应退居其次。而学校的目的是教书育人、传播理念，理所应当具有一定的强制性，而医院没有这些职责，也不是宣扬和传播政治理念、塑造公民意识的场所。第三，医务人员的短缺无疑是法国医院在对宗教着装的限制上不那么强硬的另一原因。第四恐怕也是最根本的原因，是医院不完全符合“公共领域”的定义，它并非完全开放的空间，而是半封闭的；而法国“政教分离”建立在公共领域和私人领域的严格

〔26〕 Affaire S. A. S. c. France, http: //hudoc. echr. coe. int/sites/eng/pages/search. aspx? i = 001 - 145240，最后访问时间2016年11月20日。

〔27〕 La ï cité et République: Rapport au Président de la République, pp. 92 - 93.

〔28〕 Bowen, Bertossi, Duyvendak & Krook, *European States and Their Muslim Citizens*, 2014, p. 122.

〔29〕 Bowen, Bertossi, Duyvendak & Krook, *European States and Their Muslim Citizens*, 2014, pp. 125 - 127.

划分基础之上，只适用于公共空间[30]。医院介乎两者之间的灰色地带。

欧洲法院（Court of Justice of the European Union）2017 年 3 月 14 日两个备受争议的最新裁决值得关注，法院确立了如下大原则：欧洲境内的公司可以禁止员工在工作场所佩戴头巾、面纱和罩袍等宗教意味明显的服饰，前提是代表其他宗教和政治信仰的符号和服饰也都被禁止，以做到不歧视，在一视同仁的基础上维护工作环境中的“信仰中立”。法院表示，公司可以制定内部规则禁止员工佩戴任何表达政治和宗教信仰的符号和服饰，这不涉及间接歧视（indirect discrimination）；但如果公司在没有类似内部规定的情况下，因为某一客户质疑某一员工的穆斯林传统着装而将其开除，则是歧视[31]。欧洲法院所裁决的是分别来自比利时和法国的两个案子：比利时案中，穆斯林女性雇员所工作的公司一直有“不成文的规定”，禁止所有表达政治和宗教信仰的明显标志和服饰，但在她开始佩戴头巾的第二天改成了具体的成文规定。虽然该规定禁止一切明显宗教符号和服饰的佩戴，不仅仅涉及伊斯兰教，但欧洲法院认为案子的具体细节让人不难想象该公司的相关规定是针对穆斯林的，涉及间接歧视，因此要求比利时法庭重新审理[32]。法国案中，公司在接到一位客户的投诉后要求当事穆斯林女性雇员摘掉头巾，雇员拒绝后被解雇。欧洲法院要求法国法庭确认该公司是否有确切规定无区别地禁止一切表达政治及宗教信仰的符号和装束，并明确指出禁止雇员在与客户接触时佩戴宗教符号或服饰是歧视，尤其如果禁令只影响到穆斯林雇员。值得注意的是，目前几个欧洲国家在公众场合所禁止的都是遮挡面部的穆斯林装束（比如面纱和罩袍），而这两个案子所涉及的穆斯林妇女服饰是头巾的一种——hijab，只遮盖头部和颈部，并不遮挡面部。可见，虽然这两个裁决所涉及的并非广

---

〔30〕 Haut Conseil à l'intégration（HCI），*Charte de la laïcité dans les services publics et autres avis*，2007，p. 201.

〔31〕 "An internal rule of an undertaking which prohibits the visible wearing of any political, philosophical or religious sign does not constitute direct discrimination. However, in the absence of such a rule, the willingness of an employer to take account of the wishes of a customer no longer to have the employer's services provided by a worker wearing an Islamic headscarf cannot be considered an occupational requirement that could rule out discrimination."

http://www.independent.co.uk/news/world/europe/european-court-justice-islamic-headscarf-hijab-ban-employers-legal-religious-symbols-case-belgium-a7628626.html；最后访问时间 2017 年 3 月 16 日。

〔32〕 http://curia.europa.eu/juris/document/document.jsf?text=&docid=188852&pageIndex=0&doclang=EN&mode=req&dir=&occ=first&part=1&cid=558741；最后访问时间 2017 年 3 月 16 日。

义的“公共领域”而是“工作场所”，它们在一定程度上可以被解读为欧洲在限制宗教装束上进一步收紧政策。

三、当“英国价值”遭遇外来文化冲击

与西班牙和法国相比，英国的多元文化政策是宽容和积极的，这与它曾经是多民族帝国有很大关系。但如文章开头提到的，英国对待外来文化以及文化多元共存现象一直或多或少保持着俯视姿态，其通过官方和非官方途径及方式所表达出来的文化宽容多少带着殖民者宽待被殖民者的意思，尽管帝国不再。包容的政策和相对宽松的社会环境使英国穆斯林比欧洲其他国家的穆斯林更愿意、更善于也有更多机会表达他们的诉求〔33〕。这些诉求大致可以分三类，它们相互关联和依附。

第一类诉求涉及反对宗教歧视、反对歧视伊斯兰信仰和信徒。在西方多元文化主义思想中，“宗教歧视”和“种族歧视”密不可分，前者一定程度上依附于后者，原因是宗教信仰，尤其少数人宗教信仰通常和某一特定的种族挂钩，比如说犹太人信犹太教，锡克人信锡克教，由此产生了种族、族群是宗教信仰的前提的片面、错误认识。直到2003年12月为止，除了限用于北爱尔兰的保护天主教徒的专门法律外，英国一直没有全面禁止“宗教歧视”的法律法规，只有禁止“种族歧视”的相关法律。因此犹太教教徒、锡克教教徒不能作为教徒受到法律保护，而是分别作为犹太种族和锡克种族受到保护。需要注意的是，英国政府并没有把“穆斯林”认定为一个种族，这意味着一个穆斯林可以作为巴基斯坦人、摩洛哥人或者阿拉伯人受到禁止“种族歧视”的法律保护，而不能作为“穆斯林”“伊斯兰教教徒”受到保护。

这个状况一直持续到1999年的《阿姆斯特丹条约》正式生效，“宗教歧视”被正式认定为歧视的一种。英国于2003年底开始明令禁止就业领域宗教歧视，“穆斯林”“伊斯兰教教徒”开始得以因其宗教信仰在就业时受到反歧

---

〔33〕需要强调的是，除了个别孤立事件外（最近期的一次是3月22日发生在伦敦议会大厦附近的恐袭事件），英国长年面临的恐怖主义威胁并非来自穆斯林群体。

视法的保护[34]。此外，2006 年的《种族和宗教仇恨法案》（Racial and Religious Hatred Act 2006）禁止一切有意挑起宗教仇恨的言论和行为；而 2010 年的《平等法案》（Equality Act 2010）梳理和整合了现有多个领域的反歧视法案，进一步禁止基于宗教和信仰的歧视。值得注意的是，英国目前没有任何法律法规禁止穆斯林在公众场合或就业场所穿戴穆斯林服饰（包括罩袍），但时而也有穆斯林女性因戴头巾而遭到不公正待遇或被解聘的消息见报，也有穆斯林女性因为担心就业歧视而自主放弃头巾的佩戴。与法国的情况类似，英国也没有统一的法律法规禁止穆斯林女性医务人员在医院里戴头巾甚至佩戴遮脸面纱，各医院有自立规矩或不立规矩的自由。2013 年 9 月，英国卫生部要求专业监管机构英国医学总会（General Medical Council）审查公立医疗服务机构的着装政策并进行必要改革，强调病人与医务人员“面对面”沟通比个人佩戴面纱以表达宗教信仰的权利更重要。穆斯林委员会（Muslim Council of Britain）在回应中表示从未接到过患者因医务人员佩戴面纱或穿戴其他穆斯林服饰而导致沟通障碍的投诉，因为几乎没有任何穆斯林医务人员在与病人接触时佩戴面纱。内政大臣随后也表示，个人有着装的自由，政府无权干涉。值得一提的是，上文所提到的欧洲法院 2017 年 3 月 14 日的两个允许欧洲境内公司在工作场所禁止员工穿戴头巾、面纱、罩袍等宗教意味强烈的服饰的裁决遭到英国首相特蕾莎·梅的批判，她强调女性应有自主选择着装的自由，政府和法律可以不喜欢但无权干涉。

英国穆斯林的第二类诉求，是建立信仰多元共识，实现伊斯兰与其他宗教间的平等。对宗教间平等的诉求又主要体现在要求政府支持和资助穆斯林学校上。宗教学校（faith schools）在英国有很长的历史，它们或者直接由宗教团体资助和管理，或者接受不同程度的政府资助，名义上与教会保持从属关系，实际上遵循政府所定的标准提供不同程度的世俗教育。宗教学校并非只教授宗教知识，而是在完成国家统一教育大纲教学的前提下提供额外的宗教教育。需要注意的是，近年来“宗教学校”一词基本用于特指由政府资助的、由宗教团体运作管理的学校。直到 1997 年工党上台，英国政府一直只资助基督教学校及个别犹太学校，其他宗教学校均由宗教团体或私人投资支撑。2014 年，超过 1/3 的由政府资金支持的学校有宗教背景，其中 99% 为基督教

---

[34] Employment Equality (Religion or Belief) Regulations 2003; Tariq Modood, *British Muslims and the Politics of Multiculturalism*, p. 43, in Modood, Triandafyllidou and Zapata - Barrero: *Multiculturalism, Muslims and Citizenship*, Abingdon: Routledge, 2006.

学校；全英范围内穆斯林学校共有156所，其中13所为政府资助[35]。

尽管教育部的数据和排名显示宗教学校在各个年龄段的学术表现均远远优于世俗学校，但宗教学校尤其穆斯林学校却一直是负面舆论的焦点。争议主要有以下三点：一是不公平的招生政策。宗教学校的严格管理和优秀教学质量使它们深受家长青睐，因此入学门槛通常很高，竞争激烈。虽然宗教学校普遍接收无宗教信仰的学生，但有宗教信仰的家庭明显受偏爱。虽然宗教学校有这样的招生偏好似乎天经地义，但如果大多数好学校都有宗教背景，而择优录取又不以成绩作为唯一准绳，则确实对成绩优异而又无宗教信仰的孩子有失公平。不少家长不得已地渲染夸大自己的宗教信仰程度，以助孩子进名校。也有统计显示，宗教学校（尤其基督教学校）在选拔学生时更偏爱家庭条件优越、父母受教育程度较高的中产阶级家庭的孩子。这些有失公平的偏好导致一些评论者（其中包括有宗教背景的团体和个人）指出宗教学校的优异表现并非因为教学质量好或宗教对学生的正面影响、鞭策和约束，而是因为学生本身基础好、起点高，因为家庭环境优越、父母受教育程度高[36]。与此相关的第二个争议，是宗教学校与世俗学校并存的教育体制导致社会分化。在一个多元社会中，不同宗教和文化背景的孩子只有在一起接受教育，让文化和宗教相互交融和碰撞，理解才更容易产生，孩子才会成长为接受和习惯多元文化氛围的公民。分开教育虽然有利于各自文化特征和宗教信仰的巩固和延续，却会导致文化和宗教的永久性隔离和分化。但话又说回来，因为宗教学校也接收无宗教信仰的学生并且教授国家统一的教学大纲，因此与外界并非完全隔离，但跨宗教、跨文化沟通的空间是有限的，渠道是狭窄的。

第三个争议仅针对有穆斯林背景的学校。2014年3月曝光了一封据称是英国伯明翰的极端伊斯兰分子写给同党的信。写信人在信中以纲要的形式教导同党如何通过更换校领导和教师、煽动家长闹事等方式，将伯明翰的公立中小学校伊斯兰化，向学生灌输伊斯兰极端思想。虽然这个名为“特洛伊木马行动”计划的真实性难以辨别，却在英国引起了轩然大波。伯明翰市议会、教育部、苏格兰场等对阴谋指控前后进行了四次调查。调查结果显示，的确有人针对特定学校进行了一系列有组织的行动，包括修改教学大纲，使

〔35〕 http：//ams－uk. org/faq/，Association of Muslim Schools。最后访问时间2016年10月18日。

〔36〕 Elizabeth Oldfield，Liane Hartnett and Emma Bailey，“*More than an Educated Guess：Assessing the Evidence on Faith Schools*”，London：Theos，2013.

伊斯兰教育的比重大大增加；将现代语言课程的选择仅限阿拉伯语和乌尔都语；取消音乐课及表演课；邀请极端分子到学校演讲；鼓励学生敌视西方国家及民主理念、其他宗教、种族（尤其犹太人）、同性恋；非穆斯林教师被边缘化或被迫离职；非穆斯林学生遭到排挤；男生女生隔开上课，女生坐在男生后面；与性有关的词语遭到禁用；圣诞节庆祝活动被取消；学校组织教师学生到沙特阿拉伯旅游，非穆斯林禁止参加，等等〔37〕。作为对策，英国政府相关部门撤换了部分学校的相关教职员工，同时研究加强监管的措施和办法，并开始反思教育制度及学校体系，同时在全国范围内的中小学中加大力度宣传"英国价值"，即民主、法治、个人自由、宗教间的平等、相互尊重和宽容。另一个迫使英国政府和民众反思伊斯兰极端思想对英国年轻人的影响的事情是，据英国国防部统计，英军中的现役穆斯林官兵总数大约是 600 人，而近年来投身极端恐怖组织、在中东地区参与"圣战"的英籍武装人员至少有 1500 人。其中恐怖组织"伊斯兰国"中超过 3000 名外籍武装人员中，有 1/4 是来自英国的年轻人〔38〕。如何抵御宗教极端思想渗透进校园和年轻人社团使之沦为极端主义分子培养接班人的训练营，已成为一个迫切需要解决的社会问题。

英国穆斯林的第三类诉求，是要求公共机构、司法体系增强对伊斯兰信仰、穆斯林社团和个人的容纳性。其中最具争议的应属要求英国司法体系通过承认伊斯兰"沙里亚法庭"（sharia court）合法性的方式承认并将伊斯兰信仰元素吸纳进世俗法律体系，允许伊斯兰教法在司法判案中起指引作用。伊斯兰沙里亚教法有多个来源，包括可兰经、圣训（the Hadith，即先知穆罕默德的教诲）以及教令（fatwas，即伊斯兰学者的裁决），它规范和治理穆斯林生活的每一个方面。目前英国大约有 85 个沙里亚法庭，由穆斯林机构自行组建并管理，自 1982 年以来就与英国法律制度平行存在，但只处理民事案子。虽然沙里亚法庭不被英国司法体系承认，也无权施加任何刑罚，但近年来出现的一个现象是越来越多的英国穆斯林开始选择上沙里亚法庭，用伊斯兰教法解决民事纠纷，尤其家庭矛盾、离婚等相关事宜。对他们而言，用伊斯兰

〔37〕 Patrick Wintour, Trojan Horse Inquiry: 'a coordinated agenda to impose hardline Sunni Islam', at http://www.theguardian.com/uk-news/2014/jul/17/birmingham-schools-inquiry-hardline-sunni-islam-trojan-horse, The Guardian, 2014-07-17。最后访问时间 2016 年 10 月 19 日。

〔38〕 http://www.newsweek.com/twice-many-british-muslims-fighting-isis-armed-forces-265865, Newsweek, 2014-08-20。最后访问时间 2016 年 10 月 19 日。

教法处理家庭及经济问题，是对自己宗教信仰的实践和延续。但在很多人（尤其非穆斯林）看来，伊斯兰教法对英国穆斯林的吸引力令人担忧，因为一些规矩及其背后的理念与世俗法律大相径庭，甚至背道而驰。首先，伊斯兰教法不承认男女平等，女人享有的权利相比男人来说少之又少。比如，男人想要结束婚姻非常容易，女人想要离婚就非常困难；另外，女人没有与男人平等的继承权，通常情况下继承的数额是同阶层男性的一半。虽然沙里亚法庭的运作是建立在自愿基础上的，即双方都必须是自愿选择用伊斯兰教法而非世俗法律解决当前问题，但穆斯林社会中普遍性的男女不平等意味着女性很有可能是被迫选择的伊斯兰教法。其次，伊斯兰教法不保护同性恋权利或者宗教信仰自由等被英国世俗法律保护的基本权利和少数人权利，与“英国价值”背道而驰。最后（也是与此相关的），沙里亚法庭与英国世俗法律平行共存，将从种族、宗教、政治理念等多个方面固化差异与分歧，永久性地将部分穆斯林排除在英国主流社会尤其主流社会的理解范围之外。

这种担忧被英格兰及威尔士律师公会（The Law Society）于2014年3月发表的一份准则猛烈而迅速地加重了〔39〕。这份准则目的在于指导英国律师如何撰写符合伊斯兰教义的遗嘱，即相当于授权英国世俗法律制度中的律师制订剥夺女性（尤其离异女性）、非婚生子女及被领养子女平等继承权，剥夺非穆斯林全部继承权的遗嘱。我们可以将律师公会这份准则视为伊斯兰教法被正式吸纳进英国法律或者说被英国法律所承认的标志。当然，每个人（穆斯林或非穆斯林）都有按自己的意愿和宗教信仰立遗嘱的自由，我们也可以将这份准则理解为保护了一个特定人群的基于一个特定宗教的意志自由。伊斯兰教法在英国的兴盛引起了官方民事法庭的注意，沙里亚理事会的成员开始频繁受邀在世俗法庭上协助审理与穆斯林有关的案子，以弥补世俗法官对穆斯林事务的认识不足。律师事务所亦开始积极寻找打入穆斯林市场的机遇，并在所内成立专门的伊斯兰教法部，向穆斯林提供伊斯兰法（以及英国法）的咨询服务。

从一方面来说，伊斯兰教法在英国的逐步兴盛说明英国穆斯林的信仰认同在增强，英国宽容的多元文化政策使穆斯林得以坚定遵循自己的宗教信仰，说明他们对英国国籍的认同与对伊斯兰信仰的坚持不冲突。但官方政策并不

---

〔39〕“Sharia succession rules”：http：//www. lawsociety. org. uk/advice/practice – notes/sharia – succession – rules/，英格兰及威尔士律师公会，2014年3月13日。最后访问时间2016年10月19日。

完全反映民意。主流媒体对伊斯兰极端组织及其发动的恐怖袭击的大量报道导致英国民众对穆斯林的宽容度持续下降，针对穆斯林的仇恨犯罪在增加[40]。因此，从另一方面来说，伊斯兰教法的兴盛也可理解为是穆斯林在面对不利局势时的抱团，是寻求安全感的自卫反应。尽管如此，相对于西班牙和法国来说，英国在文化认同、跨宗教、跨文化沟通上所做的努力显然要多得多、真诚得多。英国有穆斯林部长、议员、市长[41]及其他各级政府官员；民间为宣传穆斯林文化、增进国民对伊斯兰的了解而举办的公共讲座、艺术展、文物展、电影节、反伊斯兰恐惧症宣传月等活动越来越频繁。抛开几次恐怖袭击及骚乱等孤立事件不讲，英国所做的努力似乎得到了穆斯林国民的认同和回报：最新的2011年英国人口普查结果显示，穆斯林比其他任何一个族群（包括土著白人）都更积极认同自己是“英国人”[42]。当然，对此可有两种对立的解读。

一是这种认同反映出英国穆斯林对国家强烈的归属感，并非穆斯林无法或不愿融入英国社会，而是非穆斯林英国人拒绝相信穆斯林愿意并已经融入。在这部分穆斯林看来，对英国国民身份的认同和对伊斯兰信仰的坚持并不冲突，而冲突的产生及其所导致的争斗与分裂，只体现在极少数极端穆斯林身上。

第二种解读是这种表面的认同所表达出来的其实是深层的自我文化排斥，但排斥的程度及方式因人而异。这可以从“文化同化”（cultural assimilation）的角度来解释。文化同化指的是当某一强势的文化和另一相对弱势的文化相遇接触后，后者受前者的影响开始逐步向前者靠拢，不断吸纳前者的特征，当后者具有前者的明显特征时，我们就说它被前者同化了。通常的理解是，同化者强势是因为先进、完善；被同化者弱势是因为落后、有待改良。需要强调的是，文化同化涉及不同的方式和过程，社会学家及政治哲学家早已对

---

〔40〕 http：//www. theguardian. com/society/2014/jun/28/women - targeted - attacks - muslims，卫报，2014年6月28日，最后访问时间2016年10月18日；http：//www. theweek. co. uk/uk - news/59333/anti - muslim - hate - crimes - increase - in - england - and - wales，The Week UK，2014年7月7日，最后访问时间2016年10月19日；http：//www. spectator. co. uk/features/9303602/is - britain - hardening - its - heart - against - muslims/，The Spectator，2014年9月6日，最后访问时间2016年10月19日。

〔41〕 包括2016年5月当选的伦敦市长萨迪克·汗。

〔42〕 2011英国人口普查：http：//www. ons. gov. uk/ons/guide - method/census/2011/index. html?utm_ source = twitterfeed&utm_ medium = twitter ，最后访问时2016年10月20日。

它们进行了广泛和系统的研究[43]；它可在很多不同的语境中以不同的方式呈现，可以是政府发起并主导的具体政策，通过强迫导致屈从；也可以是源于个人的、主动的、潜移默化式的自我同化。对英国穆斯林公民积极认同自己是“英国人”的第二种解读就涉及主动、潜移默化式的自我同化。主动自我同化也有不同方式、程度和过程，但最初始步骤通常是简单地观察到、认识到自己和他人、主流社会之间的差异，自己的文化和他人的文化之间的差异，并因此引起某种不安。这种不安使人对他人的意见变得很敏感，并会有意无意地通过言行获取他人的认可或某种地位。而寻求外部世界的认可自然需要角色扮演，个人必须对外部世界的、他人的价值观及行为方式有一定的了解并且认可，才会依照这些外部的、他人的标准来评价自己的价值观和行为，并逐步地、全方位地调整自己的价值观和行为方式，以进一步迎合。如果此人所属族群或文化常被主流社会鄙视或嘲笑，那么此人将对那些被重点攻击的族群特性或文化特征变得尤其敏感，他/她会特别努力地消除自己身上的这些特征，并开始刻意与自己的文化保持距离，以对自己进行心理和行为暗示——“我不是这个丑陋文化的一分子”。随着自我文化认同越来越少，与自我文化之间的距离就越来越大，自己的文化世界也越来越狭小，最终此人会十分愿意被彻底吸纳进主流文化中去，以获取归属感——自我同化完成。

在英国穆斯林对其国民身份的认同这一问题上，笔者支持这两种解读中的第二种，即表面积极认同下掩藏着自我文化排斥，导致那些不完全与世隔绝、与主流社会有一定交集并因此对主流价值观有所了解的穆斯林自主开启自我同化模式，逐步地、在一定程度上、以一定的方式融入英国主流社会，以获取认同和接纳。但值得进一步研究的是，究竟是被主流社会排斥和抵制更容易导致外来者的自我同化，还是被欢迎和接纳更容易导致外来者的自我同化；前者是大棒，后者是萝卜。文章受字数限制无法细致探讨这一跨学科的问题，相信社会学领域已有相关研究。

近期英国有两件大事有可能对少数族裔尤其穆斯林在英国的境遇有所影响：一个是曾主管反恐事务的前内政大臣特蕾莎·梅接替卡梅伦成为首相；另一个是英国脱离欧盟。笔者在另一文中曾详细分析过少数人权利保护的诸

---

〔43〕 参考 Peter Kivisto, *Incorporating Diversity: Rethinking Assimilation in a Multicultural Age*, Boulder: Paradigm Publishers, 2005.

多障碍，其中之一是当前反恐局势〔44〕。英国自2000年起已相继制定了7部专门的反恐怖主义法，其中2015年2月出台的被称为英国一个世纪以来最严苛法律的《反恐怖、犯罪与安全法案》，正是特蕾莎·梅任内政大臣时强势推动的。有学者及穆斯林团体担心，反恐局势所导致的紧张气氛会进一步强化民众对穆斯林作为一个整体的片面了解，使误解加深，让他们更加孤立，反而会适得其反地导致更多穆斯林年轻人激进化、极端化。此外，悬而未决的英国脱欧，尤其英国若退出《欧洲人权公约》对少数族裔尤其穆斯林的影响也不好预测，但可以肯定的是，支持脱欧的反全球化民族主义情绪不利于多元文化在英国共存。

结　语

如同任何政治哲学理念和社会理论，多元文化主义有很多优点，也有很多致命伤；它有不同维度，不同程度，不同表现方式，不必极端，更不必全盘实现。在经济不景气、民族情绪高涨的欧洲，西班牙、法国及英国都在以自己的方式坚持维护着不同程度的多元文化政策，它们的历史渊源、特征、内涵、效果及发展趋势都大不一样，对三者进行比较研究并非为了分出优胜劣汰，而是为了直观展示多元文化主义生存环境之复杂，从而探究如何让理念适应环境以求其存活之道。但这些国与国之间差异的背后是同一个问题：文化多元在公共领域中的可见度到底得有多高，该国的多元文化政策才算合理，才算成功，少数人权利的保护才算到位？这个问题背后有三个相关概念：第一个是“自由主义”（liberalism）；第二个是“世俗主义”（secularism）；第三个是“一体化”（integration）。自由主义以个人自由为最高准则，捍卫公民按照自选方式做出行动、发表言论的权利。一种观点认为，自由主义应宽容一切个人选择，哪怕它不合理、不被主流社会接受甚至限制自由；另一种观点认为，容忍限制自由的个人选择违背自由主义宗旨，自由主义必须抵制一切限制自由的理念和生活方式（比如穆斯林传统）。英国更偏向第一种观点，西班牙偏向第二种观点，而法国是第二种观点的旗手。与此相关的是对世俗化、宗教地位的不同理解。尽管基督教在西班牙、法国及英国的根基都

〔44〕魏华：《中国少数人权利问题刍议》，载彭文浩、牟宪魁主编：《比较视野下的公共纠纷解决与权利保障》，中国政法大学出版社2015年版，第94－105页。

很深，三国均秉承政教分离原则，宗教被限制在私人领域内。伊斯兰被视为挑战这一共识：它不仅反对广义的世俗化，也反对政治世俗化，主张政治生活全面宗教化，穆斯林神学形式的政治推理使穆斯林与大环境格格不入，与其他人没有共同语言，共识难以达成。人们为伊斯兰极端分支构成的威胁担忧是合理的，但在欧洲范围内，这种焦虑在一定程度上是过分和夸张的，它不仅源于对主流伊斯兰的曲解，也源于对欧洲社会实际运作的误解。其实，这几个欧洲社会和政治体系绝非世俗化的。基督教传统塑造了并继续塑造和约束着它们的自我认知、理念、行为方式、公共机构和社会生活。人的价值、平等、信仰自由等理念均来源于基督教，只不过在现代社会中在自由主义框架下以世俗化的形式呈现着。此外，周日是休息日、圣诞节及复活节是公众假期，也都是基督教持续影响的体现，只不过它们的宗教根源和意义常常被遗忘，它们作为“文化”而非“宗教”被世代传承。从这个角度看，穆斯林神学形式的政治推理及社会理念与现代西方社会并非格格不入：在后者看来，前者更多地用嘴、用行为宣讲信仰，而后者讲得较少，但已将信仰泛化、内化、渗透到了自己意识不到的深度，但二者的宗教特征都很明显。但不可否认的是，伊斯兰教的特征及表达方式与基督教是迥异的、让后者感到陌生和恐惧，这是西方国家（尤其法国、西班牙、意大利、瑞士等）强调“一体化”甚至“同化”的心理依据。极端一体化主义者（比如法国）坚信社会稳定取决于政治、文化和宗教信仰统一，欧洲穆斯林必须尽可能将主流政治、文化和宗教理念内化，从而达到私人价值和公共价值的和谐统一，仅经济和政治上的一体化是不够的，必须是全方位、彻底的统一。这种文化集权逻辑在法国最明显，西班牙紧随其后，在英国最弱。有意思并值得我们深思的是，在该领域中最集权的法国，穆斯林矛盾最严重、最频发；在相对温和的英国，穆斯林与主流社会融合得最好，宣扬主流政治、文化理念的英国穆斯林团体也在茁壮成长，不仅成为穆斯林与主流社会沟通的坚实桥梁，也成为穆斯林内部的自我纠错机制，是反对极端主义的最响亮声音。当然还有诸多其他因素导致穆斯林与主流社会的关系在这三国中呈现出不同状况，但总的来说，鼓励融入、激励变革比强迫同化要有效，因为它切中要害、得人心。

国际人权助产记：中国代表张彭春与《世界人权宣言》

化国宇*

一、《世界人权宣言》的助产士们

《世界人权宣言》（下称《宣言》）序言中开宗明义：“发布这一世界人权宣言，作为所有人民和所有国家努力实现的共同标准。”《宣言》为人类规划了一张人权理想国的设计蓝图。而蓝图绘就之后，世界各国却围绕着人权理想国的架构展开了旷日持久的争论。不同文明间的异质性在人权问题上得到充分展现。这不免让人们产生疑问，在设计这张蓝图之初，世界各国的代表们是怎样达成这么一份人权共同标准的？追溯《宣言》文本起草和通过的历史，不难发现，这部奠基性的国际人权法律文件的形成过程中面临来自各方的阻力和争议，甚至到最终通过时，仍有 8 个国家投下了弃权票。值得玩味的是，从 1947 年 6 月正式开始起草，到 1948 年 12 月联合国大会予以通过，期间仅仅经历了一年半的时间。而与《宣言》一并开始起草并希冀一起通过的《经济、社会、文化权利国际公约》和《公民权利及政治权利国际公约》则一直到 1966 年，也就是《宣言》通过 18 年后，才审议通过并开放签字。《宣言》为何能够得以迅速通过并为世界绝大多数国家所接受？从宏大历史叙事出发，是第二次世界大战中轴心国对人权的残暴践踏这一惨痛教训起到了催化作用，出台一部国际人权法案成为世界上爱好和平国家的广泛共识，具有必然性。但从微观历史出发，不能忽略参与《宣言》起草过程中的

---

* 化国宇（1987－），中国人民公安大学法学院讲师，中国人民大学与巴黎第一大学联合培养法学博士，中国人民大学彭真民主法制思想研究所研究员。作者获得教育部人文社会科学研究专项任务项目（中国特色社会主义理论体系研究）“中国特色社会主义人权理论体系研究”（16JD710023）以及中国人民公安大学教学研究项目“公安院校开设《人权法学》课程必要性及创新性研究”（2016JY15）资助。

平凡个体所起到的作用，起草《宣言》的动议者、《宣言》的起草人、提出建议人和在不同场合参与讨论的人们都是其诞生的助产士。

（一）人权委员会和《宣言》起草委员会

联合国宪章第68条规定："经济及社会理事会应设立经济与社会部门及以提倡人权为目的之各种委员会，并得设立于行使职务所必需之其他委员会。"人权委员会是唯一在《宪章》中明确命名的委员会。更由于各成员国对于国际人权法案的迫切愿望，因而在1946年1月23日到2月18日期间于英国圣公会总部大楼召开的联合国经济及社会理事会第一次会议上，理事会就以"核心委员会"（nuclear commission）的形式设立了人权委员会（Commission on human rights）。

核心委员会于1946年4月29日到5月20日在纽约亨特学院（Hunter College）召开会议，一方面研究了委员会组成方面问题，另一方面决定开始国际人权法案的起草工作，要求秘书处尽可能地收集与法案起草相关的信息。此时，秘书处专设了由加拿大代表汉弗莱任司长的人权司，负责研究各国、各组织团体及公民个人提交的草案[1]。正是在这次会议上形成的一些决议，促使完全意义上的人权委员会得以设立。

联合国经济及社会理事会根据核心委员会的建议，在其1946年6月召开的第二届会议上决定人权委员会由18个联合国成员国的代表组成。紧接着在第三次会议宣布了18个成员国的名单：澳大利亚，比利时，白俄罗斯苏维埃社会主义共和国[2]，智利，中国，埃及，美国，法国，印度，伊朗，黎巴嫩，巴拿马，菲律宾共和国，英国，乌克兰苏维埃社会主义共和国，乌拉圭，苏联和南斯拉夫。其中，智利和巴拿马是最早提交国际人权法案的几个国家中的两个。

正式成立的人权委员会于1947年1月27日至2月10日在纽约成功湖（Lake Success）召开了第一届会议。这次会议选举美国代表埃莉诺·罗斯福夫人为人权委员会主席，中国代表张彭春博士为副主席，黎巴嫩代表马立克博士为会议报告人。随后，由八国代表组成的起草委员成立起来了。八位成

〔1〕 Yearbook of the United Nations (1948 – 1949), New York: United Nations Department of Public Information, 1950, p. 525.

〔2〕 白俄罗斯和乌克兰当时虽然仍是苏联的加盟共和国，但是在联合国设立之初，依苏联请求，其加盟共和国也应当在联合国各自占有席位，否则有失公平，英、美为了争取苏联对设立联合国的支持，经各方妥协，最终确定加盟共和国中白俄罗斯和乌克兰各自拥有席位。因而苏联在联合国实际上拥有3票。

员国代表分别为：美国代表埃莉诺·罗斯福（Eleanor Roosevelt），中国代表张彭春（Peng - chun Chang），黎巴嫩代表查尔斯·马立克（Charles H. Malik），法国代表勒内·卡森（René Cassin），澳大利亚代表霍奇森（William Hodgson），智利代表克鲁兹（Hernan Santa Cruz），苏联代表博戈莫洛夫（Alexander Bogomolov）和英国代表杜克斯（Charles Dukes）。在这八位成员之外，时任联合国第一任人权司司长的加拿大代表约翰·汉弗莱（John Peter Humphrey）作为起草的组织者和协调人，也加入起草委员会。

在两年艰苦的起草工作中，18 个人权委员会成员国的代表团和 8 个起草委员会成员国代表们都作出了巨大的努力和贡献，很难断言谁的角色更为重要。因此我们无法将《宣言》诞生的功绩仅仅归结于某个人和某些人身上。正如《宣言》起草人之一，原联合国人权司司长约翰·汉弗莱本人曾强调的，《世界人权宣言》并不具有像美国《独立宣言》之父杰斐逊那样的意义上的作者，成百上千的人都为最后的结果作出了贡献。而且匿名处理给予了《宣言》更大的权威性[3]。《宣言》没有作者，但在其诞生史上，一些卓越人物为此所作出的努力和贡献是被铭记的。《宣言》的研究者们一致认同，有五位成员在起草过程中贡献最为卓著，他们是起草委员会主席、美国总统罗斯福的夫人埃莉诺·罗斯福，起草委员会副主席、中国代表张彭春，黎巴嫩代表查尔斯·马立克，法国代表勒内·卡森和原联合国人权司司长约翰·汉弗莱。

张彭春作为人权委员会及起草委员会的副主席，是唯一能代表亚洲声音的起草人。他成功地把亚洲的价值观念尤其是东方儒家思想引入《宣言》中，而且不遗余力地推动了《宣言》的整个起草过程。因而，传统上将《宣言》视为由西方主导并充满西方人权话语的人权文件的观念是存在偏差的。它是多种人权观念妥协的结果，其中也包含了东方尤其是中国对它的贡献。

（二）中国代表张彭春

张彭春，又名蓬春，字仲述，天津人，是南开创始校长张伯苓的胞弟。他曾考取第二届“庚子赔款”留美生，同赵元任、竺可桢、胡适等 71 人一同赴美留学[4]。1910 年，18 岁的张彭春进入美国克拉克大学攻读心理学和社会学，1913 年获得克拉克大学文学学士学位，并进入哥伦比亚大学研究院

〔3〕 John P. Humphrey, Human Rights and the United Nations: A Great Adventure, Dobbs Ferry, New York, 1984, p. 43.

〔4〕 龙飞，孔延庚：《张伯苓与张彭春》，百花文艺出版社 1997 年版，第 38 页。

攻读硕士学位。两年后，张彭春获得哥伦比亚大学文学硕士学位和教育学硕士学位，时年 23 岁。尽管张彭春在美国学习的专业是教育和哲学，而在课余，他也用了相当多的时间钻研欧美的戏剧理论和编导艺术。他极为推崇挪威剧作家易卜生，他说，正是易卜生，才使他这个学哲学的年轻人爱戏剧胜于爱哲学〔5〕。

1916 年，他带着在美国创作的写实剧与翻译的剧本回到南开后，便立即投身于南开的新剧活动。20 世纪二三十年代，张彭春在南开富有远见地、有计划地选择一批外国名著，并把它们搬上舞台，如易卜生的《娜拉》《国民公敌》等〔6〕。南开新剧团在张彭春的带领下，培养和影响了一批有才华的著名演员和著名戏剧家，我国杰出的戏剧家曹禺就是其中的一位。1917 年夏，兄长张伯苓赴美考察教育，张彭春任南开代理校长，主持学校工作。1919 年 6 月，南开大学部即将成立，张彭春第二次赴美深造，进入美国哥伦比亚大学攻读哲学博士学位，与兄长张伯苓一样，成为美国实用主义代表人物、哲学家和教育家约翰·杜威的学生。1922 年，张彭春的博士论文《从教育入手使中国现代化》获得通过。

此后，张彭春赴美讲学，先后在芝加哥大学、夏威夷大学和哥伦比亚大学任教，并在回国期间继续从事话剧改编和导演工作。“七七事变”后张彭春应政府聘任赴英、美等国宣传中国抗战，争取外部援助，并于 1940 年和 1942 年先后被任命为驻土耳其公使和驻智利大使。抗战胜利后，54 岁的张彭春被任命为联合国创设会议的中国代表，赴伦敦参加大会，并当选为联合国经济和社会理事会中国常任代表，兼任人权委员会副主席，参加起草《世界人权宣言》。后又任联合国新闻自由会议中国首席代表和安全理事会中国代表，直至 1952 年退休，于纽约定居。1957 年 7 月 19 日，因心脏病猝发，在美国新泽西州纳特莱城（Nutley）逝世，时年 65 岁。

联合国官方对张彭春的评价如下：“知名剧作家、哲学家、教育家和外交家张彭春先生，在中国以现代话剧导演闻名。他通过采用儒家学说的各种理论使不同思想派别达成妥协，从而能够向其他代表解释中国的人权观念并在辩论过程中创造性地解决了很多僵局。他以普遍性的名义，坚持删除《世

〔5〕 龙飞、孔延庚：《张伯苓与张彭春》，百花文艺出版社 1997 年版，第 39 页。

〔6〕 田本相：《序三》，载黄殿祺主编：《话剧在北方的奠基人之一：张彭春》，中国戏剧出版社 2007 年版，第 5 页。

界人权宣言》中所有关于自然和上帝的隐喻。”〔7〕

二、《宣言》适用主体的普遍性和人权哲学世俗性

法兰西学院院士戴尔玛斯·马蒂（Mireille Delmas - Marty）指出，张彭春实际上发挥了比一般人通常所说的要大得多的作用。“这位外交官兼剧作家和哲学家在起草工作启动之初即提交了他自己的方案，因而他被推选为起草委员会的副主席。”〔8〕法国代表勒内·卡森事后回忆说：“全靠他用适当字句，摒除障碍，《世界人权宣言》得以顺利通过。”〔9〕把《宣言》的适用主体扩大到全人类，并坚持人权在文本中与西方自然权利理论和经院哲学脱嵌，是张彭春的重要贡献。

（一）《宣言》适用主体的普遍性

《宣言》并不同于国际条约，不需要各国政府的签署和批准，它将在世界范围内产生效果和影响，也包括在1948年12月10日其通过时投弃权票的国家以及在当时尚未加入联合国的国家。在起草《宣言》过程中，张彭春始终提醒人权委员会应当坚持《宣言》的普遍性原则。在人权主体方面，《宣言》文本应当为全世界所有人（至少应是所有成员国）所普遍认可和接受，而《宣言》中所规定的权利则应当为普遍的人类群体所普遍享有。由此，《宣言》成为第一份真正承认人权主体普遍性的人权文件。它的第2条指出：“人人有资格享有本宣言所载的一切权利和自由，不分种族、肤色、性别、语言、宗教、政治或其他见解、国籍或社会出身、财产、出生或其他身份等任何区别。”回顾此前出现的英国《权利法案》（1791）、美国《独立宣言》（1776）以及法国《人权宣言》（1789），它们都没有能够像《宣言》这样贯彻人权主体的普遍性。尽管当初西方资产阶级思想家倡导的自然权利或天赋人权指的是“人”的天赋的不可侵犯的权利，然而“一旦加上性别、肤色、民族之后，这些抽象的脱离肉体的人性呈现了一种具体的形式，即具有一定

---

〔7〕 联合国关于张彭春的介绍，载联合国官网 http：//www.un.org/depts/dhl/udhr/members_pchang.shtml，最后访问时间2017年3月13日。

〔8〕［法］米海尔依·戴尔玛斯－马蒂：《当代中国的依法治国进程：进展与阻力》，石佳友译，载《中外法学》2003年第2期。

〔9〕 崔国良、崔红：《张彭春论教育与戏剧艺术》，南开大学出版社2003年版，第708页。

财产的白种人的形式"〔10〕。至于欧洲的有色人种、女人、劳动者则被排除在外，亚、非洲人更被视为野蛮人。

在《世界人权宣言》之前，西方语境中的"人权"是英语中的"men's right"和法语中的"droit de l' homme"，即"男人的权利"。尽管英语中的"men"和法语中的"home"都同时包含了"人"的意思，但这种表述本身潜藏着性别歧义，用语的混淆本身就带有否定女性的意味。正如日本学者大沼保昭指出的，"在无意识中使用将男子与人一般视为同一的用语来表现人权主体的这一事实中，明显存在男子中心的思维形态"〔11〕。事实上，在财产享有、遗产继承、国籍和姓名等许多方面，当时西方女性的权利确实都比男性要受到更多的限制。正如法学家布莱克斯通（Blackstone）在代表作《英国法释义》（Commentaries on the Laws of England）中评论的那样，"女人没有法律认可的公民地位"〔12〕。

而"二战"中人对人的残酷无情，轴心国对其他民族的歧视和压迫，则是人权主体狭隘性的进一步显证。纳粹德国的以"种族优劣论"驱逐和灭绝犹太人，日本军国主义也以"支那人"是"劣等民族"为借口屠杀和掠夺中国无辜平民。由此可见，西方人权体系中人权主体的普遍性，实际上在《世界人权宣言》之前并不怎么"普遍"。

正因此，在《宣言》起草过程中，人权主体的普遍性成为一项重大议题。《宣言》通篇使用了意义更为抽象的"human"这一用语〔13〕。第2条"不歧视条款"在《宣言》中被给予了总则和核心地位，而且将"种族""肤色"和"性别"以明确列举的方式规定为不歧视条款中的前三项要素。禁止种族与性别的歧视第一次被确立为世界性的人权准则。张彭春在起草过程中就提醒各国代表，"人权的基本原则应当获得在人类层面上（human level）的普遍适用（universal application）"〔14〕。他遵循了儒家思想中的一贯主张，强调人的价值以及人与动物的差别，意在表明区别只应存在于人与动物，

〔10〕 谷春德：《中国特色人权理论与实践研究》，中国人民大学出版社2013年版，第20-21页。

〔11〕［日］大沼保昭：《人权国家与文明》，王志安译，生活·读书·新知三联书店2003年版，第150页。

〔12〕［美］约瑟芬·多诺万：《女权主义的知识分子传统》，赵育春译，江苏人民出版社2003年版，第5页。

〔13〕［英］科斯塔斯·杜兹纳：《人权的终结》，郭春发译，江苏人民出版社2002年版，第94页。

〔14〕 Official document of the United Nations：E/CN. 4/SR. 7，pp. 3-4.

而非人与人之间。

在种族的讨论中，张彭春是种族平等的坚定支持者。鉴于对其他民族的歧视和压迫是导致第二次世界大战的重要原因，他认为《宣言》在人权平等方面“有必要强调人类种族（human race）的团结和一致性的理念，这样才能保证《世界人权宣言》始终能够被正确理解，以及防止将来任何以种族不平等的名义发动战争的可能性”[15]。他在会议上要求记录员在会议记录中明确记载这一理念（ideal），以备起草时参考。

在性别平等问题上，《宣言》草案的早期版本提到“人”时仍然采用了“men”的措辞。妇女地位委员会主席贝格特鲁普（Bodil Begtrup）女士提出应当用“human beings”代替“men”，这一表态得到了印度代表梅塔（Hansa Mehta）夫人的支持。她们同时对《宣言》第1条“应当以兄弟精神彼此对待”体现的男性信息提出了异议，要求同时加入“姐妹”的表述。但是，为了保证语义的完整和自然，英文版《宣言》做出了取舍，第一条最终没有加入女性元素的表述。而鉴于这一争议，联合国大会决议文件通过的中文《宣言》文本中，则巧妙地回避了该条款中的性别信息，以“和睦相处，情同手足”的意译替代“以兄弟关系的精神相对待”的直译，故第1条后半句的中文表述为：“人各富有理性良知，诚应和睦相处，情同手足。”张彭春领衔翻译的中文本的表述对《宣言》主张的性别平等原则作出了相当的贡献。

对于《宣言》措辞中的性别信息曾引起争议这一历史情况，目前通行的简体中文本并未给予关注，采取了直译的方式，因而是可以商榷的。

此外，联合国成立时，全世界仍有11个托管地以及诸多尚未脱离宗主国的殖民地。张彭春力主人权主体应当包括托管地区和殖民地的人民，从而避免了《宣言》的一项重大疏漏。《宣言》序言最后一段第一句这样表述：“大会发布这一世界人权宣言，作为所有人民和所有国家努力实现的共同标准。”然而，直至提交人权委员会第三届会议审议之前，这句话只有“所有国家”，而没有“所有人民”的表述。苏联代表首先发现这一表述的疏漏：“所有国家”意味着尚未成立自治政府的殖民地人民被排除在外了。张彭春就此表示：“毫无疑问，那些目前尚未享有自治的人民应当被包括在《宣言》中。”经过考虑，他提出：在“所有国家”之前增加“所有人民”的措辞，以涵盖更为广泛的人权主体。这一周延性建议得到《宣言》文本的采纳，从而“排

〔15〕 Official document of the United Nations：E/CN. 4/SR. 15，p. 5.

除了任何被误读的可能性”[16]。

（二）非西方中心主义人权观

自工业革命以来，西方中心主义成为看待世界性问题的“标准”视角。东方被化约为一种被动的客体，而西方则是在认知意义上高人一等的主体。人权观念被视为西方特有的产物，西方的人权标准似乎具有了“独特的普适性”[17]。作为一个文化多元主义者，张彭春认为，人权并不仅仅是西方文明的产物。张彭春留学美国的经历使他熟悉美利坚文化。他多次到欧洲各国考察教育并宣传中国的抗战，这段经历让他对欧洲文化也有了一定了解。在 1940 年 5 月到 1944 年 10 月期间，他分别担任中国驻土耳其和驻智利全权公使。尤其是在土耳其担任公使期间，他也曾到访过沙特阿拉伯和伊拉克，并对伊斯兰文化有了直观的近距离观察。丰富的留学和外交经历，足迹遍布东亚、中东、欧洲、北美与拉美，使他对于多元文化（尤其是儒家文化、伊斯兰文化与西方文化）的差异有了切身体会和深入理解，为人权不是一元而是多元的观念提供了经验支撑。

尽管各个国家的国情不同，但大家共享着人权这个伟大的概念。1948 年，联合国教科文组织为了给《宣言》起草提供建议，曾致函全球范围内各国专家学者，调查各国的人权观念。在各国回函中，中国、印度和伊斯兰世界的学者都对自己文明中的人权观念做了详细阐述。张彭春就此指出，联合国教科文组织哲学委员会在全世界的人权观念调查反馈结果就已经揭示了人权观念的多样性特征[18]。在西方国家代表占据人权委员会多数的情况下，张彭春是唯一能够代表亚洲立场的声音，他坚决反对任何西方中心主义的论调。因此他在一开始就对起草提出要求，“人权宣言必须涵盖西方以外的观点”[19]。张彭春认为，《宣言》中既应该反映阿奎那的思想，也应当反映孔子的思想。他担心《宣言》过多受到西方的影响，因此提醒人权司长汉弗莱起草宣言大纲时不仅要反映西方的想法，也不能忘记世界上还存在其他的哲学理念。在汉弗莱准备《宣言》大纲之前，张彭春甚至建议他“在着手起草

---

[16] Official document of the United Nations：E/CN. 4/SR. 78，p. 5.

[17] ［美］络德睦：《法律东方主义》，魏磊杰译，中国政法大学出版社 2016 年版，第 4、9 页。

[18] Jack Mahoney，The Challenge of Human Rights，Hoboken：Blackwell Pub，2006，p. 47.

[19] 田沧海：《联合国〈人权宣言〉的起草功臣张彭春》，载《华声报》1989 年 5 月 19 日。

前花上六个月到中国去研究儒家思想”〔20〕。西方的人权观念既不能被看作普遍的人权观，也不应当试图垄断人权的话语。因此他认为，要使《宣言》成为一个普遍的文本，就应该更多地体现“全球共识”的人权理念，起草者的责任是在人权观念以及人权哲学中努力寻求普遍共适的部分，而非搬用西方中心主义的人权观。他在联合国教科文组织的一次演讲中说：“世界上已有35部或40部宪法有了人权法案，这一事实表明，尽管各国的哲学观或思想体系不同，达成协议是可能的。”〔21〕而这是建立在各国彼此尊重不同文化象限下的人权观念基础之上的。只有这样，通过沟通、交流乃至意见的争搏，才能寻求人权理解的最大公约数。

他提醒坚持西方中心主义的联合国代表：“中国的哲学思想和儒家学说，早已为18世纪的欧洲哲人所倾服。19世纪的欧洲人民走向狭隘之路并以自我为中心，但经过第二次世界大战之后，人类应该以博大的眼光来看待世界性的问题。”〔22〕法兰西学院戴尔马斯·马蒂（Mireille Delmas - Marty）院士对张彭春的宽广视野评价道：“作为受一个伟大文化滋养的人（中国的文化复兴者），他的经历大约可以证明他精神上的开放：获得美国以清政府‘庚子赔款’设立的奖学金赴美留学、在土耳其做过中国大使、在巴格达作关于中国和阿拉伯文化的讲座以致力于比较儒家思想和伊斯兰主义。”〔23〕在张彭春的坚持下，《世界人权宣言》终究没有忘记其面临的是一个不同文明和不同文化共存的世界。

（三）人权和宗教哲学的世俗性

“人权”脱胎于西方的自然法学说。自然法是从天上，而不是从地上寻找人权的根据。它借助哲学家对人性的抽象表述，甚至凭借神学家关于上帝创世的假说，来论证人权的绝对性和神圣性，将人权看作一个不证自明的、抽象的、先验的原则〔24〕。因此人权至今始终难以摆脱徘徊其上的基督教的幽灵。

---

〔20〕 John Humphrey, The Universal Declaration of Human Rights: Its History, Impact and Juridical Character in Human Rights: Thirty Years after the Declaration, ed. B. G. Ramcharan, The Hague: Nijhoff, 1979, p. 23.

〔21〕 卢建平：《张彭春和〈世界人权宣言〉》，载《南方周末》2008年12月25日，D25版。

〔22〕 田沧海：《联合国〈人权宣言〉的起草功臣张彭春》，载《华声报》1989年5月19日。

〔23〕［法］米海尔依·戴尔玛斯-马蒂：《当代中国的依法治国进程：进展与阻力》，石佳友译，载《中外法学》2003年第2期。

〔24〕 夏勇：《人权概念的起源》，中国政法大学出版社1997年版，第246页。

虽然《宣言》的起草，发轫于各国期冀在全世界范围内形成人权普适价值的宏愿，但这一历史行动并未形成西方人权一统天下的局面，反而使西方以外的人权话语得以发声，成为人权学说的具体主张发生分裂的开端[25]。人权多元主义的国际论争由此开启。在《宣言》起草之初，人权委员会副主席张彭春与报告员马立克就因哲学观念不同而产生了争论。马立克曾经师从著名英国哲学家怀特海（Alfred North Whitehead）和德国存在主义哲学大师海德格尔（Martin Heidegger），对西方哲学有很深入的研究。同时，他本人是天主教徒，强烈推崇托马斯·阿奎那的经院哲学。按照汉弗莱的说法，张彭春和马立克是委员会中两个最为聪明的人物，然而他们在哲学上的对立使得他们很少达成一致的意见[26]。在由罗斯福夫人、张彭春和马立克三人组成的起草小组成立之后，罗斯福夫人邀请张彭春、马立克以及汉弗莱到她的寓所喝茶，并商量起草事宜。马立克在茶会上对托马斯·阿奎那的自然法哲学滔滔不绝。然而张彭春却认为，《宣言》中既要反映阿奎那的思想，也应当反映孔子的思想。汉弗莱回忆说，张彭春和马立克的哲学思想相差太远，很难共同起草一份文书[27]。也正因如此，最后决定由汉弗莱和秘书处负责最初的起草工作。

在讨论《宣言》第1条和第16条时，哲学与宗教的冲突开始显现出来。马立克提议在第16条“保护家庭”条款中增加“被造物主赋予”（endowed by the Creator）的措辞。而后，又有些国家的代表主张将上帝（God）或者造物主（Creator）写入《宣言》的第1条，以表明人权的先验来源。荷兰代表在经社理事会第7届会议上第一次表示了这一立场，加拿大表示支持。在联大第三委员会对《世界人权宣言》的审议中，有些拉美国家，如巴西、阿根廷、哥伦比亚和玻利维亚等，也温和地为“上帝依照其形象和意愿创造了人”这种阿奎那式的观念辩护。例如巴西代表提出的对第1条的修正案就有“人是依照上帝的形象和意愿创造出来”[28]的表述。张彭春提醒持宗教立场的代表们，中国人占世界人口的很大一部分，他们“有着不同于基督教西方的思想和传统。这些思想包括好的举止、礼仪和礼貌以及体谅他人。然而，

〔25〕 姜峰：《权利宪法化的隐忧——以社会权为中心的思考》，载《清华法学》2010年第5期。

〔26〕 B. G. Ramcharan, Human Rights Thirty Years after the Universal Declaration, Boston: Martinus Nijhoff, 1979, p. 23.

〔27〕 John Humphrey, Human rights and the United Nations: A Great Adventure, Dobbs Ferry: Transnational Publishers, 1984, p. 29.

〔28〕 Official document of the United Nations: A/C. 4/243.

中国代表并没有主张《宣言》应当提及它们”。他希望他的同事应当表现出同样的理解并且撤回第1条里的宗教哲学的表述。他总结说：“对西方社会而言，宗教不容忍的时代已经结束了。”〔29〕

纵观西方的教会史，我们不难发现每个教派都试图将自己的教义确定为世界上唯一的“真理”，对其他教派和本教中的异端分子进行残酷迫害。这种宗教不宽容的直接影响就是个人的自由受到了极大的钳制，个人的主体地位也无法得到彰显，因此，个人成为宗教的附庸，个人权利也就无从谈起〔30〕。张彭春指出的宗教不宽容，恰恰是基督教国家都曾经甚至当时仍然留存的病灶。这一总结击中那些试图在《宣言》中写入宗教条款的国家的软肋。他要求对宗教信仰应该秉持一种宽和的态度，而不应当强加于人。儒家倡导的“和而不同”和“己所不欲，勿施于人”都恰如其分地说明了这一点。

同样，张彭春对于原草案中第1条“人被自然（by nature）赋予理性和良心”这一颇具教会自然法意味的表述也持反对意见。张彭春主张删除关于“自然”（nature）的一切表述。事实上，他的人权思考并不排斥自然法学家的人权哲学。例如在第三委员会针对《宣言》起草的辩论中，他对卡森能够“如此良好地展示18世纪的法国人权理论”表示感谢与折服。甚至他也经常运用自然法启蒙思想来佐证自己的观点〔31〕。然而，他认为一个世界性的《宣言》，文本中应当确认的是人权哲学中更为普遍的成分。“自然”的表述容易让人联想到自然法和上帝，将会把人权问题引入宗教和哲学的论争，而删除“自然”就“排除了任何理论上的问题，这些问题不能够也不应该在一个将为世界普遍适用的宣言中提出来”〔32〕。而且，删除“自然”之后，“那些信仰上帝的人仍然可以在这一开放条款中寻获上帝的理念，并且持其他不同理念的人也能够接受这一文本”〔33〕。

对“自然”这一措辞持支持态度的马立克，面对张彭春的质疑，提出了一个变通方案，他主张将“自然地”（by nature）改为“在本性上”（by their nature）。这样，“人被自然（by nature）赋予理性和良心”就变为“人在本

〔29〕 Official document of the United Nations：GAOR C. 3，p. 98.

〔30〕 郑智航、王刚义：《宽容意识与权利话语的逻辑转向》，载《法制与社会发展》2009年第3期。

〔31〕 Johannes Morsink，The Universal Declaration of Human Rights：Origins，Drafting，and Intent，Philadelphia：University of Pennsylvania Press，1999，p. 281.

〔32〕 Official document of the United Nations：GAOR C. 3，p. 98.

〔33〕 Official document of the United Nations：GAOR C. 3，p. 114.

性上（by their nature）富有理性和良心”。他解释说，这样就可以避免误将“nature”理解为某种超越人本身的存在。尽管如此，这一提议也被否决。

最终联合国第三委员会决定，应避免宣称、暗示或否认国际人权体系是基于任何自然、本性或是上帝的基础之上的，因而删除了“by nature”的措辞，仅仅简单表述为“人富有理性和良心”，维持了文本本身的世俗性。汉弗莱在 1948 年 10 月 11 日的日记中写道：“第三委员会决定从句子中删除‘自然’的措辞……这意味着马立克被打败了，他是所有这些托马斯主义概念的来源。”〔34〕

张彭春的解释是令第三委员会做出决定的重要原因。他的意见十分中肯，不偏不倚，既照顾了基督教的信仰者，也尊重了其他宗教尤其是伊斯兰教的信仰者，同时让更多不信仰宗教的人也能接受这一文本。他主张的抛弃哲学纷争、倡导宗教包容的理念，体现了儒家学者对东西方哲学以及基督教与伊斯兰教的包容。文本的世俗性是儒家思想对《宣言》乃至国际人权事业的重要贡献。法国代表勒内·卡森在《世界人权宣言》通过后给予了中肯的评价：《宣言》最终能够被全世界接受，大部分应当归功于它的纯粹世俗性质〔35〕。

三、《宣言》起草方案的引航者

在哈佛大学的格林顿教授看来，张彭春和马立克这两位“哲人外交官”(philosopher－diplomat）是人权委员会在智力上的领导者〔36〕。他们充当了领航者的角色，从而避免了《宣言》搁浅（navigate the shoals）〔37〕，他们每次提出的方案总能将起草工作引入正轨，甚至引导着起草工作的走向。

（一）“宣言”还是“公约”

根据联合国档案的记录，大会和经济及社会理事会在决定起草《世界人

〔34〕 A. J. Hobbins, On the Edge of Greatness Vol 1 1948－1949: Diaries of John Humphrey, First Director of UN Division Human Rights, Montreal: McGill－Queen's University Press, 1999, p. 58.

〔35〕［美］山姆·麦克法兰：《〈世界人权宣言〉的缔造者：埃莉诺·罗斯福，查尔斯·马立克，张彭春，约翰·汉弗莱和勒内·卡森》，化国宇译，载《朝阳法律评论》2016 年第 1 期。

〔36〕 Mary Ann Glendon , A World Made New: Eleanor Roosevelt and the Universal Declaration of Human Rights, New York: Random House Trade Paperbacks, 2002, p. 145.

〔37〕 Mary Ann Glendon , A World Made New: Eleanor Roosevelt and the Universal Declaration of Human Rights, New York: Random House Trade Paperbacks, 2002, p. 143.

权宣言》之初，并没有清楚地表明这一文件的性质和法律地位。当时，巴拿马、智利、古巴等成员国在联合国成立之初就提议制定人权法案，国际社会也对联合国出台法案抱有很高期待。鉴于“二战”对人权的侵害，很多国家之间签订了和平条约，诸多国际组织也将保护人权纳入其组织宗旨。由此联合国决定起草一份国际人权文件。最初，联合国大会提议人权委员会应当起草一份“国际权利法案”（International Bill of Rights）。起草委员会就应当起草一份“公约”还是一份“宣言”争执不下。就这两种形式而言，公约的起草难度较大，内容较宣言要更为详细，还需要包含具体的执行措施，因此需要国际法专家参与并且要花费更多的时间来撰写。同时很重要的一点，公约对各成员国具有国际法上的约束效力。而另一方面，宣言的起草则相对简单，各参加方只需要在原则上同意宣言中声明的内容，而不会受到过度的约束。

因而各成员国围绕着这两种可能性，即“宣言还是公约”的问题进行了多次讨论。在最初，美国和苏联都坚定地站在反对公约的立场。罗斯福夫人提议宣言应当与其执行措施分开，她说，美国代表团更希望首先通过一份权利和自由宣言[38]。苏联代表则干脆宣称，起草小组没有权限起草一份人权法案的执行文件[39]，否认了公约的可行性。印度代表则坚持法案的公约性质，她认为法案作为“一份充斥着神秘主义和形而上原则的模糊的决议”并不是一个好主意。她的国家需要的是“一份可以约束所有成员国的法律文件”。她说，《宪章》和大会决议明显是要求制定一份具有“强制属性”的法案。印度代表的意见获得了澳大利亚代表的支持，他也赞同一份“约束各成员国的多边公约”而非一份简单的人权建议，澳大利亚甚至提出还应当以公约的司法力为基础建立国际人权法院[40]。因此，在这一问题上，形成了两种针锋相对的意见。美、苏及南斯拉夫坚持起草一份不具有正式约束力的宣言，而菲律宾、印度、澳大利亚和英国都坚决主张制定一项有约束力的公约。美国和苏联两个超级大国之所以主张制定非正式的宣言，是带有一定政治目的的。随着冷战加剧，美、苏两国都把人权作为一项实现其全球扩张的政治武器，因此，一项宽泛的宣言更有利于发挥其作用——尽可能地批评其他国家人权状况的同时，又不至于束缚自己全球扩张的手脚。美国从一开始就准

〔38〕 Johannes Morsink, The Universal Declaration of Human Rights: Origins, Drafting, and Intent, Philadelphia: University of Pennsylvania Press, 1999, p. 15.

〔39〕 Official document of the United Nations: E/CN. 4/SR. 16, p. 2.

〔40〕 Official document of the United Nations: E/CN. 4/SR. 15, p. 2.

备了苏联阵营人权“弱点”的材料。另外从自身角度，非洲裔美国人的境遇是让美国头疼的问题，美国按自己的解释，强调《世界人权宣言》不具有约束力，称当前的黑人待遇问题只是“本质上属于”美国“国内管辖”的事项〔41〕。而对于一些小国而言，它们更愿意看到一份对大国和小国采取一视同仁约束的公约，这样不仅能够约束大国的行为，同时在对抗大国侵犯时就又多了一项国际法依据。

张彭春在折中各国需求的基础上提出了循序渐进起草的方案，即国际人权法案不是一份而是三份不同的文件：第一份是简明的宣言，第二份文件是对宣言诸条款的详细解释，第三份文件则是执行措施〔42〕。按照张彭春的设想，宣言的结构应当是尽量简洁的，否则很难广泛传播。详细的解释则是为了便于宣言的执行，因此，第二份文件实际上充当了一个细则的作用（实质上后来成为公约），为第三份文件执行措施提供依据。这样，主张制定公约的国家就不必担心人权法案会止步于宣言。而对于很多国家希望宣言、公约和执行措施同时跟进的主张，在张彭春看来，在有限的期限内同时完成三份文件的起草工作是不切合实际的，宣言在先、公约和执行措施在后是最为现实的做法。强调宣言应当处于优先地位，张彭春大致出于两方面的考量。其一，应当坚持《宣言》内容和参加主体的普遍性。若把法案首先定位为一项公约，那么在文本中的国家利益冲突则会更加明显，文本中最终只可能载入各国均认同的条款，涉及实质权利的内容会受到诸多限制。同时公约只是针对参加国的法律文件，而无法影响到未参加公约的其他国家。因此，在权利内容和权利主体的普遍性方面都是与制定人权法案的初衷相悖的。其二，考虑到法案的可行性。有执行力的公约比宣言更为详细也更为技术性，因此需要耗费大量时间，并需要法律专家的参与，而当前的国际形势并不允许起草委员会有丝毫的迟滞。同时，使人权草案成为具有严格约束力的法律文件，很多国家都会投鼠忌器，极有可能导致草案最终无法通过。毕竟，尊重和保护人权非朝夕之功。当下最紧迫的是要先制定一个宣言，一俟时机合适，再制定一份公约〔43〕。遵循先易后难、先简后繁的策略，无疑更具有可行性。

---

〔41〕［瑞］格德门德尔·阿尔弗雷德松、［挪］阿斯布佐恩·艾德：《〈世界人权宣言〉：努力实现的共同标准》，中国人权研究会译，四川人民出版社1999年版，第8页。

〔42〕Official document of the United Nations：E/CN. 4/AC. 1/SR. 4，p. 11.

〔43〕卢建平：《中国代表张彭春与〈世界人权宣言〉》，载《南方周末》，2008年12月24日，D25版。

这种提案实际上照顾到了各方的利益，而且又具有可操作性。

张彭春“先宣言，后公约”的规划，促使《宣言》的起草工作在实际上远远领先于公约和执行措施。“尽管 1947 年 12 月人权委员会第二届会议作出的正式决定强调要同时制定一个宣言、一个公约以及执行措施三项文书，但‘先宣言，后公约’的策略实际上占了上风。”〔44〕新西兰等国代表一直强调说宣言应当等待与公约及执行措施一起通过，然而历史却最终验证了张彭春“先宣言后公约”的睿智决策。在《宣言》通过 18 年后，人权两公约才由联大通过并开放签字。如果按照《宣言》须与公约一起完成、同时通过的规划，《宣言》很可能无法挣脱与两公约一同被无限期拖延下去的命运。

张彭春主张的第三份执行措施文件，则根据联合国 543（VI）和 547（VI）号决议，被纳入两个公约及两个任择议定书〔45〕之中〔46〕。

（二）《宣言》起草工作优先于一切议题

在《宣言》起草期间，东西方冷战的铁幕已经落下。在这种局势下，《宣言》的起草必须尽可能地加快进度，以避免逐渐白热化的两大阵营对峙给起草工作带来不利影响。法国代表卡森在后来的一篇回忆文章《宣言的历史》中就为《宣言》捏了一把冷汗：如果大家再争论不休，就会错过政治上的有利时期，“冷战已经开始并且威胁到宣言的妥协和通过”〔47〕。

在人权委员会建立初期，作为一个崭新的联合国工作机构，《联合国宪章》中并未对其组织做细致规定。其基本任务、职权范围、机构设置等都尚处于摸索阶段。然而，人权委员会第一届会议上，由于人权委员会尚缺少开展工作的章程依据，有代表主张应当先通过正式章程之后再开展起草《宣言》等其他工作。这一动议对于《宣言》起草是十分危险的：如果将精力放在起草章程上，第一届会议很可能会花费大量时间讨论程序规则，而对《宣言》起草的讨论将成果寥寥，这势必严重影响《宣言》起草的进度。为能够尽快开始讨论起草问题，张彭春作为副主席，提出先临时性通过一个仅适用

〔44〕［瑞］格德门德尔·阿尔弗雷德松、［挪］阿斯布佐恩·艾德：《〈世界人权宣言〉：努力实现的共同标准》，中国人权研究会译，四川人民出版社 1999 年版，第 8 页。

〔45〕两个任择议定书分别为 1966 年《公民权利和政治权利国际公约任择议定书》（旨在构建一个独立的人权上诉机制）和 1989 年《旨在废除死刑的〈公民权利和政治权利国际公约〉第二任择议定书》（如其名称，旨在废除死刑）。

〔46〕［加］约翰·汉弗莱：《国际人权法》，庞森等译，世界知识出版社 1992 年版，第 167 页。

〔47〕René Cassin, “Historique de la déclaration universelle en 1938”, in La Pensée et l’ action, Paris: Editions Lalou, 1972, pp. 103 – 118.

于第一届会议的简易程序规则，以便尽快开展其他实质性工作，会后再对该章程进行审查或修正，待第二届会议时直接提交委员会审议，以节省时间。这一提议得到澳大利亚和印度等多数代表赞同，委员会也采纳了张彭春的建议[48]。由此人权委员会得以集中精力，快速投入到《世界人权宣言》的起草工作中。

（三）从具体到抽象的草案讨论原则

为起草《宣言》，人权司司长汉弗莱和手底下的秘书班子准备了一份长达408页的“秘书处大纲”。而大纲并非起草工作唯一的参考文献。恰恰相反，拉美等各国政府以及国际组织和个人提出了数不清的建议草案。巴拿马、智利和古巴3国向联合国大会提交了一份人权法案的草案。一些非政府组织也都提交了各自版本的草案。如美洲法律学会（American Institute of Law）在1943年就形成了一份草案，并由巴拿马在旧金山会议和联合国大会上提出，这份草案后来得到了起草委员会的重视。此外，美国犹太人委员会（American Jewish Committee）、美国律师协会（American Bar Association）、国际劳工组织（International Labour Organization）世界管理协会、国际权利研究所、《自由世界》杂志等都提交了自己的草案。还有很多以个人名义提交的草案，比如国际法学者劳特派特（Hersch Lauter pacht），英国作家乔治·威尔斯（Herbert George Wells），海牙国际法院法官亚历让德罗·阿尔瓦雷斯（Alejandro Alvarez），洛杉矶西南法学院（Southwestern Law School）院长罗林·李·麦克尼特（Rollin Lee McNitt）以及天主教国际和平协会的帕森牧师等[49]。

因此，《宣言》草案的初稿应以哪个版本的建议草案作为主要参考是个问题。其中，美国基督福利会和英国代表提交的草案[50]颇受人权委员会的重视。在起草委员会第一届会议上，法国提出同时讨论秘书处大纲和英国的建议草案，抽象出两个草案中共同出现的权利原则，然后再就大纲中有而英国草案中没有的权利进行分析。张彭春提出了更为明确的工作方向：“起草委员会注意讨论应当按照从具体到抽象，首先应当找出秘书处大纲中委员会

〔48〕 Official document of the United Nations：E/CN. 4/SR. 3，p. 3.

〔49〕［加］约翰·汉弗莱：《国际人权法》，庞森等译，世界知识出版社1992年版，第144页。

〔50〕 罗斯福夫人在人权委员会第一届会议上就要求优先讨论美国天主教福利会的草案，对此印度代表颇有微词。他认为印度的草案应当优先并作为讨论的基础。但是罗斯福夫人仍然坚持优先审议美国天主教福利会的草案。See Official document of the United Nations：E/CN. 4/SR. 13，pp. 1–2.

成员都赞成的条款，然后再比较英国提交的草案或其他建议案中的其他条款。”他还特别强调不应当简单复制此前已经存在的各国国内的权利法案[51]。若按照卡森的建议，委员会将仅就人权的抽象原则展开讨论，并需要同时兼顾两个文本，这必将大大放缓讨论的进度。而张彭春的建议较卡森的明显具有更强的可操作性，他不主张脱离具体条款的抽象讨论，而主张将大纲作为讨论的靶子。这样的讨论更有效率，既避免了抽象讨论权利的漫无目的，又避免了同时参照多个文本引起的思路上的混乱。正是在他的建议下，秘书处大纲成为起草委员会立法讨论的主线。奥斯陆大学历史学教授萨姆诺伊（Samnøy）对《宣言》起草过程恰当地点评道：“对可选择的草案的否决，对《宣言》起草进程也是一个促进。与同时处理几个可选择的草案相比，集中讨论一个谈判文本就显得更有效率，更具战略眼光。”[52]

在对秘书处大纲讨论的基础上，由勒内·卡森执笔在短短 3 天内完成了《宣言》草案的初稿。美国学者莫辛克在比较了秘书处大纲和卡森草案两个文本的全文之后，得出结论：卡森草案实际上主要参考了秘书处大纲，除了“更加组织化的语言以及逻辑方面的改进”[53]。实际上，这离不开张彭春的果断选择和有效率的讨论策略。1948 年 12 月，《世界人权宣言》通过前夕，时任经济及社会理事会主席的马立克指出：“如果秘书处大纲是孕育宣言的子宫，那么卡森的草案就是这腹中的第一个胎儿。”[54]而张彭春当之无愧是这个胎儿的助产士。

四、协调艺术大师

（一）打破僵局

加拿大的约翰·汉弗莱把张彭春看成是用智慧来支配委员会的那种人[55]。因此他在日记中写道：“在智力层面上，他耸立（towers above）于第

---

〔51〕 Official document of the United Nations：E/CN. 4/AC. 1/SR. 2，p. 4.

〔52〕［瑞］格德门德尔·阿尔弗雷德松、［挪］阿斯布佐恩·艾德：《〈世界人权宣言〉：努力实现的共同标准》，中国人权研究会译，四川人民出版社 1999 年版，第 21 页。

〔53〕 Johannes Morsink，The Universal Delaration of Human Rights：Origins，Drafting，and Intent，Philadelphia：University of Pennsylvania Press，1999. p. 8.

〔54〕 Official document of the United Nations：A/PV. 180，p. 46.

〔55〕 卢建平，王坚，赵骏：《中国代表张彭春与〈世界人权宣言〉》，载《人权》2003 年第 6 期。

三委员会的其他成员之上。”[56]张彭春不愧为“协调艺术大师”，他“讲求实用”，“随时都有解决问题的实际办法”。在整个起草过程中，他富有中国智慧的起草策略，多次把《宣言》从危机边缘挽救回来。在讨论陷入僵局的许多时候，他总能想出化解的办法，从而推动起草顺利进行。

正如有些学者指出的那样：“对于各国政府来说，虽然它们都确实主张人权，但它们还有其他的兴趣。这些兴趣可能与其人权关注一致，也可能不一致。这样，一项特别的人权政策的通过，就很可能被主要当成了实现一项超级目标的战略手段。”[57]因此，有些对于人权关注的表达，显然是出于其他的政治目的。对于美、苏等大国而言，其中一个重要动机，就是尽可能地使《宣言》内容符合自身的要求，这样才能躲避批评，同时得到机会来批评别的国家。这样在国际政治对抗中就更能掌握主动。冷战的大背景显然加剧了这种情形，人权成了东西方意识形态战争的武器。因此《宣言》符合国内立法并揭露意识形态敌手的弱点显得越发重要。为了更多地对《宣言》施加影响，美国国务院专门为罗斯福夫人配置了一个法律顾问班子。当时不仅仅是美国，英国和法国也都有各自的人权工作组[58]。英国政府的人权工作组在谈及人权活动的一系列动机时，毫不讳言：“王国政府寻求这项公约（指《宣言》）的目的有二：首先，王国政府把公约视为确保提高人权标准的过程中的一个手段；其次，它可以作为政治斗争的武器。”[59]英国和美国的档案都揭露，两国政府当时对于自己的弱点都非常清楚，前者的问题在于殖民地，而后者则是黑人问题。美国也因此准备了苏联阵营“弱点”的材料[60]。

然而，成员国之间点名批评对方国内具体人权状况的行为，给起草工作带来了困难。这种互相公开指责，使得现场气氛十分尴尬，谈判往往陷入僵局。作为副主席的张彭春，每当遇到这种情形，他总能创造性地运用幽默机

---

〔56〕 A. J. Hobbins, On the Edge of Greatness Vol 1 1948 – 1949: Diaries of John Humphrey, First Director of UN Division of Human Rights, Montreal: McGill – Queen's University Press, 1999, p. 88.

〔57〕［瑞］格德门德尔·阿尔弗雷德松、［挪］阿斯布佐恩·艾德：《〈世界人权宣言〉：努力实现的共同标准》，中国人权研究会译，四川人民出版社1999年版，第7页。

〔58〕 Eric Pateyron, La Contribution Fran ç aise à la Rédaction de la Déclaration Universelle des Droits de l' Homme, René Cassin et la Commission Consultative des Droit de l' Homme, Paris: La Documentation Fran? aise, 1998, p. 33.

〔59〕［瑞］格德门德尔·阿尔弗雷德松、［挪］阿斯布佐恩·艾德：《〈世界人权宣言〉：努力实现的共同标准》，中国人权研究会译，四川人民出版社1999年版，第7页。

〔60〕［瑞］格德门德尔·阿尔弗雷德松、［挪］阿斯布佐恩·艾德：《〈世界人权宣言〉：努力实现的共同标准》，中国人权研究会译，四川人民出版社1999年版，第8页。

智的中国谚语化解僵局。有时，他机智幽默的劝解道："Sweep the snow in front of one's door; over look the frost on others' roof tiles.（自家各扫门前雪，莫管他人瓦上霜。）"〔61〕罗斯福夫人对此评价说："张彭春给我们大家都带来了极大的欢乐，因为他具有幽默感，从哲学的角度考虑问题，几乎在任何场合他都能够引述机智的中国谚语来应场。"〔62〕当代学者卢建平、黄建武以及孙平华也都确信，张彭春经常引用常识和幽默来促进对话，成功地调解争端，为《宣言》的起草工作作出了巨大贡献。

哈佛大学格林顿教授在其著作《一个新世界——埃莉诺·罗斯福与〈世界人权宣言〉》一书中记叙了一件趣闻，也从侧面验证了这一事实。黎巴嫩报告员马立克是张彭春在人权哲学上的主要对手。作为《宣言》的主要贡献者之一，在起草小组成立之初就与张彭春多次交锋。由于张彭春善于恰到好处地使用幽默而有说服力的中国谚语，连对手马立克也对中国文化产生了极大兴趣。格林顿提到，马立克在与张彭春的两年间的口头辩论中获得了回报——学到了张彭春的幽默和诸多中国谚语。在罗斯福夫人对委员会过慢的进度失去耐心的时候，马立克"像张彭春一样（Chang - like）使用中国谚语"，温和幽默地劝解道："Matters must be allowed to mature slowly free from sharp corners.（事缓则圆、好事多磨。）"〔63〕

（二）协调争议

《宣言》第2条"不歧视条款"规定："人人有资格享有本宣言所载的一切权利和自由，不分种族、肤色、性别、语言、宗教、政治或其他见解、国籍或社会出身、财产、出生或其他身份等任何区别。"这一句中"其他身份"中"其他"，是张彭春为了统摄英国和苏联双方意见而提议加入的。此前的草案版本使用的是"财产身份"（property status）一词。英国代表认为，"财产"（property）本身就是"身份"（status）的一种，"财产身份"实际上限缩了"身份"的内涵，因此可以直接将"财产"删除而只保留"身份"，这样就可以将包括财产在内的所有身份都包容进去。但是这一提议遭到苏联代表的反对，他们要求保留"财产"一词，因为"无论贫富都应当享有同等权

〔61〕［美］山姆·麦克法兰：《〈世界人权宣言〉的缔造者：埃莉诺·罗斯福，查尔斯·马立克，张彭春，约翰·汉弗莱和勒内·卡森》，化国宇译，载《朝阳法律评论》2016年第1期。

〔62〕［瑞］格德门德尔·阿尔弗雷德松、［挪］阿斯布佐恩·艾德：《〈世界人权宣言〉：努力实现的共同标准》，中国人权研究会译，四川人民出版社1999年版，第6页。

〔63〕 Mary Ann Glendon, A World Made New: Eleanor Roosevelt and the Universal Declaration of Human Rights, New York: Random House Trade Paperbacks, 2002, p. 144.

利”，必须予以强调。最后，张彭春提出了一种统摄双方意见的妥协方案，化解了“财产”和“身份”的逻辑冲突，即在它们之间加上“或其他”这一逻辑性措辞。这样就变成了“财产或其他身份”，既保留和强调了“财产”，又能将财产以外的各类“身份”包容进去。这一方案获得了各方的赞同〔64〕。

语词逻辑上的协调，得益于他的语言天赋。他对英语表达的精准把控，经常使得英文为母语的国家的代表大吃一惊。哈佛大学格林顿甚至都感慨：“张彭春，有着对语言的热爱，擅长（对文本的）精细分析。张彭春似乎乐于指出文案是否‘足够清楚、有逻辑’（perfectly clear and logical）并且对各个部分之间的（逻辑）关系给予关注。”〔65〕

张彭春一直提醒委员会：“在如此重大事项上（指起草《宣言》），达成实际上的合意比通过简单投票压制不同意见更为可取。”〔66〕张彭春同苏联代表在人权委员会第一届会议上提出动议，人权委员会成员在起草的任何阶段都有权表达他们的意见〔67〕。这使得人权委员会 18 个成员国的意见可以充分反映在《宣言》中。张彭春还与加拿大代表共同提案，要求秘书处在起草委员会完成《宣言》草案初稿后，将初稿分发联合国所有成员国收集批评意见和建议。这为非人权委员会的成员国也提供了给《宣言》施加影响的机会。各国的建议究竟能够有多少被《宣言》的文本吸收已经无法考证，但这种策略至少在程序上贯彻了协商民主的原则，有利于增强《宣言》的正当性和认可度，为《宣言》最终能够顺利通过埋下伏笔。

正因此，张彭春才被汉弗莱赞誉为“协调艺术的大师”。然而，张彭春在起草中运用协调策略，目的是推动起草进程，以便及时完成《宣言》起草。因此，这种协商策略不应被错误理解为“和稀泥”。在坚持真理和信念方面，他无疑具有坚韧不拔的精神：联合国对他的评价是，张彭春“坚决主张去掉《世界人权宣言》中关于自然和上帝的一切隐喻”；作为教育家，他在教育权上始终坚持自己的理念，是对《宣言》中教育权贡献最有力的代表；他在起草过程中，经常与法国代表勒内·卡森一道向英美法系诸国普及

〔64〕 Official document of the United Nations：E/CN. 4/SR. 5, pp. 4 –5.

〔65〕 Mary Ann Glendon, A World Made New：Eleanor Roosevelt and the Universal Declaration of Human Rights, Random House Trade Paperbacks, 2002. p. 156.

〔66〕 Official document of the United Nations：E/CN. 4/SR. 11, p. 5.

〔67〕 Official document of the United Nations：E/CN. 4/SR. 12, p. 4.

经济与社会权利的重要性，坚决地为经社文权利在《宣言》中争取地位。

五、《宣言》中的“仁”

耶鲁大学教授萨尼·突维斯（Sumner B. Twiss）参考了联合国官方记录和汉弗莱的日记之后，在研究中指出：“我可以确定中国代表张彭春在当年把儒家的一些思想、谋略和观点引入了《世界人权宣言》的审议过程，这一审议过程导致了《世界人权宣言》的最后形成……儒学的这一贡献的范围和影响力比以往所报道的范围和影响力要广泛得多、大得多。张先生被汉弗莱认为是第三委员会中出类拔萃的人才，他对此事比任何其他人所尽的责任都要大……”〔68〕《世界人权宣言》第1条中关于“良心”的表述被公认为是张彭春将儒家“仁”的思想引入《宣言》最为显著的标志。

然而《宣言》英文版中“良心”（conscience）这一西方化的翻译并未能完整传达儒家思想中“仁”的内涵。根据《牛津法律大辞典》的解释，西方语境中“良心”是指“判断自己和他人的动机或行为的道德水准，赞成或谴责其善恶的精神能力或才能”〔69〕。这与作为儒家最高道德的“仁”的内涵相差甚远。

在起草委员会上，张彭春提议在《宣言》第1条“他们富有理性”的表述中，增加“仁”的概念，作为人的基本属性。由于英语中并没有与其直接相对应的词汇，张彭春创造性地用“two - man - mindedness”来指代“仁”，字面意思即为“人与人的互相感知”，根据张彭春的解释，最终委员会决定用“consciencc”作为对“仁”的翻译。张彭春向他国代表解释说，“仁”在字面上解释为“人对人的感知”，大体上相当于英语中的“怜悯”（sympathy）或者“对同伴的感知”（consciousness of one's fellow men），他还认为这一新的理念应当被看作是人的基本属性〔70〕。虽然“人与人的感知”强调人际关系对于“仁”是至关重要的，但“仁”主要的不是一个人际关系的概

〔68〕［美］萨尼·突维斯：《儒学对世界人权宣言的贡献——一种历史与哲学的观点》，载国际儒学联合会编《国际儒学研究》，中国社会科学出版社1999年版，第36-49页。

〔69〕［英］戴维·M. 沃克：《牛津法律大辞典》，李双元等译，法律出版社2003年版，第247页。

〔70〕 Official Document of the United Nations: E/CN. 4/AC. 1/SR. 8, p. 2.

念，它是一个内在性的原则〔71〕。“仁”是对人道德性和义务性的要求，从而赋予人权以社群主义的考量，强调对他者权利的义务，即仁者爱人。张彭春在讨论《宣言》第 1 条时强调“以兄弟关系的精神相对待”暗含有“责任”的内容，这使得第 1 条实现了权利和义务的平衡，并且不致让《宣言》显得像一份自私自利的文本。“仁”的理论同时构成了张彭春支持第 29 条义务性条款的理由：“联合国的目标不是确保个人私利的获得，而是应尽力提高人们的道德水准……增加对义务的意识使人能够达到更高的道德水平。”〔72〕他认为对义务和权利的陈述都是《宣言》不可分割的组成部分。这种精神符合中国人对“礼”（manners）和亲切、周到地对待他人的重要性的认知，只有当人的社会行为达到这一水平，他才是真正的人〔73〕。

张彭春主张“伦理思考”在《世界人权宣言》的讨论中“应当引起更大的重视”〔74〕。张彭春主张“仁”和“理性”一样，同属人的本性。他试图通过在《世界人权宣言》中增加道德和伦理的因素，将人权与人的伦理道德性相联系，以弥补“理性”作为人权哲学来源的不足。理性所催生的个人主义的自然式权利，并不能赋予人权完整的内涵，因为它并没有对社会中他者权利予以足够的考量。在对待他人权利的态度上，“理性”是在“后果主义”的指导下进行的，根据得失利弊而决定是否遵守权利之间的界限，因而自己的利益与他人的利益始终处于一种此消彼长的紧张关系；而“仁”则是从道德出发，主动顾及他人的权利，不逾越人我之间的界限，通过“达人”以致“达己”。因而“理性”是被动的，“仁”是主动的，“理性”强调了人的生理面向，“仁”则强调了人的伦理面向。一个人在其所生存的社会中，他必须具有意识到其他人存在的整体观念。因为在儒家文化中不曾有西方那种绝对的、可以去掉道德性的纯粹理性个体的存在，如果抽去了人与人之间的相互内在性和相互关联性，个体的存在将无以为凭〔75〕。增加“仁”的叙述将有助于人类道德成长及成熟，有助于改变那种纯粹将人权概念作为守护个人

〔71〕［美］杜维明：《仁与修身：儒家思想论集》，生活·读书·新知三联书店 2013 年版，第 10 页。

〔72〕 Official document of the United Nations：GAOR，Third Session，Proceedings of the Third Committee（A/C. 3），p. 87.

〔73〕 Official document of the United Nations：GAOR，Third Session，Proceedings of the Third Committee（A/C. 3），pp. 98 – 99.

〔74〕 Official document of the United Nations：GAOR，Third Session，Proceedings of the Third Committee（A/C. 3），p. 87.

〔75〕 张静：《儒家文化传统与晚清士林人权话语》，载《人权研究》2014 年第 13 卷。

利益的围墙的情况。

六、中国版建议草案与《宣言》中译本

以张彭春为首席代表的中国代表团在起草委员会第二届会议期间，提交了一份《宣言》建议草案。这份草案一共包括 10 条，仅仅勾勒了基本的人权原则，非常简单明了。这份草案是在“日内瓦草案”（人权委员会第二届会议修订的《宣言》草案）基础上修订而成的，但是明显对前者进行了大幅度删减。他强调说，这份更为简短的草案更加注重教育目的，因为在形式上越简单越容易理解和掌握。张彭春希望这份草案在对《宣言》草案的修订上能够起到参考意义，以提醒委员会尽量保持《宣言》的简洁性。英国代表评价说：“中国的草案尽可能简明地列举了所有国家能达成基本一致的各项原则，对起草委员会的工作产生了良好的影响。”[76]罗斯福夫人则表示了她对中国草案的极大兴趣，她主张将中国草案列入起草委员会会议报告并呈递人权委员会作为参考[77]。

这份记录在联合国档案中的中国版《宣言》草案，是对中国参与《宣言》起草历史的重要见证。鉴于目前并没有任何国内外研究成果提及这份草案的内容，笔者将草案译介如下，以供参考。

《世界人权宣言》中国建议草案

（联合国档案号：E/CN. 4/95，附件 A，第 14－15 页，原文为英文）

第一条　人人都有生命权。

第二条　人人都有权享有良心与信仰自由，集会和结社自由，信息、演讲以及表达的自由。

第三条　人人都有过体面的生活的权利，以及工作和闲暇、健康、教育、经济与社会保障的权利。

第四条　人人都有权直接或者通过代表参加政府事务的权利。

第五条　人人都有受到法律平等保护的权利。

第六条　人人都有寻求庇护避免迫害的权利。

---

〔76〕 Official document of the United Nations：E/CN. 4/SR. 50，p. 8.

〔77〕 Official document of the United Nations：E/CN. 4/AC. 1/SR. 44，p. 3.

第七条　任何人的私生活、家庭、住宅、通信或声誉不应当受到不合理的干扰。

第八条　任何人不应当受到任意逮捕或拘禁。

第九条　任何人不应当成为奴隶或非自愿的奴役，或者遭受酷刑、残忍或不人道的处罚或侮辱。

第十条　每个人都资格享有本宣言所载的人权和基本自由，不分种族、性别、语言或宗教。这些权利的行使需要尊重和符合所处社会中他人的权利及公正的要求。

这份草案最为主要的作用在于给予人权委员会一项重要提示，应当注意《宣言》的简洁性和教育目的。张彭春认为，如果希望尽可能地扩大《宣言》在世界范围内的传播和影响，则应当使它简单明了，朗朗上口，易于记诵。它成为人权委员会第三届会议对“日内瓦草案”修改的重要参考。经过张彭春的提示，人权委员会各成员国在修改过程中对于行文的简洁性颇多注意。经过第三届会议修改之后形成的“成功湖草案”比之前的“日内瓦草案”大为缩减。从总体条款数目上看，“日内瓦草案”有33条，而“成功湖草案”只有28条；从总字数上来看，“日内瓦草案”条款正文约1689字，而“成功湖草案”只有约1031字，篇幅缩减了近40%。

翻译联合国大会决议中的《宣言》中译本是张彭春的另一重要贡献。根据当时《联合国宪章》规定，联合国的官方语言为汉语、法语、俄语、英语和西班牙语。1948年12月10日联合国大会同时通过了这5种语言版本的《宣言》。《宣言》中每一个句子甚至每一个字词都是无数次争论和妥协的成果，故委员会对于任何字词的更改都十分慎重，对翻译文本中字词的精准性提出了严格乃至苛刻要求。为此，联合国大会第三委员会在审议《宣言》期间，成立了对应5种官方语言的语言小组，小组由5个成员组成，每个成员对应一种官方语言，负责审查5种官方语言版本《宣言》文本，以确保每一个字词都能够精确对应〔78〕。张彭春作为《宣言》的主要起草者，翻译中文版《宣言》的任务自然就落到他的身上。值得注意的是，由联合国大会217A

〔78〕 See Official Document of the United Nations：A/C. 3/380.

（Ⅲ）号决议通过的《宣言》中译版本[79]与当前的中文流行本差别很大[80]:前者为繁体版，后者为简体版；前者多用文言句式，而后者则完全为白话风格；在翻译精度方面，两版都本着忠实原文的精神进行翻译，但是前者较多采用意译方式，后者更多采用直译。

根据孙平华的研究，目前所能查询到最早的简体流行本《宣言》出现在联合国1973年出版的《人权：联合国国际文件汇编》中。也就是在1971年10月25日中华人民共和国在联合国恢复合法席位之后，简体本《宣言》才开始“流行”。当前联合国中文网站上公布的《宣言》文本即为流行本，学者研究中引用的《宣言》条款也几乎都是来自该版本。然而，从法律效力上来讲，作为联合国大会决议通过的张彭春译本仍然具有优先性。笔者在研究中发现，张彭春译本对于个别词句的意译是带有一定的目的性的，其中很重要的一点是对《宣言》文本语言的再中国化。例如，简体流行本中“赋有理性与良心”中“良心”的英文为“conscious”，张彭春译为“良知”。“良知”一词最早出自《孟子》，即“人之所不学而能者，其良能也；所不虑而知者，其良知也”，而良知恰恰是儒者王阳明心学体系的核心思想。再者，第27条关于文化生活权的表述中，流行本使用了“分享科学进步及其产生的福利”的表述，其中“分享”是对英文“enjoy”的翻译。而张彭春则将该句翻译为“共同襄享科学进步及其利益”，其中使用了“襄享”一词作为“enjoy”的翻译。“襄”在中文里有“帮助、辅佐”之意，因而较于利己主义色彩浓厚的“分享”（分而享之），“襄享”更带有和谐、谦让的利他之意，这与张彭春对“仁”的理解是一致的。因此张彭春对《宣言》文本的再造用意是十分明显的。由于《宣言》的源文件为英文和法文，完全直译的词句会带有西语的行文逻辑。在描述人权观念时使用蹩脚的西式表述（尽管是中文）会弱化人权的普遍意义，这种西式表述本身就是对《宣言》所宣称的“普遍性”和“世界性”的挑战。因此，对《宣言》进行部分中国化的处理不仅是将传统儒家思想中的人权元素引入《宣言》的重要努力，也是使中国人能够普遍理解和接受《宣言》的必要步骤。

---

[79] Official Document of the United Nations: A/RES/217（Ⅲ）

[80] 孙平华博士在著作中对两个版本做了比较，并对照英文和法文版本，主要从翻译准确性方面阐述了两个中文版本的差异。详见孙平华：《〈世界人权宣言〉研究》，北京大学出版社2012年版，第113－160页。

结 语

《宣言》不仅起草难度大，在审议阶段还遭遇了重重阻力。苏联等东欧六国的代表曾递交提案试图推迟《宣言》的通过；新西兰要求《宣言》等待公约完成后一起审议；南非因迁徙和居住自由，以及社会、文化和经济权利写入《宣言》可能冲击其国内种族制度而持有异议；沙特阿拉伯拒绝接受第 16 条婚姻平等权以及第 18 条宗教选择自由；古巴等拉美国家也试图用《美洲人的权利和义务宣言》的文本替代《宣言》的一些条款……然而这份重要的国际人权文件仍然幸运地赶在第三届联合国大会全体会议前夕分发到了代表手中，并于 1948 年 12 月 10 日午夜之前通过。汉弗莱认为，《宣言》能够在 1948 年的联合国大会进行讨论，可谓是一个奇迹。

张彭春的贡献与其经历和学识是分不开的。他担任过国民政府驻土耳其公使和驻智利公使，二战时期为民族存亡争取国际援助，再加上其具有中西方双重的教育背景和哲学家的智识，使他在起草中比纯粹的政客、学者或者律师能够发挥更为显著的影响〔81〕。他对西方哲学的深入理解和对儒家学说的娴熟掌握，使他成为东西方的协调人。

张彭春的起草引领和策略折冲，为起草委员会、人权委员会和联大第三委员会节省了大量的时间。1949 年及以后的任何时间，《宣言》可能很难依照当前的内容通过了。就在《宣言》通过之后不久，联合国在人权领域的政治角逐加剧，高涨的政治运动开始占据联合国的主要议程，美苏冷战的对抗加剧使得人权问题更加敏感，更加意识形态化，而二战的血腥味所催生的国际人权立法的紧迫感却在逐渐淡去。人权委员会原本计划《宣言》之后马上通过的人权两公约被搁置到了 18 年后的 1966 年才通过并开放签字，就是最好的例证。如果没有张彭春的努力，《宣言》能否按时通过恐怕就很难预料了。因而，传统上认为《宣言》的起草过程是由西方国家主导，中国在其中只是随波逐流的观点是有失偏颇的。张彭春的积极活动是《宣言》得以顺利通过的关键因素，他本人是其诞生的主要助产士之一。

〔81〕 祁怀高：《张彭春：国民外交家和人权活动家》，《世界知识》2009 年第 13 期，第 56－57 页。

论洛克的反抗权理论及其流变与影响

王方玉*

引　言

公元前399年，70岁的苏格拉底被雅典民众法庭以“法律民主”的判决方式认定有罪，判处死刑。在苏格拉底被判有罪后，他的朋友克力同想帮他越狱，理由是这种不正义的法律和判决就应该不服从，但苏格拉底认为，公民即便遭受了不公正判决仍然应严格服从法律。因此，他最终选择服法，在监狱里喝下毒酒而身亡[1]。苏格拉底之死被认为是西方历史上的一大冤案，也留下了如何面对不正义的法律这样一个深重的疑问。对于如何评价法律是否正义以及如果不正义要不要服从的问题，在索福克勒斯的著名悲剧《安提戈涅》中再次得到体现。《安提戈涅》明确地表达了关于自然法与实证法的冲突。故事的主人公安提戈涅在面对她认为不正义的人间法律时，毅然选择违背人间的法，虽然最后自己也为此付出生命[2]。两个案件带来了千古疑虑，公民面对可能不正义、不公平或简单说对自己不利的法律，应该服从还是反抗？这是一个看似简单却让人异常困惑的法学和政治学问题。到古罗马时代，由于贵族对平民的压迫，引起了后者的反抗，由此爆发了持续两个世纪的平民与贵族之间的斗争，并出现平民对贵族政治的撤离。平民的撤离以非暴力方式改变了罗马的一些法律，取得了胜利[3]。在西方，自古罗马以

---

* 王方玉，男，1979年出生，华侨大学法学院副教授，法学博士；华侨大学地方东亚法律文化研究中心研究员。基金项目：司法部2016年法治与法学理论研究课题“权利的内在道德与新兴权利的形成机制研究”（编号：16SFB2003）。

〔1〕 参见［古希腊］柏拉图：《游叙弗伦；苏格拉底的申辩；克力同》，严群译，商务印书馆1983年版。

〔2〕 参见《安提戈涅》中译本，见《罗念生全集》，上海人民出版社2004年版。

〔3〕 徐国栋：《论罗马平民争取权利的非暴力不合作斗争——对平民的五次撤离的法律解读》，载《清华法学》2013年第3期。

后很长一段时期，很少有思想家再继续探讨公民的反抗或不服从问题。古罗马后期，神学家奥古斯丁在原罪论的逻辑下，强调人的服从义务。到中世纪，神学家托马斯·阿奎那则在强调教会统治地位的基础上，对反抗暴政给予了肯定，只是阿奎那并没有形成系统的反抗权理论。此后，一直到近代资产阶级革命时期，英国著名思想家约翰·洛克（John Locke，1632—1704）才对反抗权进行系统、完整的论述。洛克以一种革命的精神提出，公民对于暴政、不正义的法律具有反抗权，并对此进行系统阐述，回应了苏格拉底之死留下的疑问，也产生了深远的影响。洛克的反抗权理论最终使人权观念中形成了反抗权，不仅影响了美国独立战争和法国大革命，还影响到了20世纪“二战”以后国际人权公约的内容，以及20世纪其他非暴力不合作运动、公民不服从运动等[4]。19世纪以后，洛克的反抗权理论被边沁、密尔、奥斯丁等人不断加以消解、否定，但到了20世纪以后，洛克的思想又被罗尔斯、哈贝马斯等人以修正的方式加以继承。

不正义的法律、暴政、反抗、人权、革命、非暴力不合作、公民不服从，都与洛克的反抗权牵扯在一起，不得不引起人们对洛克反抗权的重视。揆诸相关论述发现，学界对洛克的财产权及有限政府等理论着墨颇多，但对洛克的反抗权利理论却较少涉及。当工业社会已经进入“告别革命”的后现代视域，单纯的革命并非解决问题的首要选择，渐进的民主化、法治化才是社会发展的稳定之途。因此，对洛克反抗权思想及相应的理论变迁与历史影响力进行探讨，更有助于人们反思现代社会中法律的改革路径。

一、洛克之前的反抗权思想简论

在洛克之前，西方也有一些思想家对反抗权进行过阐述，因此，为了深入分析洛克的理论，有必要对在他之前的一些思想家有关反抗权的言论进行简单梳理。

古希腊时代，继苏格拉底之后最有影响力的思想家当属柏拉图和亚里士多德，但他们对于是否应该反抗不正义法律的问题并没有直接论述，而且，总结来看二人的思想，他们更强调对法律或正义的服从。此后，古希腊的斯

[4] 有关近一百年来的非暴力不合作运动，详见徐国栋教授的梳理，见徐国栋：《论罗马平民争取权利的非暴力不合作斗争——对平民的五次撤离的法律解读》，载《清华法学》2013年第3期。

多葛学派按照泛神论的方法解释自然法，使自然法具有了某种神的理性品质，因此坚持自然法就是正义的。斯多葛学派将智者派的自然理论加以应用，形成了个体具有普遍理性的观念，论证了人的自然平等、个人的精神自由和尊严。斯多葛学派反对智者派仅仅强调生物意义上人的自然性，反对强权竞争和适者生存，也反对基于人们的自然品质和理性能力的差别而建立的等级社会（而这恰恰是柏拉图和亚里士多德的理论共性）。斯多葛学派的思想为古罗马的西塞罗所继承，形成了经典的自然法论述（即西塞罗说的“真正的法律”）〔5〕。西塞罗对自然法的抽象性论述，实际上承认了一个重要观点，就是所有人都具有理性，人应该是平等的，所有人都应服从自然法，这对于后世民主制度以及人权观念的形成十分重要。

古罗马后期，基督教神学家奥古斯丁依据“原罪说”为教权至上进行辩护，并推演出法律及惩罚的目的。“若原祖没有犯了原罪，传于子孙，他们的后代人中也没有人犯罪，原祖及整个人类就会幸福，心神安宁，肉身快乐。”〔6〕而由于原罪的存在，必须要有法律惩罚世间的罪恶，这是上帝安排。原罪论使得奥古斯丁更强调公民的服从。“公民服从的义务也成了基督教教会中任何负责任的领袖都不会加以否定的一种公认的基督教美德。”〔7〕因此，在奥古斯丁的理论中，没有对法律可能的反抗。到了中世纪，神学家托马斯·阿奎那则形成了与奥古斯丁不同的理论。阿奎那认为，人是要过政治生活的动物，那么统治者的统治对于整个社会来说就是一种必需的职责，而政治体制的目的是对社会的一种功利的善。阿奎那基于维护教会权力的立场出发，认为最好的政治体制是君主制，但君主有个人的目的，可能违背社会的公共福利，形成暴君政治。“由一个国王执掌政权的政体是最好的政体，同样地，由一个暴君执掌政权的政体是最坏的政体。”〔8〕“当一个力求靠他的地位获得私利而置其所管辖的社会的幸福于不顾的人暗无天日地施政时，这样

〔5〕［古罗马］西塞罗：《国家篇·法律篇》，沈叔平、苏力译，商务印书馆1999年版，第104页。

〔6〕［古罗马］奥古斯丁：《天主之城（下）》，吴宗文译，吉林出版集团有限责任公司2010年版，第469页。

〔7〕［美］乔治·萨拜因：《政治学说史》（上卷）（第四版），［美］托马斯·索尔森修订，邓正来译，上海人民出版社2010年版，第229页。

〔8〕［意］托马斯·阿奎那：《阿奎那政治著作选》，马清槐译，商务印书馆1964年版，第50页。

的统治者就叫暴君。"[9]阿奎那非常痛恨暴政，因此认为反抗暴政是正当的。"暴政的目的不在于谋求公共福利，而在于获得统治者的私人利益，所以它是非正义的。"[10]这样，自古希腊以来形成的反抗的思想，阿奎那率先进行了最清晰的表达。阿奎那的思想对洛克的反抗权理论影响甚重。

在宗教改革运动中，代表人物是路德和加尔文，但二人都不是反抗权的坚定支持者[11]。"关于最初的宗教改革者，有一点值得我们注意，即路德和加尔文二人在基本的道德问题上有着实质相同的立场。这就是说，他们二人都认为反抗统治者在任何情形中都是邪恶的。"[12]但是加尔文教派还是认为，如果统治者不承认教义，那么信徒就可以放弃消极服从并选择反抗。基督教的理论认为，上帝创建的社会有其善的目标，这是人类和上帝的契约内容，如果国王的统治违背了上帝的目的，也就违背了政治共同体的存在价值。此外，16世纪后期，法国人博丹明确提出主权概念，认为国家存在至高无上的主权，为后来格老休斯、霍布斯、洛克、卢梭等人有关主权的论述奠定了基础。博丹在主权理论下对政府和国家分离的论述也具有启发性，形成了资产阶级革命以后强调反抗权是针对政府的基本逻辑前提。到英国革命时期，弥尔顿的反抗思想已经和自然权利理论紧密结合，他在《为英国人民声辩》一书的"序言"中表达了强烈的反抗精神。"如果自由十分沉寂，而奴役制度却大放厥词；假如暴君能够找到辩护者，而力量强大足以征服暴君的人却找不到，那么自然法则和法律就遭殃了。如果上帝赐予人类的理智不能为人类的生存、获救和合乎自然的平等找出更多的理由，而只能为人类被独夫压迫、摧残等事找出理由，那么事情就非常可悲了。"[13]弥尔顿的论辩实质上是在肯定这样一项古老的原则，即反抗暴君是一项天赋权利。

启蒙时代的反抗暴政思想动摇了世俗权威的神圣性，世俗王权必然要加以反对，表现就是强调国王权力的神授性。英国国王詹姆斯一世是这种理论的典型支持者，詹姆斯指出国王是"上帝在人间的活的形象"，国王是上帝

---

〔9〕［意］托马斯·阿奎那：《阿奎那政治著作选》，马清槐译，商务印书馆1964年版，第46页。

〔10〕［意］托马斯·阿奎那：《阿奎那政治著作选》，马清槐译，商务印书馆1964年版，第136页。

〔11〕John Witte, Jr., Rights, Resistance, and Revolution in the Western Tradition: Earlier Protestant Foundations, Law and History Review, Vol. 26, No. 3, Fall, 2008, p549 - 550.

〔12〕［美］乔治·萨拜因：《政治学说史》（上卷）（第四版），［美］托马斯·索尔森修订，邓正来译，世纪出版集团，上海人民出版社2010年版，第32页。

〔13〕［英］约翰·弥尔顿：《为英国人民声辩》，何宁译，商务印书馆2009年版，第6页。

指定的为人间制定法律的人，是国王产生了法律，而不是法律产生了国王。国王的权力一旦得到确立，它便经由继承制度传给了后裔。詹姆士一世的理论后来被英国保皇派代表人物菲尔麦进行了详尽的阐述。17 世纪的英国经历了曲折的资产阶级革命，推翻了君主专制统治，确立了资产阶级君主立宪制，但新的资产阶级政治制度尚未巩固，保皇派的思想还有很大影响。这时，在理论上为议会制的资产阶级政治制度进行论证和辩护就成为思想家的任务。针对君权神授理论，洛克在《政府论》（上篇）中对此进行了非常彻底的辩驳，并在《政府论》（下篇）中基于有限政府的需要详尽论述对专制暴政的反抗权。

二、洛克反抗权理论的自然法基础

洛克的反抗权理论和他的自然状态、自然权利、社会契约、有限政府理论构成了统一体，是近代自然法思想的逻辑结论，而这种思想体系又是西方中世纪以来政治观点的延续。“洛克还同中世纪政治思想的长期传统（一直到圣托马斯）衔接起来，而在政治思想的这一传统中，对权力的道德制约、统治者对其所统治的社会负有责任以及政府必须服从法律等原则都是公理。”〔14〕洛克的思想也体现了历史传统和英国宪政经验的总结。“经由胡克传至洛克的中世纪传统以及 1688 年解决方案所遵循的那些宪政理性都认为，政府——具体指国王，但也同样包括议会本身和所有的政府机构——对它所治理的人民或共同体负责；它的权力既受道德法则的限制，又受本国历史这所存在的宪政传统和约定管理的制约。”〔15〕洛克承认政府权力的不可或缺，但也强调政府权力的目的是实现国家幸福，政府为社会的幸福而存在（这与托马斯·阿奎那的思想一致），因而对严重损害社会利益的政府进行变革乃是正当的。所以，才有反抗权的存在。

洛克在《政府论》（下篇）开始就承接上篇的内容，首先总结性地否定了菲尔麦主张的源于亚当的君权神授说和以父权为依据的绝对王权论，从而提出要探索政治权力的起源。为此，洛克与其他的自然法思想家一样，假设

〔14〕［美］乔治·萨拜因著：《政治学说史》（上卷）（第四版），［美］托马斯·索尔森修订，邓正来译，世纪出版集团，上海人民出版社 2010 年版，第 209 页。

〔15〕［美］乔治·萨拜因著：《政治学说史》（上卷）（第四版），［美］托马斯·索尔森修订，邓正来译，世纪出版集团，上海人民出版社 2010 年版，第 210 页。

了一个带有强力神学色彩的自然状态。上帝创造了人，也为人的生存创造了万事万物，于是形成自然状态。“洛克社会契约论中所说的‘自然状态’与上帝创世之前的‘虚无混沌’的状态相对应，而自然状态中的自然法亦即洛克所说的‘上帝的意志’则与旧约经文中‘上帝的灵运行在水面上’相对应，此处所说的‘水’就是那团创世之前的‘虚无混沌’状态。”〔16〕但是洛克并非出于神学的目标来介绍自然状态，自然状态只是为了构建人权、民主理论的一种预设或假设而已。在洛克看来，自然状态“是一种完备无缺的自由状态，他们在自然法的范围内，按照他们认为合适的办法，决定他们的行动和处理他们的财产和人身，而无须得到任何人的许可或听命于任何人的意志……自然状态也是一种平等的状态，在这种状态中，一切权利和管辖权都是相互的，没有一个人享有多于别人的权力。”〔17〕但是，自然状态并不是“放任的状态”，自然法支配着自然状态，人们依据理性生活在自然状态下，没有人享有较之他人更多的权利，人们天生享有生命权、自由权、平等权、财产权与自然法执行权等自然权利，“有理性，也就是自然法，教导着有意遵从理性的全人类：人们既然都是平等和独立的，任何人就不得侵害他人的生命、健康、自由和财产”〔18〕。洛克基于自然状态然后形成自然法、自然权利的一系列结论，使得他的政治哲学区别于古典政治哲学。列奥·施特劳斯就认为，近代政治哲学区别于古典政治哲学的根本之点在于，近代政治哲学以“权利”作为它的出发点〔19〕。洛克将人的基本权利来源归之于自然法，而自然法在洛克的理论中又等同于人类理性，因此，理性或自然法不仅赋予人以生命、自由、财产的权利，理性同时也要求人保护自己的生命、自由、财产不受侵犯。

洛克一方面承认自然状态平等、自由，但另一方面还是认为自然状态仍有缺陷。“第一，在自然状态中，缺少一种确定的、规定了的、众所周知的法律，为共同的同意接受和承认是非的标准和裁判他们之间一切纠纷的共同尺度……第二，在自然状态中，缺少一个有权依照既定的法律来裁判一切争

〔16〕 林国基：《洛克的“创世纪”——读〈政府论〉》，载《政法论坛》2011年第5期。

〔17〕 ［英］洛克著：《政府论》（下篇），叶启芳、瞿菊农译，商务印书馆1964年第1版，第5页。

〔18〕 ［英］洛克著：《政府论》（下篇），叶启芳、瞿菊农译，商务印书馆1964年第1版，第6页

〔19〕 ［美］列奥·施特劳斯：《霍布斯的政治哲学》，申彤译，译林出版社2001年版，第188页。

执的、知名的和公正的裁判者……第三，在自然状态中，往往缺少权力来支持正确的判决，使它得到有效的执行。"[20] 自然状态的前述特征及其固有缺陷表明，自然状态是一种有自由但无政府的状态，由于缺乏公共权威、政府和明确的法律，当某人用强力侵犯、剥夺他人的自然权利时，侵权者和被侵权者之间就会陷入暴力与维权的冲突，自然状态也就随时会形成霍布斯所说的"战争状态"。由于自然状态的固有缺陷，使人们的生命、自由、私有财产等难以得到切实有效地保障，人们为了更好地保障天赋的自然权利，就在共同同意（社会契约）的基础上，加入了社会共同体，形成国家和政府，产生政治权力。这里也可以看出，洛克反对后来的罗伯特·诺奇克所偏爱的无政府状态，也就是回答了"为什么不可以无政府"的问题。[21]

按照自然法思想的逻辑，政治权力的形成是人们通过社会契约让渡自然权利的结果，因而其行使必须以保护自然权利与公共利益为根本目的，否则政治社会就丧失了存在的"合法性"基础，洛克于是形成了有限主权（有限政府）理论。"立法权，不论属于一个人或较多的人，不论经常或定期存在，是每一个国家中的最高权力，但是，第一，它对人民的生命和财产不是，并且也不可能是绝对地专断的……第二，立法或最高权力机关不能揽有权力，以临时的专断命令来统治，而必须以颁布过的经常有效的法律并由有资格的著名法官来执行司法和判断臣民的权利。"[22]很明显，洛克把自然权利当作超越实证法的绝对性权利来对待，国家的立法必须保护人的生命、财产、自由、平等。但如果政治社会无法实现这些目标或遭遇外来征服时怎么办？施特劳斯认为，根据洛克的自然权利理论，"任何与自我保全的基本权利不相容之物、并且因此任何一个理性的生物所不会自由同意之物，都不可能是正义的；由此，公民社会或政府不能以强力或征服而合法地建立起来"[23]。这时正义已经无法实现，洛克由此推出"以强力对付强力"的反抗命题。很明显，洛克是在自然法和自然权利逻辑下形成了这一结论。"暴政行为或反抗

〔20〕［英］洛克著：《政府论》（下篇），叶启芳、瞿菊农译，商务印书馆 1964 年第 1 版，第 77 –78 页。

〔21〕［美］罗伯特·诺齐克：《无政府、国家与乌托邦》，何怀宏等译，中国社会科学出版社 1991 年版，第 11 页。

〔22〕［英］洛克著：《政府论》（下篇），叶启芳、瞿菊农译，商务印书馆 1964 年第 1 版，第 83 –84 页。

〔23〕［美］列奥·施特劳斯著：《自然权利与历史》，彭刚译，生活·读书·新知三联书店 2006 年版，第 231 页。

暴政的政治行为都不会超越在权利的原则，而仍旧是发生在权利原则之下。”[24]因此，洛克的反抗权理论不会离开自然法和自然权利，当然，洛克也未能解决自然法如何支配社会的困惑。

三、洛克对反抗权适用情形的阐述

洛克基于自然状态的预设形成了自然权利以及有限政府理论，自然状态摆脱了无政府状态而进入公民社会，但洛克同样否定另一个极端，即形成权力无限的利维坦（如君主专制统治）[25]。在君主专制统治下，人民的权利同自然状态一样，同样会受到威胁并缺乏救济与保障。“只要有人被认为独揽一切，握有全部立法和执行的权力，那就不存在裁判者；由君主或他的命令所造成的损失或不幸，就无法向公正无私和有权裁判的人提出申诉，通过他的裁决可以期望得到救济和解决。”[26]在自然状态下，人还享有自己保护人身、财产和自由的权利，而在君主专制统治之下，人的权利受到更为严峻的威胁，人已经丧失了一切权利，只能由专制统治者任意宰割，人的处境比自然状态更加糟糕。洛克认为，在专制君主统治之下，政府拥有无限制的权力，人的权利不可能得到保障。“因此每一个专制君主就其统治下的人民而言，也是处在自然状态中。”[27]

此外，按照洛克的理解，应该把政治社会解体和政府解体区别开来，区别于自然状态的政治社会的解体有其特殊性，“解散这种结合的和几乎唯一的途径，就是外国武力的入侵，把他们征服……一旦社会解体，那个社会的政府当然不能继续存在”[28]。这种解体是国家的对外权遭受到侵犯。而政府解体则可以从内部出现，由于政府源于人民的契约，它如果违背了人民的委托而施强力于人民，人民就可以把滥用权力的人当作敌人来对待，导致政府解体。“在一切情况和条件下，对于滥用职权的强力的真正纠正办法，就是

〔24〕 Wolfgang Schwarz, The Right of Resistance, Ethics, Vol. 74, No. 2 (Jan., 1964), p. 126.

〔25〕 肖滨：《公民政府：拒斥无政府与利维坦——洛克政府理论的逻辑结构分析》，载《开放时代》2003年第6期。

〔26〕［英］洛克著：《政府论》（下篇），叶启芳、瞿菊农译，商务印书馆1964年第1版，第55页。

〔27〕［英］洛克著：《政府论》（下篇），叶启芳、瞿菊农译，商务印书馆1964年第1版，第55页。

〔28〕［英］洛克著：《政府论》（下篇），叶启芳、瞿菊农译，商务印书馆1964年第1版，第134页。

用强力对付强力。越权使用强力，常使使用强力的人处于战争状态而成为侵略者，因而必须把他当作侵略者来对待。”[29]于是，基于保障自然权利、实现政府目的而反抗强力的反抗权就此诞生，反抗权是一种“人民普遍地遭受压迫和得不到公正待遇时，一有机会就会摆脱紧压在他们头上的沉重负担”的权利，是人民为了保护自己的财产、生命而起来反抗并恢复受到破坏的正当秩序而实施的行为[30]。

明确了洛克反对无政府以及极端的君主专制体制之后，结合洛克对政府解体的理解，就可以总结出洛克所认可的反抗权适用情形。

第一，在公民社会遭受外敌入侵而社会解体的情况下，人民当然具有反抗权。“一个侵略者由于使自己同另一个人处于战争状态，无理地侵犯他的权利，因此决不能通过这一不义的战争状态来获得支配被征服者的权利，对于这一点，人们都很容易同意，因为人们不能想象强盗和海贼应该有权支配他们能用强力制服的人，或以为人们须受到他们在非法强力挟制下作出的诺言的约束。”[31]洛克是自然法思想的代表人物，所以他的理论对于强力的作用充满否定，不义的征服者不能获得基于社会契约产生的政府合法权力，因此人们对这种强力就可以反抗。“如果臣民或外国人企图用强力侵犯任何人的财产，可以用强力抵抗，这是已被公认的。”[32]因为，在这种情形下，“每个人都回到他以前的所处的状态，可以随意在别的社会自行谋生和为自己谋安全”[33]。这里意思是每个人又回到了自然状态。

第二，当立法机关违背人民的委托时，人民可以反抗从而形成新的立法机关。政治社会的立法权力来自于社会契约形成的约定和委托，因此立法者必须遵守这种契约，洛克的自然法逻辑使得“主权在民”成为必然。“立法权既然只是为了某种目的而行使的一种受委托的权力，当人民发现立法行为

〔29〕［英］洛克著：《政府论》（下篇），叶启芳、翟菊农译，商务印书馆 1964 年第 1 版，第 98 页。

〔30〕［英］洛克著：《政府论》（下篇），叶启芳、翟菊农译，商务印书馆 1964 年第 1 版，第 141 页。

〔31〕［英］洛克著：《政府论》（下篇），叶启芳、翟菊农译，商务印书馆 1964 年第 1 版，第 107－108 页。

〔32〕［英］洛克著：《政府论》（下篇），叶启芳、翟菊农译，商务印书馆 1964 年第 1 版，第 145 页。

〔33〕［英］洛克著：《政府论》（下篇），叶启芳、翟菊农译，商务印书馆 1964 年第 1 版，第 134 页。

与他们的委托相抵触时，人民仍然享有最高的权力来罢免或更换立法机关。”[34]立法权的目标当然也为了保障自然权利而服务，而不是侵害自然权利。“当立法者们图谋夺取和破坏人民的财产或贬低他们的地位使其处于专断权力下的奴役状态时，立法者们就使自己与人民处于战争状态，人民因此就无须再予服从，而只有寻求上帝给予人们抵抗强暴的共同庇护。”[35]立法权是国家的最高权力，其他权力都处于从属地位，立法权的目的是为人民谋福利，违背这一意愿则导致不正义。“如果任何一个人或更多的人未经人民的委派而擅自制定法律，他们制定的法律是并无权威的，因而人民没有服从的义务：他们因此又摆脱从属状态，可以随意为自己组成一个新的立法机关，可以完全自由地反抗那些越权地强迫他们接受某种约束的人们所施用的强力。”[36]

第三，如果行政机关也就是政府超越法律出现暴政（包括君主专制统治的情形），也会导致反抗。洛克考察此前英国革命中出现的国王因暴政而被推翻以及最高立法权易位的现象，从而区分了政府和社会（政治社会），“政府有别于社会，既可因立法权的易手而解体，也可因它背离人们寄予它的信任而被撤换”[37]。在洛克看来，人们所订立的建立国家政府的契约要求人民与政府双方都要履行各自的责任。人民应是有理性和负责任的。政府应是有条件、有限制的政府，而绝不能是专制专断的政府。保护人民的自然权利是设立政府的唯一目的。与立法权的目的对应，当整个政府的行政权力出现暴政，不为人民谋福利的时候，反抗权也会出现。“政府的目的是为人民谋福利。试问哪一种情况对人类最为有利：是人民必须经常遭受暴政的无限意志的支配呢，还是当统治者滥用权力，用它来破坏而不是保护人民的财产的时候，人民有时可以反抗呢?”[38]这里的暴政当然也就包括了前面所说的君主的专制统治，“如果掌握权威的人超越了法律所授予他的权力，利用他所能

---

〔34〕［英］洛克著：《政府论》（下篇），叶启芳、翟菊农译，商务印书馆1964年第1版，第94页。

〔35〕［英］洛克著：《政府论》（下篇），叶启芳、翟菊农译，商务印书馆1964年第1版，第139页。

〔36〕［英］洛克著：《政府论》（下篇），叶启芳、翟菊农译，商务印书馆1964年第1版，第135页。

〔37〕［美］乔治·萨拜因著：《政治学说史》（下卷），邓正来译，上海人民出版社2008年版，第222页。

〔38〕［英］洛克著：《政府论》（下篇），叶启芳、翟菊农译，商务印书馆1964年第1版，第144页。

支配的强力强迫臣民接受违法行为，他就不再是一个官长；未经授权的行为可以像以强力侵犯另一个人的权利的人那样遭受反抗”[39]。因此，政府必须履行它应负的责任，否则便是非法的；如果一个政府违背了契约，威胁侵害了人民的自然权利，人民就要重新考虑他们建立政府的根本目的。

洛克坚持对自然权利尤其是公民财产权的保障，因此，“在洛克的一部分理论中，个人及个人权利是以终极原则出现的……”[40]他的整个政治理论都为此服务，在此政治期望的支配下，洛克的政治设计是以限制国家权力为根本向度的。根据“主权在民”的原则，洛克从三个方面进行其政治设计：其一，政府的合法性来源于人民的同意，在此基础上，政府权力必须“以社会的公众福利为限”；其二政府内部分权，以“避免给人民的弱点以绝大的诱惑”；其三，革命原则，一旦政府失去人民同意，人民有权利进行革命[41]。既然政府有可能违背自然法的基本原则，所以，洛克特别强调需要诉求外部力量以达成对政府的制约，防止专制和暴政。专制政府的出现违背人们离开自然界进入文明政治社会的初衷——保卫生命、自由和财产的权利，这时人们就有权利起来抵制以至反抗和革命。革命固然意味着危险，但更大的危险是其反面，即遭受奴役。最终洛克总结道：“谁不基于权利而使用强力，正如每一个无法无天的人在社会中所做的那样，就使自己与他使用强力来对付的人们处于战争状态；在这种状态中，以前的一切拘束都被解除，其他一切权利都不再有效，而人人都享有自卫和抵抗侵略者的权利。”[42]

四、洛克反抗权理论的有限性

从洛克写作背景来看，他的政治理论是对英国资产阶级革命从开始到结束几十年政治思想与实践的总结，既要防止封建专制复辟，对其进行贬抑和预防，从而赋予人民对国家和政府的监督权，又要为资本主义的政治民主制

[39] [英] 洛克著：《政府论》（下篇），叶启芳、翟菊农译，商务印书馆 1964 年第 1 版，第 128 页。

[40] [美] 乔治·萨拜因著：《政治学说史》（下卷），邓正来译，上海人民出版社 2008 年版，第 211 页。

[41] 马润凡：《论人民革命权的限度性——重新审视洛克的“以强力对付强力”的革命命题》，载《理论月刊》2005 年第 7 期。

[42] [英] 洛克著：《政府论》（下篇），叶启芳、翟菊农译，商务印书馆 1964 年第 1 版，第 146 页。

度寻找合法性，维护资本主义制度的稳定。“洛克正是在理论上为已经上台的资产阶级完成辩护他们的新制度并扫除异说这一历史任务的人物。”〔43〕所以，洛克主张的反抗权主要以限制国家权力为目的，为政府权力进行理性化建构，“以强力对付强力”的反抗权思想其实凸显的是社会和公民对政府的牵制和平衡。因此，洛克主张的是“有限”反抗权。

（一）洛克反抗权目标的内在有限性

首先，洛克提出反抗权的目标是要诉求外部力量以实现对政府权力的制约，并不是鼓励革命。一方面，必须承认，洛克要除去一个过时的政体，不再简单地重新肯定或同意其复辟。《政府论》（上篇）对菲尔麦的保皇理论的批判将此目标展现得淋漓尽致。“在反君主专制的时代背景下，洛克的这一革命思想革除了亚里士多德‘政体循环交替’的革命之意，并跨越了霍布斯对人民革命权的拒斥，有着极大的进步性。”〔44〕另一方面，也要看到，洛克对政府权力来源的理性化预设、政府权力行使中分权原则的设计等，都是为防止专制政治的复辟，其目标是从外部寻找力量来保卫人民权利，所伸张的反抗权最终是以限制国家权力为依归，并不是为了鼓吹继续革命。“洛克虽然是英国革命的卫道士，但又不是激进派，而且出于他坚信经验主义认识论而不尚空谈。因此，他的政治法律思想便显得尤为稳健，他在著作中大多运用了已被证实的，或已被普遍接受的经验认识。这一点正是英国妥协式革命的一个根源。”〔45〕因此，洛克所提出的反抗权具有很强的工具理性特质，力图割除一些以世袭权为依据提出对权力的要求，维护当时英国资产阶级已经确立的立宪君主制度，可控、有序的局面是洛克的政治目标。

其次，洛克强调反抗权主要与政府有关，而不是重点针对国家。古典社会契约论一般包含两个层次的约定，第一层是公民之间以形成国家或主权为目标的契约；第二层是国家形成后，代表国家的政府与人民之间的契约。国家或政治社会是基于人们的同意而建立的，但国家或政治社会是一个抽象的概念（就像卢梭说的主权者），国家的主权必须要通过政府机构（包括立法和行政机关）来实施相应的行为。只要有国家存在，就要有法律，但政府机

〔43〕 吴恩裕：《论洛克的政治思想》，载［英］洛克：《政府论》，叶启芳、翟菊农译，商务印书馆1964年第1版，第5页。

〔44〕 马润凡：《论人民革命权的限度性——重新审视洛克的“以强力对付强力”的革命命题》，载《理论月刊》2005年第7期。

〔45〕 刘惠荣：《洛克与光荣革命——对洛克政治法律观的再思考》，载《中外法学》1992年第6期。

构可能违法或实施暴政，人民这时候是要服从还是反抗就很矛盾。洛克在很多情况下用是否“合法”来评价已经没有法律背景的行政或立法机关的行为，理论上的矛盾已经暴露出他对政府行为的关注，而不是针对整个国家。此外，他在《政府论》（下篇）最后重申个人交给社会的权力只要社会继续存在就决不能重归于个人也是出于这一目的。

再次，洛克多次承认反抗权的随性可能导致混乱，不可以随意使用。洛克认为，即使是君主的命令，也不是随意都可以反抗，强力只针对不义和非法。“是否一个人只要觉得自己受害，并且认为君主并不享有对他这样做的权利，就可以随时加以反抗呢？这样就会扰乱和推翻一切制度，所剩下的不是国家组织和秩序，而只是无政府状态和混乱罢了……强力只能用来反对不义的和非法的强力。”〔46〕苏格拉底当年选择服从法律的一个基本理由就是，如果人人都以法律判决不公正为理由拒绝服从法律，那么整个国家还能有个规矩方圆吗？洛克在这一点上部分继承了苏格拉底的观念。

（二）洛克对反抗权适用的具体限制

按照前文所说，洛克提出的反抗权只有在立法机关违背人民的委托，或者政府滥用权力而无法补救，或者遭受外敌入侵这三种情况下出现。对于外敌入侵，洛克认为，这种反抗权是绝对的，无须任何限制的，但其他情况下反抗权的使用则是有限制的。洛克对反抗权在什么情况下可以行使、什么情况下不可以行使也进行了详细论述。

首先，洛克限定了反抗权的具体适用对象及其特质。反抗权的针对对象是任何形式的暴政——包括君主专制和多数人的立宪制，而暴政的基本特征是越权或绝对任意权力的掌握，出现了不正义的权力应用。基于限制反抗权的目的，洛克区分了合法的国王和暴君：“国王以法律为他的权力的范围，以公众的福利为他的政府的目的，而暴君则使一切都服从他自己的意志和欲望。”〔47〕暴君就可能导致暴政，洛克界定了暴政的内涵和开始的标志：“暴政便是行使越权的、任何人没有权利行使的权力。这就是任何人运用他所掌握的权力，不是为了处在这个权力之下的人们谋福利，而是为了他自己私人的

〔46〕［英］洛克著：《政府论》（下篇），叶启芳、翟菊农译，商务印书馆1964年第1版，第129页。

〔47〕［英］洛克著：《政府论》（下篇），叶启芳、翟菊农译，商务印书馆1964年第1版，第123页。

单独利益。”〔48〕此外，对于篡夺者，“如果篡夺者扩张他的权力超出了本应属于国家的合法君主或统治者的权力范围以外，那就是篡夺加上暴政”〔49〕。在暴政以及篡权的情形下，暴君通过没有授权地或不当地使用武力来反对人民，那么人民才可以不把他视为他们的政治统治者。因此，洛克强调了反抗权对象的暴政所具有的三个特质：不当使用强力、超越法律的授权、具有一定的错误或不正义性质。

其次，在反抗权实现的手段上，洛克强调法律的优先选择性。这里分为不同层次，当立法机关侵权，法律无法应用时，权力重新回归人民，人民必须通过新的立宪行为来建立新的立法机构。“人民就可以自由地自己建立一个新的立法机关，其人选或形式或者在这两方面，都与原先的立法机关不同，根据他们认为那种最有利于他们的安全和福利而定。”〔50〕另一层面，当法律还可以应用时，应该诉诸法律。“当受害者的损害可以通过法律而得到赔偿的时候，就没有诉诸强力的理由，强力只应该在一个人受到阻碍无法诉诸法律时被运用。”〔51〕这种情况下，反抗权不会扰乱国家的稳定。因此，在可以应用法律的时候，强力是不需要的。“只有那种使诉诸法律成为不可能的强力，才可以被认为是含有敌意的强力。也只有这种强力才使一个运用它的人进入战争状态，才使对他的反抗成为合法。”〔52〕

再次，洛克强调了反抗权适用的限度。洛克认为只有当掌权者对权力的滥用超过一定限度时，反抗才允许发生。“革命不是在稍有失政的情况下就会发生的。对于统治者的失败、一些错误的和不当的法律和人类所造成的一切过失，人民都会加以容忍，不致反抗。”〔53〕因此，洛克虽然认为反抗权是一种限制政府的积极权利，但只有在权力的滥用已经危及大部分人民时才可

〔48〕［英］洛克著：《政府论》（下篇），叶启芳、瞿菊农译，商务印书馆 1964 年第 1 版，第 127 页。

〔49〕［英］洛克著：《政府论》（下篇），叶启芳、瞿菊农译，商务印书馆 1964 年第 1 版，第 126 页。

〔50〕［英］洛克著：《政府论》（下篇），叶启芳、瞿菊农译，商务印书馆 1964 年第 1 版，第 138 页。

〔51〕［英］洛克著：《政府论》（下篇），叶启芳、瞿菊农译，商务印书馆 1964 年第 1 版，第 131 页。

〔52〕［英］洛克著：《政府论》（下篇），叶启芳、瞿菊农译，商务印书馆 1964 年第 1 版，第 131 页。

〔53〕［英］洛克著：《政府论》（下篇），叶启芳、瞿菊农译，商务印书馆 1964 年第 1 版，第 141 页。

以行使。“凡是在其他任何场合进行任何反抗的人，会使自己受到上帝和人类的正当的谴责……”〔54〕这表明洛克认为判断反抗是否合理的尺度是人民的权利是否已经受到严重侵犯，而且无法诉诸法律。当然，洛克的理论毕竟具有一定的革命性，所以在这种“严重侵犯人民权利”的问题上，他认为判断者应该是人民。“谁来判断君主或立法机关的行为是否辜负他们所受的委托？……对于这一点，我的回答是，人民应该是裁判者……如果在法律没有规定或有疑义而又关系重大的事情上，君主和一部分人民之间发生了纠纷，我以为在这种场合的适当仲裁者应该是人民的集体。”〔55〕

可见，洛克的反抗权是有限的，即它的功能是用来推动社会和政府的改进，从而恢复一个正义的和有正当秩序的政治社会，实现对自然权利的保障。洛克秉承了霍布斯的个人主义及个人权利理论，就目标上来说，都是利己主义、个人主义的，无论政府和社会的存在都是为了维护个人权利，而这类权利的绝对性就成了政府和社会之间相互制约的根源所在。洛克认可人民具有反抗权的同时又通过对反抗权理念与实践的层层限制来约束人民革命行为的限度，其宗旨是捍卫道义性的反抗权利，这构成了洛克独特的“正义”反抗论。这样，洛克对反抗权进行限制，反抗权充满妥协性也就属于必然，这种妥协性也因此被后世的思想家进行利用，并不断消解其中的激进属性。

五、边沁和密尔等对洛克反抗权理论的消解与否定

洛克反抗权理论的提出，既是对当时英国革命胜利成果的捍卫，也是对未来政府可能出现暴政的防范，在当时充满了革命色彩并具有积极的历史意义。而随着社会不断进步，资本主义经济、政治的蓬勃发展，以及资产阶级民主制度的稳定运行，激进的反抗权理论已经不再适合社会需要，于是理论家们也对这一理论不断进行修正并逐渐加以消解。

首先是功利主义者以改革精神消解洛克的反抗权。由于天赋权利理论具有很强的直觉性，洛克和杰斐逊等人除了将个人权利先验地设定为不证自明不可侵犯以外，并没有其他方法能为这种个人权利进行辩护。“由自然法观

〔54〕［英］洛克著：《政府论》（下篇），叶启芳、瞿菊农译，商务印书馆1964年第1版，第129页。

〔55〕［英］洛克著：《政府论》（下篇），叶启芳、瞿菊农译，商务印书馆1964年第1版，第155－156页

念衍生出权利的推理方式会使权利的声誉产生问题，尤其是当人们不再相信上帝制定的自然秩序。”〔56〕随着革命的成功，宗教与世俗权力的彻底分开，商业和工业资产阶级的地位和影响得到巩固，激进的革命理论自然受到冷落，经验的功利主义随之兴起。事实上，洛克也承认人有趋乐避苦的自然倾向，他对自然权利尤其是财产权的强调就是非常功利的〔57〕。此后的功利主义代表人物边沁基于经验主义的快乐与痛苦划分，提出了“最大多数人的最大幸福”这一政治原则，并认为最大幸福原则为技术高超的立法者提供了一种实际上万能的工具。根据这一原则，立法者可以“用理性和法律手段来培育或构建幸福”。立法者只需要知道产生具体习惯和习俗的那些特定时间和地点的情势，并可以通过痛苦和惩罚来控制行为，就可以取得最可欲的结果。这样社会所需要的，不是人民的反抗权，而是如何设计国家的立法和其他具体制度。与洛克相似，边沁也强调对国家制度的批判，“这里是肯定的：一种制度如果不受到批判，就无法得到改进”，〔58〕但他同时强调，“在一个法治的政府之下，善良公民的座右铭是什么呢？那就是‘严格地服从，自由地批判’”〔59〕。在边沁这里，批判是通过改革进行的，而不是过于激进的反抗。“洛克政治哲学中的大多数实际目的和大部分内在精神却传给了功利主义。尽管这种功利主义并不为革命做明确辩护，但是它却延续了洛克审慎而激进的改革的精神。”〔60〕边沁的改革理论已经开始忽略洛克所强调的公民对政府的反抗权利。

其次，自由主义的代议制彻底摧毁了反抗权。“革命时代的自然（或天赋）权利哲学同19世纪自由主义之间在气质和精神上都存在着深刻的区别。自然（或天赋）权利哲学实质上是一种革命信条；在某项基本权利受到侵犯的场合，它不容许任何妥协。”〔61〕在洛克时代，议会是新兴资产阶级对国王及封建势力斗争胜利的重大成果，洛克的《政府论》彰显的是议会主权论，强调对旧制度的反抗和对新制度的捍卫，因而人民具有的革命性的反抗权在

---

〔56〕 Tom Campbell, Rights: A Critical Introduction, published by Routledge, 2006, p6.

〔57〕 John loke, An Essay Concerning Human Edersanting, ed. p. H. Nidditeh, published by Penguin Group, 1997, p. 55.

〔58〕［英］边沁著：《政府片论》，沈叔平译，商务印书馆1995年版，第99页。

〔59〕［英］边沁著：《政府片论》，沈叔平译，商务印书馆1995年版，第99页。

〔60〕［美］乔治·萨拜因著：《政治学说史》（下卷），邓正来译，上海人民出版社2008年版，第226页。

〔61〕［美］乔治·萨拜因著：《政治学说史》（下卷），邓正来译，上海人民出版社2008年版，第358页。

他的理论中还留有一席之地。但到了密尔时代，已经确立了资产阶级的统治秩序，英国也正处于资本主义蓬勃发展的时期。因而，“这时已不需要来反对过去的敌人——国王以及其封建主们了，‘武器的批判’——人民革命权自然要被资产阶级藏匿起来”[62]。密尔通过对自由主义的阐述和代议制政府的制度设计，完成了权力中心从议会到政府的内在置换，最终彻底消解与摧毁了带有革命性的反抗权。

密尔虽然是古典自由主义的代表人物，强调个人自由、个性发展，但其本质上仍是功利的，他的自由理论最终是为自由资本主义发展服务。事实上，他在1859年发表《论自由》一书时，《共产党宣言》已经发表10年以上，那才是真正的革命性反抗理论。密尔当然不支持革命，“他只是企图在亚当·斯密和李嘉图学说范围内解决资本主义社会的矛盾”。(《论自由》中译本重印序言）他的目的是通过精细的制度设计实现资本主义政治改良。密尔首先对自己的时代特点进行了认定，“在人类事务前进过程中来到了这样一个时代：人们对于管治者之成为一种独立的权力而在利害上与他们自己相反对，已不复认为是一种自然的必要”[63]。很显然，密尔强调，经过了18世纪的独立与革命运动，19世纪的社会已经不是一个充满反抗和革命的时代。然后，他分析了他所面对的社会的要求，“而现在所要的则是，统治者应当与人民合一起了，统治者的利害和意志应当就是国族的利害和意志。国族无须对自己的意志有所防御。不必害怕它会肆虐于其自身”[64]。如何实现这一点，密尔认为，“只要有效地做到使统治者对国族负责，可以及时地被国族撤换，那么国族就不怕把自己能够支配其用途的权力托给他们。统治者的权力实即国族自己的权力，不过是集中了，寓于一种便于运用的形式罢了”[65]。基于这一目标，密尔设计了详细的代议制度。这样，在密尔的理论中，不存在社会的解体问题，不存在针对国家的革命，只存在政府的更迭，政府永远是代表人民的（无论政府如何更替）、政府始终有能力为人民谋安全和利益。

密尔主要是通过以下具体途径来摧毁洛克的反抗权。其一，实行代议制，

---

〔62〕 张立进：《西方政治思想中革命权的消解——从洛克到密尔》，载《中国社会科学报》2011年5月12日，第007版。

〔63〕［英］约翰·密尔著：《论自由》，许宝骙译，商务印书馆1959年版，第2-3页。

〔64〕［英］约翰·密尔著：《论自由》，许宝骙译，商务印书馆1959年版，第3页。

〔65〕［英］约翰·密尔著：《论自由》，许宝骙译，商务印书馆1959年版，第3页。

即先由自由选民选出选举人，再由选举人选出议会成员。既然议员是人民选出的代理人，人民的意见就会得到表达，因而不会存在洛克所认为的无法诉诸法律的状况。“一个完善政府的理想类型一定是代议制政府了。”[66]第二，主张“议行合一”。洛克认为对于不执行议会意志的政府来说，人民具有反抗权，可以推翻旧政府重新组建新的政府。但到了密尔，议会和政府的关系是完全统一的，政府由议会产生，须对议会负责，解决政府不执行命令的办法是内阁的辞职或重新选举，这样就不需要通过人民的反抗来更迭政府。第三，主张文官制度。密尔认为，这样能够将政治家的变动性和职业官僚的稳定性结合起来，避免政治变动殃及公共行政。第四，司法官员的独立。司法官员显示其置身于政党政治之外，以中立的面孔维护社会的公平和正义，消除社会矛盾和潜在的不安定因素从而阻遏人民革命的发生。密尔认为，通过这些设计，能够实现一种个人利益的平衡，“永远应当在各种个人利益之间保持着这样一种平衡，使任何一个人的利益要获得成功必须有赖于得到至少一大部分按照更高动机和更全面更长久的观点行动的人们的支持”[67]。社会实现利益平衡，当然就不会有激烈的反抗。

第三，实证主义对反抗权的否定。19世纪以后，西方社会完成了资产阶级革命，激进的古典自然法及自然人权论受到冷落和批评，代之而起的是实证主义法学。“实证主义”哲学思想起源很早，“这种思想方法和认识方法的一般特点是：研究‘确实存在的’东西，追求‘确实的’知识。在价值问题上，实证主义或者认为价值不可知，或者坚持价值中立或价值多元”[68]。实证主义法学对法律的理解与自然法思想不同，反对将自然法以及自然权利看作是法律和权利，也反对法律要服从伦理、道德等价值性要求。按照实证法学的奠基人约翰·奥斯丁的观点，法律是来自于社会中的最高统治阶层的命令，而非这社会本身，最高统治权力是至高无上的。“准确意义上的法（laws），具有命令（commands）的性质。如果没有命令的性质，无论何种类型的法，自然不是我们所说的准确意义上的法。”[69]由于最高统治权力的至高而不受法律限制性，最高统治权可以任意剥夺公民的自由，法律也就与好坏无关。“主权政府的权力不可能受到法律的限制，于是，主权政府，在法

[66] ［英］密尔著：《代议制政府》，汪瑄译，商务印书馆1982年版，第55页。

[67] ［英］密尔著：《代议制政府》，汪瑄译，商务印书馆1982年版，第100页。

[68] 张文显著：《二十世纪西方法哲学思潮研究》，法律出版社1996年版，第77页。

[69] ［英］约翰·奥斯丁著：《法理学的范围》，刘星译，法制出版社2002年版，第2页。

律上是可以根据自己的意志，用自己不受约束的权力，任意剥夺臣民的政治自由。”〔70〕对于权利问题，实证主义强调权利应该是来自于国家的法律，法律没有规定，则不能认定为权利。“每一个法律权利，是由实际存在的由人制定的法所规定的。”〔71〕这样，对于公民来说，只能享有法所规定的权利并履行义务，政府对公民则没有权利义务可言。

六、罗尔斯和哈贝马斯等对洛克反抗权理论的修正继承

虽然密尔等人摧毁了洛克的反抗权，但在19世纪，亨利·大卫·梭罗（Henry David Thoreau）还是继续提出了个人不服从法律的正当性的问题。梭罗坚持和平革命论，认为社会中的每一个公民对于任何违背良知的法律和政策有不服从的权利，但反对变革中的残暴和血腥行为。到20世纪，随着人权运动再一次兴起和变成世界性伦理，人权的反抗性问题无法回避，政治思想家则通过修正的方式，以服从正义、法律为最高原则，继承了洛克的反抗理论。罗尔斯、德沃金、汉娜·阿伦特、哈贝马斯、诺奇克等是这方面的代表人物。罗尔斯和德沃金的理论相似，都坚持非暴力反抗原则和“善良违法”论。阿伦特和哈贝马斯则强调一致同意或协商民主基础上的反抗。以下介绍罗尔斯、哈贝马斯和诺奇克的观点。

罗尔斯在他的正义论体系下对公民不服从或非暴力反抗进行了系统论述，而所谓的公民不服从，则是反抗权的一种翻版。罗尔斯首先承认每个公民都有服从法律的政治义务，但是，当法律严重不正义时，公民就具有了不服从此种不正义法律的权利，同时他也强调，非暴力反抗是“一种公开的、非暴力的、既是按照良心又是政治性的对抗法律的行为，其目的通常是为了使政府的法律或政策发生一种改变”〔72〕。此外，罗尔斯还进一步提出了正当的公民不服从的三个具体条件：一是不被服从的法律具有实质性的、明显的不正义；二是对政治多数的正常呼吁已经真诚地做过了，但是没有取得效果；三是非暴力反抗的范围要有一定的限制，即这种反抗不能导致破坏对法律和宪

〔70〕［英］约翰·奥斯丁著：《法理学的范围》，刘星译，法制出版社2002年版，第292页。

〔71〕［英］约翰·奥斯丁著：《法理学的范围》，刘星译，法制出版社2002年版，第305页。

〔72〕［美］约翰·罗尔斯：《正义论》，何怀宏、何包钢、廖申白译，中国社会科学出版社1988年版，第364-365页。

法的尊重，因而不能产生对所有人来说都是不幸的后果〔73〕。罗尔斯的公民不服从理论继承了洛克的反抗权，承认公民对不正义法律存在反抗权，又希望通过制度克服了密尔代议制下的风险与弊端，从而将反抗权以一种符合正义理想但更加缓和（法律限度之下）的模式保存下来。

20世纪另一位重要思想家哈贝马斯也阐述了公民不服从或非暴力反抗的理论，他基于商谈民主的路径，提出公民不服从要克制在交往理性的范围之内，超出这个范围就会演变成为暴乱或者革命。哈贝马斯认为，“只有借助商谈原则，才能表明每个人都拥有对于尽可能多的平等的个人自由的权利”〔74〕。法律就是要保障权利，“对于平等的个人权利，加上成员权利和诉讼保障，构成了法律代码本身”〔75〕。有了法律，对法律是否合法和正义如何评判，同样依据商谈原则，“所追求的政治权利必须以这样一种方式来确保参与一切同立法有关的协商过程和决策过程，即使得每个人都有平等机会形式对具有可批判性的有效主张表示态度的交往的自由”〔76〕。哈贝马斯之所以强调民主的基本原则是商谈，就是要反对暴力，这与古典时代的自然法路径不同。“在哈贝马斯看来，公民不服从运动应该建立在后形而上学的公共领域话语之中。公民不服从意在表达一种对权力执行的抗议，抗议那些通过合法途径而产生、但是根据有效的宪法原则又不具有合法性的决策。”〔77〕

此外，20世纪著名的个人主义代表人物诺奇克的理论中也保留了反抗权的空间，虽然诺奇克具有洛克所反对的无政府主义倾向。诺齐克的权利观在很大程度上继承了洛克的理论并努力克服其不足，从而提出了一套系统的权利理论。与洛克一样，诺齐克捍卫自然权利，而且也强调所有权或财产权。诺奇克强调在个人与国家的关系中，个人权利的优先性。“个人拥有权利。有些事情是任何他人或团体都不能对他们做的，做了就要侵犯到他们的权利。这些权利如此有力和广泛，以至于引出了国家及其官员能做些什么事情的问

〔73〕［美］约翰·罗尔斯：《正义论》，何怀宏、何包钢、廖申白译，中国社会科学出版社1988年版，第372－374页。

〔74〕［德］哈贝马斯著：《在事实和规范之间》，童世骏译，生活·读书·新知三联书店2003年版，第151页。

〔75〕［德］哈贝马斯著：《在事实和规范之间》，童世骏译，生活·读书·新知三联书店2003年版，第153页。

〔76〕［德］哈贝马斯著：《在事实和规范之间》，童世骏译，生活·读书·新知三联书店2003年版，第155页。

〔77〕杨礼银：《论罗尔斯和哈贝马斯的“公民不服从”理论》，载《武汉大学学报》2009年第4期。

题。”[78]所以诺齐克希望形成最弱意义上的国家以解决洛克的困境。

七、洛克反抗权理论的历史影响力

洛克充满革命性的反抗权理论在美国独立战争以及法国大革命中发挥了巨大的影响作用，最终在人权理论中形成了反抗权这一基本人权。不仅如此，洛克被修正了的反抗权理论变成了公民不服从和非暴力不合作运动的理论来源，这些理论在20世纪政治与民权运动中，继续发挥作用。

1776年美国《独立宣言》提出的“推翻英国殖民统治”呐喊就来源于洛克思想。《独立宣言》重申政府的责任以及人民的反抗权，“过去的一切经验也都说明，任何苦难，只要是尚能忍受，人类都宁愿容忍，而无意为了本身的权益便废除他们久已习惯了的政府。但是，当追逐同一目标的一连串滥用职权和强取豪夺发生，证明政府企图把人民置于专制统治之下时，那么人民就有权利，也有义务推翻这个政府，并为他们未来的安全建立新的保障……”加拿大学者莱斯利·雅各布在其出版的《民主视野》一书对此进行充分肯定：

> “一个民主国家只要实现了社会正义的要求，就拥有特别的统治权利。假如民主国家的确实现了这些要求，一个人就有义务遵从它的法律。倘若民主国家没有满足社会正义的要求，那么这位个人又应该怎样做呢？……又假如，它（指政府）可能以一种坚持不懈的态度侵犯了无数个人的基本自由权。应该怎样对待它呢？自治克以来，革命一直是对这种景况的标准答复。支撑这一答复的就是如下的看法：政治义务是建立在国家满足包括不侵犯个人权利在内的某些条件之上的。当国家没有满足这些条件时，国家就不再拥有统治的权威，并且个人的政治义务也就消失了。这样，人民用革命来推翻政府就是正当的。美国革命就典型地以这种方式而得到正当性证明。”[79]

在法国大革命中，1789年的《人权宣言》则将反抗权变成了基本人权之一，“任何政治结合的目的都在于保存人的自然的和不可动摇的权利。这些

---

[78] [美] 诺奇克著：《无政府、国家和乌托邦》，姚大志译，中国社会科学出版社2008年版，第1页。

[79] [加] 莱斯利·雅各布著：《民主视野：当代政治哲学导论》，吴增定、刘凤罡译，中国广播电视出版社2000年版，第25页。

权利就是自由、财产、安全和反抗压迫”。洛克的反抗理论为法国大革命中反抗权进入宪法性文件奠定了理论基础。由于反抗权来自于自然法和自然权利，反抗转变成了人权的基本内在精神或者是基本人权就顺理成章。“人权追随者激进的自然法，在它诞生之初就有反压迫、反常规的先验理性基础。”〔80〕实际上，近代以来的人权运动都充满了反抗性。如同夏勇先生所述，“从人权概念产生的社会历史过程来看，人权是一种反抗权利。也就是说，在观念上，人权诉求反映了人们反抗特权、反抗统治者压迫和剥削的愿望；在现实中，法律权利逐步增长乃至进化为人权，是人们反抗人身依附、政治专制和精神压迫的斗争不断取得胜利的结果。”〔81〕

到了 20 世纪，反抗权仍然在人权体系具有重要地位。《世界人权宣言》在序言中明示：“鉴于为使人类不致迫不得已铤而走险对暴政和压迫进行反叛，有必要使人权受法治的保护……”《世界人权宣言》以一种“抽象的人道主义形式反映了世界人民反对战争，要求和平，反对殖民主义，争取人权，发展经济、政治、文化，改善物质生活和精神生活的强烈愿望，并为世界各国人民指出了努力方向和目标……”〔82〕可以说，《世界人权宣言》追溯、重申了洛克的反抗精神。

不仅如此，20 世纪还有更多的政治或民权运动间接体现了洛克的反抗权理论。典型的包括印度甘地领导的非暴力不合作运动，甘地坚信印度人占多数的英属印度没有印度人的合作就要垮台，历史证明了他的这一判断正确，英国人最终屈服于印度人柔软的抵抗。美国人马丁·路德·金继承了非暴力不合作运动路线，他领导了一场反对种族歧视的非暴力反抗的公民不服从运动，第一次提出：为了少数人的利益可以也应该不服从多数人制定的不公正的法律。他这里所谓的不公正的法就是贬低人格、多数人并不受其约束、少数人没有充分参与其制定的法。他也认为，当一条法律被用来保护不正当目的时，也是不公正的。马丁·路德·金利用这一运动赢得了美国黑人的民权。南非人纳尔逊·曼德拉又继之，打破了南非的种族隔离政策。

〔80〕［美］杜兹纳著：《人权的终结》，郭春发译，江苏人民出版社 2002 年版，第 7 页。

〔81〕夏勇著：《人权概念起源——权利的历史哲学》，中国政法大学出版社 2001 年修订版，第 170 页。

〔82〕张爱宁著：《国际人权法专论》，法律出版社 2006 年版，第 123 页。

结 语

洛克的反抗权理论影响了18世纪的美国独立战争与法国革命，甚至也影响了19世纪的无产阶级斗争。但到了19世纪以后，洛克的反抗思想受到消解、否定，形成了一种略带悲情的结局，这与他的立场和所面对的现实有关。洛克是近代自由主义的奠基人，其伟大在于他把自由和富于理性的个人以及个人权利作为判评社会“好坏”的标准，而他的局限则在于他在设定这个标准的同时却忽略了占整个社会人口一半以上的劳苦大众的个性和他们的生存、自由和拥有财产的权利。所以，其理论在抽象层面具有普适性，在实践层面却会遇到重重阻碍。到了20世纪以后，经历社会的转变以及世界性的灾难，人权被重新重视，加上社会发展对非暴力反抗运动的需要，洛克的反抗权理论又一次受到重视。反抗权作为人权的重要内容，对于限制政府权力的扩展与滥用具有重要意义。面对社会问题的不断出现以及各种抗争方式，很有必要重新研究、反思洛克的理论。当激进的革命斗争已很难成为社会克服自身弊端的方式，社会变迁需要理性的法律框架进行指导，在这种背景下，人类需要和平、理性的抗争，如此才能在低成本的条件下实现社会的转型与进步。

《表达自由的法律限度》：背景、争议与贡献

袁博文*

引　言

如何理解美国宪法第一修正案中的言论自由条款？言论可以被限制的边界在哪里？公共言论的绝对自由对于民主和自治又有哪些价值？亚历山大·米克尔约翰（Alexander Meiklejohn）在《表达自由的法律限度》一书中给出了答案。

在西方学界，《表达自由的法律限度》被誉为与弥尔顿的《论出版自由》和洛克的《论宗教宽容》并称的言论自由理论的三大经典著作之一[1]，集中反映了米克尔约翰的言论自由理论，引起了热烈的关注与激烈的讨论[2]，

---

* 山东大学法学院宪法学与行政法学专业2016级法学硕士。

〔1〕 参见［美］安东尼·刘易斯：《批评官员的尺度》，何帆译，北京大学出版社2011年版，第194页。

〔2〕 参见 John P. Frank, Book Review: Free Speech and Its Relation to Self－Government by Alexander Meiklejohn, Texas Law Review, Vol. 27 (1949), pp. 405－412; Adam R. Nelson, Education and Democracy: The meaning of Alexander Meiklejohn, the university of Wisconsin Press, 2011; Charles E. Corker, Free Speech and Its Relation to Self－Government by Alexander Meiklejohn, Stanford Law Review, Vol. 1, No. 4 (Jun., 1949), pp. 784－789; Zechariah Chafee, Free Speech: And Its Relation to Self－Government by Alex-ander

Meiklejohn, Harvard Law Review, Vol. 62, No. 5 (Mar., 1949), pp. 891－901; Martin H. Redish, Abby Marie Mollen, Understanding Post's and Meiklejohn's Mistakes: The Central Role Of Adversary Democracy in The Theory of Free Expression, Northwestern University Law Review, Vol. 103, No. 3 (2009); Lee C. Bollinger, Free Speech and Intellectual Values, The Yale Law Journal, Vol. 92, No. 3 (Jan., 1983), pp. 438－473; L. H. Rhinelander, Free Speech and Its Relation to Self－Government by Alexander Meiklejohn, Virginia Law Review, Vol. 35, No. 3 (Apr., 1949), pp. 394－396; Osmond K. Fraenkel, Free Speech and Its Relation to Self－Government by Alexander Meiklejohn, Law and Contemporary Problems, Vol. 14, No. 1, Religion and the State (Winter, 1949), pp. 167－169; Arthur Garfield Hays, Free Speech and Its Relation to Self－Government by Alexander Meiklejohn, University of Pennsylvania Law Review, Vol. 97, No. 5 (Apr., 1949), pp. 751－753; Peter A. Carmichael, Free Speech and Its Relation to Self－Government by Alexander Meiklejohn, The Journal of Higher Education, Vol. 21, No. 5 (May, 1950), pp. 275－276.

甚至对美国国会和联邦最高法院的判决产生了深刻影响。相较而言，我国学者对米克尔约翰的言论自由理论的研究是有限的。这方面的代表学者有台湾的林子仪教授〔3〕和复旦大学的侯健教授。在米克尔约翰众多的著作中，仅有 Free speech and Its Relation to Self - government 在2003年被侯健教授译为中文公开出版。自中文版的《表达自由的法律限度》出版发行以来，除了侯健教授的译后记之外，仅有4篇专门针对这本书的解读性论文〔4〕。

米克尔约翰的言论自由理论产生于特定的时代背景，区分公私言论并给予不同程度的保护，对界定言论自由的边界、探索其价值具有极大的启发性，是对第一修正案的创新解读，也体现了米克尔约翰对民主自治的坚决捍卫。但是这种理论也存在着缺陷，并且相关争议从未停止。在我国目前的言论自由语境下，该理论具有一定的借鉴意义。

一、理论背景

美国宪法第一修正案规定："国会不得制定限制言论自由和出版自由的法律。"这是在以决绝的口吻坚定地保护言论和出版的自由。然而，常识告诉我们，在某些领域，政府为了维护良好的秩序，不仅有权利而且有义务限制甚至禁止某些言论。如何正确解释这个悖论，是我们理解言论自由的关键，也是美国学界和实务界不容回避的问题。

对此，美国最高法院大法官奥利弗·温德尔·霍姆斯（Oliver Wendell Holmes）提出了一项具有广泛影响力的标准——"明显且即刻的危险"原则。在申克诉美国政府案（Schenck. v. United States）中，霍姆斯大法官通过"妄呼剧院失火是不能容忍的"这一极端的例子说明了言论自由原则的例外情况，进而论证在明显且即刻危险的情况下，言论自由可以得到限制。此后，在艾布拉姆斯诉美国政府案（Abrams v. United States）中，他又发表了著名的反对意见，进一步发展了该原则，严格限定了"明显"与"即刻"的含

〔3〕林子仪教授对米克尔约翰言论自由理论的研究体现在其著作《言论自由与新闻自由》中。具体参见林子仪：《言论自由与新闻自由》，月旦出版社有限公司，1993年版。

〔4〕易延友：《亚历山大·米克尔约翰：〈表达自由的法律限度〉》，载《清华法学》2005年第6期；张军：两种表达自由及其法律保障——〈表达自由的法律限度〉之解读与启示》，载《广西民族学院学报》（哲学社会科学版）2006年第2期；曲广娣：《言论自由及其与自治的关系——解读亚历山大·米克尔约翰的〈表达自由的法律限度〉》，载《比较法研究》2009年第5期；王振华：《真理·民主·言论——米克尔约翰言论自由理论研究》，西南政法大学2013年硕士学位论文。

义，即必须存在“迫在眉睫”的危险。

（一）米克尔约翰的批判

“明显且即刻的危险”原则是霍姆斯大法官在对社会不同利益做出了谨慎、智慧的衡量后形成的限制言论自由的标准〔5〕，得到了诸如泽卡赖亚·查菲教授（Professor Zechariah Chafee, Jr.）、勒尼德·汉德法官（Judge Learned Hand）、路易斯·布兰代斯法官（Judge Louis Brandeis）等杰出学者和法官的支持。虽然司法实务界和学术界对该原则有过质疑的声音，质疑其既没有对言论自由提供充分保护，也不当地剥夺了国会对社会免受不当言论伤害的立法权〔6〕，但是长久以来都未能形成有力批判。米克尔约翰的《表达自由的法律限度》，是“霍姆斯立场所遭遇的最危险的冲击”〔7〕。

米克尔约翰认为，“明显且即刻的危险”原则对言论自由的保护仅仅能起到短期的效果，但是对未来贻害无穷，因为该原则破坏了美国社会的自治基础。具体而言，他的批驳可以总结为以下四个方面：

首先，霍姆斯对宪法的理解存在错误，而错误的关键在于他忽视或否认了宪法第一修正案与第五修正案的区别。“霍姆斯先生和最高法院之所以冒险取消第一修正案，因为他们相信第五修正案的正当程序条款可以取而代之；但是，如果根据宪法我们拥有两种根本不同的而不是一种言论自由，那么最高法院的立场就是站不住脚的。”〔8〕米克尔约翰通过对宪法条款的考察论证得出结论：第一修正案所保护的是公共言论的自由，而第五修正案所保护的是私人言论的自由。霍姆斯的错误在于忽视了对公私两种不同言论的区分。

其次，霍姆斯对第一修正案规定的言论自由之价值存在曲解。霍姆斯认为，言论自由的意义在于追求真理。但是，米克尔约翰并不赞同。他认为，人民没有必要考虑如何追求真知；相反，人民考虑的是保障生活方式，即“作为公民负有责任的统治方式”〔9〕。言论自由的目的在于“为致力于一般

---

〔5〕 参见 Chester James Antieau, The Rule of Clear and Present Danger: Scope of Its Applicability, Michigan Law Review, Vol. 48, No. 6 (Apr., 1950), p. 811.

〔6〕 参见 Martin H. Redish, Advocacy of Unlawful Conduct and the First Amendment: In Defense of Clear and Present Danger, California Law Review, Vol. 70, No. 5 (Sep., 1982), p. 1160.

〔7〕 参见 John P. Frank, Book Review: Free Speech and Its Relation to Self - Government by Alexander Meiklejohn, Texas Law Review, Vol. 27 (1949), p. 406.

〔8〕 ［美］亚历山大·米克尔约翰：《表达自由的法律限度》，侯健译，贵州人民出版社2003年版，第28－29页。

〔9〕 ［美］亚历山大·米克尔约翰：《表达自由的法律限度》，侯健译，贵州人民出版社2003年版，第47页。

福利的思考扫清障碍，为那些为了公共利益而计划、拥护和鼓动共同行动的人们提供保障”[10]。米克尔约翰进一步指出，第一修正案所保障的是追求真理的活动的权威，而不是追求真理；正是因为忽视了这种权威的独特性，霍姆斯大法官才混淆了第一修案与第五修正案[11]。这种分歧直接导致了二人对言论自由的不同理解。

接下来，米克尔约翰对霍姆斯标准的思想基础提出批判。霍姆斯坚持个人主义的哲学观。在他看来，国家是一群原子式个人的巨大聚合物，宪法是人们共同活动的结果，而人们组成的社会并没有集体目的。此外，霍姆斯怀疑道德理想主义，主张从坏人的角度设计宪法。米克尔约翰对这种冰冷的法律机械论提出质疑，主张发现蕴含在宪法中的明智而坚实的道德原则，并从热心关心公共利益的好人的角度理解宪法。

最后，在影响方面，霍姆斯标准的应用过于宽泛，对言论自由造成了很大的限制。“只要是对国家具有重大和危险性意义的问题，都不得对它们作自由、无拘束的讨论。”[12]由此推论，只要在危险的情况下，无论是国会中的少数派议员、持不同意见的法官，还是少数公民，都不得对多数派的决定发表异议。这不仅是对言论自由的过分限制，更是对民主代议制和违宪审查制度的威胁。进一步说，这一原则“取消了第一修正案的最重要价值，破坏了我们自治方案的智识基础”[13]。

（二）回应与评价

米克尔约翰在《表达自由的法律限度》中，对“明显且即刻的危险”原则的分析与批判占据了大量的篇幅，为公私言论二分法的提出做出了重要铺垫。他的批判直接挑战了霍姆斯大法官的权威，在学界引发了激烈的讨论。该书出版于1948年，在美苏冷战的时代背景下，很多学者从支持霍姆斯的立场给出了回应。

概括而言，支持“明显且即刻的危险”原则的学者大多从现实性的角度质疑了米克尔约翰的批判。查尔斯·考克教授（Professor Charles E. Corker）

---

〔10〕［美］亚历山大·米克尔约翰：《表达自由的法律限度》，侯健译，贵州人民出版社2003年版，第33页。

〔11〕笔者认为，米克尔约翰笔下的权威是指公民的自我统治。

〔12〕［美］亚历山大·米克尔约翰：《表达自由的法律限度》，侯健译，贵州人民出版社2003年版，第36页。

〔13〕［美］亚历山大·米克尔约翰：《表达自由的法律限度》，侯健译，贵州人民出版社2003年版，第22页。

认为，“明显且即刻的危险”原则是发现第一修正案例外情形的一项很有意义的尝试，具有很强的现实性。并且相较于米克尔约翰的主张，“明显且即刻的危险”原则能在公共言论领域提供更实际的保护，也能在私人言论领域提供更严格的保护〔14〕。约翰·弗兰克教授（Professor John P. Frank）表示，米克尔约翰对霍姆斯的观点存在着误解〔15〕。查菲教授同样偏向霍姆斯立场。虽然他肯定了米克尔约翰对于自由和民主的绝对捍卫，但也同时表示米克尔约翰对“明显且即刻的危险”原则的批评过于苛刻且不具有现实性〔16〕。其他学者也表达了类似的看法〔17〕。而支持米克尔约翰的学者则从捍卫民主价值的角度肯定了米克尔约翰对“明显且即刻的危险”原则的批判〔18〕。

米克尔约翰从政治意义的角度看待言论自由，将公民视为具有公共精神的公民，将社会定义为自治社会，对“明显且即刻的危险”原则的批驳是比较彻底的，认为该原则将第一修正案所保护的言论自由从绝对变为了相对，从原则变为了条件。并且霍姆斯的论证过程也存在着明显的漏洞，因为“剧院妄呼失火”并不是公共言论，不能导出公共言论可以被限制的结论。然而，我们必须看到，“明显且即刻的危险”原则具有很强的实际性和可操作性，在很长一段时间内对言论自由的保护起到了积极作用。此外，该原则的提出进一步丰富了追求真理说。从追求真理的角度理解言论自由的价值以及从坏人的角度看待法律对于法律的制定和完善也具有一定的借鉴意义。

二、区分公私言论的依据与争议

米克尔约翰提出，根据言论的不同性质，可以将其分为公共言论和私人

〔14〕参见 Charles E. Corker, Free Speech and Its Relation to Self - Government by Alexander Meiklejohn, Stanford Law Review, Vol. 1, No. 4 (Jun., 1949), pp. 787 - 789。

〔15〕参见 John P. Frank, Book Review: Free Speech and Its Relation to Self - Government by Alexander Meiklejohn, Texas Law Review, Vol. 27 (1949), pp. 405 - 412。

〔16〕参见 Zechariah Chafee, Jr., Free Speech: And Its Relation to Self - Government by Alexander Meiklejohn, Harvard Law Review, Vol. 62, No. 5 (Mar., 1949), pp. 900 - 901。

〔17〕参见林子仪：《言论自由与新闻自由》，月旦出版社有限公司，1993年版；Martin H. Redish, Abby Marie Mollen, Understanding Post's and Meiklejohn's Mistakes: The Central Role Of Adversary Democracy in The Theory of Free Expression, Northwestern University Law Review, Vol. 103, No. 3 (2009)。

〔18〕参见侯健：《译后记——米克尔约翰的言论自由理论及其影响》，载［美］亚历山大·米克尔约翰：《表达自由的法律限度》，侯健译，贵州人民出版社2003年版，第79 - 91页。

言论两类。前者关心公共福利、公共事务与公共服务，后者关心私人事务和私人利益。在他看来，公私言论二分法是宪法的应有之义。公共言论因具有公共价值、能够促进自治社会的发展完善和民主制度的健康运转而应当享有绝对自由；私人言论则不具有公共价值，可以经由正当法律程序而加以限制。该理论为解释第一修正案提供了新的思路。

（一）公私言论二分法的依据

米克尔约翰从宪法依据和价值依据两个方面论证了公私言论二分法。

1. 宪法依据

首先，《权利法案》出现以前的宪法已经明确承认了公共讨论的自由。宪法第 1 条第 6 款规定，国会议员“不得因在各自议院发表的演说或进行的辩论而在任何其他地方受到质问”。很显然，国会辩论有时会损害公共利益。但是，如果因此对国会议员的言论自由加以限制，那么将给民主自治方案带来毁灭性的灾难。因为议员们噤若寒蝉会导致明智的公共决策无法形成，更会导致整个民主代议制无法运转。同样的道理也适用于最高法院的少数派。米克尔约翰认为，“这一事实强烈、直接地揭示了言论自由条款的意蕴”〔19〕。他进一步推论，在人民自己统治自己的自治社会中，人民需要做出自由、有效的判断，所以，“第一修正案的真正含义是：在集体行动领域，在公共讨论领域，言论自由不应受到削减”〔20〕。

其次，第一修正案和第五修正案的差别正在于公私之别。在第五修正案中，与“自由”并列，可以经由正当程序剥夺的，是“生命”和“财产”。生命和财产为私人所有，是私人权利。由此推论，第五修正案中规定的言论自由，与生命权和财产权一样，属于私人权利。但是公共言论的自由已经超出了私人权利的范畴，“与信仰、出版、集会和请求救济的自由有共同的旨趣，在立法限制的范围甚至在正当程序的调整范围之外”〔21〕，是苏格拉底等先贤所追求和为之牺牲的事业，不可剥夺、不容削减。

此外，宪法第一修正案对请愿申冤权利的绝对保护可以佐证公私言论二分法的合理性。请愿申冤，从表面上看，是私人权利。但是，实际上，它反

〔19〕［美］亚历山大·米克尔约翰：《表达自由的法律限度》，侯健译，贵州人民出版社 2003 年版，第 27 页。

〔20〕［美］亚历山大·米克尔约翰：《表达自由的法律限度》，侯健译，贵州人民出版社 2003 年版，第 27 页。

〔21〕［美］亚历山大·米克尔约翰：《表达自由的法律限度》，贵州人民出版社 2003 年版，第 28 页。

映了公共政策上的问题，指出了政治代理人——政府官员的错误。这就是请愿申冤的公共价值，也是请愿申冤能得到宪法的绝对保护的原因。这个道理同样适用于言论自由。公共言论具有公共价值，有益于政治过程和民主自治，同时具有容易受政府限制的天然脆弱性，所以需要刚性的宪法给予绝对的保护。而私人言论则不具备这些特点。并且，为了社会秩序和民主治理，私人言论必须受到一定程度和范围的限制。

最后，宪法第十四修正案也为公私言论二分法提供了依据。第十四修正案第 1 款规定："任何一州，都不得制定或实施削减合众国公民的特权或豁免权的任何法律；不经正当法律程序不得剥夺任何人的生命、自由或财产。"米克尔约翰认为，这一条款是第一修正案与第五修正案的结合，前半部分对应第一修正案，而后半部分则对应第五修正案，目的是对各州立法采取与国会立法相同的限制。他由此论证，宪法第十四修正案是对两种不同的言论保护方式的肯定和延续。

2. 价值依据

米克尔约翰主张，我们应当从政治意义的角度看待公共言论的价值，对公共言论的绝对保护有利于自治的实现和民主代议制的健康运转。

美国是具有自治传统的国家。托克维尔在《论美国的民主》中写道，"美国社会是民众自己管理自己……美国民众在政治领域的统治地位就如同上帝统治宇宙那样，民众既是一切事物的原因又是结果，任何事情都出自民众，也用之于民众"〔22〕。还有学者将自治认定为美国社会的特征和美国文化的标志。〔23〕然而，米克尔约翰通过考察发现，自治的原则并没有在美国得到完全实施。美国公民仍然受到了种种限制，使他们不能有效地参与自治过程。在他看来，解决这一问题的关键就在于保障公共言论的绝对自由。因为公民的自由表达能够让公民直接或间接地参与公共决策的过程，能够为决策者提供充足的信息来源，也能够激发民智、鼓励公共精神的培育和发展。在自治的过程中，必须把人们看作自治的人，必须由人民自己而不是其他人来判断一种言论是否明智、是否危险、是否可取。这是对人民智慧和尊严的肯定，也是对人民作为统治者的尊重。由此，米克尔约翰得出结论——自治方针要求我们必须要保障公共领域的言论自由。

---

〔22〕［法］托克维尔：《论美国的民主》，周明圣译，中华书局 2014 年版，第 55 页。

〔23〕参见 Roy F Nichols, History in a Self - Governing Culture. The American Historical Review, Vol. 72, No. 2 (Jan., 1967), pp. 411 - 424。

对公共言论自由的保护既有利于减少政府对个人意见的干涉，也有利于民主政府的健康运行，因为如果缺乏思想交流和信息流通，选民和立法者将难以形成明智的决定〔24〕。现代社会对公共言论的不宽容，可能不至于杀死一个人，但是却会“诱导人们把意见遮掩起来，或者避免积极努力去传布意见”〔25〕，这是民主自治的损失。公共领域的言论自由形成了民主政治过程赖以维系的信息反馈机制，有助于克服公共治理的道德风险和技术风险、防止政治垄断，从而维系着民主代议制的健康运转，进而实现公民自治的价值。此外，公共言论因其监督制约权力、挑战政府权威的特性而容易受到政府的压制，所以，对公共言论的严格保护十分必要。

（三）公私言论二分法的争议

1. 关于宪法依据的争议

米克尔约翰在宪法上论证了公私言论二分法的合理性，然而宪法依据也让米克尔约翰的言论自由理论饱受争议。争议主要体现为两个方面。

第一，对宪法解释的争议。在米克尔约翰的理论中，对第一修正案与第五修正案立法意图的探究与解释是重要的论证部分，也是争议的焦点之一。查菲教授通过对美国历史的考察得出结论：第一修正案的制定者们意在给予言论完整的保护，无意以第五修正案加以补充，也没有把言论自由与米克尔约翰所强调的自治中的投票权结合起来〔26〕。林子仪教授则提出，针对公私言论二分法的重要争议之一是区分公共言论和非公共言论在宪法上是没有依据的〔27〕。还有学者认为，第一修正案只针对联邦政府，其颁布主要是为了将言论与出版自由的管辖权保留于各州，防止联邦政府向州政府的权力扩张〔28〕，并无区分公私言论的意图。这些质疑是有力的，但是也存在着很明显的漏洞。因为法律解释方法有很多种，且不论立法者原意难以得到真实还原，法律解释本身就不应拘泥于立法者原意，必须与时俱进，方能保持宪法的活

〔24〕 参见 Joseph Raz, The Morality of Freedom, Oxford University Press, 1986, pp. 249 – 253. 转引自姜峰：《言论的两种类型及其边界》，载《清华法学》2016 年第 1 期。

〔25〕 ［英］约翰·密尔：《论自由》，许宝骙译，商务印书馆 2015 年版，第 37 页。

〔26〕 参见 Zechariah Chafee, Free Speech: And Its Relation to Self – Government by Alexander Meiklejohn, Harvard Law Review, Vol. 62, No. 5 (Mar., 1949), pp. 892 – 901。

〔27〕 参见林子仪：《言论自由与新闻自由》，月旦出版社有限公司，1993 年版，第 30 页。

〔28〕 Leonard Levy, Liberty and the First Amendment: 1790 – 1800, in Kent Middleton &Roy Meracy, Freedom of Expression: A Collection of Best Writing, William, Hein and Co., Buffalo, 1981, P. 11. 转引自邱小平：《法律的平等保护——美国宪法第十四修正案第一款研究》，北京大学出版社 2006 年版，第 13 页。

力。米克尔约翰可以通过对第一、第五、第十四修正案的文本解释推导出他的结论。

第二，对宪法论证的争议。很多学者质疑米克尔约翰以宪法文本为依据的论证方法。米克尔约翰强调宪法是人民必须共同遵守的神圣契约，却忽略了在民主社会中，宪法由人民制定，也可以由人民废除。人民完全可以让渡部分权利或施加自我限制。当大多数人投票决定废除第一修正案的言论自由条款时，米克尔约翰的论证基础也就不存在了〔29〕。此外，哥伦比亚大学校长李·卡罗尔·博宁格教授（Professor Lee Carroll Bollinger）不赞同米克尔约翰从国会议员言论豁免权推导出普通民众的公共言论要得到绝对保护。博宁格教授认为，米克尔约翰混淆了国会议员讨论与普通民众讨论之间的区别，因为正是由于国会议员的讨论具有特殊性，才需要将其在宪法中单列加以保护〔30〕。值得注意的是，还有学者提出米克尔约翰只着眼于宪法的原则部分，却忽略了其妥协因素〔31〕。宪法是妥协的产物，需要实际性和可操作性，而对公共言论的绝对保护却在实践上困难重重，由此，米克尔约翰把宪法作为理论依据是不合适的。笔者虽然也认为米克尔约翰的论证方法存在漏洞，但是对这种看法表示怀疑。因为宪法不但是妥协的产物，更是先于、高于政府，是防止权力垄断的刚性契约。公共言论具有脆弱性和反多数的特征，有必要提升到宪法的刚性保护，以防止社会的寒蝉效应。

2. 关于民主自治的争议

米克尔约翰从民主自治价值的角度论证了公共言论绝对保护的意义，然而学界依然对此产生了不少争议。

首先，是对民主自治理解的争议。米克尔约翰在第一章“统治者与被统治者”中特别介绍了美国乡镇议会，以此作为观察自治与言论自由二者关系的窗口。然而将乡镇自治的理想模式推广开来却是值得质疑的。米克尔约翰将统治者与被统治者完全对应起来，将人民、主权者、国家混同为一个集合

〔29〕 参见 Adam R. Nelson, Education and Democracy: The Meaning of Alexander Meiklejohn, 1872—1964, The Journal of American History, Vol. 89, No. 2, History and September 11: A Special Issue (Sep., 2002), pp. 689-690.

〔30〕 参见 Lee C. Bollinger: Free Speech and Intellectual Values, The Yale Law Journal, Vol. 92, No. 3 (Jan., 1983), pp. 438-473.

〔31〕 参见王振华：《真理·民主·言论——米克尔约翰言论自由理论研究》，西南政法大学2013年硕士毕业论文。

的概念[32]，对民主自治的理解过于理想化而忽略了国家的一般管理规律。他的理论在哲学层面是完美的，但是在现实中，当把逻辑推向极端时，该理论的漏洞就显现出来了[33]。

其次，是理论上的矛盾。民主在本质上是多数人的统治，而言论自由，特别是公共言论自由具有保障少数而反多数的性质，因此有学者认为公共言论能够健全民主过程的理论是自相矛盾的[34]。对此笔者并不赞同。因为少数人的意见也是社会不同利益需求的反映，是民主决策中必须考虑的因素。如果不严格保护公共言论，将很容易导致信息流通不畅，从而堵塞民主程序，不利于形成明智的公共决策。

第三，是对多数人暴政的担忧。米克尔约翰主张完全相信公民的理性与判断，从关心公共利益、具有公民精神的好人的角度看待公民，将他们视为自治的人。这与民主理念相契合。然而，对公民理性的完全信任引发了学者关于多数人暴政的担忧[35]。这种担忧是十分必要的。宪政理念要求我们对民主和多数人保持警惕的态度，并且历史证明，在非常时期，人们对言论的判别能力往往有所下降。如果政府完全信任公民理性，将包括煽动、反叛等危害性极大的言论都留给公民自己判断，那么将很容易引发社会动荡与混乱。在现实中，面向人民开放一切公共言论是不妥的。

最后，是对价值依据的质疑。林子仪教授认为，民主自治不应该是言论自由的唯一价值，并且米克尔约翰的论证充满了功利主义色彩。公私言论二分法强调公共言论之于民主自治的价值，将其视为实现民主过程良好运转的工具，而没有把言论自由视为表意者本身的目的[36]。美国法理学家罗纳德·德沃金（Ronald Dworkin）也不赞同米克尔约翰对言论自由价值的理解。他认为，之所以保护言论自由，不是因为侵犯这一权利会产生不好的后果，

---

〔32〕 参见王振华：《真理·民主·言论——米克尔约翰言论自由理论研究》，西南政法大学2013年硕士毕业论文。

〔33〕 参见 L. H. Rhinelander, Free Speech and Its Relation to Self - Government by Alexander, Virginia Law Review, Vol. 35, No. 3 (Apr., 1949), p. 395。

〔34〕 参见 SCHAUER, supra note 55, at 40，转引自林子仪：《言论自由与新闻自由》，月旦出版社有限公司1993年版，第32页。

〔35〕 参见王振华：《真理·民主·言论——米克尔约翰言论自由理论研究》，西南政法大学2013年硕士毕业论文。

〔36〕 参见林子仪：《言论自由与新闻自由》，月旦出版社有限公司1993年版。

而是因为这一权利体现了人类作为人所应当受到的平等关注和尊重〔37〕。在他看来，言论自由的意义更在于保护表达者本身，而非表达者的听众，也与是否促进公共福祉无关〔38〕。笔者赞同这种观点。价值依据不当是学界针对米克尔约翰理论的有力批判。诚然，民主是公共言论的重要价值，但它并非是唯一的价值。我们一方面应当肯定米克尔约翰对于蕴含于公共言论之中的民主自治价值的梳理，另一方面也应当扩大视野，从更广泛的意义上理解言论自由的价值。

3. 分类方法的争议

米克尔约翰区分公私言论的分类方法受到很多学者的质疑。

首先，分类标准模糊。在实践中，公私言论是难以明确界定并加以区分的。因为每一个话题都具有公共性，如果全部纳入公共言论的保护范围则会导致保护范围过大；但是如果严格限定范围，将文学、艺术、学术等排除在公共言论之外又显然有失偏颇〔39〕，与言论自由发展史相反，也与一般人直觉所了解的言论自由不合〔40〕。米克尔约翰也认识到分类标准模糊这一问题，并在之后的论文中做出补充，将教育、哲学、科学、文学和艺术都纳入第一修正案所保护的公共言论的范畴〔41〕。这在扩大了公共言论范围的同时，却也让分类标准变得更加模糊，使其失去了原来的长处〔42〕。不过，从另一方面看，分类标准模糊增加了该理论的开放性和包容度，可以随着时代的发展不断补充完善，使其更具生命力。

其次，这种分类方法会损害言论自由。查菲教授提出，民主不是个人生活的全部；米克尔约翰对公私言论的区别保护实际上损害了个人不涉及公共事务的表达自由〔43〕。另外，还有学者担心，由于公共利益的多变性，强调

---

〔37〕 邱小平：《表达自由——美国宪法第一修正案研究》，北京大学出版社2006年版，第166－167页。

〔38〕 参见 Ronald Dworkin, A Matter of Principle, Cambridge: Harvard University Press, 1985, pp. 385－389.

〔39〕 参见 Martin H. Redish, Abby Marie Mollen, Understanding Post's and Meiklejohn's Mistakes: The Central Role Of Adversary Democracy in The Theory of Free Expression, Northwestern University Law Review, Vol. 103, No. 3 (2009). p1320.

〔40〕 林子仪：《言论自由与新闻自由》，月旦出版社有限公司1993年版，第30页。

〔41〕 参见 Alexander Meiklejohn, The First Amendment Is an Absolute, The Supreme Court Review, Vol. 1961 (1961), pp. 245－266.

〔42〕 林子仪：《言论自由与新闻自由》，月旦出版社有限公司，1993年版，第29页。

〔43〕 参见 Zechariah Chafee, Free Speech: And Its Relation to Self－Government by Alexander Meiklejohn, Harvard Law Review, Vol. 62, No. 5 (Mar., 1949), pp. 891－901.

公私区分有可能导致"明显且即刻的危险"原则的复活，并最终损害言论自由[44]。这是针对米克尔约翰理论的十分有力的批判。

美国法学家小哈里·卡尔文（Harry Kalven，Jr.）曾将最高法院无数次面临如何界定言论自由的含义与界限的经历比作苏格拉底式的对话[45]。这段对话是永无止境的，会随着新问题的提出而继续下去，我们难以得到最终的答案。而米克尔约翰的公私言论二分法便是这段对话中的答案之一。虽然该理论存在漏洞并引发了大量争议，不是保护言论自由的最终标准，但是它突出了公共言论保护与民主自治的价值，是解释第一修正案中言论自由条款的一项勇敢的尝试，值得我们借鉴学习。

三、贡献与影响

《表达自由的法律限度》的贡献和影响主要体现在两个方面，首先是"健全民主程序说"（democratic process theory）的形成；其次是对美国联邦最高法院产生了深远影响，尤其是对经典判例——纽约时报诉沙利文案（New York Times Co. v. Sullivan）的判决意见影响颇深。

（一）"健全民主程序说"的形成

米克尔约翰《表达自由的法律限度》一书的出版，标志着"健全民主程序说"的形成。该学说认为，言论自由的价值在于维护民主制度的健康运行；保护言论自由就是保护对民主决策而言必不可少的信息机制，有利于形成理智的政治决定，促进民主政治的健全发展。

在此之前，"追求真理说"（truth - seeking theory）一直是支持言论自由的最有力的学说。"追求真理说"认为，言论自由的价值在于发现真理，追求知识。此外，该学说信任自由市场机制，认为开放言论，让真理在思想市场上自由竞争并脱颖而出才是追求真理的最佳方式。英国哲学家约翰·弥尔顿（John Milton）、约翰·斯图尔特·密尔（John Stuart Mill）以及美国大法官霍姆斯都是"追求真理说"的主张者，并先后发展了这一理论。尽管"追求真理说"曾经是对抗君主专制的有力武器，但是其缺陷也在实践中不断暴

---

[44] Anthony Lewis, A Preferred Position for Jounalism? Hofstra Law Review, 1979, vol. 7, p. 595. 转引自邱小平：《表达自由——美国宪法第一修正案研究》，北京大学出版社 2006 年版，第 166 页。

[45] 参见［美］小哈里·卡尔文：《美国的言论自由》，李忠、韩君译，生活·读书·新知三联书店 2009 年版，第 23 页。

露。与“健全民主程序说”相比，“追求真理说”在言论自由的价值目的和保障方式上与之存在区别，但是这两种学说存在不少的相似之处。首先，二者都相信人民的理性，这种理性可以判别一种言论是否有益于公共事务或者是否是真理。其次，二者都从功利主义的角度看待言论自由的价值，将言论自由视为工具，以实现追求真理或健全民主程序为目的。其实，“健全民主程序说”所追求的正是民主决策中的真理，是对“追求真理说”的继承与发展。最后，二者都对言论自由的保护发挥了积极的影响，对后世启发良多。

继“健全民主程序说”之后，“实现自我说”（self – realization theory）是颇具影响力的言论自由价值理论。这一学说的代表学者有托马斯·艾默生（Thomas Emerson）、约翰·罗尔斯（John Rawls）、布鲁斯·阿克曼（Bruce A. Ackerman）和埃德温·贝克（C. Edwin Baker）。与前两种学说的功利主义价值观不同，“实现自我说”认为言论自由的价值在于促进个人发展、实现个体的价值。该学说反对将言论自由视为实现某种目的之工具，主张个人本身即是目的〔46〕，实现了从“听者”到“言者”的价值转变〔47〕。此外，“实现自我说”超越了米克尔约翰的公私言论二分法，将公共言论和私人言论视为同等重要，解决了米克尔约翰言论自由理论中的分类困惑。然而，“实现自我说”可能凸显个人与社会的对立，反而成为限制言论自由的依据。〔48〕

米克尔约翰的创新之处在于，将言论自由的价值建立于民主自治之上，创设公私言论二分法，为两种不同类型的言论自由划定界限范围和保护方式。事实上，在他之前，美国联邦最高法院的大法官们已经提出了类似的看法，例如查尔斯·埃文斯·休斯（Charles Evans Hughes）大法官和罗伯特·H·杰克逊（Robert H. Jackson）大法官〔49〕，但是他们都没有形成系统的理论体系。米克尔约翰将大家心中普遍共有的民主观念加以系统的梳理、总结并成其一家之言，深入人心。之后，罗伯特·博克（Robert Bork）进一步发展了“健全民主程序说”，主张言论自由只保障真正的政治性言论，并将教育、文

〔46〕 参见林子仪：《言论自由与新闻自由》，月旦出版社有限公司1993年版，第35页。

〔47〕 米克尔约翰认为，“在政治自治方式中，最高利益并不在于言者之言，而在于听者之心。”引自［美］亚历山大·米克尔约翰：《表达自由的法律限度》，侯健译，贵州人民出版社2003年版，第18页。

〔48〕 参见姜峰：《言论自由的两种类型及其边界》，载《清华法学》2016年第1期。

〔49〕 休斯大法官曾在1931年斯坦堡诉加利福尼亚州案（Stromberg v. California）中指出，自由讨论政治事务是宪政制度中的基本原则，有益于国家长治久安。杰克逊大法官在1945年托马斯诉柯林斯案（Thomas v. Collins）中指出，制宪者保障言论自由是出于对民主代议制的维护。

学艺术和哲学科学类言论排除在外。“健全民主程序说”将言论自由与民主相结合，为言论自由的价值探讨提供了新的视角，虽然争议颇多，但仍给学界带来了诸多启发。

（二）对联邦最高法院的影响

米克尔约翰在《表达自由的法律限度》中提出的言论自由理论，对美国联邦最高法院产生了深刻的影响。沃伦法院时期，最高法院逐渐由霍姆斯立场转向米克尔约翰立场。1957 年，在沃特金斯诉美国案（Watkins v. United States）和斯威齐诉新罕布什尔州案（Sweezy v. New Hampshire）中，最高法院禁止对某些颠覆性活动进行立法调查〔50〕；同年，在耶茨诉美国案（Yates v. United States）中，布莱克大法官认为，讨论公共事务的个人受到宪法第一修正案的保护，哪怕这样的讨论可能煽动人们采取非法的行动〔51〕。这三个判例都暗合了米克尔约翰的言论自由理论，反映了最高法院对保护公共言论自由的重视。此外，米克尔约翰理论还促成了美国经典的司法判例——1964 年《纽约时报》诉沙利文案（New York Times Co. v. Sullivan）的形成，是公私言论二分法对最高法院产生深刻影响的典型体现。

《纽约时报》诉沙利文案确立了真实恶意原则和公共人物原则，即政府官员等公共人物应当对言论承受更高的容忍度；禁止政府官员因针对其职务行为提出的诽谤性虚假陈述获得损害赔偿，除非他能证明被告在制造虚假陈述的时候确有恶意，即被告明知陈述不实，却仍然故意为之；或玩忽放任、罔顾真相，对言论自由的保护产生了重要影响。布伦南大法官对此总结到，公共事务的讨论不受抑制、充满活力并广泛公开是一项基本原则；尽管它可能包含了对政府的质疑甚至攻击〔52〕。

这一判例揭示了公共言论自由的核心内涵——对公共事务的辩论应当得到充分保护，政府或官员必须包容激烈、刻薄，甚至尖锐的攻击。虽然判决并没有指明公共言论的绝对自由，但是将举证被告具有恶意的责任归为原告，使得官员不得随意用诽谤罪对抗民众的批评。这对于公共言论的保护具有极大的意义。同年，92 岁高龄的米克尔约翰以“值得当街起舞的时刻”〔53〕评价

〔50〕［美］小哈里·卡尔文：《美国的言论自由》，李忠、韩君译，生活·读书·新知三联书店 2009 年版，第 231 页。

〔51〕参见 354 U. S. 340（1957）.

〔52〕Brandenburg v. Ohio, 395 U. S. 444（1969）.

〔53〕参见［美］安东尼·刘易斯：《批评官员的尺度》，何帆译，法律出版社 2011 年版，第 194－195 页。

该案判决。次年，布伦南大法官在哈佛大学发表讲话时，公开表明自己的判决受到了米克尔约翰的启发。

《纽约时报》诉沙利文案在美国言论自由判例中影响深远，小哈里·卡尔文曾表示了对纽约时报案的判决和米克尔约翰理论的始终不渝地支持〔54〕。在该案中以米氏理论为基础所确立的，不准以煽动性诽谤的罪名限制第一修正案所保障的表达自由的原则，已经成为美国政治和法律的主流〔55〕。从沃伦法院时期到现在的几十年里，米克尔约翰的言论自由理论深深地影响着美国最高法院的判决，对公共言论的保护和对民主价值的维护深入人心。

〔54〕［美］小哈里·卡尔文：《美国的言论自由》，李忠、韩君译，生活·读书·新知三联书店2009年版，第7页。

〔55〕邱小平：《表达自由——美国宪法第一修正案研究》，北京大学出版社2006年版，第165页。

知情同意的允诺

［美］罗宾·弗雷特韦尔·威尔逊著* 熊静文译**

引 言

有一些观点看似极为简单，但实际并非如此。1914年大法官卡多佐有这样一句著名的论述："每一个心智健全的成年人均有权决定如何处置自己的身体。"[1]尽管经历了将近半个世纪，患者才得以通过诉讼真正实现此项权利，但是到了今天我们仍在试图确保"在采取任何医护手段之前，必须获得患者本人或其受托人的同意"[2]。"知情同意"意味着患者"必须知晓拟采用的医疗方案包含的风险和弊端，以判断为获得所期待的利益是否值得冒险"。医疗过程中患者的知情同意权，以意思自治、自己决定和患者安宁为基础，它完全是一个源自美国的概念[3]。

正如本文所述，患者自己决定的概念看似简单，实际上却相当复杂。法

---

* 罗宾·弗雷特韦尔·威尔逊（Robin Fretwell Wilson），伊利诺伊大学香槟分校法学院教授，Epstein健康法与政策研究项目主任、家庭法与政策研究项目主任。作者作为专家顾问参与文中所提及的针对SUPPORT研究项目的诉讼。参见Dreshan Collins，et al.，v. Sheila D. Moore，et al.，United States District Court for The Northern District of Alabama.。本文文献信息为：Robin Fretwell Wilson，*The Promise of Informed Consent*，in the Oxford Handbook of American Health Law，Edited by I. Glenn Cohen，Allison Hoffman & William Sage，eds.，Oxford University Press，2016，pp. 213－239.

** 熊静文，复旦大学法学院博士研究生，伊利诺伊大学香槟分校法学院联合培养博士研究生，研究领域为民法总论、医事法与侵权责任法。联系方式jwxiong16@fudan.edu.cn。本文受国家留学基金委"国家建设高水平大学公派研究生项目"（留金发［2017］3109）资助。

［1］Schloendor v. Soc'y of N. Y. Hosp.，105 N. E. 92，93（N. Y. 1914）.

［2］American Cancer Society，"Informed Consent，" *available at* http：//www.cancer.org/acs/groups/cid/documents/webcontent/003014－pdf.pdf.

［3］*See* Jessica W. Berg et al.，Informed Consent：Legal Theory and Clinical Practice 14（2d ed. 2001）（文中指出"知情同意所包含的价值——意思自治、对个体安宁的关怀等，深深植根于美国文化、宗教传统和西方道德哲学。"）；Bernard Lo，Resolving Ethical Dilemmas：A Guide of Clinicians 21（2d ed. 2000）（文中指出，让患者参与医疗决定能带来"增加患者的个人控制感、自我效能感以及坚持遵照医疗护理计划"的好处）。

律对保障患者知情同意作了具体规定，然而立法过程艰辛，有时甚至对个人通过诉讼获得救济造成了阻碍。而且实践中患者除了签署纸质的“知情同意书”以外，几乎不会同医生真实地进行本应有的“面对面”协商。对大多数患者来说，他们参与医疗决定的期待与实际情况之间尚存在巨大差距〔4〕。由于并非所有患者对“自己决定”都有同样的期待，这就使得改革异常艰难。有的患者想成为决策者，而有的患者只愿意作为被动的参与者，还有一些患者则希望能与医生合作，共同作出医疗决定。虽然目前的趋势是医师与患者“共同决定”，但对不同人而言，“共同决定”这个概念本身就具有不同的含义〔5〕。

医学试验同样需要保障受试者的知情同意权。纽伦堡审判中，在战俘和集中营囚犯身上进行医学试验的行为受到了严厉的制裁。从那时起，自愿参与医学试验的权利同自愿接受治疗的权利一样，在同时期确立。在判例与法规中，我们已基本能看到知情同意的形态。联邦“通用规则”（Common Rule）规定了在联邦资助的医学试验中，医生有义务保证受试者是自愿的，并且受试者在充分权衡试验风险与对医学研究的贡献之后作出知情同意的允诺。但在随后的几十年里，有人提出知情同意权的保障是否应扩展到对相关公共领域数据的研究，比如Twitter数据。但一些人认为，医护标准的研究中应减少信息披露。然而无论如何，监管机构都没有改变现状的职责。

职业伦理与正式法律之间的对话推动着学说的演变。近年来，知情同意权逐渐上升为改革的主题。越来越多州规定了医学教学的披露规则，要求清楚地告知患者该治疗方案究竟是为了患者的利益，还是为了教学实习。有一个州出台了“安全港”规则，对一些具体程序的披露进行了规范。还有一些州尝试要求医生向患者告知尚存争议的医疗手段，如堕胎手术等。这些法律审查了行为与言论的界限，而对于行为，州有更大的管制空间〔6〕。有人认为履行告知义务的要求侵犯了医疗服务提供者言论自由的宪法权利，在这些

---

〔4〕 Linda Brom et al., *Congruence between Patients' Preferred and Perceived Participation in Medical Decision-making: A review of the Literature*, 14 BMC Med. Inform. Decis. Mak. 25（2014）, *available at* http://www.ncbi.nlm.nih.gov/pubmed/24708833（该文对44项研究结论进行了梳理，其中包括52份患者样本）。

〔5〕 G. Makoul & M. L. Clayman, *An Integrative Model of Shared Decision Making in Medical Encounters*, 60 Patient Educ. & Counseling 301（2006）（该文指出“共同决定”及相关概念非常模糊）。

〔6〕 *See* Robert Post, *Informed Consent to Abortion: A First Amendment Analysis of Compelled Physician Speech*, 3 U. Ill. L. Rev. 939（2007）.

质疑声中，一部分告知义务保留下来，其他一些则被取消了。

随着医疗保健和医学试验的发展，法庭上的原告也在试图相应地扩大被告的告知义务。经济利益的冲突备受关注，替代性治疗方案及其成本也同样如此。医学实践的内在本质推动着外在形式的发展。一些地区的法院要求医生必须向患者告知其临床经验不足之处。越来越多的州也要求，若一名医生代替原定医生进行医疗活动，或出于教学目的而非为了患者利益进行私密的盆腔检查等，都应当获得患者明确的同意。在许多这样的案件中，都因为可能会出现某些未事先告知的损害结果而产生损害赔偿责任。然而，由于一些未被告知的损害结果事实上是不会发生的，这就对将“实质性风险”作为起诉医生侵犯患者知情同意权的要件之一的观点提出了质疑。

为充分实现患者的知情同意权，我们仍有许多工作要做。人们通常认为，当患者掌握了充足的信息，就能够权衡利弊以决定是否接受治疗。然而事实证明，知情同意从根本上得以实现还是相当具有挑战性的。

一、告知义务的起源

在早期的医患关系中，知情同意权并没有扮演重要角色。医生们都知道怎么做最好，患者只需听从医生的安排接受治疗〔7〕。当然，也有“简单同意”，即患者无论是否知晓该医疗方案的风险与好处，几乎都会同意接受治疗。于是，医生就有权施行他们认为最合理的医疗手段了。但如果没有患者的简单同意，也可能引发对医生的侵权诉讼〔8〕。

“二战”后，医疗和医学试验的情况都发生了变化。在经过法律与伦理的长期对话后，医学试验中保障受试者知情同意的义务逐渐成形，后来被写入《保护人类受试者的联邦规则》（Federal Policy for the Protection of Human Subjects），也就是通常所说的“通行规则”（Common Rule）〔9〕。1946 年纽伦堡审判中，20 名纳粹医生受审，这些医生在“二战”期间未经囚犯同意而对他们进行人体试验，最终 7 名医生被判处死刑，13 名医生被判处监禁〔10〕。

---

〔7〕 See James F. Childress, Who Should Decide? Paternalism in Health Care (1982).

〔8〕 John Duncan et al., *Using Tort Law to Secure Patient Dignity*, 42 Trial Mag. 42, 44 (Oct. 2004).

〔9〕 *See generally* Presidential Commission for the Study of Bioethical Issues, “Ethically Impossible”: STD Research in Guatemala from 1946 to 1948 (Sept. 2011), *available at* http: // bioethics. gov/node/654.

〔10〕 *Id.* at 99.

纳粹辩护律师在法庭上曾针对美国人体试验，尤其是在监狱进行人体试验提出了令人惊讶的质疑。受此影响，美国医学会（American Medical Association, AMA）发布了纽伦堡审判中的两位专家证人——Andrew Ivy 医生和 Leo Alexander 医生所撰写的关于“人体试验伦理与法律规则”的报告。其中“强调自愿、知情同意以及避免不适当风险的规则”在1946年被美国医学会代表会议采纳，并发表在《美国医学会杂志》（The Journal of the American Medical Association）上。该规则要求“必须获得受试者自愿同意。所有受试者未受到任何形式的压制或强迫。在受试者作出决定前，必须告知其可能的危险……”〔11〕

后来，法院也开始要求医生在常规治疗上履行必要的告知义务，但是相比美国医学会的努力，法院要慢了许多。一直到20世纪50年代，法院仍拒绝给予患者相应的救济，即使该患者已明确拒绝接受该治疗方案。Corn v. French 案〔12〕正是如此。在该案中，Ruth Corn 向 James French 医生咨询她右侧乳房肿块的病症。French 医生怀疑是乳腺癌，认为可能需要切除右侧乳房。因此他联系医院安排了检查，并且申请了一些特殊医疗工具。Corn 女士立即向 French 医生表明：“不希望切除乳房。”French 医生回答“我并没有要切除你的乳房，只是首先需要进行一些检查”，并向 Corn 女士解释道，申请这些工具只是为了做癌症的活体组织检查。

而 Corn 女士在医院签署的一份表格上写着“允许 French 医生对她施行乳房切除术（mastectomy）以及其他一切必要的医疗措施”。但 Corn 女士表明她从来不知道“mastectomy”是什么意思，French 医生也未曾向她解释这个专业术语。她曾经两次向 French 医生表达她仅希望做一下检查的想法。然而，French 医生最终却切除了她右侧乳房。

初审法院驳回了 Corn 女士关于“French 医生未经其同意，不合理地切除了她右侧乳房”的控诉。在初审法院看来，Corn 女士签署的表格对“同意”起着决定性作用，而“不论她是否理解其中具体的含义”，否则“所有的医生将陷入对此类诉讼的恐慌之中”。Corn 女士后来向内华达州最高法院提起上诉，法院撤销了原审判决，并要求就 Corn 女士对手术是否撤回同意的问题重新审判。然而，在之后的审判中，Corn 女士也未能说服陪审团追究 French

〔11〕 Final Report, Advisory Committee on Human Radiation Experimentation (1995), *available at* http: //biotech. law. lsu. edu/research/reports/ACHRE/chap2_ 2. html.

〔12〕 71 Nev. 280, 282 - 285 (1955).

医生的责任。

当面对一些不太严重的风险时，也无法追究医生不履行告知义务的责任。1955 年北卡罗来纳州最高法院维持了初审法院一项驳回诉讼请求的判决。Charles Hunt 曾经是一位“身体健全”的机械师，他指控外科医生 Howard Bradshaw 构成医疗过失〔13〕。该案中，Bradshaw 医生切除了 Hunt 锁骨下方一块“尖锐的骨头”，并告知 Hunt“这个手术根本不算什么，操作起来很简单”。而当 Hunt 手术后醒来发现，他“完全无法活动手指了”，并且一直未能好转。于是，Hunt 将 Bradshaw 医生告上了法庭，称医生告诉他“手术很简单”，但事实上却有严重风险。

在审查 Hunt 出示的证据后，初审法院判决驳回 Hunt 的诉讼请求。后来，北卡罗来纳州最高法院也维持了初审法院这一判决。法院认为，“Bradshaw 医生试图让 Hunt 平静地走进手术室，使其不至于过分紧张的做法是可以理解的”。虽然 Bradshaw 医生未告知潜在风险的做法可能被视为医疗方的过错，但不能被视为“违反一般注意义务的归责理由”。

两年后，在 Salgo v. Leland Stanford Junior University Board of Trustee 案〔14〕中，加利福尼亚州最高法院首次使用了“知情同意”一词。Martin Salgo 将斯坦福大学医院和 Frank Gerbode 医生告上法庭，指控他们构成医疗过失。Salgo 控诉称由 Gerbode 医生指导进行的主动脉 X 光造影术导致其腰部以下瘫痪，而 Gerbode 医生在手术前“没有告知任何关于主动脉 X 光造影术的实质内容”。

初审法院在庭审中作出一个相对宽泛的指令，要求医生必须“向患者告知‘所有影响他权益的事实以及手术的风险’”。Gerbode 医生和斯坦福大学医院具体操作手术的医生都否认他们没有履行告知义务，但是承认确实没有对“一些细节和可能的危险”进行解释。后来，陪审团将判给 Salgo 的损害赔偿金下调至 213355 美元。被告方认为陪审团意见不公，提起上诉。

由于其他一些错误，加利福尼亚最高法院要求对该案重新审判，同时指出先前宽泛的指令应更详细地说明，医生在哪些情况下可以保留自由裁量权，即出现哪些情况时，医生无须履行告知义务。尽管“隐瞒对患者决定有重要影响的事实”或者“淡化已知风险以获得病人同意”，违背了医师对患者的

〔13〕 Hunt v. Bradshaw, 242 N. C. 517, 518, 522, 523 (1955).

〔14〕 317 P. 2d 170, 181 (Cal. App. 1957).

告知义务，但是医生必须“意识到每一个患者都面临着不同的情况，比如在某些情况下患者的精神与情绪状况对病情可能有至关重要的影响。因此，在考虑风险因素时，必须使医生的自由裁量权与应充分告知的重要事实相一致”。

尽管保留医生一部分自由裁量权不会引起不适当的恐慌，但Salgo案带来了从排除医生责任到强调保障患者知情同意的重大转变。正如下一部分将要谈到的，法院通过不同方式完善了告知义务规则。对告知内容的判断，一些地区采用的是“理性医生标准”，而在另一些地区则采用“理性患者标准”。

二、告知义务的概述

根据目前制定法与判例法规则，每个州的医生在医疗活动中都必须获得患者的知情同意[15]。一般而言，如果要起诉医生违反告知义务，必须证明以下四个要件：（1）医生违反管理规范，未告知患者某一特定风险；（2）医疗活动中存在具体的风险；（3）存在因果关系，即如果医生向患者履行了告知义务，患者就不会受到此种损害[16]；（4）不存在无须履行告知义务的免责事由，如紧急情况等。另外，同其他诉讼一样，原告也必须证明其因此所受到的损害。

下文展现了反映医生告知义务的一些典型案例，在这些案例中，法院采用了不同的标准去确定医生应当告知的内容以及患者的举证责任。结果显示，一些地区的患者很难实现知情同意权。

（一）充分告知义务标准的分歧

在医事法典型判例、案例教程、相关论著以及学者们对知情同意的讨论中，都会提到确立医生告知义务标准的两个典型案例：Culbertson v. Mernitz案和Canterbury v. Spence案。

美国几乎所有地区的法律都采用了这两大标准之一。目前，25个州以及哥伦比亚特区采用Canterbury案中确立的“患者中心主义”的实质风险标准；

---

〔15〕 Ryan M. Hrobak & Robin Fretwell Wilson, *Emergency Contraceptives or "Abortion - Inducing" Drugs? Empowering Women to Make Informed Decisions*, 71 Wash. & Lee L. Rev. 1386, 1415 (2014).

〔16〕 *See* Mark Hall et al., Health Care Law and Ethics 215 (7th ed. 2007).

23个州采用 Culbertson 案中确立的“专业医生标准”或称“理性医生标准”[17]。而科罗拉多州和佐治亚州采用“混合标准”，即“患者中心主义与专业医师标准的结合”。

尽管法院采用不同标准确定充分告知义务的内容，但这些标准都包含共同的告知内容，即医生必须告知患者该医疗方案的实质内容、可期待的治疗效果、潜在的风险以及可能的后果等。医生也有义务告知患者有权选择是否接受治疗[18]以及“不接受治疗”的风险[19]。

1. “专业医生标准”或“理性医生标准”（Reasonable Physician Standard）

Culbertson v. Mernitz 案这个里程碑式的判决确立了专业标准或称“理性医生标准”[20]。该案中，Patty Jo Culbertson 因小便失禁和阴道溢液的问题向 Roland Mernitz 医生咨询。经诊断，Mernitz 医生认为问题源于她膀胱膨出、多发性子宫肌瘤以及宫颈炎。Mernitz 医生建议 Culbertson 在做“子宫切除术或冷冻子宫颈感染部”治疗的同时，进行“耻骨后膀胱尿道悬吊术”（Marshall-Marchetti - Krantz，MMK）。虽然 Mernitz 医生提醒 Culbertson 术后可能出现感染风险，仍可能有严重的阴道溢液以及膀胱控制障碍，但未告知她可能出现宫颈与阴道粘连的后果。然而，不幸出现了后面的情况。Culbertson 不得不将全子宫以及双侧卵巢切除，并进行了第二次膀胱悬吊术。

Culbertson 向印第安纳保险部提出申诉，并将 Mernitz 医生告到州法院。保险部的医学审查小组认为 Mernitz 医生没有违反告知义务，因为医学上一般都不将宫颈与阴道粘连视为 MMK 手术的风险。基于此审查决定，初审法院也作出了同样结论的判决。

Culbertson 提起上诉，认为判断医生是否充分履行了告知义务，需以理性患者所认为重要的事实为依据，而不应依据理性医生的专业标准来判断。如果按照前者的判断标准，也就没有必要询问专家证人以判断 Mernitz 医生是否负有责任。对某项风险告知与否是否会影响理性患者的决定，完全是陪审团

〔17〕 David M. Studdert et al., *Geographic Variation in Informed Consent Law: Two Standards for Disclosure of Treatment Risks*, 4 J. Empirical Legal Stud. 103, at 105, 106 (2007).

〔18〕 *See* generally John H. Derrick, Annotation, *Medical Malpractice: Liability for Failure of Physician to Inform Patient of Alternative Modes of Diagnosis or Treatment*, 38 a. l. r. 4th 900 (originally published in 1985).

〔19〕 Wecker v. Amend, 918 P. 2d 658, 661 (Kan. Ct. App. 1996)（该案指出，按照专业标准的要求，当患者拒绝治疗是一个“在医学上合理、可被接受的选择”时，医生应给予患者放弃的权利）。

〔20〕 602 N. E. 2d 98, 98 - 103 (Ind. 1992).

能够决定的事实。

印第安纳州最高法院最终没有采纳“理性患者标准”，仍采用了“理性医生标准”以判断医生是否已尽到告知义务。也就是需要由专家证人证明，依理性医生的标准，应当向患者告知哪些内容；如果“明显在普通人所能理解范围之内”，则无须询问专家证人。而在 Culbertson 案中，宫颈粘连的风险明显超出了“普通人的理解范围”。

有人对 Culbertson 案的判决提出质疑，认为采用专业标准意味着又回到了过去“家长式”的做法，“剥夺了患者的自己决定权”。法院对此作出反驳，认为美国医学会对医生职业伦理的规定已经有了进一步的发展，它要求医生在“向患者准确陈述医学事实”时，也应当“减轻患者的恐惧”。更进一步说，“使患者掌握足以做出理性决定的信息”。

依理性医生的标准判断是否履行告知义务是公平的。我们不应当强迫医生掌握“读心术”，去猜测患者所有可能需要的医疗信息。对于普通人不易识别的风险，只能要求医生“按照操作规程来做，也就是谨慎行医”。

2. 患者中心主义（Pantient - Centered）或“理性患者标准”（Reasonable Patient Standard）

一个同样不幸的案件确立了与前述案件相反的另一种告知标准，即“理性患者标准”。Canterbury v. Spence 案或许能帮助我们合理解释此种标准。联邦调查局职员 Jerry Canterbury 在 19 岁时做了一个比较常规的手术。而 9 年后 Canterbury 突然部分瘫痪、大小便失禁，并且还需要戴“阴茎夹”〔21〕。具体案情如下：

Canterbury 由于肩胛骨疼痛，找到神经外科医生 William Spence 咨询。Spence 医生对他进行了椎管造影检查，也就是向脊椎注入显影剂以显示其中病变。检查后，Spence 医生建议他进行椎板切除术以减轻神经压迫。而 Canterbury 当年才 19 岁，还不到能够独立做出同意手术决定的年龄，此时 Canterbury 的母亲也并不在现场。Spence 医生告诉 Canterbury 这次手术“很普通，不会有什么严重风险”〔22〕。Canterbury 当时没有表示任何异议，但也没有在知情同意书上签字，而当他的母亲赶到医院签署知情同意书时，手术已经结

---

〔21〕 464 F. 2d 772, 778 (D. C. Cir. 1972).

〔22〕 Alan Meisel, *Canterbury v. Spence: The Landmark Case*, *in* Health Law & Bioethics: Cases in Context 9, 17, 18, 19 (Sandra H. Johnson, Joan H. Krause, Richard S. Saver, & Robin Fretwell Wilson eds., Aspen Publishers 2009).

束了。法庭上，双方就 Canterbury 的母亲是否在术前已通过电话同意手术的问题出现了相互矛盾的证词。

当时 Spence 医生娴熟地完成了椎板切除手术，并且嘱咐其他医生：即使 Canterbury 需要小便，也不能让他下床。但最终悲剧还是发生了。医院的两名医生没有听从 Spence 医生的嘱咐，开始是允许 Canterbury 坐在床上，后来允许他“靠在床边站立，然后尝试脱离辅助工具站立”。有一次 Canterbury 要去小便时，他从高架床上摔了下来，摔伤了他的脊椎。Canterbury 进行了第二次手术，但未能治好。

于是 Canterbury 将 Spence 医生告上法庭，控诉他手术前没有获得他的知情同意。然而 Canterbury 的起诉步履维艰，因为那时限制侵权诉讼的法令已经开始施行，法院不接受简单的控诉，Canterbury 必须指出 Spence 医生具体有何种过失。同时该案还提出了告知义务的确定是否需要依靠专家证言的问题。而那时候不像现在，医生们都保持“无声的合谋”，找到一个与 Spence 医生同样境况的专家几乎是不可能的。后来，Canterbury 的律师“冒险将 Spence 医生作为专家证人”。Spence 医生坦诚地讲“即使没有受到外伤，椎板切除术后出现瘫痪的概率也有 1%”。

由于没有充分的证据证明医师或者医院违反了对 Canterbury 的医护义务，初审法院最终裁定支持被告的行为。Canterbury 上诉到美国哥伦比亚特区联邦巡回上诉法院。法庭详细论述了医生获得患者知情同意的要求。法庭认为，医生在这种情况下必须采取合理措施，即必须告知患者所有重大风险。由于告知义务产生于医患之间的信赖关系，内容也应扩展到患者可能认为“对决定是否接受治疗”有重要影响的风险，也就是必须结合“损害发生的概率及严重程度”来决定告知的内容。关于理性患者认为哪些风险将影响他们的决定，这是陪审团能够决定的事实，因此就不再需要询问专家证人对告知义务的意见。

尽管 Canterbury 案对美国法产生了重要影响，但对于 Canterbury 来说是一场“得不偿失的胜利”。上诉法院最终要求重审该案，“以决定 1% 的瘫痪概率是否足以产生告知义务”。最终 Canterbury 还是败诉了。[23] Canterbury 承认他自愿进行了第二次椎板切除术，以减轻新产生的病痛——这也就是对他“如果当初被充分告知风险，便不会同意切除椎板”证词的有力反驳。当然，

〔23〕 *Id.* at 22, 23.

“在 Canterbury 已经部分瘫痪的情况下，再次接受瘫痪的风险显然也应是合理的”。

3. 关键的权衡

关于患者对医生的合理期待，法院有不同的判决结论，这也就产生了确定告知义务的不同标准。在 Culbertson 案中，法院认为理性患者标准给医生带来的负担“太重”，它要求医生“去猜测一个假定的理性患者‘需要知道些什么’”[24]。而医生不应被迫花费“有限的诊疗时间”去“了解每一个病人的偏好”[25]。然而，我们可以要求医生去了解在类似处境下理性医生的一般做法。

在 Canterbury 案中，法院认为，要求医生告知患者认为重要的所有风险，这是“不切实际”的，代价也过于高昂。但对于谨慎的患者来说，一些风险可能是影响其决定的重要因素，而它们有时并不同于医生告知的内容。实质风险标准减轻了患者的负担，因为患者并没有足够的知识去准确了解治疗风险。因此，如果没有医生的强制告知义务，患者决定自己身体接受何种处置的自主权就无法得到实现。

正如第五、六部分所述，州立法者在确保患者获取所需信息的基础上，越来越重视建立告知义务的标准，以减轻医生负担和法律风险。

（二）因果关系的判断：告知义务会改变损害结果吗？

在知情同意权案件中，原告需要证明告知义务与患者决定之间的因果关系，以及告知义务与损害结果之间的因果关系[26]。对于后者，患者必须证明他因接受治疗而受到的损害。对于前者，患者则必须证明，如果事先被告知遭受该损害的风险，该患者或同样处境下的理性患者就不会选择接受治疗。

判断告知义务与患者决定的因果关系时，理性人标准占主导[27]。事实裁断者会去了解“当一个与该患者处于相同处境的理性人被告知所有重大风险，他会做出何种决定?”在充分履行告知义务的情况下，如果有理由相信

[24] *Culbertson*, 602 N. E. 2d at 106.

[25] Robert Gatter, *Informed Consent Law and the Forgotten Duty of Physician Inquiry*, 31 Loy. U. Chi. L. J. 557, 559 (2000).

[26] Evelyn M. Tenenbaum, *Revitalizing Informed Consent and Protecting Patient Autonomy: An Appeal to Abandon Objective Causation*, 64 Okla. L. Rev. 697, 710 (2012).

[27] Kate Greenwood, *Physician Conflicts of Interest in Court: Beyond the "Independent Physician" Litigation Heuristic*, 30 Ga. St. U. L. Rev. 759, 777 (2014).

这个人不会接受治疗，那么两者就存在因果关系，否则就不存在〔28〕。无须依靠患者的证言，陪审团也能判断一个理性患者应作出的选择〔29〕。

目前有四个州只关注案件中的特定患者，判断他本人在知情的情况下是否会接受治疗。有人认为，既然允许原告自证，那么证词几乎就不可能被推翻了。但事实上“一般会要求陪审团决定证词的可信度”〔30〕。

如果大多数患者都会选择忽视风险而接受治疗，则难以建立因果关系，侵犯患者知情同意权的控诉也将不被支持。在一些紧急情况下，也“不可能满足”因果关系要件，因为即使被告知风险，所有理性患者都会接受治疗。同样的，在没有替代性医疗方案时，因果关系也很难建立起来。

（三）告知义务的例外

主要存在五种无须履行告知义务的情形——“危害公共健康；医疗紧急情况；医生的治疗特权；患者主动免除医生的披露义务；以及患者没有决定能力等”。〔31〕另外，对于“正常患者一般都能够意识到的风险”，如没有每年进行子宫颈癌筛查所产生的风险，医生也无须告知〔32〕。

关于医生的治疗特权，这是在 Salgo 案中保留医生自由裁量权的关键理由，但是一直不被广泛认同。医生基于自己专业知识能够判断，对处在脆弱情绪状态下的患者，告知其真实医疗信息带来的伤害可能远远大于好处。但在法院看来，若免除医生在此种情况下的告知义务，极易造成“置患者的价值观念于不顾”的后果〔33〕。

正如 Canterbury 案，患者没有决定能力并不能免除医生的告知义务，相反，必须得到有权决定主体的同意。除了患者的父母、法定监护人，患者也可以通过医疗委托代理或者律师来指定“手术决定者”〔34〕。如果患者没有指定手术决定者，许多州也会为“无法自主实现知情同意权”的患者具体指定

〔28〕 *Canterbury*, 464 F. 2d at 791.

〔29〕 *See*, *e. g.*, Hartke v. McKelway, 707 F. 2d 1544, 1544 (D. C. Cir. 1983).

〔30〕 Tenenbaum, *supra* note 26, at 730.

〔31〕 Thomas May, Bioethics in a Liberal Society: The Political Framework of Bioethics Decision Making 21 (paperback ed. 2009).

〔32〕 See Cathy J. Jones, *Autonomy and Informed Consent in Medical Decisionmaking: Toward a New Self - Fulfilling Prophecy*, 47 Wash. & Lee L. Rev. 379, 393 - 394 (1990).

〔33〕 May, *supra* note 31, at 26 - 30.

〔34〕 For a discussion of healthcare proxies, see Alan Meisel & Kathy L. Cerminara, The Right to Die: The Law of End - of - Life Decisionmaking, Third Edition (Aspen 2014).

一个能够代为表达知情同意的人[35]。

三、人体试验中的知情同意

不仅在临床治疗中要保障患者知情同意权，人体医学试验中也同样如此。人体试验中知情同意的核心在于保障受试者的安全，允许处于风险之中的受试者或其法定代理人衡量其中的风险和利益。目前，有 80% 的临床试验是干预性研究[36]，最常见的便是检测药物的安全性、治疗效果以及生物学特性。每一个时段都有超过 100000 例药物和生物学研究正在进行。

获得知情同意之前，实验人员必须告知受试者参与自愿，并且必须向受试者说明：（1）研究的目的、过程和持续时间；（2）任何可预见的风险或不适；（3）预期的利益；（4）有效的替代性方案；（5）记录的保密；（6）发生损害时的补偿或治疗；（6）进一步了解研究和受试者权利的途径[37]。

在美国，大多数由联邦资助的医学试验都受地方机构审查委员会（IRBs）的监管。"通用规则"（Common Rule）规定了地方机构审查委员会如何进行独立的伦理审查，以尽可能减少可避免的风险、确保受试者知情同意[38]。Common Rule 由 15 个政府部门共同编纂，受资助的医学试验项目都要遵守这一规则。

正如本部分所言，尽管人体试验的性质在发生变化，政府资助的昧良心研究已引发了对受试者的立法保护，而这种保护在过去举步维艰。关于临床试验中告知义务的确立，私人诉讼则发挥了至关重要的作用。

（一）历史上未经同意进行的人体试验

正如第二部分所述，对纳粹的审判之后，保障受试者自愿且知情同意的义务就基本成形了。随后的几十年，发生在美国的几起未经同意的人体试验则促使监管更为严格。

1972 年，一项臭名昭彰的试验被揭发出来。这项研究是美国公共卫生部（Public Health Service，PHS）授权启动的"塔斯基吉梅毒实验"，全称为

---

〔35〕 *See*, *e. g.*, Kan. Stat. Ann. § 65 –4974（2014）.

〔36〕 *Trends*, *Charts*, *and Maps*, U. S. National Institutes of Health, *available at* https：//clinicaltrials. gov/ct2/resources/trends.

〔37〕 General Requirements for Informed Consent, 45 C. F. R. § 46. 116.

〔38〕 *The Common Rule*, U. S. Dept. of Health and Human Services, *available at* http：//www. hhs. gov/ohrp/humansubjects/commonrule/.

“针对未经治疗的男性黑人梅毒患者的实验”。从1932年开始，试验人员以600名黑人为对象秘密研究梅毒对人体的危害。其中399人罹患梅毒，这项研究隐瞒了当事人长达40年，即使在后来梅毒已可被治疗的数十年里，该试验仍在继续[39]。公共卫生部的试验人员指示当地医生，“不要使用青霉素为他们治疗梅毒”[40]。

另一起更近一点的事件，是2010年10月美国政府公开向危地马拉道歉，因为曾在20世纪40年代故意让数千名危地马拉人在不知情或未经同意的情况下感染性病[41]。关于试验的细节可见于John Cutler医生的论文，当年也正是他引导进行了“塔斯基吉梅毒实验”。在这些事件被揭发出来后，2011年美国生命伦理总统研究委员会（Presidential Commission，PC）审查了联邦资助的涉及人类受试者的试验规范[42]。

（二）联邦监管的扩大与限制

Common Rule自1991年出台以来就没有做过修改，即使试验内容已扩展至大型多中心研究、互联网研究和DNA研究等。2011年，联邦政府曾提出要对Common Rule进行大幅修改以适应这些“巨变”。比如，要求生物样本试验必须获得志愿者的书面同意，即使这些样本会被匿名化处理。同时，还试图将联邦监管扩大至美国所有受Common Rule机构资助的试验，不论具体资金来源如何。这些建议引发了强烈的反对浪潮，认为联邦政府的监管将变得过于烦琐，这也就注定了改革以失败告终。随后在Common Rule规则研究中提出应修改试验类目，以更好地适应无须人体参与的新型研究，比如对Twitter的社会科学研究。但目前还不清楚这些建议会产生什么影响。

最近，围绕在验证治疗有效性的对照组试验中是否需要向受试者告知风险的问题，学者们展开了激烈的讨论。有一项名为SUPPORT的大型多中心试验项目，试验目的是验证给早产儿，特别是给超低出生体重儿（ELBW）供给多少浓度的氧气合适。供给太多的氧气将带来一连串的疾病，包括早产儿

---

〔39〕 Centers for Disease Control and Prevention, *The Tuskegee Timeline* (Dec. 10, 2013), *available at* http://www.cdc.gov/tuskegee/timeline.htm.

〔40〕 Fred D. Gray, The Tuskegee Syphilis Study 74 - 79 (1998).

〔41〕 Rob Stein, *U.S. Apologizes for Newly Revealed Syphilis Experiments Done in Guatemala*, Wash. Post, Oct. 1, 2010, *available at* https://www.washingtonpost.com/wp-dyn/content/article/2010/10/01/AR2010100104457.html?nav=emailpage.

〔42〕 Presidential Commission for the Study of Bioethical Issues, Moral Science: Protecting Participants in Human Subjects Research (Dec. 2011), *available at* http://bioethics.gov/node/558.

视网膜病变（Retinopathy of Prematurity，ROP），这种病变将导致失明、慢性肺炎等；而氧气供给不足则可能造成婴儿神经损伤。这项试验将超低出生体重儿随机分为两组，“分别供给合理范围内的较高浓度与较低浓度的氧气”[43]。最终，试验者在《新英格兰医学杂志》（New England Journal of Medicine）上发表报告称“过去几乎每两例严重ROP就会导致一起死亡病例的状况被改写了”[44]。

但这项试验引发许多人的质疑，这些试验婴儿的父母是否知晓合理范围内的最低浓度和最高浓度的氧气分别可能造成的死亡或者失明的后果？他们如何进行权衡？知情同意书对研究目的是这样表述的：

> “确定供氧的准确范围，以防止早产儿由于供氧过多而可能出现的问题。我们尚不清楚供氧过多对婴儿，尤其是早产儿会带来什么好处。但如果我们回头看以往的病例，能够发现较低的供氧量会降低ROP的发病率。”[45]

关于试验过程，知情同意书中说明“我们有时会供给更高浓度的氧气，有时则供给较低浓度的氧气。但都在合理、可接受的范围内”。知情同意书向受试者暗示了可能带来的好处（即降低ROP的患病率），但没有说明不利的后果：

> “本试验中所使用的脉搏血氧检测仪对婴儿尚无已知的风险。护士将会频繁移动脉搏血氧检测仪，以使婴儿可能出现皮肤破损的风险最小化。”

美国联邦健康与人类服务部人体试验保护办公室（HHS’s Office for Human Research Protections，OHRP）向试验中心之一——阿拉巴马大学伯明翰分校发送了一份决定书。[46] OHRP指出：

> “知情同意书应当载明：（1）试验包含的重大风险，过去的医学研究清楚地表明氧气浓度对婴儿健康指标有重要影响，可能导致失明、继

---

[43] Surfactant Positive Airway Pressure and Pulse Oximetry Trial in Extremely Low Birth Weight Infants (SUPPORT Study) Protocol at 2.

[44] SUPPORT Study Group, Target Ranges of Oxygen Saturation in Extremely Preterm Infants. 362 New Eng. J. Med. 1959 (2010).

[45] “Revised” Consent Form for the SUPPORT study signed by Sharissa Cook on October 7, 2006, as the legally authorized representative of DreShan Collins, at 2, 4, 5 (on file with author)（讨论了“可能的风险”与“与其的利益”）(emphasis added).

[46] OHRP Mar. 7, 2013 Letter at 9, 10 (citing 45 CFR § 46.116 (a)) (emphasis added).

发性大脑损伤甚至死亡；（2）在这项试验中，婴儿接受的氧气浓度经常会被改变，尽管不可能预测将带来什么变化；（3）一些婴儿可能会被供给多于他们实际所需浓度的氧气，若试验证实供氧量会影响眼睛的发育，那么这一部分婴儿将有更大的失明风险；（4）参与试验可能增加部分婴儿大脑损伤或死亡的风险。”

几周后，《纽约时报》转载了这份决定书，并评价这项试验为“道德的崩塌”〔47〕。

OHRP后来举行了一场听证会，讨论是否应进行关于“医护标准”的研究以修订目前的告知义务标准。在听取公众意见后，OHRP出台了一份指导意见草案，重申了对可预见性风险的告知义务。OHRP表明，“在比较治疗效果的对照组试验中被随机采用不同治疗方法的患者，他们应当知晓不同治疗方法所含的风险”〔48〕。另外，可以通过高效且低成本的方式向患者说明试验的风险，比如使用录像或者其他技术，从而尊重受试者的选择。截至2014年12月23日，OHRP已收取完公众对草案的书面意见，但方案尚未最终敲定。

（三）私人诉讼在保障知情同意中的作用

除了联邦监管以外，私人诉讼也给在人体试验中充分履行告知义务考验。我们首先来看看Berman v. Hutchinson Cancer Center案〔49〕。该案中，Katherine Hamilton死于IV期乳腺癌治疗。在她离世后，丈夫Allen Berman将Fred Hutchinson癌症研究中心告上法庭。当时Katherine参与了该中心进行的癌症试验，Berman称他们并未被告知存在风险更小、成功率更高的替代性治疗方案。Katherine所采用的疗法是饮用含有化疗药物的鸡尾酒，但这可能损害她的器官，而且在此之前已经有7名受试者死亡了，其中一名死于器官衰竭。Katherine也未被告知，如果她不能口服，她就不会接受计划的剂量。Berman还指控该中心欺诈、违反保证义务。

由于癌症中心“未告知患者静脉注射药物没有疗效的事实，使得Katherine Hamilton同意参与实验的决定无效”，法院支持了Berman部分的索赔要

〔47〕 *An Ethical Breakdown*, N. Y. Times, Apr. 15, 2013, available at http: //www. nytimes. com/2013/04/16/ opinion/an – ethical – breakdown – in – medical – research. html? _ r =0.

〔48〕 OHRP, HHS, Draft Guidance on Disclosing Reasonably Foreseeable Risks in Research Evaluating Standards of Care, 79 (206) Fed. Reg. 63629, 63632 (Oct. 24, 2014).

〔49〕 Berman v. Hutchinson Cancer Center, *available at* http: //biotech. law. lsu. edu/research/wa/ Berman_ v_ Hutchinson. pdf.

求，其他赔偿金额留给陪审团决定。最终，诉讼通过私下赔偿的方式解决了[50]。

关于医生向受试者解释试验风险的问题，Berman 提出了特别的质疑。如一些人所指出的，治疗与人体试验有着根本不同的目标：

> “医学试验并不是治疗。试验中所做的测试、采用的条件可能并没有治疗意义。在医学试验或者所谓“最好的治疗”中，受试者服用安慰剂而不是药物之后产生的失望，并不是错误治疗造成的结果。他们是被随机选中且免费参与试验的受试者。医学试验并不是标准的治疗，只是猜测、估计与探索的过程。”[51]

“治疗性误解”要求更清楚地区分治疗与医学试验的不同。尽管在试验前医生已经向患者表明了需要放弃部分利益并对潜在风险作了清楚的警示，但事实上患者仍期望有积极的治疗效果[52]。一项研究表明，51%的受试者“对医学试验的本质以及他们可能获得的利益抱有不切实际的幻想”[53]。

“治疗性误解”使得知情同意即使在最好的情况下也变得充满挑战。知情同意书往往模糊了医学试验与治疗之间的界限。例如，50%的转基因研究自称为“基因疗法”[54]——被贴上“有效治疗方法”的标签。1999 年 Jesse Gelsinger 死于转基因研究后，生物伦理学家 Ruth Macklin 直言不讳地说：“基因治疗不能算是治疗。”[55]

对未充分履行告知义务提起的诉讼，促使试验人员在履行告知义务时更为谨慎。Jesse Gelsinger 案中，Jesse 签署的同意书所载明的风险并不完全真

---

〔50〕 David Heath, *Hutch Settles Consent Case Out of Court*, Seattle Times, Jan. 15, 2003, *available at* http://community.seattletimes.nwsource.com/archive/? date = 20030115&slug = hutch15.

〔51〕 E. Haavi Morreim, *Litigation in Clinical Research: Malpractice Doctrines Versus Research Realities*, J. L., Med. & Ethics 474, 476 (2004).

〔52〕 See Paul S. Appelbaum et al., *False Hopes and Best Date: Consent to Research and the Therapeutic Misconception*, 17 Hastings Center Rep. 20 (1987).

〔53〕 Mildred K. Cho & David Magnus, *Therapeutic Misconception and Stem Cell Research*, Nature.com, Sept. 27, 2007, available at http://www.nature.com/stemcells/2007/0709/070927/full/stemcells.2007.88.html (citing P. Appelbaum, C. Lidz, & T. Grisso, *Therapeutic Misconception in Clinical Research: Frequency and Risk Factors* IRB: Ethics Hum. Res. 26, 1-8 (2004)).

〔54〕 Cho & Magnus, *supra* note 53.

〔55〕 Robin Fretwell Wilson, *Estate of Gelsinger v. Trustees of University of Pennsylvania: Money, Prestige, and Conflicts of Interest in Human Subjects Research*, in Health Law & Bioethics 229, 234.

实[56]。知情同意书中写道，Jesee 将摄入的“最大剂量的病毒，仍然低于曾在老鼠或猴子身上引发严重问题的病毒量”。而这一表述与先前研究中猴子和老鼠死亡结果的披露形成了鲜明对照。四年前送交联邦监管部门审批的同意书中写道：“在老鼠和猴子体内的高剂量病毒已被证实与肝脏炎症（肝炎），肝坏死和死亡有密切联系。”

Jesse 离世后，他的家人将试验人员与资助方共同告上法庭，指控他们违反告知义务、欺诈等[57]。几个星期后，他们私下和解了。但联邦政府起诉了试验方和资助方，指控该项试验触犯了《虚假陈述法》（False Claims Act）。试验者和资助方不仅未告知此前动物试验中的死亡结果，而且未告知早期受试者遭遇的“严重不良事件”——在 FDA 看来，这是“风险增加的重要证据”[58]。此外，“在这项试验中产生了对人体的有毒有害物质，这本应被禁止”，但在其交给联邦政府的报告中所记载的临床发现中则明显“歪曲事实”。

同 Jesse 一家一样，后来政府也与试验人员和解了。资助方在 2005 年支付了超过一百万美元的罚款，但仍然否认自己存在过错。和解协议对试验人员的临床试验活动施加了限制，并对 Wilson 进行了最严格的控制。Wilson 原本对该试验成果享有可观的经济利益——当然，这也是他漠视受试者知情同意权的代价。

知情同意书促使试验人员更直接地询问患者参与医学试验的意愿。在 Stewart v. Cleveland Clinic Foundation 案中，Cleveland 诊所的医生将 Daniel Klais 选为 III 期临床试验的受试者，那时 Klais 咽部肿瘤已向舌根转移[59]。该试验的目的是验证在放疗和手术之前增加试验性化疗，能否提高康复的概率。试验人员将受试者随机分为两组：一组是在手术后进行放疗的标准治疗；另一组是在放疗与手术时进行联合化疗。

Klais 签署了一份长达五页的知情同意书，并被随机分入标准治疗组。

---

[56] Robin Fretwell Wilson, *The Death of Jesse Gelsinger: New Evidence of the Influence of Money and Prestige in Human Research*, 36 Am. J. L. Med. 295, 303, 304, Fig. 6 (2010) (reproducing Gelsinger Consent Form at 7).

[57] Estate of Gelsinger, *supra* note 55, at 230, n. 18.

[58] Press Release, U. S. Settles Case of Gene Therapy Study that Ended with Teen's Death (Feb. 9, 2005) (on file with author); Letter from Steven A. Masiellos Dir., Office of Compliance & Biologics Quality, F. D. A. Ctr. for Biologics Evaluation & Research to Mark L. Batshaw, Children's Nat'l Med. Ctr. 7 (Nov. 30, 2000) (Warning Letter), *available at* http://www.fda.gov/foi/nidpoe/n141.pdf.

[59] 736 N. E. 2d 491, 493 (1999).

Klais一直没进行化疗，五年后X光片显示他的癌细胞已经转移到他的肺部，第二年他就离世了。

在确诊癌细胞转移之后，他与妻子将Cleveland诊所和他的主治医生告上法庭，指控他们在诊断和治疗上有医疗过失，后来又增加了未充分履行告知义务的控诉。Klais宣誓证明，从未有人告知他他有权要求进行放疗或化疗，或者像该癌症中心其他试验组一样进行联合疗法——他认为“自己错过了最好的治疗机会”〔60〕。他的医生也从来没有建议他退出试验去进行化疗。

由于对Klais在治疗与临床试验前是否表示了知情同意还存在事实性的争议，俄亥俄州上诉法院撤销判决并发回重审。案件后来悄无声息地解决了〔61〕。

四、对知情同意的反驳

批评者认为保障知情同意权在很多方面都有所偏离：比如当没有医疗过失时，仍会不公平地为患者提供救济；医生会过分依赖纸质的知情同意书，而非与患者进行实质性的对话；由于履行告知义务挤占了有限的诊疗时间，有的州便使用标准化的知情同意书以减轻医生负担；以患者自己决定权为前提的知情同意理论并不完全适用于决定能力有限的患者。

（一）对医疗过失的重复控诉

大多数患者在控诉医生未充分履行告知义务的同时，也会指控其有医疗过失，一些人则认为这构成对医疗过失的重复控诉，显然是不公平的〔62〕。从概念上看，这两种控诉理由有所区别。医疗过失关注医生是否遵守医疗规程，是否给予了患者合理的医疗照护。告知义务关注的则是医生是否告知患者足够的信息并获得其同意。实践中，控诉医生“未履行告知义务”与其他不存在医疗过错的事项，仅占起诉医生医疗过失的1%，占起诉医院医疗过失的2%〔63〕，也就是说，不是每一起医疗过失的控诉都附带有对告知义务未充分履行的控诉。

---

〔60〕 *Id.* at 494.

〔61〕 Jerry Menikoff & Edward P. Richards, What the Doctor Didn't Say: The Hidden Truth about Medical Research 131 (2006).

〔62〕 William J. McNichols, *Informed Consent Liability in a "Material Information" Jurisdiction: What Does the Future Portend?*, 48 Okla. L. Rev. 711, 715 (1995).

〔63〕 Peter H. Schuck, *Rethinking Informed Consent*, 103 Yale L. J. 899, 923 n. 105 (1994).

除了完全未获得患者知情同意的情形，当医疗活动符合诊疗标准、操作规范时，很难支持患者仅因医生未完全履行告知义务而获救济。然而，律师称针对告知义务的控诉只是诉讼中的一个重要策略。因为对履行告知义务提出质疑，能降低对医护质量的评价，削弱陪审团对医生的信任——陪审团将更加同情患者。即使意见最终未被陪审团采纳，也会影响对案件的价值判断。此外，在采用实质风险标准的地区，证明未充分履行告知义务无须询问专家证人，这将减少原告方的诉讼成本。当然，在今天侵权法改革的趋势下，以往针对医疗过失提起的控诉已经很难被支持了。

（二）知情同意不必写在纸上

理想的知情同意应能促使医生与患者进行个性化对话，但也给医生带来巨大的工作负担。2014 年，医生在每个患者身上平均需要花费 8 ~ 15 分钟〔64〕——相比 10 年前 7 分钟的问诊时间有些许增加〔65〕。另外，医生花费在患者教育上的时间成本是无法算入保险人承保范围的。

虽然医生有获得患者知情同意的义务，但常常会使用事先准备好的知情同意书，而不是把有限的时间用在口头解释上。具有讽刺意味的是，尽管有足够的条件让患者知情，“大多数法庭仍然遵循传统的普通法规则，即考虑到诊疗是医生独立的行为，那么医院就没有义务在诊疗之前获得患者的知情同意”〔66〕。记载患者诊疗意愿的知情同意书可作为证据在法庭上出示。

知情同意书还会引发其他的问题。如有一些人担心会出现“同意疲劳”〔67〕。就像我们平常见到的警示牌一样，“过度的告知”会使患者很难在杂多风险中辨识出最关键的那个。与冗长的知情同意书相比，简短的知情同意书更有助于患者了解他们所接受的医疗方案〔68〕。

---

〔64〕 Roni Caryn Rabin, 15 – *minute Visits Take Toll on Doctor – Patient Relationship*, Kaiser Health News & USA Today, Apr. 23, 2014, *available at* http：//www. medscape. com/viewarticle/823992; Pauline W. Chen, M. D., *For New Doctors*, 8 *Minutes Per Patient*, N. Y. Times, May 30, 2013, available at http：//well. blogs. nytimes. com/2013/05/30/for – new – doctors – 8 – minutes – per – patient/.

〔65〕 Peter Salgo, *The Doctor Will See You for Exactly Seven Minutes*, N. Y. Times, Mar. 22, 2006, *available at* http：//www. nytimes. com/2006/03/22/opinion/22salgo. html? _ r = 1&.

〔66〕 Richard S. Saver, *Darling v. Charleston Community Memorial Hospital*：*A Broken Leg and Institutional Liability Unbound*, *in* Health Law & Bioethics, *supra* note 22, at 27, 44 – 45.

〔67〕 Healthcare Info. & Mgmt. Systems Soc'y, Information Privacy in the Evolving Healthcare Environment 124 (Linda Koontz ed. 2013).

〔68〕 *See* Lynn Chaikin Epstein & Louis Lasagna, *Obtaining Informed Consent*, 123 Arch. Intern. Med. 682 (1969).

还有一些人认为告知义务的规定太狭窄了，因为它只要求告知患者医疗过程本身的风险——而没有体现患者自己对治疗的预期，而这是患者获得有效治疗的关键。Robert Gatter 教授则反对这种“一刀切”的要求，他认为告知义务应扩大化地理解为要求医生了解病人的需求，并提出符合他们需求的治疗建议[69]。

在一项名为“是否不必写在纸上?”的研究中，研究者分析了挪威基因库获得患者知情同意的过程[70]。他们认为，信任源自于“经验、知识、不知情、感觉、直觉、关系、价值观、政府管理、经济基础设施以及其他许多因素”，而这些可能会“被形式主义规范所削弱”。他们反对“将具体的签名作为改进研究规则的方式”，因为医生本能够“通过告知的过程获得患者的信任”。总统委员会在 2011 年关于人体试验的报告也表达了相同的意见，“政府与研究机构、研究者合作时，应该重视获得患者知情同意的过程，以免表面符合伦理原则的程序遮掩了患者真实的想法”[71]。

（三）对医生施加的负担

保障患者知情同意的义务从一开始就引发了质疑，认为这对医生不公，因为医生必须去猜测患者想要被告知什么，或者去了解其他医生会告知什么。德克萨斯州以一种新型的方法为医生履行告知义务提供了便利：它为进行标准化告知的医生设立了一个“安全港”规则。如果患者在诊疗前签署了规定的知情同意书，诉讼中就可推定医生已对患者尽到了告知义务。专家证人在审查医疗方案的风险和利益之后，再具体确定应向患者告知的诊疗信息。因此，所签署的知情同意书并不能代替医生与患者之间的对话，只能起补充的作用。

目前市场上也开发出一些降低告知时间成本的工具。随着计算机、多媒体软件的发展与应用，患者教育与告知义务的履行也进入了数字化时代。医院里成千上万的患者现在可以通过录像了解医疗信息，医生也可以通过电子邮件向患者发送某一诊疗的影像资料。美国心理卫生研究所（National Institu-

---

〔69〕 Robert Gatter, *Informed Consent Law and the Forgotten Duty of Physician Inquiry*, 31 Loy. U. Chi. L. J. 557, 558 – 559 (2000).

〔70〕 John – Arne Skolbekken, Lars øystein Ursin, Berge Solberg, Erik Christensen, & Borgunn Ytterhus, *Not Worth the Paper It's Written On? Informed Consent and Biobank Research in a Norwegian Context*, 15 (4) Critical Public Health 335, 335, 345 (Dec. 2005).

〔71〕 Moral Science, *supra* note 42.

te of Mental Health）也会为需要开发录像的研究者提供指导帮助〔72〕。

“当患者们观看、暂停、播放录像时，会留下电子痕迹。医院可以在法庭上出示这些证据，以证明患者已了解特定的风险，因为他们已经观看了相关内容的录像。”〔73〕通过录像获得患者的知情同意，对于一些常规诊疗或者风险较小的试验是可行的，比如输血等。然而，在这些领域之外似乎就不能很好地起作用了。

（四）患者欠缺决定能力

有观点认为，当患者欠缺决定能力时，告知是没有意义的。考虑到将知情同意限制在患者自我决定的范围内将导致适用太窄，生物学家 Allen Buchanan 和 Dan Brock 提出了“风险相关性”标准，以确定是否向欠缺决定能力的患者告知风险〔74〕。在这种灵活的标准下，医生或者患者的代决定权人有权拒绝听从患者不理智、充满风险的决定，如拒绝使用抗生素等。

“风险相关性”标准对患者决定能力进行了分级，以确定他们拒绝不同治疗方案时应当具备的最低限度的决定能力。患者所做决定的风险越高，就越需要确认患者已经知晓做此决定的后果。因此，在风险相关性的分析下，如果一名患者同意接受常规治疗，那么对他决定能力要求就比较低。当一些固执的患者拒绝治疗时，在这种灵活的标准下，医生便可以不听从患者不理智的决定。

有观点认为，“风险相关性”只不过是新瓶装旧酒，本质仍是家长主义〔75〕。也有批评者认为决定能力并不是“人的本质特性”，并且“决定能力的判断”没有一个“相对统一、确定的标准”。当医生认为某位患者有意识但缺乏决定能力时，可能“完全只是医生关于患者是否应接受治疗的个人判断”。

---

〔72〕 Nat'l Inst. of Mental Health, Elements of a Successful Informed Consent Video（Feb. 16, 2015）, *available at* http：//www. nimh. nih. gov/funding/grant – writing – and – application – process/ elements – of – a – successful – informed – consent – video. shtml.

〔73〕 Lindsey Tanner, *Hospitals Try High – Tech to Better Inform Patients*, YAHOO News（Nov. 10, 2010, 9：37 PM）, *available at* http：//news. yahoo. com/hospitals – try – high – tech – better – inform – patients. html.

〔74〕 Allen E. Buchanan & Dan W. Brock, Deciding for Others：The Ethics of Surrogate Decision – Making 17 – 50（1989）.

〔75〕 David Checkland, *On Risk and Decisional Capacity*, 26 J. Med. & Phil. 36, 36（2001）.

五、关于知情同意的一些前沿问题

医疗卫生服务的变化使我们更多地强调医疗管理和成本，总体上对告知义务带来了限制。一些新出现的案件就提出了医生是否必须向患者告知财务激励、是否存在替代性治疗方案及其成本的问题。还有一些案件则讨论了是否需要告知源于医生自身的风险，比如医生是否是首次尝试做这类手术，或者医生自己是否对患者感染传染病带来威胁。另外，在特定的背景下，新的立法使告知义务政治化了，比如堕胎手术中的告知义务就与医生言论自由的权利形成对立。

（一）披露治疗与医学试验中的经济利益

治疗和医学试验中经济利益的变化，让我们思考保障知情同意的义务是仅仅狭隘地关注对具体程序风险的披露，还是需要围绕患者对所接受治疗的判断进行更全面的评估。这一部分将结合一些新的判例和法规，探讨有关替代性治疗、医疗成本和医生财务激励的问题，这在以医疗管理和商业性研究为主的时代具有更大意义。另外，这些案件还对将“实质风险”作为知情同意要素的观点提出质疑。

如第三部分第一节所指出的，不论采取医生专业标准还是实质风险标准，医生都必须告知替代性的治疗方案。然而，在患者经济能力普遍有限的时代，有时告知替代性治疗方案是无意义的，因为患者根本负担不起。正如 Joan h. Krause 教授所指出，“患者知情代价高昂”，医生和保险公司都会“通过对患者隐瞒保险项目外的治疗方案而获得财务激励”〔76〕。法院目前还没有正视医生充分履行告知义务与昂贵的替代性治疗方案、控制医疗成本之间的紧张关系。事实上，医生与患者都没有须告知替代性治疗方案的意识。当被问到“知情同意对他们意味着什么时，只有不到1%的患者、14%的医生提到了告知替代性治疗方案”〔77〕。

正如治疗方案的费用可能影响一个人的决定一样，医生或试验人员的经济利益同样如此。在 Moore v. Regents of the University of California 案中，加利福尼亚州最高法院判决，医生有义务在手术前向患者告知自己从中获得的个

---

〔76〕 Joan H. Krause, *Reconceptualizing Informed Consent in an Era of Health Care Cost Containment*, 85 Iowa L. Rev. 261, 264, 265, 281 –282, 293, 307 (1999).

〔77〕 *Id.*

人利益[78]。该案中，John Moore 被诊断患有毛细胞性白血病，在加州大学洛杉矶分校医学中心顺利进行了脾切除术。考虑到 Moore 的细胞极为罕见，非常具有研究价值，David Golde 医生指示 Moore 回到加州大学洛杉矶分校医学中心提取体液。这项医学试验以治疗为幌子持续了 7 年。Golde 医生与加州大学洛杉矶分校随后研发出了极具商业价值的细胞系及其衍生产品。Moore 起诉了 Glode 医生、加州大学洛杉矶分校以及制药公司，要求返还基于他的细胞系产生的利益。

加利福尼亚州最高法院支持了 Moore 控诉，认为 Golde 医生违反了信托与告知义务。法院指出："认为经济利益可能与患者健康无关的想法影响了医生的判断……但这对于患者的决定很重要，是作出知情同意的前提条件。"后来案件私下和解了[79]。告知经济利益的要求，也对将"实质风险"作为知情同意要素的观点提出了质疑。特定的治疗方案包含特定的风险，当未履行告知义务时，必须将风险具体化以保证对患者的救济。而财务风险则不同，无论医生告知什么，每一个治疗方案中都可能会存在未告知的财务风险。

近年来，对重大金融资产的披露已受到严格审查。转基因研究中 Jesse Gelsinger 的死亡引人关注。后来《华尔街日报》披露，试验者 James Wilson 医生在一家受联邦资助的生物技术公司 Genovo 持有价值 1350 万美元的股份。几年前，Wilson 所在的宾夕法尼亚大学评估了 Wislon 在 Genovo 公司的资产。根据联邦法规的规定，它有职责在联邦划拨资金前披露或管理任何超过 1 万美元的"重大经济利益"（SFIs）[80]。根据宾夕法尼亚大学的内部评估文件，Wilson 在 Genovo 公司持有的资产共计 2850 到 3300 万美元之间。

大多数人认为，与收取报酬或获得其他经济利益相比，持有股份可能存在更多问题[81]。然而，关于 Wilson 持有的巨额股份，Jesse 签署的知情同意书中是这样平淡地表述的：

---

〔78〕 793 P. 2d 479, 481 -482, 484, 485 (Cal. 1990).

〔79〕 Dennis McLlellan, *John Moore*, 56; *Sued to Share Pro ts from His Cells*, L. A. Times, Oct. 13, 2002, *available at* http://articles.latimes.com/2001/oct/13/local/me -56770.

〔80〕 42 C. F. R. § 50.603 (2008).

〔81〕 *See* Kevin P. Weinfurt et al., *Effects of Disclosing Financial Interests on Attitudes Toward Clinical Research*, 23 J. Gen. Internal Med. 861, 863 (2008); Lindsay A. Hampson et al., *Patients' Views on Financial Conflicts of Interest in Cancer Research Trials*, 355 New Eng. J. Med. 2330, 2336 (2006).

资助者信息

请注意，宾夕法尼亚大学、James M. Wilson 医生（人类基因治疗研究所所长）和 Genovo 公司（Wilson 医生持有股份的一家基因治疗公司）在本实验中共同享有研究成果的经济利益[82]。

Jesse 离世后，Wilson 在 Genovo 持有巨额股份的事实自然地引出一个问题：在没有相关经济利益的情况下，患者会做出不同的决定吗？并不是所有人都以相同的态度和方式对待经济利益冲突。当面临同样的情况时，一些人会不太信任试验者，有些人则更信任他们。2009 年，Wilson 将他从 Jesse 案中得到的经验教训整理成文并发表。Wilson 否认是经济利益影响了他的决定，实际上是“领导、名声和成就”驱使他做了这个选择。

尽管要求披露与管理的“重大经济利益”最低额被降低到了 5000 美元，但与 Jesse 离世时相比，目前对经济利益冲突的调控仍然没有发生什么变化[83]。2011 年，美国联邦健康与人类服务部发布了一个纲要性文件，用于“识别、管理以最终避免因研究者的经济利益而生的冲突”，该纲要压缩了研究者的决定权，过去仅需报告与美国公共卫生部所支持研究相关的“重大经济利益”。而现在，研究者必须报告与机构责任相关的所有“重大经济利益”。此外，高级管理人员必须在五个工作日内在网上主动公开或按要求披露“重大经济利益”。

（二）对医生特殊风险的披露

源于医生的特定风险也考验着告知义务的边界。是不是每个医生都必须告知患者他是首次冒险采取这种治疗方案？或者他本人可能会对患者带来感染艾滋病的风险？是否必须告知患者可能将由不太娴熟的医生来完成这些必要的诊治？患者是否有权知道医学生正以自己的病例进行教学实习？

1. 医生欠缺经验

在 Johnson v. Kokemoor 案中，医生没有告知患者他是第一次进行动脉瘤手术的事实，此前他从未在神经外科方面获得认证，也不是动脉瘤专科医生，于是患者控诉医生未充分履行告知义务[84]。Richard Kokemoor 医生对 Donna

---

〔82〕 *Death of Jesse Gelsinger*, *supra note* 56, at Fig. 8 (reproducing Gelsinger Consent Format 11).

〔83〕 Press Release, U. S. Dep't of Health and Human Services National Institute of Health, HHS Tightens Financial Conflict of Interest Rules for Researchers (Aug. 23, 2011), *available at* http://www.nih.gov/news/health/aug2011/od-23.htm; 42 C. F. R. pt. 50.

〔84〕 Johnson by Adler v. Kokemoor, 545 N. W. 2d 495, 497, 499, 499 n. 11, 509 (Wis. 1996).

Johnson 做了动脉瘤夹闭手术以后，Johnson 四肢基本瘫痪、无法行走，并且出现大小便失禁。Johnson 将 Kokemmoor 医生告上法庭，称其在手术前未获得她的知情同意。庭审中，法官允许 Johnsonc 出示证据证明任何一名有良知的医生都应意识到 Johnson 本可以选择更有经验的医生、采用更好的设备、进行风险更低的手术。陪审团认为，Kokemoor 医生未能充分告知 Johnson 手术的风险和优点。如果充分了解了手术的风险，任何一个与 Johnson 处于同样境况的人都不会同意接受手术。威斯康星州最高法院维持了下级法院的判决，根据“理性患者标准”确定了医生必须告知的信息，认为既然手术难度是本案的核心，那么就应当由更有经验的医生提供治疗。

2. 代替手术

现代医疗意味着通常会由一个专业团队来对一位患者进行治疗。虽然这是完全合理的，但患者仍会认为所作的知情同意只是表示他接受某个特定医师的治疗，即使是由另一位医生具体操作。美国医学会《医学伦理准则》(Code of Medical Ethics) 也谴责了“未经患者知情同意”由其他医生代替进行手术的做法——将其称为“代替手术”——也就是“欺骗”[85]。

在传统上，对这种“调包”行为是可以提起侵权诉讼的。在提起侵权诉讼时，原告不必证明医生有疏忽，也无须寻求专家证言。但在大多数过失责任规则下，故意的侵权行为是被排除在外的，因此也就带来救济的难题。

一个新的趋势是将“代替手术”视为对告知义务的违反。Perna v. Pirozzi 案是新泽西州发生的一起医疗过失案，为我们提供了重要的例证[86]。该案中，Thomas Perna 听从其家庭医生的建议，于 1977 年 5 月在圣约瑟夫医院进行了泌尿检查。为其化验的泌尿科医生 Pirozzi 建议他通过手术取出肾结石。实际上，是 Pirozzi 医生所在的团队共同对患者进行治疗，也就意味着每个医生没有自己确定的患者；尽管患者可以在手术前选择特定医生操作，但最终仍由“团队”决定由哪位外科医生进行手术。

而 Perna 并不了解这种实际做法，起诉称他特意要求 Pirozzi 医生为他做手术。关于这一主张，被告未作辩解。Perna 在手术前确实见到过另一位医生 Ciccone，这位医生向 Perna 说明将有两名团队成员参与手术过程，但是没有

---

〔85〕 American Medical Association, Opinion 8. 16—*Substitution of Surgeon Without Patient's Knowledge or Consent*, AMA Code of Medical Ethics, (June 1994), *available at* http: //www. ama - assn. org/ama/pub/physician - resources/medical - ethics/code - medical - ethics/opinion816. page? .

〔86〕 457 A. 2d 431, 433 -434, 438 -441 (1983).

具体说是由谁来操作手术。Perna签署了一份知情同意书，指明由Pirozzi医生作为主刀医生，并授权他与另一位“助手”进行手术操作。然而在Perna手术的当天，Pirozzi医生甚至没有出现，而是由Ciccone医生和另一名团队成员Del Gaizo医生完成了这台手术。

Perna几个星期后因为手术并发症重新入院，入院后他才得知并不是Pirozzi医生为他做的手术。他将3名医生告上法庭，指控他们在诊断、治疗和手术中存在医疗过失。他还表示，在他签署的知情同意书中并未指明由Del Gaizo医生操作手术，他只同意由Pirozzi医生进行手术。

初审法院作出了诉讼理由不充分的判决，后来Perna上诉到了新泽西州最高法院，法庭撤销了初审判决并要求重新审判。关于“替代手术”的控诉，法院区分了“未告知”与“未获同意”，前者属于医疗过失，后者属于非法侵犯。如果Perna证明那些外科医生未经同意就对他进行了手术操作，Perna就可以成功地对Del Gaizo博士和Ciccone提起侵权诉讼。而关于知情同意的控诉中，法院指出，患者对该医生是否充满信心，是决定把自己的身体和生命交给该医生的重要因素。因此，无论“是正确的医生进行了错误的操作，还是错误的医生进行了正确的操作”都属于医疗过失。

像Canterbury案一样，Perna v. Pirozzi案的判决是正式法律与职业伦理之间对话的结果。正如法院所强调的，美国医学院和美国医学会都谴责代替手术的做法，代替手术是对“主刀医生”的歪曲解释，是医生违反信托义务的一种“欺骗”行为。

3. 由医生带来的风险

医疗过程常常包含侵入性手术，唯一能够阻断医生与患者之间疾病传播的就是手术服和手套。通常情况是患者可能会为医生带来传染风险，但在某些情况下，医生也会为患者带来感染疾病的风险——这也引出了告知义务的问题。Faya v. Almaraz案中，就要求医生在进行手术操作之前，有义务向患者告知自己的健康状况〔87〕。该案中，曾为患者Sonja Faya和Perry Mahoney Rossi治疗的医生Rudolph Almaraz后来死于艾滋病，这两名患者将医生Rudolph Almaraz及其所在机构约翰霍普金斯医院告上法庭，认为他构成医疗过失。

Almaraz医生在对Faya和Mahoney Rossi进行手术之前，事实上已经知道

〔87〕 620 A. 2d 327, 337 – 339; 339, n. 6 (Md. 1993).

他内体的艾滋病毒呈阳性，但在手术前没有告知他们。手术一年多以后，两位患者在报纸上偶然了解到 Almaraz 医生的死讯。尽管他们艾滋病毒检测为阴性，但他们仍然起诉了。初审法院驳回了他们的诉讼请求，但马里兰州上诉法院撤销了初审判决并发回重审。法院认为，虽然传播风险偏低，但一旦传染，后果将十分严重，因此要依据实质风险标准要求医生对患者履行告知义务。法院认为，虽然 Faya 和 Mahoney Rossi 能够从检测前的害怕与“焦虑”的生理反应中走出来，但在此之后并无法完全恢复。因此，如前述 Moore 案一样，即使未告知的风险并没有实际出现，但这种新类型的知情同意诉讼也可能会胜诉。

关于医生是否必须向患者告知其他一些个人信息，比如酗酒或吸毒等，法院尚有分歧。一些观点认为这些因素会影响患者的决定，而另一些观点认为不可能规定医生必须向患者披露哪些个人生活信息[88]。

4. 医学教学中的关怀

过去 10 年里，曾出现一份报告称一家医院未经患者同意就把对被麻醉妇女进行盆腔检查作为医学生的考试内容，这份报告引起了强烈的愤慨，并引发加强监管的呼吁[89]。2003 年美国医学院联合会等监督机构谴责安排学生进行这样的考试是“不道德与不可接受的”，但此后仍陆续出现了一些未经患者同意便以其病例作为医学生考试内容的事件[90]。医学教育工作者对此提出了各种辩解：“这已经被概括性地写入知情同意书中”[91]；“患者选择在教学医院接受医疗，本身就隐含着对医学教学的知情同意”；“这种做法一直是医学专业实践的一部分”[92]。

不过，当我们仔细阅读各大医院的入院登记表时，会发现患者一般都以

〔88〕 *See* Albany Urology Clinic PC. v. Cleveland：272 Ga. 296，528 S. E. 2d 777（Ga. 2000）（该案中医生没有披露自己吸食可卡因的癖好，并未使患者知情同意无效）；*but see* Hidding v. Williams，578 So. 2d 1192（La. Ct. App. 5th Cir. 1991）（该案中医生没有披露自己酗酒的事实，使患者在脊椎手术前所作的知情同意无效）。

〔89〕 *See* Robin Fretwell Wilson，*Autonomy Suspended*：*Using Female Patients to Teach Intimate Exams Without Their Knowledge or Consent*，8：2 J. of Health Care L. & Pol'y 240，240（2005）；Shawn S. Barnes，*Practicing Pelvic Examinations by Medical Students on Women under Anesthesia*，120 Obstetrics & Gynecology 941，943（2012）.

〔90〕 Press Release，Ass'n of Am. Med. Colls.，AAMC Statement on Patient Rights and Medical Training（June 12，2003），*available at* http：//www. aamc. org/newsroom/pressrel/2003/030612. htm.

〔91〕 Autonomy Suspended，*supra note* 89，at 242.

〔92〕 *Id.* at 242，251 - 255，258，262，n. 131.

保障自己的诊疗利益为目的，而不是为了医学生的教育——实际上并未表示同意。因此，隐含患者知情同意的说法很难站得住脚。事实上，很多患者并不知道他们是在教学医院接受治疗；随着社区教学医院的兴起，患者一般都无法从医院的名称和地点清楚地知晓就诊医院的实际情况。更关键的是，许多患者认为涉及个人隐私的考试与其他教学不同，即使被征求意见时大部分患者都不会反对，但仍希望能事先征得他们的同意。

2012年，夏威夷州同加利福尼亚州、伊利诺伊州、俄勒冈州和弗吉尼亚州一样作出规定，禁止在未经患者同意的情况下，出于医学教学的目的对女性患者进行盆腔检查[93]。加利福尼亚州和弗吉尼亚州将告知义务纳入现行的研究生医学教育认证标准，通过医疗监管机构保证实施。

（三）告知义务与医生的言论自由

关于保障患者知情同意的法律最近引起了宪法上的讨论，一些法院认为法律规定的告知义务可能与医生的言论自由产生紧张关系。许多州的法律规定与私人诉讼已对医疗行为和言论自由之间的界线提出了考验，比如堕胎手术，这在Roe v. Wade案发生40多年之后仍然有争议。

少数州发布了“说明与展示条款”规定医生必须遵守的详细程序，以确保患者对堕胎手术的“知情同意”，这种做法引发了大量争议。例如，在德克萨斯州，医生终止妊娠之前，必须通过声像图向孕妇展示和描述胎儿的情况——包括“胚胎或胎儿尺寸，心脏活动的存在，以及外部组织和内部器官的发育”，并让患者听到胎儿的心跳声[94]。北卡罗来纳州、俄克拉荷马州和威斯康星州也都颁布了类似的法律。医生对这些规定提出质疑，认为它们不仅限制了言论自由，也对妇女的堕胎权施加了不当负担。

关于这些问题，不同地区的法院也有分歧。虽然北卡罗来纳州和俄克拉荷马州的法院废止了相关法律[95]，但德克萨斯州和威斯康星州法院仍然将

---

[93] Va. Code Ann. § 54.1－2959（2010）; 410 ILCS 50/7（2010）; Cal. Bus. & Prof. Code § 2281（2010）; OR Rev. Stat. § 676.360（2013）; Haw. Rev. Stat. § 453－18（2013）.

[94] *See*, *e.g.*, Tex. Health & Safety Code Ann. § 171.011. 德克萨斯州还要求对药物流产进行详细的披露，而这项规定会造成一些紧急避孕处方的泄露，比如ella。See Cameron Flynn & Robin Fretwell Wilson, Speaking Candidly About EC and Abortion: What Should Guide Disclosure, 43（1）J. L. Med. & Ethics 72（Spring 2015）。

[95] *See* Stuart v. Camnitz, _ F. 3d_ , 2014 WL 7237744（在该案中，发布了对北卡罗来纳州“妇女知情权法案”的禁令）; Nova Health Sys. v. Pruitt, 2012 OK 103, 292 P. 3d 28, as corrected（Dec. 5, 2012）（enjoining as unconstitutional under Casey 63 OKL. Stat. Ann. § 1－738.3d, which required display of ultrasound/sonogram to women prior to abortion）.

其保留[96]。2014 年联邦地区法院的一份判决指出北卡罗来纳州规定的“说明与展示条款”侵犯了言论自由，联邦第四巡回上诉法院维持了这项判决。[97]地区法院认为，作出这些规定的目的是“努力要求医疗服务提供者披露信息，从而支持州政府反对堕胎和鼓励生育的观念与政策”[98]。这种“基于内容”的言论限制规定必须符合宪法上的中级审查标准。

而在 Texas Medical Providers Performing Abortion Services v. Lakey 案[99]中，美国联邦第五巡回上诉法院的陪审团却一致认可了与前述案件几乎相同的规定。“结论中写到……对披露与书面同意作出要求……是州政府管理医疗活动的权力，因此不违反第一修正案。”[100]

“说明与展示条款”仅仅只是关于堕胎的“知情同意”法则之一。有些州要求医生在堕胎手术之前履行告知义务。比如在堪萨斯州，医生必须告知该患者该手术“将终止一个完整、独立、唯一、鲜活的生命”[101]。而南达科他州法律规定，医生必须告知患者堕胎后的自杀风险。虽然这项规定备受质疑，但仍被保留了下来。[102]

（四）未获得知情同意的决定

在几十个病例样本中，大约 10 位患者中就有 4 人说他们参与医疗决定的愿望与实际情况不符[103]。这并不是所有的医疗决定都很难作出[104]，只是每个患者参与决策的愿望都不同。一项研究表明，四分之一的患者希望医生直接为他们决定治疗方案，而大约一半的患者希望与医生共同选择治疗方案；

---

[96] For a review of pending challenges, see generally Sonia Suter, *The First Amendment and Physician Speech in Reproductive Decision Making*, 43 (1) J. L. Med. & Ethics (2015).

[97] Stuart v. Camnitz, _ F. 3d_ 2014 WL 7237744.

[98] Loomis, at *3.

[99] 667 F. 3d 570 (5th Cir. Jan. 10, 2012).

[100] *Lakey*, 667 F. 3d at 580.

[101] Kan. Stat. Ann. § 65 -6709.

[102] Planned Parenthood Minnesota, North Dakota, South Dakota v. Rounds, 686 F. 3d 889, 899, 912 (8th Cir. 2012).

[103] Brom et al., *supra* note 4.

[104] *See* Simon N. Whitney et al., *Beyond Shared Decision Making: An Expanded Typology of Medical Decisions*, 28 Med. Decision Making 699, 701 -702 (2008)（该文比较了只存在一种可行治疗方案的情况与存在几种治疗方案的情况）。

在另外一项研究中，希望与医生共同做决定的患者高达 68%〔105〕。还有一部分的患者更倾向于被动地听从医生的决定，主要是癌症患者、超过 45 岁的患者以及男性患者〔106〕。对许多非常信任医生的患者而言，以患者自己决定权为基础的知情同意理论并无法很好地得到适用〔107〕。

过去 10 年，医生已经开始采用共同决定（Shared Decision - Making，SDM）的方式，即“与希望参与到医疗决策中的患者进行互动，在两种或多种合理的替代性方案之间进行选择”〔108〕。在《关键的决定：您和您的医生如何共同选择合适的医疗方案》一文中，作者 Peter Ubel 将“共同决定”描述为“在医生和患者之间建立起合作决策的伙伴关系，每个人可以请求对方共享信息、偏好、选择范围、决定权以及相应的负担”〔109〕。

很少有人否认“把决定权交还给患者是一种高尚的行为”。但“共同决定”所构建的伙伴关系，可能是医生和患者都没有准备好的。许多患者更愿意完全依靠医生的专业知识〔110〕。甚至那些希望发挥更大决定作用的患者也不愿意为实现知情同意而花费额外的精力。“共同决定”这个概念对不同群体而言有着不同的含义，这也就增加了改革的难度。有些人还提出质疑，认为“实践中目前少有回应，即意味着共同决定方式还非常模糊与混乱”〔111〕。

六、结论

“时而有益，时而有害。”〔112〕几十年来，充分保障患者的知情同意已发展

---

〔105〕 *See* R. B. Deber, N. Kraetschmer, & J. Irvine, *What Role Do Patients Wish to Play in Treatment Decision - Making*? , 154 Archives Internal Med. 1414, 1414 - 1420 (1996); Dennis J. Mazur & David H. Hickam, *Patients' Preferences for Risk Disclosure and Role in Decision Making for Invasive Medical Procedures*, 12 J. Gen. Internal Med. 114, 115 (1997).

〔106〕 Brom et al. , *supra* note 4.

〔107〕 Schuck, *supra* note 63, at 904.

〔108〕 Annette O'Connor, Hilary A. Llewellyn - Thomas, & Ann Barry Flood, *Modifying Unwarranted Variations in Health Care*: *Shared Decision Making Using Patient Decision Aids*, Health Aff. 63, 64 (2004), available at http://geiselmed.dartmouth.edu/cfm/education/PDF/shared_decision_making.pdf.

〔109〕 Zackary Berger, Review of Peter Ubel, *Critical Decisions*: *How You and Your Doctor Can Make the Right Medical Choices Together*, 13 Am. J. Bioethics 53 - 54 (2013) (reviewing Peter Ubel, Critical Decisions: *How You and Your Doctor Can Make the Right Medical Choices Together* (2012)).

〔110〕 Carl Schneider, The Practice of Autonomy: Patients, Doctors, and Medical Decisions (1998).

〔111〕 Carl E. Schneider, *Void for Vagueness*, 37 Hastings Ctr. Rep. 10, 10 - 11 (2007).

〔112〕 Krause, *supra* note 76, at 264.

为比较成熟的理论。虽然美国的司法实践基本遵循着相似的路径，即都意识到了当患者决定接受治疗或参与人体试验时有权知道其中的风险，但这在实践中仍然难以实现。

实践中告知义务的履行方式还不统一，一些地区的患者能够决定自己的身体受到怎样的处置，但还有一些地区并不是。另外，目前的讨论尚局限于告知医疗中的风险，即基本脱离了对患者治疗目标的讨论。医生也同时承担着过度披露的风险与披露不足的风险。

随着时间的推移，在确定医生与试验人员告知义务的内容上，监管者与立法者相比法院而言起到更突出的作用。立法能够阻止一些不可能出现在个人诉讼中的不道德做法，比如未经允许将麻醉状态下女性患者作为教学病例。当然，在一些特殊的情况下，法院可以为未表示知情同意的患者提供救济，比如医生隐瞒严重风险，诱导患者同意参与仅为医生个人利益的试验。

虽然立法与行政监管能够将医生的告知义务具体化，但却使得告知义务的本质变得复杂，并且有使知情同意政治化的风险〔113〕。用法院的话来说，在类似堕胎手术的情形下，强制要求医生告知特定信息的法律侵害了医生不成为政府“喉舌”的特权。

从要求坦诚面对医疗过错到要求提供全面的价格、服务质量信息，这是我们为追求更加透明的医疗过程所做的努力，同时监管者也在尝试赋予患者更大的决定权。从现在 Common Rule 关于人体试验的规定，以及一些州关于盆腔检查等医学教学的规定来看，赋予患者决定权已不仅仅是要求在知情同意规则下的强制信息披露，监管机构也已经在向公众大规模公开一些零散的信息，比如公开先前研究的结果，以便后来的受试者决定是否参与。披露先前试验结果的要求，可能已经在采取“实质风险标准”的地区得以执行，但还不太清楚采用“专业标准”的地区是否也会作出此项要求——这也显示出，法律规则能够在一个地区产生统一的影响，而这是普通判例法所做不到的。

〔113〕 Caitlin Borgmann, *Fourth and Fifth Circuits Confront Abortion Exceptionalism*, Jurist (Jan. 15, 2015), *available at* http://jurist.org/forum/2015/01/caitlin-borgmann-abortion-exceptionalism.php.

马里兰州诉威尔逊案译评

——美国警察实施拍身搜查规则的典型案例

杨曙光　苏玫霖*

引　言

警察的盘查行为目的在于维护社会治安稳定，预防打击违法犯罪行为；手段主要包括拦阻、盘问、核查身份、拍身、留置等。英美法系国家将警察的盘查权称为警察拦停拍搜权、拍身搜查规则、特里盘查等（powers to stop and frisk、Terry stop、terry stop—frisk rule）[1]，警察有合理理由怀疑嫌疑人

---

* 杨曙光（1975－），男，山东寿光人，烟台大学法学院教授，主要研究方向为行政法和行政诉讼法。苏玫霖，烟台大学法学院2016级研究生。该文为国家法治与法学理论研究项目“美国警察拍身搜查规则研究（16SFB2014）”、山东省2016年“研究生教育优质课程（行政法学）”立项建设、烟台大学2017年学生科技创新基金项目“警察执法中的即时强制措施研究”的阶段性成果。该判决书来自 http：//caselaw. lp. findlaw. com/，在翻译过程中也同时参阅 lexis 数据库进行校对。笔者认为美国联邦最高法院的判决书属于已公开的公共资源，不涉及知识产权争议。美国联邦最高法院判决书原文中的注释包括引用和说明两种情况；在 lexis 版本中，引用型注释随正文以斜体字形式进行区分，说明型注释随正文以特别段落和间距出现；在 findlaw 版本中，说明型注释以尾注形式出现；为便于阅读及合乎中文习惯，笔者统一调整为脚注。

〔1〕 Bryan A. Garner，Black's Law Dictionary（Tenth Edition），Thomson Reuters，2014，pp. 783，1645，1702.

Frisk，n. （18C）a pat－down search to discover a concealed weapon. —Also termed pat－down. See STOP－AND－FRISK. Cf. SEARCH（1）. —frisk，vb.

Stop，n. （16C）Under the Fourth Amendment，a temporary restraint that prevents a person from walking away.

Stop－and－frisk，n. （1963）Criminal law. A police officer's brief detention，questioning，and search of a person for a concealed weapon when the officer reasonably suspects that the person has committed or is about to commit a crime. The stop and frisk，which can be conducted without a warrant or probable cause，was held constitutional by the Supreme Court in Terry v. Ohio，392 U. S. 1，88 S. Ct. 1868（1968）. —Also termed investigatory stop；investigatory detention；Terry stop；Terry search；field stop；investigatory defense. See reasonable suspicion under SUSPICION.

Terry stop. See STOP－AND－FRISK.

或车辆携带物品是赃物、违禁物时，有权对其实施拦停、搜索。

在交通盘查（路检、交通截停）中，警察可以命令乘客离开其交通工具以完成针对汽车的拦截检查，本案肯定这一点，并重点对盘查对象是否包含乘客作了详细论述。整个案件以及判决，简单来说就是“公共权益”与“个人自由”之间的平衡取向。先前的宾夕法尼亚州诉米姆斯案（Pennsylvania v. Mimms，434 U. S. 106 1977）已经确立了州警对于交通违规车辆司机的下车检查权，此处要讨论的则是这种权力是否应该扩展到同车的乘客身上。本案的最终判决认同这种扩张。

事件发生在6月的晚上，马里兰州一州警在95号州际公路巴尔的摩郡段，看到一辆载有乘客的汽车超速行驶，并且此车并无通常车辆具有的驾照标签，只有一张写着“汽车租赁公司”的碎纸片在车后乱晃。该警官打开警灯和警报器，给违规车辆信号命其停车，但司机在继续行驶了1.5英里之后方才停车。在追逐过程中，警官注意到车中共有3人，其中有两名是乘客，并且这两名乘客回头看了他数次，每次都迅速低头以摆脱他的视线。当警官步行接近汽车时，汽车司机从车上下来向警官走去。司机当时抖得厉害，看起来非常紧张，虽则如此，他却出示了一张有效的康乃迪克州的驾照。警官命令司机回车中取车辆租赁文件，他听从了。在此过程中，警官注意到坐在副驾驶座位上的乘客威尔逊即被告，冷汗直流，看起来十分紧张。当司机在驾驶座寻找汽车租赁文件时，警官命令威尔逊下车。在威尔逊下车后，大量强效高纯可卡因掉到了地上。之后，威尔逊被捕，并因持有、贩卖可卡因而被起诉。在审判前，威尔逊向法庭提出动议，要求排除非法证据，辩称警官命令其下车违反了第四修正案〔2〕，构成非法逮捕。巴尔的摩郡巡回法院认同此观点，并支持了被告排除此证据的动议。在上诉期间，马里兰州特别上诉法院维持了原判，裁定在宾夕法尼亚州诉米姆斯案中的规则不可以适用于乘客。

联邦最高法院认为，警察在实施交通截停时可以要求乘客离开所乘车辆，直到其达到路检的目的为止。根据先例，认为米姆斯案中裁定警察在交通截停中可以命令人们离开车辆，其效力既及于司机，也及于乘客。法庭当时给出的解释是，对于适用第四修正案的判断标准为，特定行政行为对于公民人

〔2〕 朱曾文：《美国宪法及其修正案》，商务印书馆2014年版，第14页。美国宪法第四修正案：人民之人身、住房、文件与财物不受无理搜查和扣押之权利不得侵犯；除非有正当理由，经宣誓或代誓宣言确保，并特别开列应予搜查之地点与应予扣押之人或物，不得颁发搜查或扣押证。

身安全的侵犯具有合理性，并且此种合理性取决于公共权益和人身安全不受警察任意干预的个人权利二者之间的平衡。从公共权益角度，无论被拦下车辆中有司机还是乘客，警察安全与社会秩序的公共权益都同样重要；而且当车辆中还有乘客时，对警察安全造成的威胁更大。另外从个人自由的角度而言，乘客所乘车辆被拦截，那么乘客已经实际上被扣留，命令乘客下车对乘客权利的额外侵犯微乎其微，且此时乘客与司机同样有袭警的可能，令其下车还可以避免其接触到可能藏在车辆中的武器。故其判决撤销原判，发回重审。

总之，马里兰州诉威尔逊案（Maryland v. Wilson，519 U. S. 408 1997）尤以截停车辆时的司机（本人）和乘客（相关人员）为典型。威尔逊案发生在1997年，距特里案〔3〕(Terry v. Ohio，392 U. S. 1，19 1968）已经过去了近30年，在此案中，在对车辆进行截停时，乘客被认为和司机处于同样被拦截的处境，对司机人身自由的限制同样也适用于乘客，这一点从对警察安全的保护及截停的实际效果上得到支持。

一、判决书内容

上诉人马里兰州诉杰瑞·李·威尔逊

第95—1268号

美国联邦最高法院

向马里兰州特别上诉法院签发调卷令〔4〕

1996年12月11日审理

1997年2月19日判决

要旨

一名马里兰州州警在拦截了一辆载有被告威尔逊的超速车辆后，因注意到他明显的紧张状态，遂命令威尔逊下车。在威尔逊下车后，大量可卡因掉到了地上。他因此被捕，并因持有、意图贩卖可卡因而被起诉。巴尔的摩郡

〔3〕 杨曙光：《特里诉俄亥俄州案》，载姜明安主编：《行政法论丛》，法律出版社出版2015年第17卷，第328页。

〔4〕 苏力：《送法下乡——中国基层司法制度研究（修订版）》，北京大学出版社2011年版，第92页。苏力老师对其解释为：certiorari，该词的拉丁文原意是“使之更为确定”或“更多了解情况”；调卷复审是美国联邦最高法院鉴于案件的法律问题重大而决定复审，是由大法官裁量决定的，并非法定的义务。笔者将“Certiorari”译为“调卷令”。

巡回法院支持了他排除此证据的动议，他们认为州警命令其下车违反了第四修正案，构成非法截停。马里兰州特别上诉法院维持了原判，裁定在宾夕法尼亚州诉米姆斯案[5]中所确立的原则——警察当然可以命令一辆被合法截停车辆的司机下车——不应及于车辆上的乘客。

法院判决

警察在实施交通截停时可以要求乘客离开所乘车辆，直到其达到路检的目的为止。密歇根州诉朗案[6]中的法庭陈述（米姆斯案“裁定警察在交通截停中可以命令人们离开车辆”——有强调）和鲍威尔（Powell）法官在拉卡斯诉伊利诺伊州案注释4[7]中所做的阐述（米姆斯案裁定“在一个合理的截停中，乘客没有第四修正案下的不被命令离开其交通工具的权利”——有强调），二者并没有形成相关的判例——因为前者是法官的个人意见，而后者仅仅包含在法官所投同意票的判决推理中。虽然如此，但米姆斯规则的效力既及于司机，也及于乘客。那时，法庭给出的解释是，对于适用第四修正案的判断标准为，特定行政行为对于公民人身安全的侵犯具有合理性[8]，并且此种合理性取决于公共权益和人身安全不受警察任意干预的个人权利二者之间的平衡[9]。从公共权益的角度来说，不管占用被截停车辆的是司机，如在米姆斯案[10]中，还是乘客，如在此案中，现在提到的警察的安全同样也是一种重要的权益。事实上，在例行路检中，当车辆中除司机外还有乘客时，警察所面对的危险会大大增加。从个人自由的角度而言，在某种程度上，与关于司机的案子相比，与乘客相关的案件更有影响力，因为人们有理由相信司机有轻微的交通违法行为[11]，但没有类似的理由阻止或者截停乘客。然而在实践当中，乘客已经因交通工具的停滞而被阻，因此对他们的额外侵扰是微乎其微的。

撤销原判发回重审[12]。

---

〔5〕 Pennsylvania v. Mimms, 434 U. S. 106, 54 L. Ed. 2d 331, 98 S. Ct. 330

〔6〕 Michigan v. Long, 463 U. S. 1032, 1047 – 1048, 77 L. Ed. 2d 1201, 103 S. Ct. 3469

〔7〕 Rakas v. Illinois, 439 U. S. 128, 155, n. 4, 58 L. Ed. 2d 387, 99 S. Ct. 421

〔8〕 434 U. S. , at 108 – 109

〔9〕 434 U. S. , at 109

〔10〕 See 434 U. S. , at 109 – 1103

〔11〕 See 434 U. S. , at 110

〔12〕 106 Md. App. 24, 664 A. 2d 1

法官

伦奎斯特作为首席大法官发表了法庭意见，大法官欧康诺、斯卡利亚、苏特、托马斯、金斯伯格和布雷耶表示赞同，而大法官史蒂文斯和肯尼迪持反对观点并阐述理由。此外肯尼迪大法官也单独给出了自己的反对意见。

判决意见

首席大法官伦奎斯特发布了此案件意见书。

在此案中，我们争论的焦点在于是否将于宾夕法尼亚州诉米姆斯案〔13〕中所确定的规则扩张适用到乘客身上，即警察是否当然有权命令乘客离开被合法截停的车辆。我们认为这是可以扩张适用的。

事件发生在6月的晚上，大概7：30左右，马里兰州州警大卫·休斯（David Hughes）在95号州际公路巴尔的摩郡段，看到一辆载有乘客的汽车以每小时64英里的速度向南行驶。此处的标牌行车限速为每小时55英里，并且此车并无通常车辆具有的驾照标签，只有一张写着“汽车租赁公司”的碎纸片在车后乱晃。休斯打开警灯和警报器，给违规车辆信号命其停车，但司机在继续行驶了1.5英里之后方才停车。

在追逐过程中，休斯注意到车中共有3人，其中有两名是乘客，并且这两名乘客回头看了他数次，每次都迅速低头以摆脱他的视线。当休斯步行接近汽车时，汽车司机从车上下来向警官走去。司机当时抖得厉害，看起来非常紧张，虽则如此，他却出示了一张有效的康乃迪克州的驾照。休斯命令司机回车中取车辆租赁文件，他听从了。在此过程中，休斯注意到坐在副驾驶座位上的乘客，即被告杰瑞·李·威尔逊，冷汗直流，看起来十分紧张。当司机在驾驶座寻找汽车租赁文件时，休斯命令威尔逊下车。

在威尔逊下车后，大量强效高纯可卡因（crack cocaine）掉到了地上。之后，威尔逊被捕，并因持有、贩卖可卡因而被起诉。在审判前，威尔逊向法庭提出动议，要求排除非法证据，辩称休斯命令其下车违反了第四修正案，构成非法逮捕截停。巴尔的摩郡巡回法院认同此观点，并支持了被告排除此证据的动议。在上诉期间，马里兰州特别上诉法院维持了原判〔14〕，裁定在宾夕法尼亚州诉米姆斯案中的规则不可以适用于乘客。马里兰州上诉法院回

〔13〕 Pennsylvania v. Mimms, 434 U. S. 106, 54 L. Ed. 2d 331, 98 S. Ct. 330 1977

〔14〕 106 Md. App. 24, 664 A. 2d 1 1995

拒了调卷令[15]。本院签发了调卷令[16]，并在此撤销原判。

我们认为米姆斯一案中的交通截停与我们今天所看到的这个情况十分相像。在那个案件中，米姆斯因为牌照过期而被拦下，并且有警官命令其下车。当米姆斯下车后，警察注意到他的夹克呈现一种怪异的、鼓鼓囊囊的样子，后来发现那是一把点三八口径的左轮手枪。因此，米姆斯因秘密携带致命武器而被捕。米姆斯像威尔逊一样，请求法庭排除手枪作为现场证据，他认为警察命令其离开车辆是一种对人身自由不合理的限制。而后，如同马里兰州特别上诉法院所做的那样，宾夕法尼亚州最高法院支持了此动议。

我们撤销了原判，给出解释如下，"基于第四修正案，我们分析的判断标准总是，'特定政府行为对公民人身安全侵犯的合理性'[17]，并且此种合理性'取决于'公共权益和人身安全不受警察任意干预的个人权利二者之间的平衡"[18]。从平衡中公共权益角度来说，我们注意到，政府可自主确认，认定命令米姆斯下车没有任何不正常或者可怀疑之处，但是，警察"（在交通截停中）当然命令所有司机下车"是一种保护警察安全的"预先防护措施"[19]。我们认为难点在于不正当化理由——为国家公务人员人身安全——它作为理由是否合法而且充分。除此之外，我们发现，当警察站在驾驶座车窗外，位于车辆来往道路上时，他所面临的危险是"比较（相当）可观的"[20]。

从另一角度而言，我们认为是警察命令司机下车引发了对于司机人身自由的侵犯。我们注意到，司机的车辆是因为他有交通违法行为而被合法拦截，所以我们认为，让他下车这种额外的侵犯是"无关紧要的"[21]。因此，我们得出结论如下，"当机动车辆因交通违规而被合法拦截时，警察命令司机下车并不违反第四修正案对于不合理逮捕截停的定义"[22]。

被告力陈并且下级法院所同意的是，因为威尔逊是一个乘客而非司机，

[15] 340 Md. 502, 667 A. 2d 342 1995

[16] 518 U. S. 1003 1996

[17] 434 U. S. at 108 – 109 quoting Terry v. Ohio, 392 U. S. 1, 19, 20 L. Ed. 2d 889, 88 S. Ct. 1868 1968

[18] 434 U. S. at 109 quoting United States v. Brignoni – Ponce, 422 U. S. 873, 878, 45 L. Ed. 2d 607, 95 S. Ct. 2574 1975

[19] 434 U. S. at 109 – 110

[20] 434 U. S. at 111

[21] Ibid

[22] 434 U. S. at 111, n. 6

所以这种单独认定规则并不应该适用到他身上。反过来，马里兰州辩称，我们已经在密歇根州诉朗案〔23〕的陈述中含蓄地解决了这个问题，“在米姆斯案中，我们裁定当车辆因交通违规而被截停后，警察确实可以让车辆上的人下车”〔24〕，并且大法官鲍威尔在拉卡斯诉伊利诺伊州〔25〕一案中作出了如下陈述，“法院在米姆斯案中认定，一旦车辆被合法截停，车中的乘客就丧失了不被命令下车的第四修正案权利”〔26〕。我们同意被告的说法是因为，前者是法官的个人意见，而后者包含在法官的同意意见中，所以二者都没有形成与本案相关的判例。

因此，我们现在必须决定，米姆斯规则是否除适用于司机外也适用于乘客〔27〕。从平衡中的公共利益角度来说，不管被截停车辆中有司机还是乘客，对于警察安全权益的影响都是相同的。遗憾的是，交通截停确实会成为存在危险的行为。仅仅在1994年一年当中，在交通追击和截停中受伤的警察就多达5762人，另有11名警察被害〔28〕。在与乘客相关的案件中，警察站在车辆来往的道路中所面临的危险并不显著，除非在车辆左后车座有乘客；但事实上，当车辆中超过一个人时，往往会增加警察受伤的可能〔29〕。

从平衡中的个人自由角度而言，与乘客相关的案件比与司机相关的案件产生的影响更大。我们有理由相信，司机确实已经实施了轻微的交通违法行为，但对于乘客来说，并没有那样的理由来截停或者拦截他们。然而，在实践当中，乘客已经因为交通工具的截停而被拦截。在那种情形下，让他们下车的命令造成的唯一变化是他们将要离开其交通工具，而不是仍然留在车上。

---

〔23〕 Michigan v. Long, 463 U. S. 1032, 77 L. Ed. 2d 1201, 103 S. Ct. 3469 1983

〔24〕 463 U. S. at 1047 – 1048 emphasis added

〔25〕 Rakas v. Illinois, 439 U. S. 128, 58 L. Ed. 2d 387, 99 S. Ct. 421 1978

〔26〕 Id., at 155, n. 4 Powell, J., joined by Burger, C. J., concurring emphasis added

〔27〕 被告方认为，因为我们通常都会在第四修正案的文段中避开明线规则（bright – line rules）（see, e. g., Ohio v. Robinette, ante, p. 33），所以这里，我们不应推断乘客应该被命令离开被合法截停的车辆。但是，我们特别回避了本身违法规则，尤其是考虑到此处的搜查和截停与我们平时总是做的并不是同一个含义；米姆斯案自己设定了一条明线，我们相信基于此裁决的准则同样可适用于乘客。

〔28〕 Federal Bureau of Investigation, Uniform Crime Reports: Law Enforcement Officers Killed and Assaulted 71, 33 1994，统一犯罪报告——联邦调查局：警察在执法过程中被害或袭击，1994年。

〔29〕 大法官史蒂文斯的反对意见指出，这些统计数据并没有进一步划分成由乘客造成的伤害案件和由司机引起的伤害案件。事实上，令人遗憾的是，关于此主题的经验数据非常稀少，但因为进一步的阐述对我们来说往往会更有帮助，所以也不能忽视那些确实存在的数据。大法官史蒂文斯认同的是，降低针对执法官员的伤害案件的数目符合大众利益，并且我们相信，今天的判决很可能会更容易实现这一结果；如果他的意见准确，就不会出现这种情况。

下车，乘客就没有任何可能会接触到藏在客座的武器。看起来，发生暴力行为的可能并不是来源于因超速而被截停的司机的平常反应，而是来自于，在截停中，警察很可能会发现更加严重犯罪行为的证据。并且，对于乘客来说，使用暴力以防止自己因为此种犯罪而被捕的动机完全与司机相同。

我们认为，采用类推的方法，我们在密歇根州诉萨默斯案〔30〕中的观点为此提供了指导。那个案件当中，警察已经获得了相应的搜查令，去搜查他们以为存在某居所中的违禁品，但当他们到达目的地进行搜查时，恰巧遇到从台阶上走下来的萨默斯。这个案件当中，难题取决于“法庭的判决，即警察是否有权力要求他再次进入那座房子并一直待在里面，直到警察完成搜查”〔31〕。法庭认为这是合理的，并做出陈述如下：

“尽管在此记录当中并没有证据证明警察会遇到什么特殊危险，但对毒品的令状搜查是一种可能会引起（被搜查人的）突发性暴力或者不顾一切努力来隐藏或者毁灭证据的行为。如果警察能够常规地运用针对这种情形毋庸置疑的命令，那么对于警察和占用人二者来说，受到伤害的风险就会降至最低。”〔32〕

总的来说，在交通截停中，当被拦截的车辆中除司机外还有乘客时，警察所面临的危险很可能是更大的。尽管让乘客下车的命令，并没有类似让司机下车的命令那样的基本原则，但（让乘客下车）对乘客的额外侵犯是微乎其微的。因此，我们认为，警察可以在实施交通截停中命令乘客下车，直到其达到路检的目的为止〔33〕。

因此撤销马里兰州特别上诉法院做出的判决，本案发回按与本判决意见一致的程序重审。

特此判决。

大法官史蒂文斯以及大法官肯尼迪，持反对意见。

在宾夕法尼亚州诉米姆斯案〔34〕中，法庭回答了一个“两难问题”，即对

---

〔30〕 Michigan v. Summers, 452 U. S. 692, 69 L. Ed. 2d 340, 101 S. Ct. 2587 1981

〔31〕 452 U. S. at 695

〔32〕 452 U. S. at 702 – 703 footnote omitted

〔33〕 马里兰州强烈要求我们的规定要更加宽泛，坚持认为执法官员可以在整个截停过程中强行截停乘客。但是被告一旦离开，基于对车辆的拦截所引起的截停就不能强加到他身上；他之所以被捕是因为，他持有并意图贩卖可卡因，这是有合理根据的。因此，马里兰州想要得到答案的问题并没有体现在这个案件中，我们并没有阐述相关意见。

〔34〕 Pennsylvania v. Mimms, 434 U. S. 106, 54 L. Ed. 2d 331, 98 S. Ct. 330 1977，由法庭全体同意。

于被合法截停个人，对其自由的“增量侵权”是否合理〔35〕。此案恰恰相反，它提出了一个独立而又意义重大的问题，那就是政府是否有权对个人——对一个甚至都没有被怀疑有违法行为的人实行初步截停。

我担忧的并不是这个特殊案件的最终判决，而是，因为法庭所做出的规定很有可能会影响未来所发生的成千上万的案件，所以尽管这个问题并没有立即呈现在我们面前，但是，我确信，考虑到特里诉俄亥俄州案〔36〕所确立的基本原则，如果在交通截停过程中，一名警察对本次交通截停存在较大危险有强烈怀疑，那么作为防御手段，他可以命令乘客离开其交通工具，而这与第四修正案并不冲突。因此，我推测，多数意见所说的事实给警察命令乘客下车提供了合法有效的正当理由〔37〕。但是，法庭的规则有些超过了应该的限度。这个规则很可能被同等地适用到没有任何证据证明对警察有潜在风险的交通截停中。在那些案件里，我坚信第四修正案是禁止对明显无辜公民的例行搜查以及任意扣留、截停的。

（一）

多数意见认为，这个案件中，由于需要保证警察的安全，在危急关头，个人自由不再是重中之重，而在此处的自由比米姆斯案中裁决所涉及的自由更有影响力〔38〕。法庭确实注意到了“交通截停可能是很危险的执法过程”〔39〕。统计数据反映出了警察可能受到的危险的程度，仅仅在1994年，“就有5762名警察因交通追击和截停受伤，并有11名牺牲”〔40〕。毋庸置疑，巨大的公共利益要求减少这种伤亡。但是，法庭的统计数据并不能说明，本裁决能有效地减少此类伤亡。

那些统计数据并不能告诉我们有多少案件中牵涉到乘客。假设在很多案子里，乘客实施了相应的伤害，可是我们并不知道有多少案件是在乘客下车后发生，多少案件是在乘客留在车中发生的，或者说事实上，有些案件是否

---

〔35〕 Id.，at 109

〔36〕 Terry v. Ohio, 392 U. S. 1, 20 L. Ed. 2d 889, 88 S. Ct. 1868 1968

〔37〕 除了其他事项，马里兰州特别上诉法院认为，在排除证据的听审中，州检察官并没有坚持此声明（See App. to Pet. for Cert. 4a.）。州检察官在此处也没有强调这一点（*Pet. for Cert.* 4, *n.* 1; *Brief for Petitioner* 4, *n.* 1.）。因此，此争点不在我们考虑之中，并且在这种可选择的依据上，我与法庭的判决保持一致（*See Caldwell v. Mississippi*, 472 *U. S.* 320, 327?（1985）; *S. Ct. Rule* 14.1（*a*）.）。

〔38〕 Ante, at 4, 6

〔39〕 Ante, at 4

〔40〕 Ibid

能够因为一个让乘客下车的命令而得到制止〔41〕。并没有迹象指出，在警察可以没有任何怀疑便命令乘客下车的管辖区内，伤害案件的数量比警察被禁止这样做的辖区内就更少。事实上，也没有迹象表明，这些袭击案是在完全没有考虑到警察安全的情况下发生的。我所坚持的唯一一点就是，第四修正案禁止命令乘客离开他的交通工具。简而言之，这些统计数据既与命令乘客离开交通工具增加了袭击案的危险这一假设相一致，也与这种命令降低了相应风险的假设相一致。

此外，对警察来说，任何有限的额外风险必须拿来同非必要侵权相权衡。由于多数意见所形成的规则，这种侵权会在每天庞大数量的例行巡查中强加到无辜的公民身上。很长时间以来，我们已经意识到，“因为对机动车辆及交通的广泛监管……警察与公民间涉及汽车时的联系实质上比涉及家庭与办公时要大得多”〔42〕〔43〕。大多数交通截停涉及的是实施了轻微交通违法行为的守法公民。为达到某种目的——将病人送至医院，去见证一次开球，或者为了准时去工作——通常不用审判就可以解释一次交通违规的缘由。归结起来，这些截停相当于重大执法活动。

在数量上，对执法官员构成现实威胁的截停远远少于常规的截停活动。如果马里兰州的全州数据约为平均水平，那么全国在每年的交通截停和追击中大概有100名警察受袭击。做一个不太会可能发生的假设，全部袭击案中有1/4应由乘客负责，粗略估算，法庭确立的新规则为马里兰州的警察在一年仅仅发生的25次截停中，提供了一种潜在的利益〔44〕。这些截停仅代表了总量中一个微不足道的部分。单独说马里兰州，每年大约有100万次交通截

〔41〕 我假定，在典型案件中，执法官员会在停下自己的车辆，下车，走到一个能够和司机对话的位置之后，再命令乘客下车。我想，唯一避免针对执法官员的所有危险的方法是，采用一种新的惯例——每次都使用扩音器下达命令，在执法官员暴露于隐藏武器射击可能性中之前，便命令车中所有人都离开被拦截车辆。考虑到法院的裁决——这是一项非常清晰的准则，当执法官员有危险时，它提供了针对突然袭击的一定的保护——我们必须假设，不管一个乘客是多么年迈体弱，他一定做好准备遵循由扩音器传出的、武断甚至有时是不体面的命令，接受这种“无足轻重的侮辱”。

〔42〕 Cady v. Dombrowski, 413 U. S. 433, 441 1973

〔43〕 参见 New York v. Class, 475 U. S. 106, 113, 89 L. Ed. 2d 81, 106 S. Ct. 960 (1986); South Dakota v. Opperman, 428 U. S. 364, 368, 49 L. Ed. 2d 1000, 96 S. Ct. 3092 (1976); 比较 cf. Whren v. United States, 517 U. S. 806, 810, 818, 135 L. Ed. 2d 89, 116 S. Ct. 1769 (1996).

〔44〕 事实上，这个数字很可能更小。多数意见采用的数据中既包括“车辆追击”，也包括“交通截停”。美国联邦调查局，《统一犯罪报告》:《警察在执法过程中被害或被袭击71 (1994年)》。在有伤亡发生的追击过程中，显而易见，警察不可能命令乘客下车。

停[45]。假设在大概一半被拦截的车辆中有乘客，多数意见所确立的规则仅仅为警察确立了一些可能的优势，而这种优势仅仅体现在，大概在每 2 万次中的一次交通截停中，车中会有的一名乘客。并且，所涉及的所有利益都是很微小的。在绝大多数真正引起威胁的案件中，警察几乎肯定会有一些理由怀疑危险的存在，这种怀疑已经足以命令乘客下车。

相比之下，成千上万的无辜公民承受着这种潜在的日常负担却是显而易见的。在个别情况下，这种负担可能是“极小的”[46]，但却会有无数的公民遭受此类侵扰、承受由此带来的尴尬，甚至某些时候会被执法官员的武断命令激怒；因此，这些公民可能会把接受命令下车的负担视为一件意义重大的事情[47]。在所有情况中，成千上万的、在我看来数量可观的微小侮辱性行为的集合对于自由有极大的影响，并且，我认为，这种影响绝对超过多数意见所重视的对于逐渐消失的安全的考虑。

（二）

法庭今天得出的结论是，在米姆斯案中得到坚持的关于便捷性与危险性之间的平衡既适用于合法拦截车辆中的乘客，也适用于司机。然而，在米姆斯案中，法庭强调了一个事实，就是在紧急关头对司机自由的侵犯“并不是由对车辆最初的截停所引起的，而是由让其下车的命令引起的，诚然，这是很有道理的”[48]。“这种额外的侵犯只能被描述成是无关紧要的”——这个结论得出的前提是“警察已经由合法程序确认司机应该被短暂截停”[49]。

在这个案子中，对乘客自由的侵犯是由最初对交通工具的截停所引起的，这一事实并无争议。这种侵犯是对司机合法截停的产物。但是，当汽车停下的时候，乘客尚未被截停；因施工而造成的交通堵塞，或者其他并非针对特

〔45〕 在 1994 年到 1995 年这一年的时间内，马里兰州发生了超过一百万件与机动车相关的非侵权性案件（《马里兰州司法年报 80（1994－1995）》）。尽管政府没有保留每年发生的截停数量的数据，但是，这个数字大体上还是具有一定代表性的。这些案件的数量很可能代表了交通截停，并且这个数字并不包括那些执法警察仅仅给出非正式命令的案件。我推测，这些数据对于现况还是很典型的。

〔46〕 Ante, at 6.

〔47〕 下车令确实保护执法官员不受伤害的案件数量，与乘客暴露于恶劣天气中受到伤害、不当执行瑕疵命令的案例的数量相比，实在是非常少。例如，在布朗诉布莱恩郡委员会案（*Brown v. Board of Comm'rs of Bryan Cty.*, 67 *F.* 3*d* 1174（*CA*5 1995），签发调卷令 517 *U. S.* 1154（1996））中，一名没有经过充分训练的执法官员因下达了让乘客下车的命令，而使得乘客受到伤害。

〔48〕 434 U. S. at 111.

〔49〕 在米姆斯案的反对意见中，我批判了法庭的推理，并且事实上，我预见到了如今多数意见欲达到的结果（434 *U. S.*, *at* 122－123.）。

定个人的国家强制造成的延迟，除以上两种情况外，其他情形均构成对个人的截停。现在的问题是，在没有任何证据证明他或者她能对警察构成威胁或者有实施违法行为的情况下，命令乘客下车是否对在合法拦截车辆中的乘客构成截停〔50〕。

在交通截停的过程中，命令乘客，坚持他们下车并留在车外，很难被归类为无关轻重的侵权。交通违法行为足以使司机被截停，并且一些警察控制必要的时间来结束对车辆的拦截。相反，正如多数法官同意的那样，对于无罪乘客自由的限制则完全是武断任意的〔51〕。

在我看来，坐在出租车、公共汽车或者私家车中的、完全无辜的乘客，有权决定是否继续舒舒服服地坐在汽车里，还是走下车来欣赏一下周边的自然环境或者让好奇的旁观者一睹芳容；而且，这一权利是受到宪法保护的。宪法不应该允许强制执法者仅仅因为乘客不走运地坐在了一辆司机实施了轻微违法行为的车辆中，就给无辜的乘客下命令的行为。

不幸的是，法庭所确立的新规则很可能会对个人自由造成更具影响力的冲击。纵看历史，第四修正案体现了一项基本规则，即要求警察的搜查和扣留行为必须有相应令状，并且令状上应写明“搜查的地方和截停、扣留的人或者物品应该有特别描述，并有合理根据，而且还应有誓言或者代誓宣言的支持”〔52〕。在禁酒令时期，基于合理根据的无令搜查的例外开始代替一般规则〔53〕。1968 年，在具有里程碑意义的“拦截与搜身”案件特里诉俄亥俄州案〔54〕中，法庭将扣留的准许要求确定为有具体而有力的事实，而不是建立

---

〔50〕 对乘客来说，这种命令无疑是一种定义于第四修正案中的“逮捕截停”。正如我们在联邦政府诉 Brignoni - Ponce 案（*United States v. Brignoni - Ponce*, 422 *U. S.* 873, 878, 45 *L. Ed.* 2*d* 607, 95 *S. Ct.* 2574 (1975)）判决的那样，“第四修正案适用于针对个人的所有的逮捕，包括不同于传统逮捕的、仅在一小段时间内限制人身自由的扣留 *Davis v. Mississippi*, 394 *U. S.* 721, 22 *L. Ed.* 2*d* 676, 89 *S. Ct.* 1394 (1969)；*Terry v. Ohio*, 392 *U. S.* 1 页，16 – 19 页，20 *L. Ed.* 2*d* 889, 88 *S. Ct.* 1868 (1968)”。

〔51〕 比较 *Ybarra v. Illinois*, 444 *U. S.* 85, 91, 62 *L. Ed.* 2*d* 238, 100 *S. Ct.* 338 (1979)（“一个人靠近一名犯罪嫌疑人并不会产生搜查那人的合理依据”（引自 *Sibron v. New York*, 392 *U. S.* 40, 62 – 63, 20 *L. Ed.* 2*d* 917, 88 *S. Ct.* 1889 1968）。

〔52〕 参见，例如，Amos v. United States, 255 U. S. 313, 315, 65 L. Ed. 654, 41 S. Ct. 266 (1921)；Weeks v. United States, 232 U. S. 383, 393, 58 L. Ed. 652, 34 S. Ct. 341 (1914)。

〔53〕 参见，例如，*Carroll v. United States*, 267 *U. S.* 132, 149, 69 *L. Ed.* 543, 45 *S. Ct.* 280 (1925)（汽车搜查）。我们也意识到，在之前的法官个人意见中，现行的、体系完备的法律规则准许无令搜查引起的合法有效的逮捕（*See Weeks*, 232 *U. S.* , *at* 392；*see also J. Landynski*,《联邦最高法院的搜查与截停》*Search and Seizure and the Supreme Court* 87 1966）。

〔54〕 Terry v. Ohio, 392 U. S. 1, 20 L. Ed. 2d 889, 88 S. Ct. 1868 1968.

合理依据。一般规则认为，“只要可行，警察必须经令状签发程序来获得搜查、扣留的进一步司法准许”[55]，而法庭却把特里案塑造成了一项相对一般规则来说的限制性例外。法庭多数意见所欲达到的范围与先前的实践相背离，这反映在它的陈述当中，“要求警察据以采取行为信息的特殊性是法庭对第四修正案法理学解释的核心教义”[56]。在 20 世纪 70 年代，法庭两次驳回了仅仅因为对汽车中乘客自由的“中度”侵犯所引起的截停是毋庸置疑的这一企图[57]。然而，今天，法庭在没有任何先例的情况下做出了以下决定，认可了没有任何怀疑条件下的截停、扣留。

法庭的结论看起来截停是建立在一种假设的基础之上，这种假设即为反对不合理截停的宪法性保护仅仅要求针对个人自由的侵权的假定合理的基础。这项开创性的决定会带领我们走多远，我不敢妄测。但我担心，这项决定会比法庭意识到的给个人自由带来的威胁更加严重。

我谨此表示反对。

大法官肯尼迪，持反对意见。

我赞同大法官史蒂文斯持反对意见，并作了一些补充。

我们刑事审判体系的显著特征是，始终坚持个案中原则性、负有责任的决策。如果要截停一个人，那么对此种侵权行为的合理解释应该由经历此案件所有过程并作出合理判断的执法官员给出。甚至在执法官员必须立即做出决定来确保他们自己安全的情况下，这种准则都可以被允许。

交通截停，甚至只是针对极小违法行为的交通截停都会占用半个小时。当执法官员命令没有任何违法行为的乘客下车、站在路边、暴露于所有人的视野之中时，这种截停便是极为严重，而非无足轻重的。如大法官史蒂文斯推断的那样，除非有客观情况使得对执法官员来说做出这种命令是合理的，否则不应该随便给出下车的命令。（这个问题并没有单独地摆在我们面前——毕竟乘客是出于自己的选择坐在车中的，那他在警察执行任务的过程中是否可以被命令一直留在车里。）

命令乘客下车的必要条件有且仅有以下两个：出于对执法人员安全的考

---

〔55〕 392 U. S. at 20.

〔56〕 392 U. S. at 21, n. 18; see also 392 U. S. at 27.

〔57〕 在 Delaware 诉 Prouse 案（*Delaware v. Prouse*, 440 *U. S.* 648, 59 *L. Ed.* 2*d* 660, 99 *S. Ct.* 1391 (1979)）的反对意见中，当时的大法官伦奎斯特将驾驶员不受随意截停的利益描述为“只是公民利益中微不足道的一点点（*Id.*, at 666）”。

虑，或为了便于合法搜查、调查的进行。就如我们几十年来所知晓的那样，在实施针对包括交通工具以及相应使用者的搜查、截停方面，警察已被赋予了特殊的自由〔58〕。在上一个时期，我们尚且坚持于一项原则——如果有任何客观暗示表明存在违法行为，那么不管执法官员的真实动机如何，都允许针对交通工具的截停〔59〕。我们并没有其他可行的原则。即便如此，我们仍然坚持对截停应有合理的解释。

当然，在 Whren 案中我们判决的实际影响是允许警察在绝大多数、数不胜数的情况下截停交通工具。当 Whren 案与今天的判决联系在一起时，法庭让成千上万的乘客置身于警察对他们武断控制的危险之中。如果下车令变得寻常无奇，那么宪法的效力将会以一种更加公开的方式被贬低。因为在反对意见中已经表明，保护警察安全的标准已经足够，所以我们没必要遭受如此巨大的损失。

因为无数情况都会给予一名谨慎的执法官员以合理根据来命令乘客离开他们的交通工具，那么我们可以这样认为，与反对意见相比，今天法庭采纳的准则与实践相比几乎没有什么不同。然而，这对坚持合理判断运用的警官们来说没有任何损害。对中立准则的拥护就是此法律原则的前提，警察会用勇气和奉献为此辩护。

可以说，绝大多数执法官员都会通过使用裁量权和限制令来运用他们的新权力；并且毫无疑问，这也就会造就这个案例。也可以这样说，如果某些辖区使用今天的裁决来要求乘客下车，并将此作为每一次截停的程序，那么公民投诉和政治干涉将会制止这种实践。然而，这些争议都没有注意到这一点。自由并非来源于执法的恩典，而来自于宪法中的权利。

出于以上原因，也对法庭意见给予充分的尊重，我反对法庭观点。

二、美国法中盘查行为的含义

警察实施盘查行为是警察权的主要内容之一，它在发现、预防、制止违法犯罪活动以及查缉嫌疑人、消除治安危害等方面起着非常重要的作用；但

〔58〕 See, e. g. , Chambers v. Maroney, 399 U. S. 42, 26 L. Ed. 2d 419, 90 S. Ct. 1975 (1970); New York v. Class, 475 U. S. 106, 89 L. Ed. 2d 81, 106 S. Ct. 960 (1986); New York v. Belton, 453 U. S. 454, 69 L. Ed. 2d 768, 101 S. Ct. 2860 (1981).

〔59〕 See Whren v. United States, 517 U. S. 806, 135 L. Ed. 2d 89, 116 S. Ct. 1769 1996.

同时，盘查权的行使又与公民的人身自由权、隐私权等基本权利密切相关，行使不当便有可能侵害到公民的合法权益。以下对美国法中的警察盘查行为进行总结与阐述。

（一）对盘查启动的规范

为维护社会秩序，打击和预防违法犯罪，各国法律普遍赋予警察以盘查权；但法律的授权仅是必要前提，警察何时、何种情况下有权启动盘查权，则仍需具体的标准。本部分将以美国盘查权的启动为重点研究对象，探讨警察启动盘查权的标准问题。

美国在警察盘查尤其是盘查的启动标准方面颇有研究，尤其以判例的方式逐步成熟并发展。美国早期的普通法认为，警察对公共场所的盘查权力是与生俱来的，这是警察的职责。美国多数州的判例表明，对可疑人员的截停及盘问是警察传统上固有的权力，并且警察行使盘查权时无须具备任何实质性理由。美国州际犯罪委员会在 1942 年制定了《统一逮捕法》（the Uniform Arrest Act 1942），该法第 2 条规定，警察如果有合理的理由怀疑一个在户外的嫌疑人已经、正在或即将实施犯罪时，可以对其加以阻拦，并可询问其姓名、地址、在外逗留的原因和其所要去往的目的地。任何可疑人无法证明自己的身份，或对自己行为的解释不能让警察满意时，警察可以对其加以拘留，并采取进一步的讯问措施。但是，这种拘留的时间不得超过 2 小时，此时的拘留不是逮捕，也不留下任何官方记录。该法第 3 条还规定，如果警察有合理的理由相信所盘问的嫌疑人随身带有武器，使警察处于危险境地时，警察可以对该嫌疑人进行搜查，如果警察在搜查中发现武器，可以将武器扣押至讯问结束，如果经讯问后并未对嫌疑人实施逮捕，应当将武器返还嫌疑人〔60〕。在 1967 年以前，有许多州在立法时采取这一模式；许多下级法院也以这一模式为判决基础，承认警察有权对人进行“拍身搜查”〔61〕。美国联邦宪法第四修正案规定：“公民的人身、住宅、文件和财产不受无理搜查和扣押的权利，不得侵犯。除依照合理根据，以宣誓或代誓宣言保证，并具体说明搜查地点和扣押的人或物，不得发出搜查和扣押状。”基于此，如下的争论产生：盘查是否属于“搜查和扣押”，如果属于的话，其“合理怀疑”（Reasonable suspicion）之标准与修正案“合理根据”（Probable Cause）之要

〔60〕 高洁如：《美国警察当场盘查的标准》，载《世纪桥》2008 年第 5 期。

〔61〕 万毅：《论盘查》，载《法学研究》，2006 年第 2 期。

求应当如何认知与处理？如果不属于，是否说明盘查行为不受第四修正案的规制？

美国联邦最高法院在1968年特里诉俄亥俄州（Terry v. Ohio, 392 U. S. 1, 19, 20 L. Ed. 2d 889, 88 S. Ct. 1868 1968）一案中，为警察盘查权的启动划定了实质性要件，也对上述问题作出了解答。特里案中，首席大法官沃伦代表法院撰写判决意见并维持警察的搜查行为，但其“截停与拍身搜查（stop and frisk）活动不属于第四修正案调整范围”的主张被法院驳回。最高法院肯定了第四修正案对该案的适用，认为“试图将警察与个人之间进行的最初接触置于宪法审查之外”是“机械的、全有全无”的分析方法而予以拒绝，并在多数意见中，用大量篇幅论证应当将截停与拍身搜查活动纳入第四修正案的调整范围。最高法院首次说明，此类行为即使不构成逮捕，也可构成对人身自由的扣押（约束）。特里案中，在警察为了对特里进行搜查而有身体接触时，他已经处于被扣押的状态，尽管这种扣押的侵犯程度不及实施逮捕。同样，警察的拍身搜查已“严重侵犯”特里的个人隐私，构成宪法意义的搜查，但“其侵犯程度比完整意义上的搜查要小一些”。

尽管警察的拍身搜查受第四修正案调整，但令状（warrant/writ）条款并不适用于这类警察活动。最高法院对这一问题的分析也解释“合理根据”标准为何不适用于该类案件。法院指出，只要切实可行，警察就必须申请令状。但正在执行公务的警察根据现场具体情形，认为有必要立即采取行动时，不论出于传统理论还是实践的可行性，显然都不适用令状原则。基于此，最高法院判决认为，在宪法文本上与第四修正案令状原则紧密相连的“合理根据”同样不适用于这类警察行为。并且，最高法院将“审查的核心”瞄向警察活动本身的合理性，所以问题的关键是如何判断警察的盘查行为是否具备合理性。

联邦最高法院采取利益衡量方式，对警察拦截的现实需要与其可能带来的侵害进行利益权衡，来决定此行为是否合法。法院还指出：“为了证明特定的侵犯活动是正当的，警察必须能够指出一些具体的、可言说的事实（specific and articulable facts）——并将这些事实联系在一起，通过理性推理，应当足以合理地担保实施该项侵犯行为的正当性。”具体来讲，被权衡的双方利益，包括有效预防和揭露犯罪的利益及保障警察安全执行职务的利益与相对人在街头自由行走的权益及隐私和个人行动不受警察影响的自由。正是根据这种利益权衡方法，沃伦得出结论，如果执法官员有“合理怀疑”认为，“他将要对其犯罪嫌疑行为展开调查的那个人，可能持有武器并可能会对执法官员本身或其他人造成直接威胁”，则在宪法上，执法官员有权确认嫌疑人事实上是否携带武器，且在必要情况下可以解除其武装。需要注意的是，在确定执法官员行为的合理性时，“必须考虑的不是他不成熟的、抽象的怀疑或者直觉，而是具体的、根据已知事实凭借其经验可以得出的合理推论。”（United States v. Sokolow，490 U. S. 1，7，109 S. Ct. 1581，1585，104 L. Ed. 2d 1 1989）特别指出的是，根据当时特里案进行的搜查，只具备有限的目的，即确认嫌疑人是否携带武器，而不得用作其他目的。

特里案真正地明确了界定盘查正当与否的“合理怀疑”标准，也就是说，美国通过《统一逮捕法》与特里案等判例，赋予警察在合理怀疑时的盘查启动权，并通过一系列判例得到发展。对合理怀疑这一标准，还需要进一步分析；首要的问题是“合理怀疑”（Reasonable Suspicion）与“合理根据”（Probable Cause）的区分。两者的证据效力的考量主要取决于对证据肯定性判断的差异程度。美国学者 Del Carmen 用“数字化标准”量化两者的确信程度，认为“合理根据”要达到50%的确信，而“合理怀疑”只需达到20%的确信即可[62]。一般说来，合理根据意味着有“实质根据”（a substantial basis），也即具有相当的盖然性（a fair probability），但又未达到优势证据的程度[63]。类似地，在特里案中，对于具有多少证据才能对个人实施低于正常侵犯程度的扣押或实施尚未构成完整意义的搜查的拍身盘查，美国联邦最高法院也没有具体说明，实际上也很难说明。沃伦法官只是指出，对于拍身搜查，执法官员对嫌疑人是否持枪无须具有“绝对的确信”。美国联邦最高法院曾表示，特里案适用的“合理怀疑”标准“显然低于合理根据的要求”，对违法行为的证明所要求的程度比优势证据低得多，这也与盘查对相对人的侵犯程度低于完整意义上的搜查或扣押相适应。

需要注意的是，有学者认为“合理怀疑”是警察的主观标准，而“合理根据”则具有明显的客观性，这种区分方式是片面的。“合理怀疑”标准也并非完全出于警察的主观判断。正如笔者前面已经讲到的，警察不能依据“不成熟的、抽象的怀疑或者直觉”来采取行动，但是若执法官员能够指出

---

〔62〕 胡建刚：《美国盘查制度研究》，载《中国人民公安大学学报》（社会科学版）2012年第3期。

〔63〕［美］约书亚·德雷斯勒、艾伦·C. 迈克尔斯：《美国刑事诉讼法精解》（第1卷·刑事侦查），吴宏耀译，北京大学出版社2009版，第289页。

某些具体的、可言说的事实并据此进行合理推论，以证明其实施的侵犯行为是正当的，则其怀疑就是合理的。也就是说，这一标准也必须基于客观事实而适用。此外，根据法院的一些判例，警察做出决定可以依据其经验与特殊的职业训练，这可能是一般人不具备的，但只要是结合其经验与训练做出合理推论，理应属于合理怀疑。同合理根据一样，合理怀疑也难以简化成一套明确的法律规则且并不实用。相反，不管是基于合理根据而实施的搜查和扣押，还是特里案所确立的搜查或扣押，其启动是否具有正当性，都应依据“综合全案情形”来判断。

我国警察法第9条规定“为维护社会治安秩序，公安机关的人民警察对有违法犯罪嫌疑的人员，经出示相应证件，可以当场盘问、检查……”，也就是说，我国盘查启动的标准是“有违法犯罪嫌疑”；这一标准相当模糊及难以界定，存在进一步明确与完善的空间；但警察启动盘查的标准本身也只有结合实践才能明确化。一般认为，我国的“有违法犯罪嫌疑”标准与英美国家之“合理怀疑”标准具有一致性。由此可见，“合理怀疑”标准具有相当广泛的适用性，为许多国家的警察启动盘查所采用，这也在一定程度上彰显这一标准的合理性。

（二）关于盘查的实施

在达到合理怀疑的启动要件后，警察在执行盘查的过程中，也必须控制在必要的范围、深度与时间内，而不得任意执行盘查权。

1. 盘查实施的范围

盘查中的强制力行使的范围往往受到严格限制，仅限于与被盘查人人身直接相关的物品和场所，主要是被盘查人随身携带之物及其所能够立即触及的范围。美国基于执法人员安全的考虑，赋予警方检视、搜查嫌疑人所能“立即触及”的范围的权限。这一范围是指，在此范围内嫌疑人有可能隐藏武器或者毁坏证据，包括其随身携带的物件、可直接控制的场所等。以交通盘查为例，警方检查过往车辆，若发现车内人员存在可疑之处，执法官员可适当地在汽车范围内进行搜查，如汽车座椅及其下方等嫌疑人可直接触及的范围。在马里兰州诉威尔逊案（Maryland v. Wilson，519 U.S.408 1997）案中，在对车辆进行盘查时，乘客被认为和司机处于同样被截停的处境，对司机人身自由的限制同样也适用于乘客。

2. 盘查执行的深度

各国基本都认为盘查中的强制力行使仅限于人身和物品的外部，即只能进行表面检查，而不能进行深度检查。正如笔者前文中所讲的，盘查与侦查中的搜查不同，其对公民人身和物品的侵害程度较低，即使在治安或犯罪活动较频发的地区进行盘查，也仅能对相关人员进行表面检查，而不能深入到与刑事搜查无异的程度。在美国，依据由特里案所建立的规则，当警察有合理怀疑认为嫌疑人可能持有武器，并可能会对执法官员本身或其他人造成直接威胁时，有权确认嫌疑人是否携带武器，但只能从衣物外部进行拍身搜查，也即在盘查中，警察仅仅有权为发现武器而实施对身体外部的轻拍，不得进行彻底的搜查。当然，若通过外部轻拍触摸到类似武器的硬物，则可以进行进一步搜查。英国警察在盘查时为了查获被盗物品、违禁品以及攻击性武器，只能命令嫌疑人除去外衣、夹克或手套〔64〕。日本对携带物品进行检查，必须以嫌疑人外观上有携带违禁品之嫌疑为标准，不满足此要求而搜查嫌疑人贴身物品的行为，在判例中被认为违法〔65〕。

3. 盘查的截停时间

美国联邦最高法院多次指出，在以低于合理根据的标准实施扣押时，其正当性部分取决于扣押时间的短暂性。美国联邦《统一逮捕法》规定，对于因无法证明自己身份或解释自己行为令警察满意而被留置的人，留置时间不得超过2小时。但美国判例法的背景使得以判例法作依据更为常见和权威，且特里式扣押并没有明确的时间限制。时间长短自然是判断盘查正当性的重要因素，但其长短是否合理应依常情常理及一般经验判断，而不是予以僵硬限制。至于是否截停时间过长就属于逮捕，从而影响盘查行为的正当性，及判断时间是否过长的标准如何，则仍需在具体案件中进行分析。需指出，具体判断时间是否超过必要限度时，仍然遵循权衡法则，即权衡政府维护公共利益的要求与侵犯公民人身自由或财产占有权的时间限度。英国内政部《执法准则》中，对盘查的程序也做出详细规定，包括任何情况下留置时间都不得超过搜查必要的时间，一般情况下约需1分钟；如被盘查人拒绝提供姓名、年龄、住址，警察没有权力扣留，可任其离去。在日本，一般认为，盘问时间应该不能超出一般人理解的范围，其具体程度以数分钟至数十分钟为限，一旦澄清怀疑，应迅速让当事人离去。

---

〔64〕［英］麦高伟、杰弗里·威尔逊：《英国刑事司法程序》，姚永吉等译，法律出版社2003年版，第47页。

〔65〕［日］田口守一：《刑事诉讼法》，刘迪等译，法律出版社2000年版，第43页。

（三）盘查的救济

在美国，特里规则本身就是在法官的司法审判中确立的。因此对违法的盘查行为主要的救济方式之一就是在司法程序中运用非法证据排除规则对警察的行为进行规范。非法证据排除规则是由法院确立的在刑事审判过程中，禁止采用通过非法搜查或扣押而获取材料的证据规则。非法证据排除规则是为了实现美国宪法第四修正案禁止不合理搜查与扣押的规定而设计的。依照该规则，不当盘查所得的证据材料不得被接受为证据，从而达到控制非法盘查的目的。但值得注意的是，对于保护公民权利、控制和减少违法的盘查行为，非法证据排除规则也有其不足之处；尤其应当首先认清，非法证据排除规则以实现法院审判公正与程序公正、司法纯洁性为目的，遏制警察非法行为只是其附带后果，而不应成为出发点〔66〕。也就是说，非法证据排除规则确实对遏制违法盘查行为有一定效果，但这种效果不是非法证据排除规则所主要追求的结果，并不是为了遏制违法行为才实行非法证据排除规则，这一规则的最终意义在于实现法院审判公正与程序公正。就该规则对违法盘查的救济而言，至少存在以下不足：首先，在拦截与拍身搜查后，证明被拦截人完全无辜的情况下，因为没有任何证据存在，也就没有适用非法证据排除规则的可能，权益受损的相对人难以得到救济。其次，此类行为发生时往往只有警察与被盘查人两方，即使进入诉讼程序，要取得证明警察盘查存在违法情形的证据也比较困难。再次，非法证据排除规则作为一种事后的救济，其不利后果主要是由公诉方，而不是警方承担。最后，盘查往往侵犯被盘查人的人身自由，还可能涉及其财产自由与隐私权，仅仅适用法庭上的非法证据排除并不能充分地保障相对人权益。

除此之外，美国对盘查的救济方式还包括追究违法警员的刑事责任、民事侵权诉讼以及行政救济手段等。根据美国法律，不论何人，借法律法规的名义故意剥夺公民宪法权利的，应被处以一年以下的监禁，单处或并处罚金。因此可以根据这一法律要求追究违法盘查的警察的刑事责任。但是，由于必须证明违法行为出于主观故意，这一点并不容易证明，所以在实践中通过这一司法程序追究警察的刑事责任并不容易。除了刑事诉讼程序之外，还可以通过民事侵权诉讼寻求救济，受害者可以各州或联邦法律为根据提起民事侵权诉讼；美国法律规定，任何人借法律的名义侵犯公民合法权利的，被侵权

〔66〕 马明亮：《非法证据排除规则与警察自由裁量权》，载《政法论坛》2010 年第 4 期。

人有权通过法律程序寻求相应救济；就违法盘查而言，被侵权人既可以起诉违法盘查的警察，也可以起诉其所任职的机关。英国也有类似规定。在英国，如果一名警察未经同意获得特别的法律授权而进行搜查（包括盘查），尤其是有暴力攻击行为时，该行为便构成侵权，并且可以成为要求损害赔偿的民事诉讼的根据。另外，美国被非法盘查的公民还可以向对警察行为享有监督权的机关或组织申诉，要求对违法警察进行行政处罚。目前，在美国并没有统一的警务监督模式，不过一般倾向于由警察系统进行内部监督〔67〕。

三、从盘查判例看美国人权保护的变化

警察盘查行为与人权保护问题密切相关，盘查执法随意性过大、盘查权的滥用、盘查对象的歧视性等往往直接侵害被盘查人的人权。关注美国的盘查相关案件不难发现，盘查对象的歧视性尤其是种族上的歧视在美国相当严重。根据美国《侨报》的报道，在美国各大城市，每年有超过 100 万行人在大街上被警察拦阻盘查；其中，近 9 成被盘查者为少数族裔男子，被检查的白人只有 11%；被警察怀疑犯罪而盘查的行人中，5 成为非裔，3 成为拉丁裔，白人有 1 成，亚裔约为 6%。美国的种族歧视问题由来已久，尽管上世纪大规模的民权运动使得理论上及公开层面上的种族歧视不再存在，但实际上长期以来的种族隔阂并没有消除，警察盘查权行使对少数族裔的明显偏向就是其表现之一。实际上，不只是盘查行为，警察其他权力的行使也仍存在较严重的种族歧视倾向；正如 2014 年引发广泛关注的弗格森枪击案，枪击 18 岁非洲裔青年迈克尔·布朗致死的白人警察达伦·威尔逊免于被起诉，引发强烈争议与游行示威等活动；一波未平一波又起，2015 年佛罗里达州又发生一起白人警察枪击一名手无寸铁黑人男子事件；这令美国种族关系进一步紧张，同时也掀起警察执法过度使用暴力的讨论。

提及美国本土近年来在人权保护上存在的问题，笔者可以很容易发现一个趋势，那就是对私人人权的保护相对于国家权力的执行而相对弱化，也就是说，比起一直宣扬的人权至上，近年来更有一种国家公权力的实施处于相对优先地位的倾向。这种倾向虽不是彻底或颠覆式的，但确实反映在公共生活的各个方面。可以说，警察权力的扩大就是其表现之一；警察权力越来越

〔67〕 孟璞：《警察的当场盘查》，载《行政法论丛》2008 年第 11 卷。

渗透到公共生活的方方面面，警察行使职权有越来越大的自由裁量权，国家对其权力行使范围与强度的宽容明显增强。就美国关于警察盘查行为的判例而言，同类型案件可能出现不同判决，结果往往偏向于公权力的胜利；盘查范围的逐步扩大，其针对的内容、对象均有扩大趋势，无不反映着这一点。那么始终高扬“人权至上”大旗的美国，为何越发呈现人权妥协于公权力的趋势呢？国际形势与国内政治现状当是首要原因。震惊全球的“9·11”事件，绝对可以说是美国公权力地位急速上升的强力催化剂。美国社会长期存在的不稳定因素，如种族问题，在新的时代背景下，又与反恐或宗教问题相互纠葛，使得情况变得愈发复杂，也使美国当权者愈发不安；而有效缓解潜在危险的方式，直指公权力对社会控制的加强，如盘查等公权力的实施并放宽限制，是相当直接并相对有效的方式；由此看来，警察盘查权力的实际扩大也是情理之中。而作为人权保护先驱的美国，自然也不能抛弃对人权的基本保护。应该可以看到，对公权力扩大的实际认可必然在一定程度上侵及至少是一部分人的基本权益，但这也仍然只在一定限度内被容忍。整体看来，这被容忍的对人权的侵犯实际是为了社会秩序之维护与安全稳定之保障，也即为了更多数人的基本权益不被侵犯。从这一角度来看，人权保护并没有被弃之不顾，只是在时代背景下，国家公权力的实际效果更被看重。

笔者不妨从判例中寻求支持这一发展趋势的依据。首先值得说明的一点是，案件的判决结果与具体案件的案情（事由、证据等）、法官的自由裁量权等密切相关，公权力扩大的趋势虽然毋庸置疑，但不同案件的审理结果并不必然与这一趋势相吻合，这也是案件纷繁复杂、反映不同的争议焦点之必然；加之法官人数较多，法官又有一定的自由裁量权，每位法官都有资格发表判决意见，这又给判决结果增添许多可能。判决结果固然重要，但笔者的重点在于结合各个案件的情节与法官们的态度，从不同的判决中总结出大致的发展趋势。发生于上世纪60年代的 Beck v. Ohio 案与特里案，直接反映截停依据从“合理根据”到“合理怀疑”的变化；特里案实际确立“合理怀疑”的盘查启动标准，对后世判例产生深远影响；而对“合理怀疑”界定的模糊性，实际上赋予警察较大的自由裁量权。尽管如此，法院对警察行使盘查权案件的审理还是基于较严格和谨慎的标准，尤其是“9·11”事件之前的早期，如 Ybarra v. Illinois 一案中，尽管是有搜查令的搜查，但依据联邦最高法院判决，不能在别无他证时，仅因某人出现在其他独立的有犯罪嫌疑的人或嫌疑地的附近就认为有可成立的理由来搜查这个人，并排除该违法搜查行为取得的违禁品作为证据予以适用；又如 Minnesota v. Dickerson 案中，法院承认警方截停盘查的合理性，但警方在断定嫌疑人没有武器之后对其口袋的进一步调查与控制，已经超出特里案许可的范围（外部轻拍搜身），构成对相对人隐私的侵犯，故也应排除非法证据的适用；可见法院对相对人人权的保护相当重视，并仍严格依特里规则审理；2000 年的 Illinois v. Wardlow 案是特里规则的又一次践行，该案的焦点在于“在一个犯罪高发地区的突然逃离行为是否足以产生合理怀疑来使一个特里拦截合法化”，联邦最高法院对这一属于警察自由裁量的问题持肯定态度，也即肯定了警察对“合理怀疑”的判断。

当然，很难以某个个案来确定与说明警察权力是在何时扩大的，正如上文中所说，这是结合长期实践与判例总结出的趋势；然而，这种趋势在 2001 年“9·11”事件之后越发明显，这在判例中得到了直接体现。发生于 2004 年的 Hiibel v. Sixth Judicial District Court of Nevada 一案，被举报的嫌疑人因屡次拒绝透露身份信息而被逮捕，这种逮捕的合法性得到联邦最高法院多数的认可；显然对嫌疑人的控制的严厉程度明显提升。2005 年 Muehler v. Mena 一案，基于对武装危险分子嫌疑人的搜查，还在睡梦中的美国永久居民 Mena 等人被持有搜查令的警察戴铐扣押并搜查其住所，并在扣留中质问 Mena 的移民身份；联邦最高法院认为，搜查房屋时有合法的搜查证，且当为了武器或重要的犯罪分子而对居住的场所进行搜查时，降低执法人员和民众受伤害的风险的政府利益是最大化的，故对 Mena 的扣留是合法的，对于其移民身份的询问也没有侵犯其第四修正案的公民权利。可见，个人权利几乎无条件让位于公权力与政府利益。从个案中也能直接看出，政府对武装危险分子产生的不安，已经直接导致警察权力等公权力出现膨胀化趋势，相对而言公民个人权益受重视程度越来越低。2009 年的 Arizona v. Johnson 案也印证这一趋势；警察最初截停是因为汽车有车辆违规行为，在知悉约翰逊来自一个有瘸子帮的小镇并且坐过牢之后，警官要求他下车，以进一步询问他与所属帮派的联系，并对他进行拍身搜查；法院对警察这种进一步问询与要求下车进行拍搜行为的肯定实际赋予警察更大的权力，给了警察更大的裁量空间。相较于传统的盘查启动与程序，法院对警察的容忍度有明显的提高。

结　语

警察权力的发展与规制一直是行政权力研究的重点之一，而警察的盘查行为作为警察执法过程中的常见行为，其适用的合法性与正当性对于评价警察职务的执行及相对人合法权利的维护有十分重要的意义。笔者理论联系案例，以美国联邦最高法院典型的盘查判例马里兰州诉威尔逊案（Maryland v. Wilson，519 U. S. 408 1997）为例，在深入了解盘查的基本问题的基础上，了解美国联邦最高法院对警察盘查相关案例的审理态度的变化，进而对美国近年来警察权力与人权保护的发展变化情况做出大致判断；这一方面对今后美国相关判例的审理及警察权力的发展有一定的指导和预测作用，另一方面涉及的各国有关盘查的立法与实践经验可作为完善我国警察盘查行为的借鉴。

当代政治社会学视野下的人权：社会主体优位

［墨西哥］阿丽德娜·泰威兹著　王　统译*

引　言

社会学考察了身份政治，即在与国家和全球权力相互作用的过程中，主体身份的反应和转变。在建构主义转向社会学之前，政治社会学的学科重点主要集中在研究国家与社会之间的关系，大都与工人运动和公民身份有关，但这是从建构主义的角度出发的〔1〕。然而，建构主义却将分析重点从结构转移到社会问题。这种方法论的转换更有利于人权的研究，因为它符合社会主体在国家和超国家之间以及在跨国和国际层面上为集体组织寻求话语权以及更具包容性利益的历史背景。尽管它们不是这个领域的核心要素，但人权已经成为政治社会学研究的重中之重，并在欧洲和英语国家产生了大量的学术成果，在拉丁美洲稍微差一些。

迈克尔·弗里曼坚持认为，政治社会学语境下的人权致力于研究那些捍

---

* 阿丽德娜·泰威兹（Ariadna Estevez）人权博士，在墨西哥国立自治大学北大美洲研究中心（UNAM）担任全职研究员，并在拉丁美洲社会科学院（FLACSO）的人权与民主研究学院任教。

王统，山东大学法学院2016级硕博连读法学硕士。本文原载于《人权季刊》2011年第33期，译者感谢阿丽德娜·泰威兹教授惠允此文的翻译与发表。

〔1〕 20世纪60年代，由于实证主义和结构性决定论（马克思主义和功能主义）的倾向主导的社会科学普遍化的假设和假定的主观性的批判性运动，是因为这些理由忽视了潜力、机构和社会科目的多样性。在认识论（知识所依据的假设）和社会科学的本体论（用于构建产生知识的对象的假设）的新趋势之中，有社会建构主义和所谓的话语转向，包括后现代主义和后结构主义方法。建构主义转向政治社会学，今天被称为当代政治社会学。通过对社会运动和公民身份的主观方面的兴趣以及构建结构关系的意识形态的话语性质来表达。本文专注于当代政治社会学，因为它与人权研究相关。See generally Robin Cohen & Paul T. Kennedy, Global Sociology (2007); KateNash, Contemporary Political Sociology: Globalization, Politics, and Power (1999); GrahamTaylor, The New Political Sociology: Power, Ideology and Identity in an Age of Complexity (2010).

卫和增进人权有关的社会行动，同时社会运动亦可以帮助我们理解立法过程中的变动[2]。然而，这也有可能引出另一个观点：鉴于建构主义所研究的对认识论和本体论的兴趣，当代政治社会学也将人权作为一种社会政治话语。在这种观点中，人权话语是通过社会运动的话语惯例来构建的，这种行为也与其他使用人权语言的社会运动建立联系。另外，作为一种政治话语，人权可以赋予任何主体权力也可以剥夺他们的权力。

用以上方式定义社会政治研究，其研究议题侧重于以下问题：人权是如何调动身份转变以及集体行动的？社会主体如何参与人权话语的建构？这些建构的权力框架是什么？人权话语是如何赋予或剥夺社会主体权力的？

基于对直接解决这些问题的相关文献的分析，本文确定了社会政治研究议题的三个主要领域：（1）人权作为用来制定社会运动规范性变更或使需求合法化的纽带，可以使尚未受到国家或国际法律制度保护的群体（如移民、消费者等）产生新权利或权利组织；（2）社会主体在建设和使用人权话语中的作用被理解成社会性和历史性的建设，在这种建设中，还被怀疑在权力制度化之前争议占有的归属问题；（3）人权作为重新界定公民观念的手段，赋予其全球性的意义，以能够提供不受国界限制的法律保障[3]。

在政治社会学领域建立人权研究议题的主要目的首先在于确定社会学在人权话语建设中的作用。其次，展示人权如何推进当代社会运动中的社会政治机构建设，如何支持新形势下的公民身份。最后，议题既体现了人权研究中政治社会学关切的具体问题，同时也表明了人权不再仅仅是法律研究的主题。

一、人权是集体行动的纽带

与全球化有关的社会、环境、经济、文化和政治现象的出现使人权主义具有普遍性，不再仅以哲学主张或者单方应用的方式出现，而是成为阐明集体行动的理想工具。不同的国家、国际和跨国社会运动运用人权话语来达到政治衔接的目的及与需求和利益有关的动员效果。正是由于这个原因，人权

---

〔2〕 Michael Freeman, Human Rights: An Interdisciplinary Approach (2002).

〔3〕 这篇文章基于全球移民的辩论背景，并引起了相关领域的讨论。

话语已成为欧洲和北美对社会运动理论进行实证分析的对象〔4〕。

欧洲学界关注的是，马克思主义人权话语如何发挥作为一种意识形态的作用，以及社会运动在自由意识形态主导的世界中如何表达自己并获得合法性〔5〕。同样的，后马克思主义研究也集中在集体行动中的非经济冲突上。这些研究均认为意识形态社会的建设与民主的基本要素是不反对政治身份的。因此其不再将身份作为唯一的考虑因素，同时认识到多样性的重要性。在墨西哥自由贸易协定工作中，作者利用恩内斯特·拉克劳（Ernesto Laclau）和默菲（Chantal Mouffe）的马克思主义框架话题，分析了墨西哥的活动人士如何从环境、工人、人权和农民运动中清楚地传达他们的需求以争取签署自由贸易协定〔6〕。这是因为墨西哥的人权话语具有一定的特征，即可以通过使用系谱分析的方法来使自由贸易成为话语的对象。笔者认为，设法确立有效的主观人权立场，是这些机构中的精英群体，而不是基层社会运动。同样，一组特别的人权——发展权、食物权和妇女权利对于作为身份证明来源的主体来说更具吸引力。不同事例中，与人权相关的要素产生的效果是不同的，比如美洲自由贸易区谈判的失败、墨西哥与欧盟之间自由贸易协定〔7〕。与人权话语衔接的规范性变革在谈判中没有得到评估，因为分析对象是人权话

〔4〕 新社会运动的欧洲或学校，以及北美集体行动学派，为分析社会运动提供了最重要的视角。第一个对马克思主义分析（建构主义者）批判的重点是作为社会矛盾的来源的工人运动和生产关系。欧洲学校不忽视集体行动的结构方面，并侧重于象征性行动、文化领域、身份政治和导致动员的意识形态。See generally Alberto Melucci, The New Social Movements: A TheoreticalApproach , 19 Soc. Sci. Info. 199 (1980); Alain Touraine, An Introduction to the Studyof Social Movements, 52 Soc. Res. 749 (1985). 第二个重点是，导致集体动员的情境环境构成了理性集体行动者以工具性方式引发的集体动员过程。其通过控制现有资源，从而获得集体资源或实现共同利益。这所学校有三个理论模式：商业动员、政治进程和框架。框架对于这篇文章很重要，因为它们习惯于研究意识形态（在这种情况下是以人权为代表）——战略性地调解运动政策，并强调活动家的想法及其要求的某些方面。See generally Comparative Perspectiveson Social Movements (Doug McAdam et al. eds. , 1996); Political Opportunities, MobilizingStructures, and Cultural Framings (Peter Lange ed. , 1 996); Sidney Tarrow, Mentalities, Political Cultures ; and Collective Action Frames: Constructing Meanings Through Action, in Frontiers in Social Movement Theory 174 (Aldon D. Morris & Carol McClurg Muellereds. , 1992); Charles Tilly, Models and Realities of Popular Collective Action, 52 Soc. Res. 717 (1985).

〔5〕 lan Hunt, Rights and Social Movements: Counter - Hegemonic Strategies, 1 7 J. L. & Soc'y309 (1990).

〔6〕 拉克劳和莫非相信他们超越了马克思主义的唯物主义决定论，认为社会运动是用于表达的话语的重要组成部分。这是因为科目没有固定的身份，而是获得与他们识别的话语一样多的身份。他们将这种认同建构称为“学科立场”。See Ernesto Laclau, On Populist Reason (2005); Ernesto Laclau& Chantal Mouffe, Hegemony and Socialist Strategy: Towards a Radical Democratic Politics (2001); Ariadna Estévez, Human Rights and Free Trade in Mexico: A Discursive and SociopoliticalPerspective (2008).

〔7〕 Estevez, Human Rights and Free Trade in Mexico, supra note 6.

语的社会政治潜力，而非其对规范性变化的影响[8]。

然而，规范性变革是北美学派理论及研究的重点，特别是国际关系学发展的理论与研究。国际主义者创造了一个非常复杂的理论框架，用于分析与所谓通过网络参与的跨国维权活动有关的资源动员、政治机会和理论框架。目前主要研究跨国社会运动如何在国家和国际层面影响人权规范性变化。在拉丁美洲，越来越多的这种研究分析了如何管理社会运动，以及社会运动通过何种方式在不会引起重大的内部变化的前提下迫使政府签署国家文书[9]。

北美的集体行动理论在拉美的社会运动文学中颇受欢迎。然而拉美研究引入了人权这个话题，并倾向于把它们作为实现向民主过渡而斗争的另一因素[10]。最近安吉拉·桑塔马法（Angela Santamarfa）和弗吉尼亚（Virginia）提出一个与以往相反的观点，非常有趣，是在伊夫（Yves）和布莱恩特·加斯（Bryant Garth）开发的理论框架基础上把跨国网络框架与彼埃尔布·尔迪厄（Pierre Bordieu）的建构主义结合起来，将人权确定为拉丁美洲的一个专业化国际化的研究领域[11]。戴泽雷（Deza - lay）和加斯（Garth）总结了他们的研究成果，其中来自阿根廷、智利和巴西的实证案例表明，通过国际人权活动网络参与强迫失踪、妇女、土著人和“失地”难民等类似不同的问题，美洲大陆已经巩固了国际法中人权的领域[12]。

在北美学术界，跨国网络的理论框架也被用来解释为什么活动人士所采取的某些原因可以成功地成为“新的”人权，而另一些原因却未能如此，以及活动人士如何将当地的事业转变为对普遍权利的要求。此外，这一理论框架也被用来确定人权组织如何开展新的权利斗争，特别是如何进行新的合法

[8] Id.

[9] Angela Santamaría & Virginia Vecchioli, Derechos Humanos en América Latina: Mundialización yCirculación Internacional del Conocimiento Experto Jurídico (2008); Alejandro Anaya Muñoz, Transnational and Domestic Processes in the Definition of Human Rights Policies inMexico , 31 Hum. Rts. Q. 35 (2009); Emma Consuelo Maza Calviño, Derechos Humanos, México: Retórica sin Compromiso (2009).

[10] Manuel Antonio Garretón, La Transformación de la Acción Colectiva en América Latina , 76 Revista de la CEPAL 7 (2002).

[11] La Internacionalización de las Luchas por el Poder: La Competencia Entre Abogados y Economistaspara Transformar los Estados Latinoamericanos (Yves Dezalay & Garth Bryant ed. , 2002).

[12] Santamaría & Vecchioli, supra note 9.

化的斗争（如反对水私有化的斗争）[13]。

虽然在北美和在拉丁美洲学术界中越来越受欢迎，但这一框架理论未能解决促进或阻止某些要求转变为新的权利，以及导致规范性人权变化的结构性问题（如国家之间经济政策和政治权力的不对称）。此外，它没有质疑富国的活动家（例如，大赦国际的活跃分子）在如今权力谈判中的特权地位和所涉及的人权话语类型（例如，是否推动一项改革以增强跨国公司实力或排除某些群体）。另一个与以往相反的观点由萨塔玛法（Santamarfa）和维克欧力（Vecchioli）提出，其结合了建构主义与网络结构分析主义。此方法确保人们能够更好地了解在国内及国际领域权力关系的复杂变革[14]。

二、社会主体：人权话语建设的主体与目标

最重要的政治辩论之一是关于主体在人权构建和人权话语中的作用。此情况下，人权担负起社会和历史建设的重任，这意味着社会主体在权力机构制度化中成为主要行动者。因为社会主体敢于对自由、民主和社会正义提出更高的要求[15]。这种分析是基于以下两个层面：（1）社会主体在构建人权话语中的历史作用；（2）有权或无权的社会主体对人权话语的统治和解放发挥了不同作用。

首先，关于社会运动在建设人权话语中的作用，尼尔·斯坦默斯（Neil

---

〔13〕 For more on new rights, see generally Lisa S. Alfredson, Creating Human Rights: How Noncitizens Made Sex Persecution Matter to the World (2009); The International Struggle for New Human Rights (Clifford Bob ed., 2009); Myra Marx Ferree &Am Mari Tripp, Global Feminism: Transnational Women's Activism, Organizing, and Human Rights (2006). For more on specific rights, see generally Fair Future: Resource Confucts and Global Justice (Wolfgang Sachs &Til man Santarius eds., 2007); Linking Human Rights and the Environment (Romina Picolotti &Jorge Daniel Taillant eds., 2003).

〔14〕 Santamarfa &Vecchiou, supra note 9.

〔15〕 在分析建构主义和话语回归类别——后建构主义和后现代主义的分析中，以下思想是关键：（1）建构主义表明现实不是客观的，而是社会结构，其中主体不在研究对象之外并不能将其视为中立实体。因此，必须考虑到这个问题的参与；（2）后现代主义对启蒙哲学的基本规则提出批评，拒绝客观和中立的概念，并提出知识和社会主体是话语建构的关键；（3）后建构主义者指的是瑞士语言学家费迪南德·德·索索尔（Ferdinand de Saussure）的工作激进化，他们认为符号（概念）和指征者的组成部分（用于描述这个概念的名称）不是发生在现实世界中。也就是说，事物不具有本质意义，只有通过语言分配。这种语言作为一个关系系统，每一个元素都与系统的其他元素有关。后结构主义理论家雅克·德里达，米歇尔·福柯（Michel Foucault）、雅克·拉康（Jacques Lacan）以及朱莉娅·克里斯蒂娃（Julia Kristeva）——分离真实和语言的巨大分析潜力，基于二元对立的现代话语系统地从属主体，以及语言在构建身份中所起的作用。

Stammers）等人进行了建构主义研究。此研究强调了启蒙运动在哲学家引领的社会运动中如何争取自然权利和公民权利。通过这种相互作用和整个社会历史的推进，权利话语开始被用来反对权力[16]。尼尔·斯坦默斯（Neil Stammers）认为这是一个悖论，因为那些用来制定人权话语的社会斗争后来成为新的障碍。总结来说，自然权利话语的情况是，事先意在维护工人阶级的立场而终却构建了反对少数群体权利的社会权利话语[17]。

此外，贝尔登·菲尔德（Belden Fields）等人也进行了相关研究。他坚持认为，抵制和反抗压迫会助长新结构、制度和形式的压迫[18]。人权可以对以下两种情况下的斗争进行验证：第一，在政治制度中被用来反对限制发展可能性和违背人民意愿的传统结构、制度和形式；第二，用来反对那些声称承认人权但却未付诸实践的外部力量。贝尔登·菲尔德（Belden Fields）为我们提供了这么一个例子：圣雄甘地，他以压迫印度人民为由，质疑印度教和大英帝国[19]。

在反抗压迫的斗争中，非法行为几乎是不可避免的，但法律可在任意时刻通过某种方式使这种压迫合法化。公民的反抗一直是人权得以发展的关键。反对压迫的新斗争形式本身也可能是压迫性的。历史的某些时刻，人权曾沦为压迫的工具，例如欧洲封建领主的解放反而造成了工人阶级压迫[20]。

尼尔·斯坦默斯（Stammers）和菲尔德（Fields）的方法使社会主体直接在以历史进程为依托的人权话语建设中发挥作用，一并展示了这些呼吁解放的权利话语如何一步步变成压迫。然而这些方法并没有质疑这样一种观点，即欧洲运动在欧洲社会构建的这些话语是否等同于世界其他地方的权利话语呢[21]？这一观点而后由一位作者直接提出，同时还提出将人权话语和社会政治概念化，即基于历史和地方（国家、地区）发展而不是全球发展的人权

---

〔16〕 Neil Stammers, Human Rights and Social Movements (2009).

〔17〕 Id. at 102 - 30; Neil Stammers, Social Movements and the Social Construction of Human Rights, 21 Hum. Rts. Q. 980 (1999).

〔18〕 A. Belden Fields, Underlying Propositions for Grounding a Holistic Conception of Human Rights, in 6 Papers in Social Theory: Rights, Movements, Recognition 32 (Andrew Chitty, Robert Fine, William Outwaite, & Peter Wagner eds., 2001).

〔19〕 Id.

〔20〕 Id.

〔21〕 A. Belden Fields & Wolf - Dieter Narr, Human Rights as a Holistic Concept, 14 Hum. Rts. Q. 1 (1992); Neil Stammers, Human Rights and Power, 41 Po└┤tical Stud. 70 (1993); Stammers, Human Rights and Social Movements, supra note 16.

概念化。与其他研究不同，其研究并非侧重于欧洲社会运动对自由主义人权话语的历史影响。相反，侧重于对拉丁美洲社会运动的影响。其中这些运动受到两种显然矛盾对立的思想启发（实践哲学及民主过渡的理论），有助于形成拉丁美洲真正的人权话语，且对推动立法有巨大的作用。借助于系谱学方法论，作者追溯了拉丁美洲人权构建的根源，其基础是将过渡理论与民主理论（普遍权利和言论自由）以及解放神学的工具性利益折中结合起来（通过唤起权利意识，解除被压迫者）。[22]拉丁美洲权利话语解释了为什么人权话语可以将社会运动集中在地球的某个区域，以及为什么欧洲不会发生这种情况。因为在欧洲，活动家更多地聚焦于“非自由主义”的话语，以及由尼尔·斯坦默斯（Stammers）和菲尔德（Fields）确立的人权话语的压迫因素[23]。

安东尼·伍迪维斯（Anthony Woodiwiss）在其书中提出了一种更加制度化的逻辑，强调民族国家（作为分析对象的社会主体）争夺人权立法权所造成的冲突的负面影响。他曾为联合国人权理论做出贡献，并被广泛流传和发展[24]。经过观察，伍迪维斯提出了由于政府疏忽导致机构不作为的结论。这些机构可依据系谱方法论进行解释，有助于国际上对经济、社会和文化权利的执行。伍迪维斯对偶然行为和蓄意行为进行了分析，发现这些行为阻碍了政府对违反“公约”的责任追讨，以上行为主要包括取代政治理论的地缘政治动机和人权的法律优先权，即作为人权话语的根本来源[25]。

其次，因人权话语的现实影响导致社会主体的统治和解放多年以来一直是大家感兴趣的话题。关于统治主题，葛明德（Gurminder）和罗比（Robbie）等人作了深入的研究，通过使用“沉默”的概念揭示人权问题的争论性。沉默不只是缺乏思考，更是言论和习俗的组成要素[26]。沉默与声音、

---

〔22〕 Ariadna Estevez, A Latin American Sociopolitical Conceptualization of Human Rights, 7 J. Hum. Rts. 245 (2008).

〔23〕 Fields, Underlying Propositions, supra note 18; Fields & Dieter Narr, supra note 21; Stammers, Human Rights and Power, supra note 21; Stammers, Human Rights and Social Movements, supra note 16.

〔24〕 Anothony Woodiwiss, Human Rights and the Challenge of Cosmopolitanism, 19 Theory, Culture & SocrY 139 (2002); Anthony Woodiwiss, Human Rights (2005).

〔25〕 Concerning the controversy over the legalization of human rights discourse, see The Legalization of Human Rights: Multidisciplinary Perspectives on Human Rights and Human Rights Law (Saladin Meckled - Garcra & Bsak Cali eds., 2006).

〔26〕 Gurminder K. Bhambra & Robbie Shilliam, Silencing Human Rights: Critical Engagements with a Contested Project (2009).

表现和责任感有关，同样也代表着包容、排斥和参与。因此他们中心论点是，上述的“沉默”与社会主体中的人权话语产生的政治影响之间存在着一种关系〔27〕。

罗德福格萨·萨尔加多（Rodrfguez - Salgado）主要关注弗雷·巴托洛梅·德拉斯·卡萨斯（Fray Bartolome de las Casas）在保卫美国土著民族方面的“沉默”。随着拉丁美洲人权传统在学术思想中日益扎根，作者表明，拉斯卡萨斯的立场非是声援而是对天主教会的承诺。罗德福格萨·萨尔加多（Rodrfguez - Salgado）对拉斯·卡萨斯（Las Casas）的道德立场提出质疑，认为拉斯·卡萨斯（Las Casas）未捍卫非洲裔人口的人权，认为这些人口是自然奴隶。拉斯·卡萨斯（Las Casas）对捍卫土著居民的人权更感兴趣，而非黑人奴隶的人权〔28〕。由于数百名西班牙男子与土著妇女组成家庭，他清楚地知道天主教会不会批准“自由人”与“非人类”的婚姻〔29〕。因此他不是关于某个土著人，而是关乎西班牙教会在殖民地的未来。最后，这种沉默推动了土著人民的解放，但对非裔人口来说却是一种压迫〔30〕。

类似，阿本德亚·巴希（Upendra Baxi）等人的研究工作在确定自由主义中人权话语主要方面的基础上进一步提出现代人权的概念。这种观念与当代的人权观念有所不同，因为后者并不排除自由主义，而是依据《世界人权宣言》（UDHR）所建立的话语提出更高的要求，是外交谈判的产物，这包括国际社会和国内社会的参与〔31〕。在这一政治进程中引入独特的世界观和思想形式，一方面反映了欧洲思想家将人权话语的著作权归于自由主义的观点，认为人权是“西方的礼物”〔32〕，另一方面清楚地标记出了“现代”与“当代”话语之间的根本差异。现代的人权观念是以欧洲为中心且排斥穷人和殖民地财产权，当代人权则是反对人权的现代观念及当代剥削形式的理论假设，这其实有助于新权利的建设〔33〕。

另一方面，关于人权理论解放作用的法律研究重点可以突显其对法律伦

---

〔27〕 Id.

〔28〕 M. J. Rodrfguez - Salgado, “How Oppression Thrives Where Truth is not Allowed a Voice”: The SpanishPolemic About the American Indians, in Silencing Human Rights: Critical Engagements with a Contested Project 19 (Gurminder K. Bhambra & Robbie Shilliam eds., 2009).

〔29〕 Id.

〔30〕 Id.

〔31〕 Upendra Baxi, The Future of Human Rights 42 - 58 (2002).

〔32〕 Id. at vi.

〔33〕 Id.

理的关注，包括正义观念以及承认成为法律主体的痛苦[34]。对于巴希（Baxi）和社会学家科斯塔斯·杜兹纳斯（Costas Douzinas）来说，人权是实现这一目标的最佳方法，除批评法治统治的影响外，同时还提醒人们注意解放权利潜在的可能性[35]。巴希（Baxi）解释说，这是人权论述的当代版本，而非提供解放潜力的现代版本。因为人权可以转化为以下方式定义的“暴动的实践”：“通过整个世界的无数斗争和行动，‘人权’成为变革性政治实践的舞台，会使人在其中迷惑、动摇，有时甚至有助于消除政治、社会、经济和技术资源力量的分配严重不公正的现象。”[36]巴希（Baxi）提出的例子主要涵盖非殖民化、环境和妇女权利运动。

杜纳斯（Douzinas）认为，人权赢得了现代性的意识形态斗争，马克思主义思想面对自由主义思想时就如夫瑞克斯（Francis）所宣布的“历史的终结”意识形态一般[37]。他认为，尽管世界各地会不可避免地发生侵犯人权的事件，但正是由于这些矛盾，人权已成为“后现代司法制定的原则”[38]。这是基于这样一个观点以达到理想目的：通过语言来宣称和建构主体的人权论述有两个特点：第一，人权的本质来自他们的宣告行为，用语言重新表达他们的行为。因为这一行为承认语言构建现实的力量，并在自由语言可能性和自我指涉性的基础上探索政治制度。宣言的解放为人权创造政治宣告行为提供了条件[39]。第二，“人”是指人权话语的法律主体，是一艘“空船”，人类身份的属性始终存在但无差别，同等地被赋予指定的特征、时间和地点。

---

〔34〕 批判性法学研究是法学研究的一个领域，英国和美国都有这种表达方式。它采用了德里达的解构观念来提请注意一些法律教义是如何基于歧视特定社会群体的不公正假设的。这个研究领域强调使用解构技术来获得政治上的洞察力，政治在这里被理解为道德和正义，并允许纳入“其他”。用罗森菲尔德的话来说，“法律话语——特别是现代的法律话语与其普遍主义的渴望——只要它产生不能从其边缘消除的意识形态的扭曲，不了解差异的文字，或者缺乏对其他任何下属的充分认可。”关于在关键法律研究和其他相关领域中使用解构的一般性讨论，see Jack M. Balkin, Deconstruction's Legal Career, 27 Cardozo L. Rev. 101（2005）。

〔35〕 Upendra Baxi, Human Rights：Suffering Between Movements and Markets，in GlobalSocial Movements,（Robin Cohen & Shirin M. Rai eds.，2000）；Upendra Baxi, Human Rightsin a Posthuman World：Critical Essays（2007）；Upendra Baxi, Development as a Human Rightor as Political Largesse：Does it Make Any Difference（2006）；Costas Douzinas, Justice andHuman Rights in Postmodern ity, in Understanding Human Rights 115（Conor Gearty &Adam Tomkins eds.，1996）；Costas Douzinas, The End of Human Rights：Critical LegalThought at the Turn of the Century（2000）.

〔36〕 Baxi, The Future of Human Rights, supra note 31, at 10.

〔37〕 FRANCIS FUKUYAMA, THE END OF HISTORY AND THE LAST MAN（1992）.

〔38〕 Douzinas, Justice and Human Rights, supra note 35, at 117.

〔39〕 Id. at 122.

人权是一种“空白能力”，换言之，是一个既非自动亦非与特定意义相联系的散漫因素：无任何意义，但可不确定地、偶然地介入。人权是分散的，并被划分成不同类型主体的权利，发生在一系列的政治、意识形态和制度的斗争中〔40〕。

三、人权与公民权利：国际移民的挑战

政治社会学研究的一个常见领域是公民。由于诸如移民等全球社会现象的再次发生，长期以来在本体论的民族主义基础上对公民意识就是排除的。对这种排除进行质疑并由此产生的影响通过惯例的方式强调了认识论带来的好处，而这种惯例经常使用的国际视角——就是人权。虽然国家公民身份通常用于在指定地域限制政治成员，但人权原则将此法律框架规划到领土和国家主权之外。这是在繁荣的世界中和不平等的国际分配机会下，公民权排除功能主要的吸引力所在之处。

政治社会学中的公民主导理论是由英国理论家马歇尔（T. H. Marshall）提出的，他建立了包含确保在自由民主的福利国家内，每个人都能被平等对待的公民身份。马歇尔（T. H. Marshall）指出，这些权利的建立并不存在任何普遍原则，尽管他确实提出了一种经典现象主义，其中包括历史上被定义和授予不同社会主体的政治、民事和社会权利。国家确保在保障这三种权利的情况下，每个公民都觉得他们是社区平等的一部分，并有意愿参与其中〔41〕。即使在拉丁美洲国家，公民身份概念化仍然是主要的，福利国家不一定根据公民的权利分配货物和服务，而是依据团结主义和政治赞助进行分配〔42〕。

与这种公民意识相关的一个问题——除了文化多元主义者和女权主义者当时指出马歇尔构想的公民权未充分强调公民的身份、参与和义务——这个问题是成员资格或名义上的公民身份问题，也被称为国籍，其标志是拥有护照，并根据其所属国家的名称对个人进行分类〔43〕。目前，名义上的公民身

〔40〕 Id.

〔41〕 T. H. Marshall & Tom Bottomore, Citizenship and Social Class (1992).

〔42〕 Estevez, Human Rights and Free Trade, supra note 6, Estevez, A Latin American Sociopolitical Conceptualization, supra note 22.

〔43〕 For a review of the critique of Marshall's social citizenship, see Will Kymlicka & Wayne Norman, Return of the Citizen: A Survey of Recent Work on Citizenship Theory, 104 Ethics 352 (1994).

份正受到严重的审问，因为它已成为世界范围内国家社会问题的焦点，且此概念正日益扩散。

在对马歇尔构想的公民权进行批判性解释中，这一概念可被理解为一种政治理论构建，包容和排斥是其组成要素，将公民身份转变为不断的认可斗争〔44〕。在强调国家或社会时，也能一并包含公民与非公民的边界。这些边界用作物理限制以及较少的具体的结构性和象征性障碍。尽管反映了国家文化和历史特定的背景，这些边界创造的包容和排斥模式仍然遍及性别和种族。在这种情况下，是什么让人感到人权理念有吸引力？那便是公民身份是一种包容和排斥并存的方式，同时移民被排除在赋予权利、文化认同和政治参与之外〔45〕。

艾莉森·布莱斯克（Alison Brysk）和葛森·沙菲尔（Gershon Shafir）指出，面对全球化对公民的不利影响，人权似乎成为认可斗争的替代方案〔46〕。对于这些作者而言，全球化造成了一种背景。在这种背景下，许多社会现象仍然在国家掌握之外，不仅为侵犯人权创造了条件，同时又从多个层面为其提供了支撑。这就导致了“公民差距”的形成，其中非公民（移民）和二等公民（边缘公民和遭受歧视的人）永远处于危险之中。但这同时又为人权斗争提供了工具〔47〕。上述可归因于以下事实：人权已经成为全球政治文化、象征性的国际秩序、体制框架以及一系列用于指导和约束国家全球标准的基础〔48〕。

在某些移民的具体情况下，一些作者认为，人权话语的正常范围已经超出了国家公民身份。这样一来，有证件的甚至无证件的移民就受益于一系列公民权利和社会权利，因为国家对国际人权立法作出了承诺，特别是在言论自由、协会和集会自由以及受教育权、健康权和市政一级的投票权上〔49〕。相反，蒂莫西·邓恩（Timothy Dunn）认为，这些观点高估了人权话语的范围，因为他所谓的“民族主义公民身份”不巧继续占上风。蒂莫西·邓恩

---

〔44〕 Ruth Lister, Inclusive Citizenship: Realizing the Potential, 11 Citizenship Stud. 49 (2007).

〔45〕 Id.

〔46〕 People Out of Place: Globalization, Human Rights, and the Citizenship Gap (Alison Brysk & Gershon Shafir eds., 2004).

〔47〕 Id.

〔48〕 Tanya Basok et al., Citizenship, Human Rights, and Social Justice, 10 Citizenship Stud. 267 (2006).

〔49〕 Saskia Sassen, Losing control: Sovereignty in an Age of Globalization (1996); Yasemin Nuhoglu Soysal, Limits of Citizenship: Migrants and Postnational Membership in Europe (1994).

（Timothy Dunn）指出，应该承认普遍的及美洲各国之间的人权制度都一定程度地保障了公民的移民权[50]。

无论从中立（邓恩 Dunn）还是积极（布莱斯克 Brysk 和莎菲尔 Shafir）的观点来看，人权话语挖掘出公民潜在的政治意识。人们认为，人权是建立在人性的基础上，而不是建立在国籍上，这一点足以对无文件证明和无证件移民的遭遇做出有力回应，他们得不到社会、经济、政治和法律自主权利的保障。人权被视为决定迁移或被迫迁移人民的法律保护框架，否则一旦他们移民去一个陌生的国度，他们将失去这些权利。

基于公民权和人权之间认识论的某些相似之处（公民、政治、社会和文化领域不可剥夺的自然权利），人权话语开启了国际移民中公民概念的四个全新定义：（1）关于承认劳工权利和其他相关权利的建议；（2）建议关注移民在社会中的文化融合，强调延长政治权利以允许保留原国籍并最大限度地提供经济援助；（3）建议在目标国家逐步建立更广泛的权利；（4）根据最新“公民权”提案，公民通常被称为“无国界移民”或“开放边界移民”，他们已经放弃了划分国籍，提出承认所有人迁徙移民的权利，独立享有所有的人权。

第一组提案包括跨国劳工公民（TLC）和可以灵活转变的公民身份[51]。詹妮弗·戈登（Jennifer Gordon）提出，跨国劳工公民是一种新的移民状态，允许所有工人免费过境。这意味着国家政府会对跨国组织的工人运动发放工作签证（例如发放临时工作签证），而不受雇主调遣，同时还意味着某个国家的工会和其他工人组织将与其他国家的工会合作，以便要求颁发跨国劳工公民证，同时监测雇主及其国家是否尊重移民的劳动权利和社会权利。这不仅仅是一个规范性的建议，而是有大量经验数据做支撑，例如欧洲工会为分包清洁公司雇用的无证工人提供支持[52]。

爱华（Aihwaong）针对精英移民工作，提出了一个行使公民权利的新自由主义概念（主要针对企业员工和企业家），并指出了享有相关特权的移民。

〔50〕 Timothy Dunn, Migracion, Derechos Humanos, Ciudadanfa y Soberanfa Nacional, in AnAlisis y Perspectivas de la Globalizaci6n: Un Debate TeOrico 155 (Ana Marfa Araci6ned., 2005).

〔51〕 Jennifer Cordon, Towards Transnational Labor Citizenship: Restructuring Labor Migration to Reinforce Workers' Rights (Working Paper Series, Fordham Law School, 4 Jan. 2009), available at http://papers.ssrn.com/sol3/papers.cfm?abstract_id=1348064; Aihwa Ong, Latitudes of Citizenship: Membership, Meaning, and Multiculturalism, in People Out of Place, supra note 46, at 53.

〔52〕 Gordon, supra note 51.

爱华（Aihwaong）提出的精英移民的跨国实践活动，获得了经济全球化中的两种类型的益处：（1）企业补贴，房地产的全球利益，全球常春藤联盟大学的招生，家庭、社会保障；（2）多元化的商业，法律和社会资产整合促进高度流动〔53〕。例如，日本公民可以利用自由主义公民权利实现在英国的生活和香港的投资，而他的孩子可以到牛津学习。在此期间，儿童可以享受英国的免费医疗服务。但它只是一个概念，从政治权利的发展直到正式确定为公民权利，这亦是所有国际移民梦寐以求之事。

在第二组提案中，涉及原国籍国接受的社会文化权利和政治权利，主要针对跨国公民身份和对外公民身份〔54〕。跨国公民身份的基础是全球化趋势导致超越国界的文化和社会认同，并因此导致多种多样不同的归属形式。民主的延续和发展得益于适当的手段，将人民及其多重身份上升到民族国家层面，并深入到民族国家广泛的政治社会。同时，无论是在国家或个人层面，公开或私人领域，公民都需要在新的领域中得到权利保障〔55〕。

雷纳·比伯克（Rainer Baubock）认为，考虑到全球化带来的新社会现象，应考虑扩大人权，包括同时扩大原籍国和居住国的人权〔56〕。这意味着广泛纳入文化权利的重要性，如保护语言、习俗、传统、宗教等，并考虑集体行使这些社会权利。该观点反对这样一个观念，即权利和资格应该超出全球国家层面的水平。民族国家有责任按照国际人权立法的标准和内容对公民身份实行正式的和实质性的认证〔57〕。

相比之下，外部公民身份集中在移民行使和享有在其原籍国而不是居住国家的权利。巴里（Barry）指出，由于他们的经济贡献以及他们在其原籍国所承担的政治和文化领导，越来越多的政府认识到承认生活在国外的公民的重要性。在此基础上，政府已经就不同形式的移民进行谈判，它们正在重新配置国家公民身份并为其提供外部标准。这种融合发生在三个关键权利领域：（1）通过汇款和资金流动进行经济合并。（2）通过承认个人可以成为两个或

〔53〕 Ong, supra note 51.

〔54〕 Rainer Baubock, Transnational Citizenship: Membership and Rights in International Migration (1994); Stephen Castles & Mark J. Miller, The Age of Migration: International Population Movements in the Modern World (2009); Kim Barry, Home and Away: The Construction of Citizenship in an Emigration Context, 81 N. Y. U. L. Rev. 11 (2006).

〔55〕 Stephen Castles & Alastair Davidson, Citizenship and Migration: Globalization and the Poutics of Belonging (2000).

〔56〕 BAUBOCK, supra note 54.

〔57〕 Id.

更多国家的公民并通过投票方式进行两国政治合作[58]。墨西哥已经广泛研究了这些公民形式[59]。（3）提出逐渐或立即获得所有权利的改革，包括公民身份、新型国家公民身份、国际化或全球公民身份等方面[60]。欧盟一些国家已经实现公民的公民权，保障了居民和有证件的移民可逐步获得国家公民身份的一些基本权利和义务，即使他们没有获得国家公民身份，也受到国民同等待遇。这些权利与自由行动和居住权、工作、提供服务、外交和领事保护、请愿和信息以及因国籍而不受歧视等有关。在其推动者看来，这些权利意味着“脱离国籍”[61]。

塞明·索伊萨尔（Yasemin Soysal）的国家公民身份提案建议承认不具有国籍的移民拥有实际的公民权利，而且在其参与政治时将其视为人权而不仅仅是公民的权利[62]。她说：“国家公民身份赋予每个人参与政治和公共生活的权利和义务，无论其与该社区的历史或文化的联系如何。”[63]塞明·索伊萨尔（Yasemin Soysal）指出该建议是在否认国家主权和国际人权制度日益增长的重要性的基础上而提出，这些因素导致对公民身份的理解超出了民族认同观念，并以个人的地位为基础给予“人”权利。

国际或全球公民身份被融入世界主义的规范框架内，这是一个全球政治模式，其中个人之间的关系超越了国家，且越来越多地受到（包括人权制度在内的）全球制度和法律制度的监管[64]。全球国家理念和民主化理念是世界主义的基础。在移民方面，世界主义表明应该区分公民权利和国籍，人们应该在不止一个国家中享有公民权利、社会权利甚至政治权利，此代表平等对待的权利[65]。世界主义公民权重新引入这些价值观，并将行动主义作为跨国社会行动的中心因素，其基本目标是捍卫人权，使其超国家机构民主化，

---

〔58〕 Barry, supra note 54.

〔59〕 Leticia Calderón Chelius & Jesús Martínez Saldaña, La Dimensión Política de la MigraciónMexicana (2002).

〔60〕 For more on civic citizenship, see Javier De Lucas Martrn, La Ciudadanfa para los Inmi - grantes: Una Condicion de la Europa Democratica y Multicultural, 4 Eikasia (2006). For more on postnational citizenship, see Soysal, supra note 49. For more on cosmopolitan or global citizenship, see April Carter, The Poutical Theory of Global Citizenship (2001); Nigel Dower, An Introduction to Global Citizenship (2003).

〔61〕 De Lucas Martfn, supra note 60.

〔62〕 Soysal, supra note 49.

〔63〕 Id. at 3.

〔64〕 Carter, supranote 60.

〔65〕 Dower, supranote 60.

以建立一个真正民主的全球国家[66]。

在这个话题的相关文献中，国际公民身份和全球公民身份往往可以相互转换。然而，恩靳·艾辛（Engin Isin）和布雷恩·特纳（Bryan Turner）等人却认为国际公民身份并非一定要依托一个全球性国家，而全球公民身份则不然[67]。国际公民不依托于任何一个国家，它不断寻求新的权利和义务。此外，国际公民还力求权利和义务的制度化以及将流动和交易的权利制度化，具体包括：移民工作的权利，持有护照进入国家，寻求庇护，在国外结婚，拥有财产、货物、服务或投资等权利及其相关义务，特别是流动和交易税的权利，可用于支付世界任何国家的移民费用[68]。

此外，在公民权利提案中还有移动权和移民权（流动权和移民权）[69]。安托万·佩库德（Antoine Pekuld）和保罗·德古奇泰雷（Paul De Guchteneire）等人提出，流动权被看作是对《世界人权宣言》（UDHR）第13和14条的重新解读，具有当代色彩。该宣言还确定了公民从一个国家迁移到另一个国家的权利和寻求庇护的权利（移民权）。这两项权利诞生于大屠杀和冷战的背景下，现在需要根据全球化背景的经济大环境进行重新诠释。在这种情况下，流动权也是对自由选择工作和享有高品质生活水准的权利全新解读，且均得到《国际人权宪章》的认可（《世界人权宣言》第23和25条；《经济、社会、文化权利国际公约》第6、7、8和11条）[70]。

艾玛·诺欧维塔利（Ermanno Vitale）并不是对公民身份重新下定义，而是对移民权利的呼吁和建议，以打破公民意识里根深蒂固的民族主义偏见，这是他推崇的理念同时也是对该问题的重新解读[71]。在很大程度上，艾玛·诺欧维塔利（Ermanno Vitale）的研究是对桑德罗·梅扎德拉（Sandro

---

〔66〕 Carter, supranote 60.

〔67〕 Engin F. Isin& Bryan S. Turner, Investigating Citizenship: An Agenda for Citizenship.

〔68〕 Id.

〔69〕 For more on the right to mobility, see generally Antoine Pecoud & Paul De Guchteneire, International Migration, Border Controls and Human Rights: Assessing the Relevance of a Right to Mobility, 21 J. Boderlands Stud. 69 (2006); Antoine Pecoud & Paul De Guchteneire, Migration Without Borders: Essays on the Free Movement of P. eople (2007). For more on ius migrandi, see Ermanno Vitale, Ius Migrandi (2006).

〔70〕 Pecoud & De Guchteneire, Migration Without Borders, supra note 69; Universal Declaration of Human Rights, adopted 10 Dec. 1984, G. A. Res. 21 7A (III), U. N. GAOR, 3d Sess, art. 23, U. N. Doc. A/RES/3/217A (1948); International Covenant on Economic, Social and Cultural Rights, adopted 16 Dec. 1966, U. N. GAOR Supp. (No. 16) at 49, U. N. Doc. A/6316 (1966).

〔71〕 Vitale, supra note 69.

Mezzadra）提出的逃脱权的回应[72]。对于梅扎德拉（Mezzadra）而言，与人权和公民权利相比，逃脱权的讨论阻碍了后者的普及，也延滞了多元化的发展，他认为这是多元文化主义分析的结果。梅扎德拉（Mezzadra）对移民行为的主体性和移民过程的特殊性很感兴趣。逃脱的类型首先强调迁移过程的主观层面，也就是说，由于逃脱的特定性质，使其从社会运动的层面下降到自然行为过程，这主要由经济或人口性质的“客观”因素决定[73]。

艾玛·诺欧维塔利（Ermanno Vitale）批评桑德罗·梅扎德拉（Sandro Mezzadra），指出逃脱权的存在可能导致移民的发生，他们本质上是驱使这种利益的始作俑者。为此，他提出一种摆脱国际化约束的权利，即证明移民权属于人权范围，应将其作为一种积极的国际权利，并使其得到保障。只有主张移民权，才有可能超越公民观念残存的民族主义，发扬“移民非罪”的革命性特征。用诺欧维塔利（Vitale）的话说：我们有理由把移民权视为一个革命性的观点，我们要充分保护和保障个人自由，行动自由是一项基本的个人权利。西班牙开拓者及其继承人固守自己的领地，加速了富贵和王权的丧失，迫使他们终于有所收敛。世界各地的不平等现象，从未像今日这般明显过[74]。

结　语

本文提出了政治社会学中支撑人权学术研究的两个因素。社会学的建构主义方法论的重点已经从结构分析转向社会问题，这种方法论上的转换与国内国际人权斗争在时间上是重叠的。在转变方法的基础上，社会政治学关于人权研究的主要问题已经明确，而且针对社会政治研究的三个基本领域进行了文献综述，其间包含对这三个要点分析的回应，其分别是：人权是集体行动的纽带；主体参与人权话语建设与统治解放对该建设的影响以及基于全球移民所带来的挑战，新背景下公民身份的转换。

有些议题尽管具有一定社会政治重要性，但仍未能得到应有的关注。例如，使用人权讨论消费者权利和消费伦理的行为。再如，原教旨主义组织不当使用人权话语所产生的负面影响，例如反对堕胎和安乐死、组织推广枪支持有合法化以及支持跨国公司享有人权。

---

〔72〕 Sandro Mezzadra, Derecho de Fuca: Migraciones, Ciudadanía y Globalización (2005).

〔73〕 Id at 44 - 45.

〔74〕 Vitale, supra note 69, at 259 - 60.

《人权研究》第 19 卷约稿启事

《人权研究》创刊于 2001 年，系山东大学人权研究中心主办的学术理论性刊物，现任主编为齐延平教授。

第 19 卷（2017 年第 2 卷）的征稿工作已经开始，本刊欢迎以人权、基本权利为主题的历史研究、比较研究、跨学科研究、案例评析、书评及译文，亦欢迎涉及刑事法、行政法、国际法、环境法等部门法的相关研究。来稿应见解独立、论证清晰、资料翔实、文风清新。

刊物实行页下连续计码的脚注注释体例。注释格式为：（国别）、作者、书名、卷次，（译者），版本，页码。例如：1. ［英］戴雪：《英宪精义》，雷宾南译，中国法制出版社 2001 年版，第 244 页。直接引用外文文献的，参照通行体例处理，例如：Ann Elizabeth Mayer, Islam & Human Rights Tradition and Politics, Westview Press, 1991, p. 212.

论文以 2 万～5 万字为宜，案例评析、书评及译文不受此限；附中英文摘要及一级标题英文翻译。另附作者信息及通信方式。来稿两个月内未接到刊用通知者，敬请自行处理。来稿请以电子版发送至编辑部收稿邮箱：rqyj2001@163.com，稿件请勿投寄个人。本卷投稿截止日期为 2017 年 12 月 15 日。

欢迎学界同仁不吝赐稿！

《人权研究》编辑部

2017 年 6 月

图书在版编目（CIP）数据

人权研究．第18卷/齐延平主编．-- 济南：山东人民出版社，2017.6

ISBN 978-7-209-11103-4

Ⅰ．①人… Ⅱ．①齐… Ⅲ．①人权－研究 Ⅳ．①D082

中国版本图书馆CIP数据核字(2017)第243498号

人权研究（第18卷）

齐延平　主编

主管部门　山东出版传媒股份有限公司
出版发行　山东人民出版社
社　　址　济南市胜利大街39号
邮　　编　250001
电　　话　总编室（0531）82098014
　　　　　市场部（0531）82098027
网　　址　http://www.sd-book.com.cn
印　　装　日照报业印刷有限公司
经　　销　新华书店

规　　格　16开（170mm×240mm）
印　　张　21
字　　数　320千字
版　　次　2017年6月第1版
印　　次　2017年6月第1次
印　　数　1-1000
ISBN 978-7-209-11103-4
定　　价　58.00元